한자 나무 2

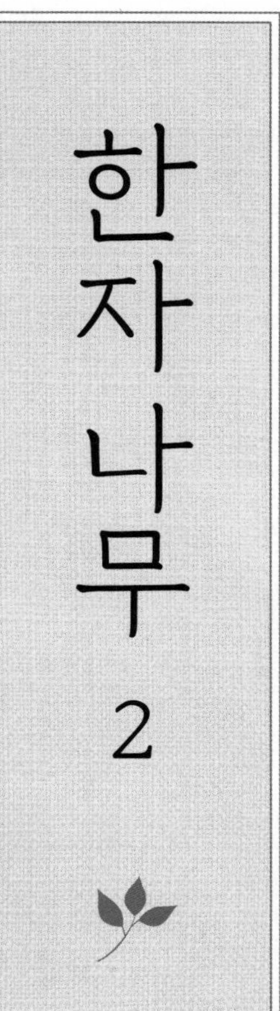

교유서가

제6장 머리 72

제8장 손 266

한 손을 표현한 한자 270

두 손을 표현한 한자 356

제9장 다리와 길 372

머리 부위
제5장
제6장
제7장
目 눈 목
自 스스로 자
耳 귀 이
牙 어금니 아
厶 사사 사
曰 가로 왈
亼 삼합 집
舌 혀 설
口 입 구
古 옛 고
吅 부르짖을 훤, 엄할 엄
加 더할 가
右 오른쪽 우, 도울 우
可 옳을 가, 오랑캐 임금 이름 극
告 알릴 고, 뵙고 청할 곡, 국문할 국
骨 뼈 골
心 마음 심
肉 고기 육
月 달 월
身 몸 신
팔다리 부위
제8장
제9장
手 손 수
寸 마디 촌
爪 손톱 조
攴 또는 攵 칠 복
雙手 양손
聿 붓 율
力 힘 력·역
殳 몽둥이 수
舛 어그러질 천, 잡될 준
癶 등질 발
止 발 지, 그칠 지
辵 또는 辶 쉬엄쉬엄 갈 착
夊 뒤져 올 치·종
正 바를 정
之 갈 지

신체 기관

'身(몸 신)'은 사람의 몸을 가리킨다. 구조적으로 말하면 '身( )'은 '사람(人사람 인,)'의 '육'체(肉고기 육,)이다. 금문 , 및 전서 , 는 모두 '사람(人사람 인, ,)'의 발바닥(—) 위에 있는 모든 '기관(,)'을 나타냈다.

, 은 '肉(月달 월)'의 옛 한자이다. 신체 기관을 의미하는 한자에 많이 쓰인다. '身'의 또 다른 전서 는 필순이 조정되며 글자의 모양이 보기 좋게 다듬어졌다.

'身'에서 파생된 한자는 크게 세 부류로 나뉜다. 첫 번째는 눈으로 볼 수 있는 실체가 있는 기관(, 肉) 및 눈에 안 보이는 추상적인 기관(, 心마음 심)에서 파생된 한자, 두 번째는 머리 부위(, , , ,)에서 파생된 한자, 세 번째는 팔다리(,)에서 파생된 한자이다.

【서문】

먼 옛날에 인류는 간단한 그림문자를 이용해 소통했다. 그림문자는 상형자의 기초가 되었고, 독립적인 부호인 상형자는 다시 서로 합쳐 회의자 및 형성자 등이 되었다. 한자는 전 세계에서 가장 완벽하게 보존된 그림문자이다. 나는 《한자나무》를 통해 독자들이 그림문자의 관점에서 한자를 새롭게 인식하기를 바랐다.

《한자나무》가 독자들에게 알려지고 이해되기까지 수년이 걸릴 것이라고 생각했다. 한데 출간되자마자 열렬한 호응을 얻은 것은 뜻밖의 결과였다. 하느님께 감사드리고, 문화적으로 진귀한 보물을 남겨준 선조들께 감사드리고, 많은 연구 자료를 남기고 문자학 분야에 공헌한 선학들께 감사드린다. 이 책을 집필하는 과정에서 아낌없이 지도해주신 초기 몽고문학 전문가 가오다펑(高大鵬) 교수님, 그리고 지도와 교열을 도와주신 훈고학의 대가 라이귀산(賴貴三) 교수님께 감사드린다.

《한자나무》가 출간되고 많은 사람들에게 피드백을 받았다. 놀랍다,

좋다, 라는 의견이 대부분이지만 의문을 제기하는 의견도 적지 않았다. 다양한 의견을 보내주신 데 대해 깊이 감사드리고, 이 자리에서 문답 방식으로 나의 생각을 설명하고자 한다.

1_ 무엇이 한자나무인가? 왜 한자나무를 만들었나?

영어의 알파벳은 총 26자이다. 때문에 철자법에 따라 쉽게 표기할 수 있다. 하지만 한자는 부수만 2백 개 가까이 되고(강희자전에 기록된 부수는 총 176개이다) 타이완 행정원의 종합 한자 시스템에 등록된 기초 한자는 무려 5백 개가 넘는다. 이렇게 많은 기초 한자를 익히는 것이 쉬운 일일까? 더욱이 기초 한자 사이에 일정한 법칙이 있는 것도 아니어서 한자를 잘 아는 외국인은 극히 드물다. 그러나 나는 옛 한자에서 독립적인 형상 및 의미를 가진 한자 부호를 발견해 그림문자 방식으로 파생 관계를 나타내는 한자나무를 만들었다.

한자나무의 파생 경로에는 간단한 것에서 복잡한 것으로, 구체적인 것에서 추상적인 것으로 변화한 한자의 발전 맥락이 숨어 있다. 따라서 한자나무는 그 자체로 한자가 파생한 역사가 되어 옛 중국인이 한자를 만든 발전 맥락을 체계적으로 이해할 수 있게 돕는다. 동시에 한자나무는 모든 부호의 뜻이 명확하고 논리적이라서 학습자(중국어를 모국어로 쓰는 학생이나 중국어를 읽고 쓰는 요령을 잘 모르는 외국인)가 직관적으로 파생 경로를 이해하고 각각의 한자에서 연관성을 찾아 한자를 줄줄이 효율적으로 학습할 수 있는 이점이 있다.

2_ 무엇이 그림문자인가?

옛 한자는 한자꼴과 구조가 서로 일치하지 않는 게 많다. 같은 한자인데 갑골문이나 금문의 모양이 다르다는 말이다. 예를 들어 '方(방위 방)'은 갑골문만 3백 종이 넘어 문자 학자들조차 본뜻을 파악하는 데 애를 먹고, 설령 파악했다고 해도 현대 한자와 호응하는 대표성을 가진 옛 한자를 고르지 못한다. 이런 문제를 해결하기 위해서 나는 스스로 그림문자의 그림체를 만들었다. 그림체가 실용적인 가치를 가지려면 갑골문 및 금문의 본뜻에도 부합하고 현대 한자와 모양이 비슷해야 했다.

3_《한자나무》의 집필 동기는? 이공계 출신이 어째서 십 년 넘게 한자 연구에 공을 들이게 되었나?

사실 처음부터 책을 쓰겠다는 마음은 없었다. 그저 어려서부터 한자를 배웠지만 하나하나의 필획이 어떤 의미를 나타내는지 모르는 데서 오는 의문이 꽤 많았다. 이것이 마음속에 차곡차곡 쌓였다가 결국 참을 수 없는 지경이 되어 한자의 보이지 않는 세계를 연구하게 되었다. 나는 마치 호기심 많은 어린아이가 신비의 문을 열고 한자의 미궁에 빨려들어간 것처럼 갑골문과 금문에 사로잡혔고, 옛 중국인이 한자를 만드는 지혜에 감탄하고 놀랐다. 그렇게 한 걸음 두 걸음 가다보니 한자의 미궁에서 완전히 길을 잃고 말았다. 어떡하든 출로를 찾아야 했고, 선학들에 힘입어 출로를 찾은 줄 알고 기뻐하다가 뜻밖에도 의문과 미혹만 더 커지는 일이 반복되었다.

깊은 고민 끝에 나는 셜록 홈스처럼 먼저 자료를 광범위하게 구한 뒤에 다시 문제를 해결하기로 결정했다. 《한자나무》 시리즈는 문제 해결 과정을 세상에 공개한 결과물이다. 내가 《한자나무》를 집필한 이유는 간단하다. 학창시절부터 한자가 어떻게 기원했는지 궁금했고, 동한의 허신이 쓴 《설문해자》를 100퍼센트 신뢰할 수 없었다. 그러던 중에 갑골문과 금문이 대중에게 서서히 알려지면서 옛 한자의 세계에 푹 빠지게 되었다. 하지만 저명한 갑골문 학자들의 저작, 예를 들어 쉬중슈(徐中舒)의 갑골문 자전이나 왕궈웨이(王國維), 궈모뤄(郭沫若), 둥쭤빈(董作賓), 천멍지아(陳夢家), 탕란(唐蘭) 등의 논저는 각기 의견이 다르고 동일한 부호를 한자마다 다르게 해석하는 경우가 많았다.

어떤 문자 학자들은 전체를 보지 않고 갑골문 및 금문의 일부만 보고 그것이 마치 전체인 것처럼 해석해서 문제였다. 일관성 있고 믿을 수 있는 답을 얻으려면 자료를 종합적으로 정리하고 분석하는 게 필요했고, 이를 위해선 완벽한 데이터베이스 및 데이터 기술의 힘을 빌려야 했다.

타이완 중앙연구원의 리종쿤(李宗焜) 연구원은 갑골문은 그 수만 4천여 개가 되고 똑같은 한자도 모양이 제각각이라 방대한 양의 한자를 조사해야 한다는 의견을 줬다. 몇 만 개의 옛 한자를 정리하고 분석해야 된다고 하면 아마 보통 사람들은 도저히 못하겠다고 물러났을 것이다. 하지만 나는 어리석은 패기만 믿고 십 년을 파고들어 갑골문 및 금문이 가지는 부호의 뜻을 대부분 알아냈다.

4_ 한자나무의 해석 근거는 어디에 있나?

이 책의 한자 풀이는 내가 설정한 다섯 가지 점검 원칙을 따랐다. 첫째는 반드시 갑골문, 금문의 모양에 부합할 것, 둘째는 반드시 역사적인 사실 및 선진 시기 고서의 근거에 부합할 것, 셋째는 반드시 모든 한자 부호에 대한 해석이 일치해서 해당 부호가 들어간 한자의 전체적인 해석에도 적용할 수 있을 것, 넷째는 반드시 합리적인 해석에서 파생된 의미를 찾을 것, 다섯째는 한자꼴이 일관되게 변화했는지, 해당 부호와 관련 부호 사이에 불합리한 현상이 있는지 점검할 것이 그것이다. 간단히 말해서 논리적인 정확성 외에 반드시 옛 문물이나 고서에 증거가 있어야 했다.

예를 들어 '辛(매울 신)'은 일상에서 자주 쓰는 한자이다. 하지만 어떻게 만들어졌는지는 의견이 분분하다. 동한의 허신은 《설문해자》에서 '辛'이 사람의 허벅지를 닮았다고 설명했다. 그러나 '辛'의 갑골문 및 금문 등을 아무리 봐도 사람의 허벅지로는 안 보인다. 근대에 일부 학자들은 장작을 패는 도끼라고 말했고, 누구는 죄인을 체포하여 씌운 칼이라고 말했다. 대다수는 '기궐(끝이 부러진 조각칼)'이라는 궈모뤄의 주장을 지지한다. 궈모뤄는 "'辛'은 고대의 기궐을 닮았다. 기궐은 굽은 칼이고, 경형(죄인의 이마나 팔뚝 등에 먹줄로 죄명을 써넣는 형벌)을 하는 형구이다"라고 설명했다. 지금은 궈모뤄의 '기궐설'이 정설처럼 받아들여지고 있다(사실 선진 시기의 고전에서 기궐은 공예용 조각칼이고, 형벌에 사용된 기록이 없다). 이상의 각 주장에 나의 다섯 가지 점검 원칙을 적용하면 적잖은 모순이 발견된다. 먼저 선진의 고서에서 '辛'은 죄의 의미가 있지만 칼의 의미는 없다. 그러면 죄인을 어떻게 정의할까? 요(堯), 순(舜), 우(禹), 공자(孔子), 맹자(孟子) 등은 모두 '하늘의 이치를 거스른 사람'이라고 죄인을 형용했다. 따라서 나는 '辛'을 "'屰(거스를 역), 上(윗 상, 二)'으로 이루어졌고, 하늘의 이치를 거스른 사람을 나타낸다"고 설명한다. 한자꼴을 보면 '辛'의 옛 한자는 하늘의 이치를 거스른 사람의 모양과 완전히 일치하지만 형구의 모양과는 거리가 멀다. 또 옛 문물에서도 '辛'과 모양이 비슷한 형구를 찾을 수가 없다. '辛'이 들어간 모든 옛 한자를 살펴보면 '기궐설'에 많은 모순이 있는 것을 발견할 수 있다. 예를 들어 '新(새 신)'의 옛 한자는 '辛, 斤(도끼 근)'으로 이루어졌는데 도끼로 왜 형벌에 쓰는 도구를 베는가? '龍(용 룡·용)'의 옛 한자에도 '辛'이 들어가는데 죄인의 얼굴에 먹줄로 죄명을 써넣는 작은 칼에 큰 뱀이나 용이 잡히겠는가? '辟(피할 피, 임금 벽, 비유할 비, 그칠 미)'는 고대에 죄인의 머리를 베는 형벌이다. 설마 그 작은 칼로 죄인의 목을 베었을까? '劈(쪼갤 벽)'도 '죄인의 목을 베다'라는 뜻인데 이때 사용된 도구는 '辛'이 아니라 '칼[刀]'이다. 이 밖에 '刑(형벌 형, 탕기 형), 劓(코 벨 의), 刖(벨 월)' 등 고대에 형법과 관계있는 한자에서 쓴 형구는 '辛'이 아니라 모두 '칼[刂]'이었다. 뜻을 살펴보면 '辛'이 들어가는 모든 한자는 '하늘의 이치를 거스른 죄인'을 이용해서 해석할 수 있지만 '형벌에 쓰인 도구'로는 많은 한자를 합리적으로 해석할 수가 없다.

한자의 비밀을 푸는 다섯 가지 점검 원칙은 한자나무 시스템을 지키는 다섯 개의 기둥이요, 고금을 통틀어 한자를 체계적이고 합리적이며 쉽게 이해할 수 있게 돕는 완벽한 문자 시스템이다.

5_ 한자나무의 해석에 억지스러운 부분은 없는가?

문자학계에는 줄곧 보수파와 전위적인 실용파가 존재했다. 보수파는 고문헌에서 해석하지 않은 한자나 구체적인 증거가 없는 한자는 더 해석할 필요가 없다고 생각한다. 심하게는 한자를 그림처럼 취급하는 것을 허락하지 않는다. 나는 개인적으로 전위적인 실용파를 지지한다. 이유인즉 고문헌에 해석된 한자는 후대 사람이 제한적인 증거에 따라 추측한 것이라서 진정한 뜻이라고 볼 수가 없다.

또한 옛 한자는 만들어진 기원이 다양해서 같은 한자라도 모양이 서로 일치하지도 않고 체계적으로 정리하기도 쉽지 않아 학습을 어렵게 만든다. 한자를 체계적으로 정리하기 위해서 이 책은 주로 현대 한자와 호응하는 갑골문, 금문, 전서를 골랐다. 이것이 현대 한자를 체계적으로 학습하는 데 도움을 줄 수 있는 유일한 길이라고 생각했다.

한자를 널리 알리려면 반드시 쉽게 이해할 수 있는 방식으로 한자의 뜻을 설명해야 한다. 그래서 그림문자를 만들었고, 서로 관련 있는 기본적인 부호를 조합해 의미 있는 이야기, 예를 들어 "'聊(애오라지 료·요)'는 두 사람이 서로 얼굴을 맞대고[卯] 상대방의 말을 듣는[耳] 것이다"와 같은 이야기를 만들었다.

한자는 나름의 논리를 갖고 만들어졌다. 따라서 한자나무는 다시 한번 체계적이고 규모 있게 한자의 논리를 파헤쳤다. 개인의 학식과 경험이 제한적이라서 일부 해석은 부족한 부분이 있겠지만 큰 구조와 방향은 정확할 것이다. 독자의 가르침에 감사드리고 더 많은 독자와 소통할 수 있기를 바란다.

가르침을 기다리며…….

Email：liao@mail.ntcb.edu.tw

랴오원하오

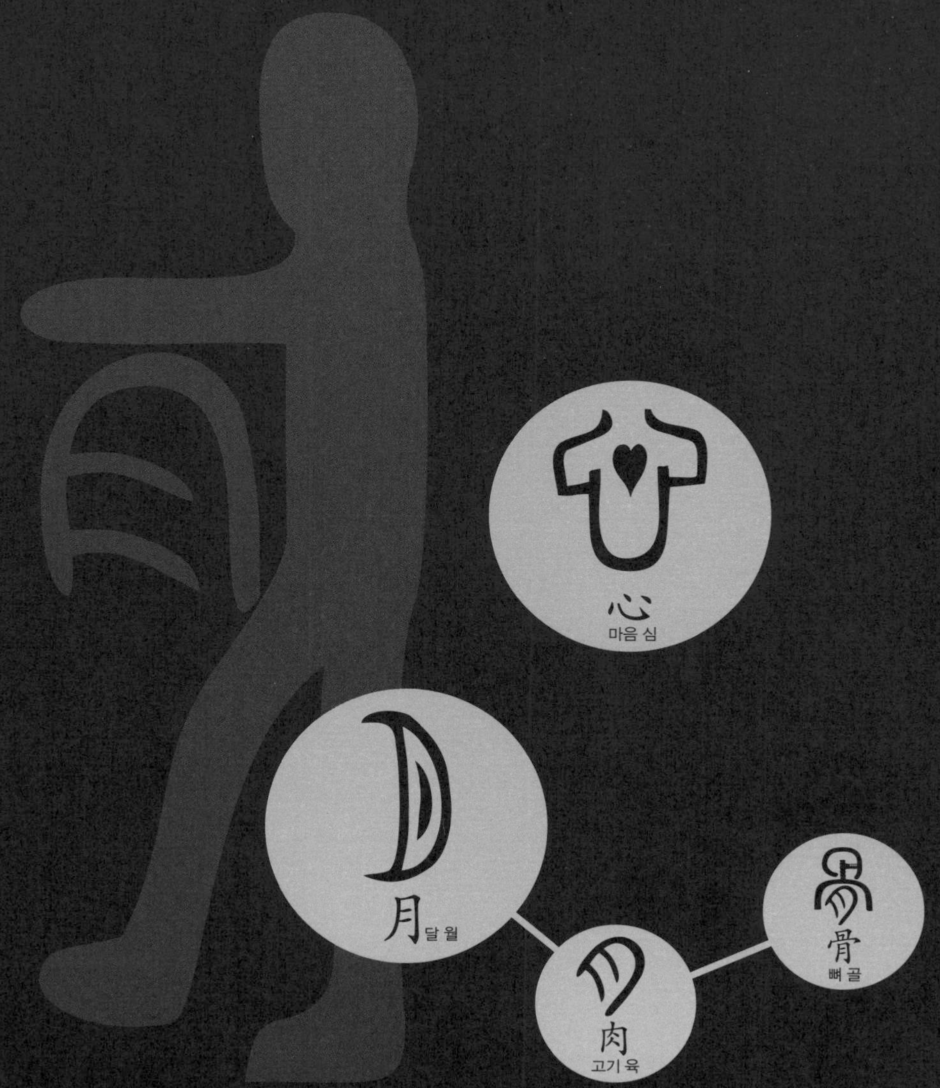
心
마음 심
月 달 월
肉
고기 육
骨
뼈 골

제5장 …… 몸과 마음

옛 중국인은 '실체'와 '추상'이라는 두 개념을 통해 신체 기관에 관한 한자를 만들었다. '月(달 월)'이나 '肉(고기 육)'이 들어간 한자는 대부분 눈으로 볼 수 있고 손으로 만질 수 있는 신체 기관을 의미한다. 이에 비해 '心(마음 심)'이 들어간 한자는 볼 수도 없고 만질 수도 없는 추상적인 의미를 가진 경우가 많다. 실체가 있는 신체 기관은 거의 근육으로 구성되어 관련 한자에 대부분 '月(肉)'이 들어간다. 옛 중국인은 마음은 사상, 감정, 생명의 기운을 다스리는 기관이라고 생각해 이와 관계있는 한자에 '心'을 썼다. 제5장에선 '月(肉)'과 '心'의 관점에서 관련 한자를 풀어보자.

'月(달 월)'에서 파생된 한자

유독 한(漢)나라 사람은 달을 지극히 사랑했다. 어느 날은 빛이 흐렸다가 어느 날은 선명하고, 어느 날은 둥글었다가 어느 날은 이지러지고, 시시때때로 구름이나 안개에 몸을 숨겼다 다시 빠끔히 고개를 내밀고, 예로부터 달은 무궁무진하게 모양을 바꾸며 중국인의 상상력을 끝없이 자극해 남편 후예와 함께 인간 세상에 내려왔다가 몰래 달로 도망친 상아(嫦娥), 달에서 상아에게 그늘을 제공한 계수나무와 절구로 약재를 찧는 옥토끼 등과 같은 많은 신화를 탄생시켰다. '月'이 들어간 한자는 대부분 달에서 파생된 각종 의미가 반영되었다.

음력 초사흗날에서 초닷샛날이 되면 하늘에 초승달이 뜬다. 옛 중국인은 초승달을 '눈썹 달'이라고 불렀다. 초이렛날에서 초여드렛날은 '상현달'이라고 불리는 반달이 뜨고, 초열흘날에서 초열이튿날은 반달과 보름달의 중간 모양인 '철월'이라고 불리는 달이 뜬다. '月'의 옛 한자는  , ,  , 으로 서서히 변했다. '月'의 모양 변화를 통해 시대마다 달의 변화를 어떻게 기록했는지 알 수 있다. 갑골문  은 '눈썹 달'과 비슷하고, 금문 은 '눈썹 달'에서 상현달로 조금 커졌다. 전서  , 는 필순이 조금 바뀐 결과이다.

하늘이 어둑어둑해지면 달이 뜬다. 그래서 '月'에서 '夕(저녁 석)'이 파생되었다. '夕'이 들어간 한자는 대부분 '저녁' '밤'의 의미를 가진다. 이 밖에 전서  는 뼈가 있는 고기 모양을 닮았다. 고대에  은 '肉

(고기 육)'의 뜻도 있었는데, 이것에서 '骨(뼈 골)'이 파생되었다. 한자 중에 '月'이 들어간 한자는 많지만 어떤 한자는 '달'이나 '저녁' '밤'을 의미하는가 하면 어떤 한자는 '고기'를 의미하고 또 어떤 한자는 물에 떠 있는 '배'를 의미하는 등 의미가 서로 다르다.

'夕(저녁 석)'에서 파생된 한자

夕 저녁 석

xī

달이 보이는 때

'夕'과 '月(달 월)'의 갑골문은 모두 이다. 금문 및 전서 , 는 필순이 조금씩 바뀌며 모양이 달라졌다. '夕'에서 '저녁' '밤'의 의미가 생겼다. 관련 단어로는 석양(夕陽), 조석(朝夕) 등이 있다. '夕'의 소리에서 파생된 형성자(뜻을 나타내는 한자와 음을 나타내는 한자를 합하여 만든 한자)는 矽(규소 석), 汐(조수 석) 등이 있다.

갑 금 전

多 많을 다

duō

이 밤(, 夕저녁 석)이 가도 또다시 밤()이 찾아오는 것이 끝이 없다

금문 및 전서 는 이 밤()이 가도 또다른 밤()이 찾아온다는 것을 나타내는 두 개의 '夕'으로 구성된 회의자(각 한자의 뜻을 합하여 만들어진 한자)이다. 옛 중국인은 낮에는 일하고 밤에는 고된 몸을 쉬며 '어떻게 해는 져도 져도 또 뜨고, 밤은 와도 와도 또 오는가'라고 감탄했는데, 이것에서

갑 금 전

臟背腑肌腱肝肋肺腎膽膀胱腸胰肛肚腹臍腰胸脯膛膈
膜胳膊臂脅腋腕股肱胯腿膝腳胚胎腦臉脣膚膧胴脂肪
膏腺脈腮肴腥膩膿腐膾膳脩脫膠臃腫膨脹腴胭臘❶

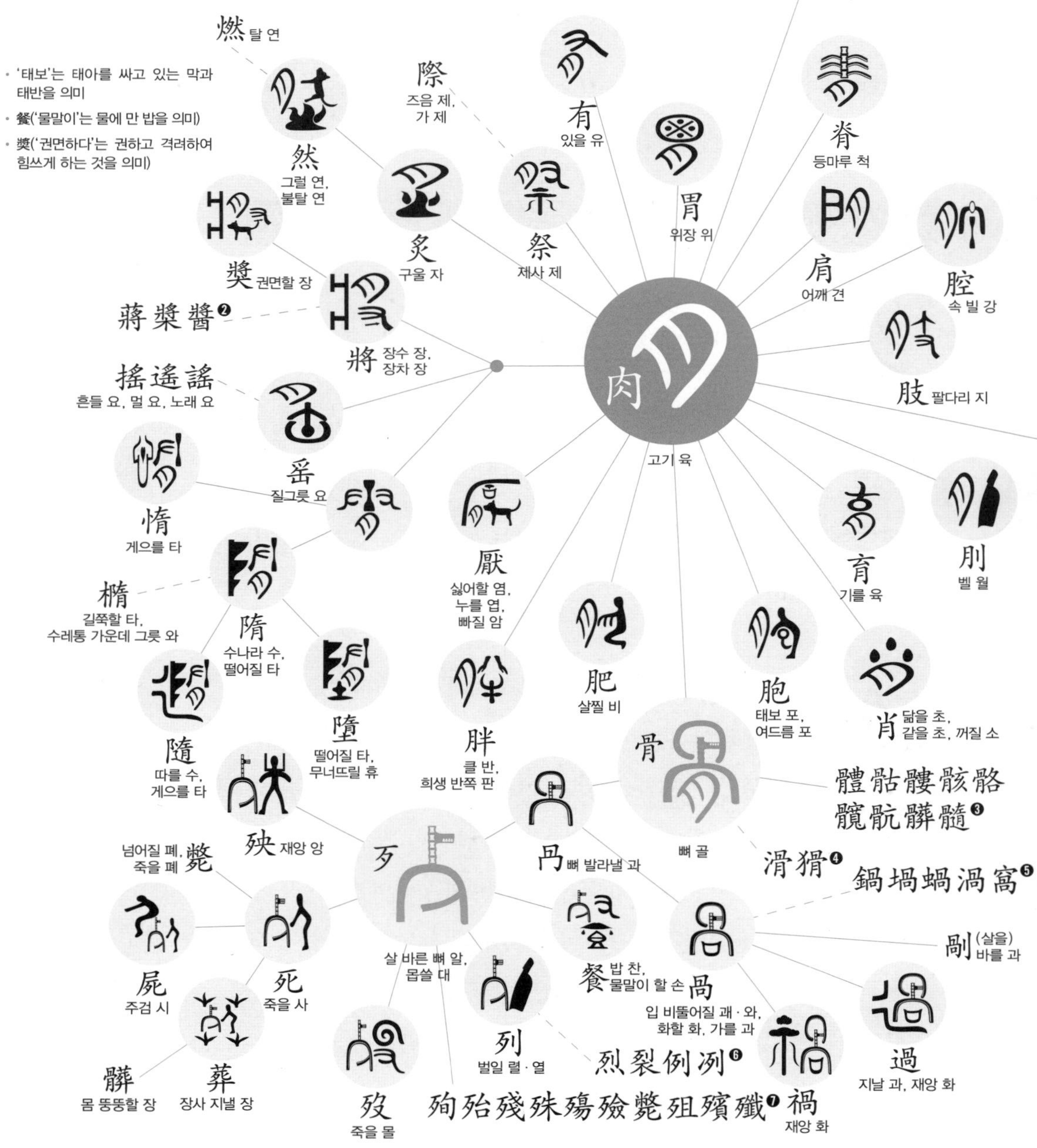

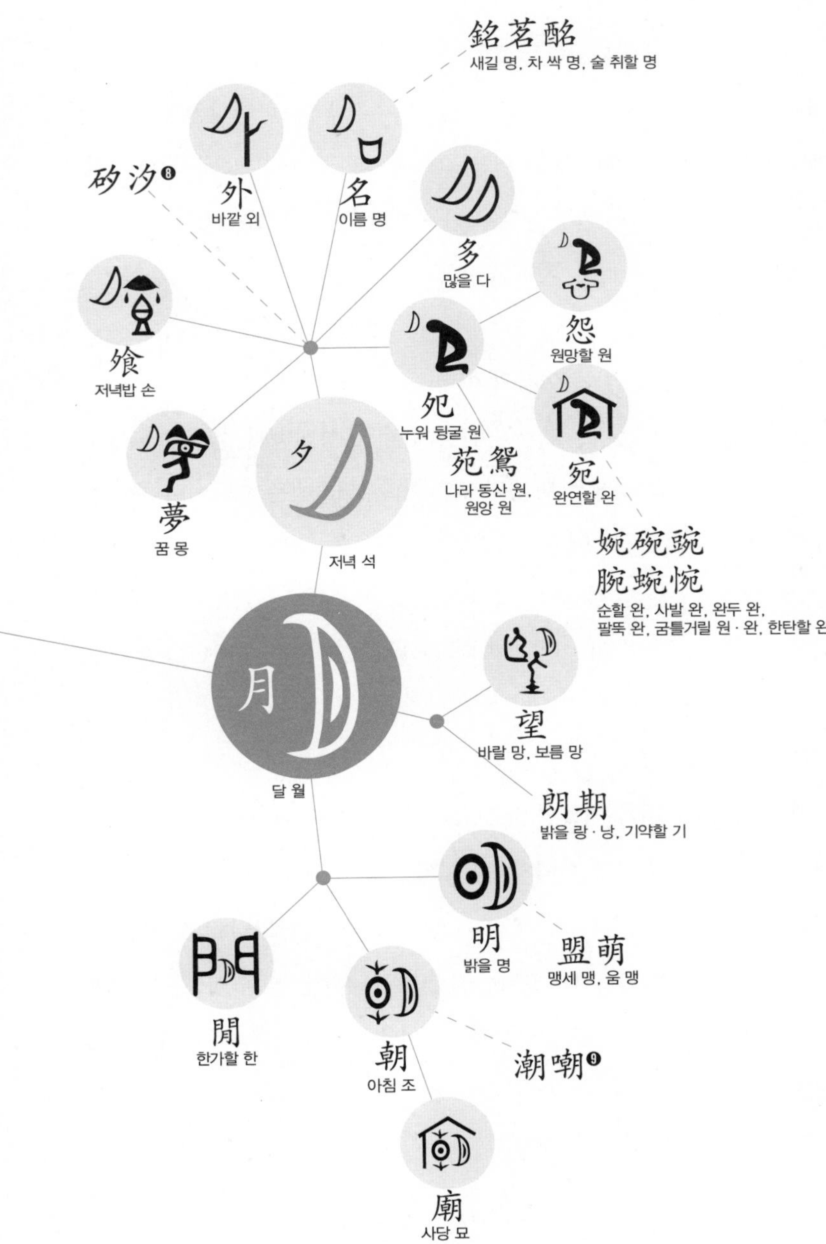

❶ 臟(오장 장), 背(등 배, 배반할 배), 腑(육부 부), 肌(살가죽 기), 腱(힘줄 건·근), 肝(간 간), 肋(갈빗대 륵·늑), 肺(허파 폐), 腎(콩팥 신), 膽(쓸개 담), 膀(오줌통 방), 胱(오줌통 광), 腸(창자 장), 胰(등심 이), 肛(항문 항·홍), 肚(배 두), 腹(배 복), 臍(배꼽 제), 腰(허리 요), 胸(가슴 흉), 脯(포 포, 회식할 보. '포'는 얇게 저미어서 양념을 하여 말린 고기를 의미), 膛(뚱뚱할 당), 膈(가슴 격), 膜(막 막), 胳(겨드랑이 각), 膊(팔뚝 박), 臂(팔비), 脅(옆구리 협, 위협할 협), 腋(겨드랑이 액), 腕(팔뚝 완), 股(넓적다리 고), 肱(팔뚝 굉), 胯(사타구니 고·과), 腿(넓적다리 퇴), 膝(무릎 슬), 脚(다리 각), 胚(임신할 배), 胎(아이 밸 태), 腦(뇌 뇌), 臉(뺨 검), 脣(입술 순, 꼭 맞을 민), 膚(살갗 부), 朣(달 뜰 동), 胴(큰창자 동, 몸통 동), 脂(기름 지), 肪(살찔 방), 膏(기름 고, 살찔 고), 腺(샘 선), 脈(맥 맥, 줄기 맥), 腮(뺨 시·새), 肴(안주 효), 腥(비릴 성), 膩(기름질 니·이), 膿(고름 농), 腐(썩을 부), 膾(회 회), 膳(반찬 선, 선물 선), 脩(포 수), 脫(벗을 탈), 膠(아교 교), 臃(부스럼 옹), 腫(종기 종), 膨(부풀 팽), 脹(배부를 창, 창자 장), 腴(살찔 유), 胭(목구멍 인, 연지 연), 臘(섣달 랍·납, 납향 랍·납. '납향'은 납일에 지내는 제사를 의미한다. 중국에서 납일은 세 번째 술일(戌日) 또는 진일(辰日) 등으로 시대마다 달랐다.)

❷ 蔣(성씨 장, 줄 장), 槳(상앗대 장), 醬(장 장)

❸ 體(몸 체), 骷(해골 고), 髏(해골 루·누), 骸(뼈 해), 骼(뼈 격·가), 髖(허리뼈 관), 骯(살찔 항), 髒(몸 뚱뚱할 장), 髓(골수 수)

❹ 滑(미끄러울 활, 익살스러울 골), 猾(교활할 활)

❺ 鍋(노구솥 과), 堝(도가니 과. '도가니'는 쇠붙이를 녹이는 그릇을 의미), 蝸(달팽이 와), 渦(소용돌이 와, 강 이름 과), 窩(움집 와)

❻ 烈(매울 열·렬, 세찰 열·렬), 裂(찢을 열·렬), 例(법식 례·예), 洌(맑을 렬·열, 찰 렬·열, 거셀 례·예)

❼ 殉(따라 죽을 순), 殆(거의 태, 위태할 태), 殘(잔인할 잔, 남을 잔), 殊(다를 수, 죽일 수), 殤(일찍 죽을 상), 殮(염할 렴·염), 斃(넘어질 폐, 죽을 폐), 殂(죽을 조), 殯(염할 빈, 빈소 빈), 殲(다 죽일 섬)

❽ 矽(규소 석, 석비레 석), 汐(조수 석)

❾ 潮(밀물 조, 조수 조), 嘲(비웃을 조)

수량이 많거나 초과되었다는 의미가 파생되었다. 관련 단어로는 다심(多心, 마음이 놓이지 않아 지나치게 생각하거나 걱정함), 번다(繁多, 번거롭게 많음을 뜻하는 '번다하다'의 어근), 다원(多元, 근원이 많음) 등이 있다. '多'의 뜻에서 파생된 한자는 够(모을 구), 夥(많을 과·화), 移(옮길 이) 등이 있다.

名 이름 명

míng

밤( )에 이름과 이력을 보고하다( )

'名'은 옛 중국인이 밤에 서로 상대방의 신분을 확인하던 것에서 파생된 한자이다. 고대에는 지금처럼 사람들의 신변이 잘 보호되지 않았다. 그래서 칠흑같이 어두운 밤에 누가 집에 찾아오면 주인은 일단 "누구시오?"라고 물었고, 상대방의 이름과 이력을 듣고 그가 적이 아니라 친구인 것을 확인하면 안심했다.

갑골문 , 금문 및 전서 는 두 사람이 캄캄한 밤( )에 만났을 때 서로 자기 이름을 보고하는( ) 것을 나타내는 '夕(저녁 석)'과 '口(입 구)'로 구성된 회의자이다. '이름을 보고하다'라는 원래 뜻에서 호칭, 명성 등의 의미가 생겼다. 관련 단어로는 명명(命名, 사람·사물·사건 따위에 이름을 지어 붙임), 지명(地名, 지역·지방의 이름), 명성(名聲, 세상에 알려진 좋은 평판), 명인(名人, 어떤 분야에서 재능이 뛰어나 유명한 사람) 등이 있다. '名'의 소리에서 파생된 한자는 銘(새길 명), 茗(차 싹 명), 酩(술 취할 명) 등이 있다.

外 바깥 외
wài

밤( )에 일어나 점( )을 치다

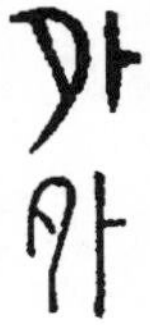

금문 및 전서 는 '夕(저녁 석)'과 '卜(점 복)'으로 구성된 회의자로, 한밤중에 일어나 점을 치는 것을 나타낸다. 상(商)나라 후기에 군왕은 중대한 일이 있을 때마다 첨을 치고 하늘에 뜻을 물었다. 점을 치는 의식은 주로 낮에 진행되었지만 변방에 중대한 사건이 일어났을 때, 요컨대 적이 급습했을 땐 야밤이라도 급하게 점을 쳐서 하늘의 뜻을 알아보는 수밖에 없었고, 이것에서 변방의 의미가 파생되었다. 관련 단어로는 외국(外國, 자기 나라가 아닌 다른 나라), 외빈(外賓, 외부 또는 외국에서 온 귀한 손님), 외표(外表, 겉에 드러난 풍채, 사물의 표면) 등이 있다.

금
전

夢 꿈 몽
mèng

밤( )이 되면 눈꺼풀이 아래로 쏟아지는 사람( )

갑골문 은 '牀(평상 상,)'과 '눈꺼풀이 아래로 쏟아져 손으로 머리를 떠받들고 있는 사람'으로 구성되었고, 전서 , 는 '눈꺼풀이 아래로 쏟아지는 눈', '人(사람 인)' '夕(저녁 석)'으로 구성되었다. 모두 '밤'에 '사람( )'이 '눈꺼풀을 닫은 채' 서서히 꿈에 빠지는 것을 표현했다. 번체자(중국에서 전통적으로 써오던 기존 한자의 정자)인 '夢'이 간체자(현대 중국에서 번체자를 간단하게 만든 한자)인 '梦'으로 변하는 과정에서 꿈을 꾸는 사람은 사라졌다.

갑
전

 전

飧 저녁밥 손

sūn

저녁밥을 먹다

저녁밥을 먹는 것을 표현한 전서 는 '夕(저녁 석,)'과 '食(밥 식, 먹을 식, 먹이 사(이하 밥 식, 먹을 식),)'으로 구성된 회의자이다.

달빛을 의미하는 한자

 갑

 금 전

明 밝을 명

míng

'해'(日날 일,)와 '달'(月달 월,)이 어둠을 환하게 밝히다

'明'에서 빛, 명료함의 의미가 파생되었고, 광명(光明, 밝고 환함), 명백(明白, 의심할 바 없이 아주 뚜렷함을 뜻하는 '명백하다'의 어근), 실명(失明, 눈이 멂) 등의 단어에 쓰인다. 옛 중국인에게 해와 달은 일상생활에 꼭 필요한 빛의 근원이었다.

 갑 금 전

朝 아침 조

zhāo 또는 cháo

'태양'()은 이미 '풀'숲() 위에 떠올랐으나 '달'()은 아직 지지 않은 새벽녘의 모습

갑골문 은 태양은 이미 풀숲 위에 떠올랐지만 달은 여전히 하늘가에 떠 있는 것을 묘사했다. 하지만 금문 에선 (月달 월)이 (흐르는 물)로 바뀌었고, 전서 에선 이것이 다시 '舟(배 주,)'로 바뀌었다가 예서(隸書, 노예처럼 천한 일을 하는 사람도 쉽게 이해할 수 있게 전서를 간략하게 만든 서체)에서 다시 원래의 '月'로 돌아갔다. '朝'는 조양(朝陽, 아침 해), 조회(朝會, 학교나 관청 따위에서 아침에 모든 구성원이 한자리에 모이는 일, 모든 벼슬아치가 정전에 모여 임금에게 문안드리고 정사를 아뢰던 일) 등에 쓰인다. 주(周)나라 때 모든 관원이 해가 뜨기 전에 입궐해 군왕과 국사를 논한 것을 '상조(上朝shàngcháo, 입궐하여 임금을 뵙고 정사를 의논함을 의미하는 중국어)' 또는 '조조(早朝zǎocháo, 옛날 군왕의 조회를 의미하는 중국어)'라고 불렀고 이른 아침부터 국사를 논하던 장소를 '조정(朝廷)'이라고 불렀다. 이른 아침에 군왕을 알현한 것은 '조현(朝見)'이라고 불렀다.

廟 사당 묘

miào

금

전

천자를 '조( )'현하는 곳(, 广집 엄, 넓을 광, 암자 암). '广'은 광장, 처마밑, 복도 같은 활동 공간을 가리킨다

'廟'는 원래 천자와 제후가 국사를 논하는 장소를 가리켰다. 《예기(禮記)》에 "천자는 대묘의 대실에 거처한다"라는 말이 나오는데 당시에 왕궁의 전전(前殿, 천자가 거처하는 궁전)을 '廟', 후전(後殿, 후궁이나 궁녀가 살던 궁전)을 '寢(잘 침)'이라고 불렀다. 고대에 이른바 '묘당(廟堂, 종묘와 명당을 아울러 이르는 말)'은 "조정의 높은 벼슬자리에 있을 땐 그 백성의 삶을 걱정하라"라는 범중엄(范仲淹, 중국 북송 때의 정치가, 학자)의 말에서 알 수 있는 것처럼 나라의 정치를 하는 곳, 곧 조정을 의미했다. 《육서고(六書故)》에는 "궁의 앞쪽을 '묘'요, 뒤쪽을 '침'이라고 부른다. 왕궁의 전전, 사대부의 청사가 바로 그것이다"라는 말이 나온다. 고대에 천자와 대신은 국사를 논하기 전에 천신과 조상에게 제를 올렸다. 그래서 후대 사람은 '廟'를 제사를 지내는 곳이라는 의미로 사용하기 시작했다. '廟'는 간체자인 '庙'로 변하는 과정에서 이른 아침에 군왕을 알현하는 개념은 사라지고 일개 마대로 단순해졌다('由말미암을 유'는 입구가 벌어진 마대를 의미한다).

금

전

望 바랄 망, 보름 망

wàng

'땅 위에 서 있는 사람'( )이 '달'( )을 감상하며 여기저기 유'망'(亡망할 망, 없을 무, 이하 망할 망,)하는 가족을 그리워하다('유망하다'는 일정한 거처가 없이 떠돌아다니는 것을 의미한다)

금

전

閒 한가할 한, 사이 간

xián

'달'( )빛이 '문'( )틈 사이로 새어 나오다

밤이 되면 집집마다 창문을 모두 걸어 잠가도 달빛은 여전히 창문 틈으로 새어 든다. '閒'은 원래 틈새, 사이를 뜻했다. 하지만 이 뜻을 가진 한자는 나중에 '해'의 빛이 '문'틈 사이로 새어 들어오는 것을 의미하는 '間(틈 간, 사이 간)'으로 바뀌었고, 간격(間隔, 공간적·시간적으로 벌어진 사이), 무간(無間, 서로 허물없이 가깝다는 뜻을 가진 '무간하다'의 어근) 등의 단어에 활용된다. '閒'은 '바쁜 와중에 잠시 짬을 내다'라는 의미를 파생시켰다. 관련 단어로는 한가(閒暇, 겨를이 생겨 여유가 있다는 뜻을 가진 '한가하다'의 어근), 한치(閒置xiánzhì, '방치하다' '내버려두다'를 의미하는 중국어) 등이 있다.

'肉(고기 육)'에서 파생된 한자

'肉(고기 육)'의 전서는 와 두 개가 있다. 둘 다 갈빗대가 있는 큰 고깃덩어리의 모양을 닮았다. 훗날 은 '肉'으로 변했고, 은 '肉'의 편방(한자의 구성상 왼쪽인 '편(偏)'과 오른쪽인 '방(旁)'을 아울러 일컬음)인 '月(육달월)'이 되었다. '月'이 들어가는 형성자는 臟(오장 장), 背(등 배, 배반할 배), 腑(육부 부), 肌(살가죽 기), 腱(힘줄 건·근), 肝(간 간), 肋(갈비 륵·늑), 肺(허파 폐), 腎(콩팥 신), 膽(쓸개 담), 膀(오줌통 방), 胱(오줌통 광), 腸(창자 장), 胰(등심 이), 肛(항문 항·홍), 肚(배 두), 腹(배 복), 臍(배꼽 제), 腰(허리 요), 胸(가슴 흉), 脯(포 포, 회식할 보), 膛(뚱뚱할 당), 膈(가슴 격), 膜(꺼풀 막, 막 막), 胳(겨드랑이 각), 膊(팔뚝 박, 포 박), 臂(팔 비), 脅(옆구리 협, 위협할 협), 腋(겨드랑이 액), 腕(팔뚝 완), 股(넓적다리 고), 肱(팔뚝 굉), 胯(사타구니 고·과), 腿(넓적다리 퇴), 膝(무릎 슬), 脚(다리 각), 胚(임신할 배), 胎(아이 밸 태), 腦(뇌 뇌), 臉(뺨 검), 肫(광대뼈 순·졸), 脣(입술 순, 꼭 맞을 민), 膚(살갗 부), 朣(달 뜰 동), 胴(큰창자 동, 몸통 동), 脂(기름 지), 肪(살찔 방), 膏(기름 고, 살찔 고), 腺(샘 선), 脈(맥 맥, 줄기 맥), 胼(살갗 틀 변, 굳은살 변), 胝(굳은살 지, 볼기 제), 腮(뺨 시·새), 肴(안주 효), 腥(비릴 성), 膩(기름질 니·이), 膿(고름 농), 腐(썩을 부), 膾(회 회), 膳(반찬 선, 선물 선), 脩(포 수), 脫(벗을 탈), 膠(아교 교), 臃(부스럼 옹), 腫(종기 종), 膨(부풀 팽), 脹(배부를 창, 창자 장), 腴(살찔 유), 胭(목구멍 인, 연지 연), 腆(두터울 전), 臘(섣달 랍·납, 납향 랍·납) 등 매우 많다. 은 '고기' 외에 신체 '기관'의 의미로 자주 쓰인다. 그래서 오장육부, 팔다리와 몸통, 감각 기관을 가리키는 한자는 대부분 '月(육달월)'이 있다.

신체 기관

 전

肩 어깨 견

jiān

'외짝 문'(戶지게 호, '지게'는 옛날식 가옥에서 마루와 방 사이의 문이나 부엌의 바깥문을 의미,)의 회전축 같은 '신체 기관'()

몸통과 팔이 이어지는 부위인 어깨는 민첩하게 움직일 수 있는 것이 마치 문의 회전축 같다.

전

腔 속 빌 강

qiāng

텅 '비어 있는'(空빌 공,) '신체 기관'()

비강, 흉강 등에 쓰인다. 《설문(說文)》은 "'腔'은 안이 텅 빈 것이다"라고 설명했다.

 전

肢 팔다리 지

zhī

몸에서 '갈라져'(支지탱할 지, 가를 지,) 나온 '신체 기관'()

팔과 다리를 의미한다. '肢'에서 '支'는 소리를 나타낸다.

금

전

胃 위장 위

wèi

'밥'(米쌀 미,)을 먹은 것을 '신체 기관'()이 '둘러싸고'() 소화시키다

전서 는 씹어 삼킨 '밥'()을 어느 신체 기관이 '둘러싸고'(□) 있는 것을 나타냈다. 금문 및 전서 는 이것에 '肉(고기 육)'( )을 더해 씹어 삼킨 '밥'을 '신체 기관'이 '둘러싸고' 소화시키는 것을 나타냈다. 《설문》은 "'胃'는 (육부(六府) 중에서 음식물을 받아들이고 소화시키는 작용을 하므로) 곡부(穀府)이다"라고 풀이했다.

脊 등마루 척

jǐ

여러 대의 갈비뼈( )를 지탱하는 '신체 기관'( )

전서 는 갈비뼈가 연이어 있는 '흉추'를 나타내는 윗부분과 아랫부분의 '肉(고기 육)'( )으로 구성된 '신체 기관'을 의미한다. 《설문》은 "'脊'은 등의 뼈이다"라고 설명했다.

전

비만

肥 살찔 비

féi

'고기'(肉 고기 육,)가 많은 '파나라 사람'(, 고대에 파나라 사람이 제사 때 추는 춤인 '파수무'를 추는 자태를 표현한 것. 《한자나무》 1권 제2장의 '巴 꼬리 파, 땅 이름 파, 바랄 파' 편 참조)

胖 클 반, 희생 반쪽 판

pàng 또는 pán 또는 pàn

고대에 제사 때 사용한 '반쪽'( )짜리 짐승 고기( )

'胖'은 제물로 바친 짐승이 너무 커서 반으로 쪽 가른 것을 묘사했다. 이것에서 몸집이 매우 크다는 의미가 생겨났고, 비반(肥胖, 살이 쪄서 몸이 뚱뚱한 것을 의미하

전

는 '비반하다'의 어근), 심관체반(心寬體胖, 마음이 너그러우면 몸이 편히 살찌는 것을 의미하는 사자성어) 등의 단어에 쓰인다. 《설문》은 "'胖'은 반쪽자리 고기이다"라고 설명했다.

半 반 반

bàn

'소'(牛,) 한 마리를 '가르다'(分나눌 분,)

有 있을 유

yǒu

'손'(手손 수,)에 '고기'(肉고기 육,)를 한 덩어리 쥐고 있다

祭 제사 제

jì

'손'(手손 수,)에 '고기'(肉고기 육,)를 들고 '신'(, 示보일 시)에게 바치다

제단(祭壇, 제사를 올리거나 미사를 드리는 단), 제사(祭祀, 신령이나 죽은 사람의 넋에 음식을 바치어 정성을 나타냄. 또는 그런 의식), 헌제(獻祭, 제사를 드림), 제품(祭品, 제사에 쓰는 음식물) 등의 단어에 쓰인다.

厭 싫어할 염, 누를 엽, 빠질 암

yàn

'개'(, 犬개 견)가 '감'미로운(甘달 감,) '고기'(肉고기 육,)를 들고 산'기슭'(, 厂기슭 엄·한, 공장 창)에 가다

'厭'은 배불리 먹은 개가 남은 고기를 물고 산기슭에 가는 모습을 묘사했다. 개의 이런 행동은 크게 두 가지 의미를 낳았다. 탐득무염(貪得無厭, 욕심이 끝이 없음을 나타내는 고사성어) 등의 표현에 쓰이는 '만족하다'라는 의미와 염기(厭棄, 싫어서 버림), 염권(厭倦 yànjuàn, '권태를 느끼다' '싫증나다'를 의미하는 중국어), 토염(討厭 tǎoyàn, '싫어하다' '미워하다'를 의미하는 중국어) 등의 단어에 쓰이는 '싫어하다'라는 의미가 그것이다. 금문 은 '개'()가 '입'(口입 구,)에 '고기'(肉고기 육,)를 물고 있는 모습을 표현했고, 전서 는 '입[口]'을 '甘'으로 바꾸고 산기슭이나 강기슭을 의미하는 '厂'()을 덧붙였다. '厭'이 간체자인 '厌'으로 변하는 과정에서 고기(肉)는 사라지고 산기슭에 사는 들개만 남았다.

胞 세포 포, 여드름 포

bāo

'태아를 감싸고'(, 包쌀 포, 꾸러미 포) 있는 '신체 기관'(), 즉 태아를 싸고 있는 태반과 태막

'胞'에서 '包'는 뜻을 나타내는 소리를 나타내는 부분이기도 하다. '胞'는 한 어미의 뱃속에서 태어난 아이, 나아가 동족이라는 의미를 파생시켰고, 포형(胞兄 bāoxiōng, 친형제를 의미하는 중국어), 동포(同胞, 한 부모에게서 태어난 형제자매, 같은 나라 또는 같은 민족의 사람을 다정하게 부르는 말), 세포(細胞, 생물체를 이루는 기본 단위) 등의 단어에 쓰인다.

전

어미의 몸에서 떨어져 나온 혈육

育 기를 육

yù

'갓 태어난 아기'(𠫓)는 어미 '몸'(肉고기 육,)의 일부분이다

(《한자나무》 1권 제1장의 '子아들 자'편 참조)

'骨(뼈 골)'에서 파생된 한자

'骨'의 본자인 (冎뼈 발라낼 과)은 사람의 머리뼈(머리 및 치아)가 가슴뼈에 이어져 있는 모양을 닮았다. 뼈대는 신체 기관이다. 후대 사람은 이것에 '肉'(고기 육,)을 덧붙여 (骨)을 만들었다. 은 골격이 완벽한 상태이지만 사람은 죽으면 부패가 일어나 뼈대와 살점이 흩어진다. 그러자 후대 사람은 머리뼈를 없애고 (歹살 바른 뼈 알, 몹쓸 대)을 만들었다. 살점은 썩어 없어지고 뼈만 남은 것을 의미하는 '歹'은 죽음을 의미하는 한자에 많이 쓰인다.

금

전

骨 뼈 골

gǔ

'신체 기관'()을 지탱하는 '골격'()

'骨'은 중요한 부수이다. '骨'의 뜻에서 파생된 형성자는 體(몸 체), 骷(해골 고), 髏(해골 루·누), 骸(뼈 해), 骼(뼈 격·가), 髖(허리뼈 관), 骯(살찔 항), 髒(몸 뚱뚱할 장), 髓(골수 수), 骰(주사위 투, 허벅다리 투) 등이 있다. '骨'이 들어가는 한자는 모두 뼈와 관계있다.

冎 뼈 발라낼 과

guǎ

‘뼈대’( )에서 ‘살’( )을 도려내다. 살점이 없는 뼈

‘冎’는 현재 ‘剮(바를 과)’로 바뀌었다. ‘剮’는 ‘칼’로 ‘뼈대’에 붙은 살점을 발라내는 것을 의미하고, 천도만과(千刀萬剮, 칼로 죄인의 몸에 있는 살을 일일이 베어내 죽이는 형벌) 등의 표현에 쓰인다. 《설문》은 “‘冎’는 사람의 살을 도려내고 뼈만 남겨둔 것을 나타내는 상형자(사물의 모양을 본떠 만든 한자)이다. 머리의 튀어나온 뼈를 말한다”라고 풀이했다.

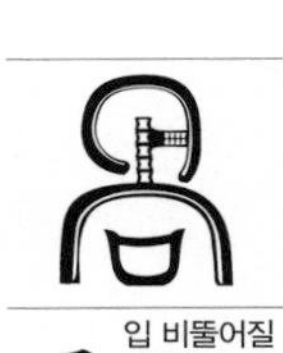

咼 입 비뚤어질 괘·와, 화할 화, 가를 과

wāi

살이 없어( ) 양 볼이 폭 파인 사람의 입( )

입이 비뚤어졌다는 원래의 뜻에서 곧지 않고 비뚤비뚤하다는 의미가 생겼다. ‘咼’의 독음에서 파생된 한자는 過(지날 과, 재앙 화), 鍋(노구솥 과), 堝(도가니 과, ‘도가니’는 쇠붙이를 녹이는 그릇을 의미), 蝸(달팽이 와), 渦(소용돌이 와, 강 이름 과), 窩(움집 와), 萵(상추 와) 등이 있다. 《설문》은 “‘咼’는 입이 비뚤고 바르지 않은 것이다”라고 설명했다.

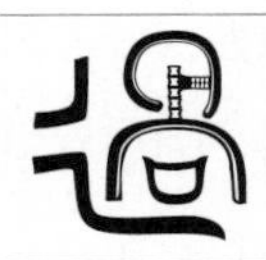

過 지날 과, 재앙 화

guò

나그네가 ‘지나간’( ) ‘구불구불’한( ) 길

금문 , 은 나그네가 지나간 길이 마디마디 연결된 뼈( )처럼 서로 이어져 있는 것을 표현했다. ‘過’는 이미 지나간 길이라는 본뜻에서 ‘(지역이나 시기의 한계를)

뛰어넘다’ ‘이미 발생했다’의 의미를 파생시켰고 경과(經過, 시간이 지나감, 어떤 단계나 시기·장소를 거침, 일이 되어가는 과정), 과계(過繼 guòjì, ‘(형제나 친척의 아들을) 양자로 삼다’를 의미하는 중국어), 과착(過錯 guòcuò, 잘못을 의미하는 중국어) 등에 쓰인다. 전서 는 뼈를 ‘咼(입 비뚤어질 괘·와, 화할 화, 가를 과)’로 바꿔 나그네가 지나간 구불구불한 길을 표현했다. ‘過’에서 ‘咼’는 소리를 나타낸다.

전

禍 재앙 화

huò

사람이 행동거지가 바르지 않아( ) ‘신’( )이 내린 재앙을 받다

‘禍’의 간체자는 ‘祸’이다.

갑

전

歹 살 바른 뼈 알, 몹쓸 대

dǎi

남은 뼈

머리뼈가 제거되고 갈비뼈가 부러진 모양과 비슷한 갑골문 및 전서 는 사람이나 짐승이 죽고 앙상하게 남은 뼈를 의미한다. 남은 뼈라는 원래의 뜻에서 ‘재해나 나쁜 일을 당하다’라는 의미가 파생되었고, 대운(歹運 dǎiyùn, 불운을 의미하는 중국어), 대도(歹徒 dǎitú, 악당, 나쁜 사람을 의미하는 중국어), 위비작대(為非作歹 wéifēizuòdǎi, 온갖 나쁜 짓을 저지름을 의미하는 중국어) 등에 활용된다. ‘歹’의 뜻에서 파생된 한자는 死(죽을 사), 歿(죽을 몰), 餐(밥 찬, 물말이 할 손), 列(벌일 렬·열) 등이 있다. 《설문》은 "'歹(𣦼)'는 뼈와 살이 분해되고 남은 동물의 뼈다. 한자의 꼴은 '冎'를 반으로 쪼갠 모양과 비슷하다"라고 설명했다.

歿 죽을 몰

mò

사람이 물속에 '가라앉아'(㲼빠질 몰, 가라앉을 몰) '뼈만 남다'

'歿'은 '사망하다'라는 뜻을 낳았다. 고대에 황허 강이나 양쯔 강이 범람하면 집과 논밭이 불어난 물에 잠기는 것은 기본이고 사람도 숱하게 물에 휩쓸려 죽었다.

沒 빠질 몰, 가라앉을 몰

méi 또는 mò

'소용돌이치는' '물'(水물 수)에 물건이 빠졌지만 '손'(手손 수)으로 건질 수 없다

'沒'은 '사라져서 보이지 않다'라는 원래의 뜻에서 두 가지 의미가 파생되었다. 첫째는 몰유(沒有méiyǒu, '없다' '~에 이르지 못하다'를 의미하는 중국어), 몰반법(沒辦法méibànfǎ, '방법이 없다'를 의미하는 중국어) 등에 쓰이는 '없다'라는 의미이고, 둘째는 침몰(沈沒), 은몰(隱沒, 자취를 감추거나 흩어져 없어짐), 엄몰(淹沒, 물속에 가라앉음) 등에 쓰이는 '사라지다'의 의미이다.

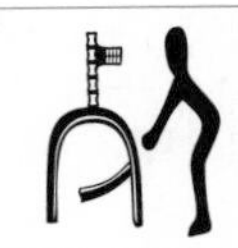

死 죽을 사

sǐ

'사람'(人사람 인)의 혼백이 떠나고 한 무더기의 '잔해'만 남다

(《한자나무》 1권 제2장의 '누운 사람(尸시체 시)' 편 참조)

屍 시체 시

shī

'옆으로 눕혀진'( ) '죽은'(死죽을 사,) 사람. 즉 죽은 사람의 몸

전

葬 장사 지낼 장

zàng

'죽은'(死죽을 사,) 사람을 땅에 묻은 뒤에 그 자리를 '풀'(, 茻우거질 망)로 덮어 가리다

전

전

列 벌일 렬 · 열

liè

제물로 바쳐진 짐승의 '잔해'(, 歹살 바른 뼈 알, 몹쓸 대)를 '칼'(刀칼 도,)을 사용해서 차례대로 나눈 뒤에 가지런히 줄지어 놓다

'列'은 '진열하다' '분류하다' '옆으로 배열하다' '매우 많다'의 의미를 낳았고, 배열(排列, 일정한 차례나 간격에 따라 벌여놓음), 열거(列擧, 여러 가지 예나 사실을 낱낱이 죽 늘어놓음), 진열(陳列, 여러 사람에게 보이기 위하여 물건을 죽 벌여놓음), 열국(列國, 여러 나라) 등에 쓰인다. 옛 중국인은 소나 양을 제물로 바쳤는데, 제사가 끝나면 군왕이나 제후는 제물로 바쳐진 짐승을 여러 덩어리로 나누어 종친이나 대신에게 나누어줬다. '列'은 제물을 낱낱으로 나누는 광경을 묘사한 것이고, '飱(밥 찬, 물말이 할 손)'은 그 고기를 먹는 광경을 묘사한 것이다.

餐 밥 찬, 물말이할 손

cān

'손'( )으로 '남은 뼈'( )를 잡고 '먹다'( )

고기를 삭 발라서 한끼 식사를 마치고 뼈만 앙상하게 남은 것을 나타낸다. '餐'은 한끼 식사라는 의미를 낳았고 오찬(午餐, 보통 때보다 잘 차려 먹는 점심 식사), 찬청(餐廳 cāntīng, '식당'을 의미하는 중국어) 등으로 활용된다.

餐 전

'月(달 월)'로 바뀐 한자

고대에 어떤 한자는 '舟(배 주)' '丹(붉을 단, 정성스러울 란·난)'의 자형을 닮거나 의미를 가졌었다. 하지만 훗날 서체가 예서로 변하는 과정에서 보기도 좋고 쓰기도 편하도록 '舟'와 '丹'은 단순하게 '月'로 바뀌었다. 예컨대 前(앞 전), 俞(대답할 유, 나라이름 수), 朕(나 짐), 勝(이길 승), 服(옷 복) 등은 '舟'가 '月'로 바뀐 것이고, 青(푸를 청)이나 '青'에서 파생된 한자는 '丹'이 '月'로 바뀐 것이다. 이 밖에 '朋(벗 붕)'은 원래 떼를 지어 날아가는 한 무리의 철새를 의미했고 자형 역시 철새 무리의 모습과 비슷했지만 후대에 '月'을 중첩해서 쓰는 것으로 바뀌었다.

'舟(배 주)'가 '月(달 월)'로 바뀐 한자 月

'舟'의 갑골문 , 금문 , 전서 , 月는 모두 한 척의 배와 생김

渝(변할 투·유)
瑜(아름다운 옥 유)
楡(누릅나무 유)
踰(넘을 유, 멀 요)
覦(넘겨다볼 유)
愈(나을 유, 구차할 투)
喩(깨우칠 유)
諭(타이를 유)
癒(병 나을 유)
輸(보낼 수)
逾(넘을 유, 구차스러울 투)

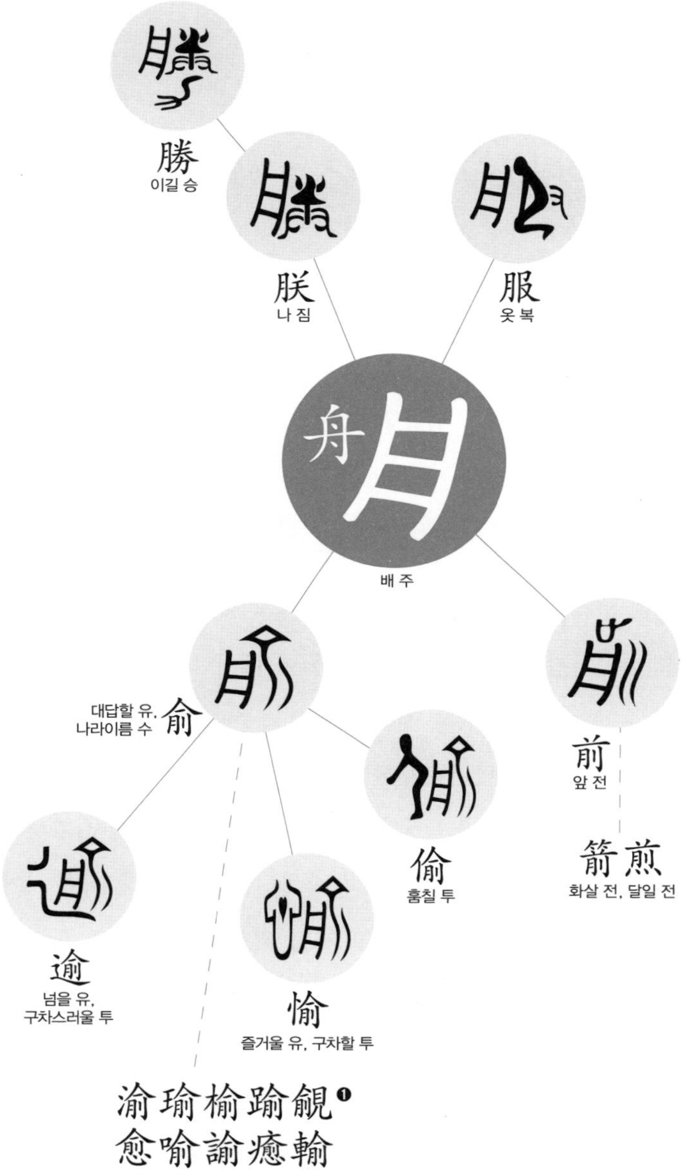

새가 비슷하다. '舟'에서 파생된 한자는 대부분 '배'의 의미가 있다. 하지만 '舟'가 들어간 많은 고대 한자는 예서를 쓰는 과정에서 원래의 의미는 사라지고 '月'로 단순하게 변했다. 前(앞 전), 俞(대답할 유, 나라이름 수), 朕(나 짐), 勝(이길 승), 服(옷 복)이나 이들 한자에서 파생된 한자가 대표적인 예이다.

前 앞 전

qián

한 척의 '배'( )가 '물의 흐름'( )을 따라 빠르게 '나아가다'(, 止발 지, 그칠 지). 은 한쪽 발바닥이다('止' 편 참조)

'止'와 '舟'로 구성된 회의자인 갑골문 및 금문 은 배가 앞으로 나아가는 것을 나타냈고, 전서 는 '물의 흐름'( )을 더해 '배'( )가 '물의 흐름'을 따라서 '나아가는'( ) 것을 나타냈다. 예서는 한자를 보기 좋고 편하게 쓰도록 '舟'를 '月'로 바꾸고 '물의 흐름'을 '刀(칼 도)'로 바꾸는 바람에 원래의 뜻이 사라졌다. '前'은 '앞으로 나아가다'라는 의미를 낳았고 전진(前進, 앞으로 나아감), 전도(前途, 앞으로 나아갈 길, 장래) 등의 단어에 쓰인다. 《설문》은 '前'에 대해서 "걷지 않아도 나아갈 수 있는 것을 '前'이라고 부른다. 배 위에 선 채 두 발을 꼼짝 않고 있는 것이다"라고 설명했다.

갑 금 전

朕 나 짐

zhèn

양손( )에 '횃불'( )을 들고 '배'( ) 옆에 가서 배를 점검하고 수리하다

일정 기간 사용한 배는 곳곳이 망가지고 물이 새어 자

갑 금 전

칫 잘못하면 가라앉을 수 있다. 따라서 강물이나 바닷물에 배를 띄우기 전에 반드시 점검하고 수리해야 한다. 갑골문 및 금문 은 '양손'에 '막대기 모양의 물건'을 들고 '배' 옆에 있는 것을 나타냈다. 또다른 금문 은 '사람'이 '배' 옆에 있는 것을 표현했다. 전서 는 '양손'에 '횃불'을 들고 '배' 옆에 가서 배에 물이 새는지 점검하는 것을 나타냈다. '朕'은 두 가지 의미를 파생시켰다. 첫째는 징조 또는 배의 갈라진 곳이고, 둘째는 '나'이다. 횃불을 들고 배를 점검하는 사람이 다른 누구도 아닌 바로 '나'라는 것이다. 고대 중국에서 '朕'은 자신을 지칭하는 말이었으나 진시황 이후 황제가 자신을 지칭하는 말로 바뀌었다. 《대진·고공기도(戴震·考工記圖)》는 "배의 갈라진 곳을 '朕'이라고 말한다", 《설문》은 "'朕'은 나이다", 《장자·응제왕주(莊子·應帝王註)》는 "'朕'은 조짐이다"라고 설명했다. '朕'과 비슷한 개념으로 구성된 한자로는 '送(보낼 송)'이 있다.(제8장의 '送'편 참조) '送'( )은 '양손'에 '횃불'을 들고 '길을 걸으며' 타인을 호송하는 것이다.

勝 이길 승

shèng

강하고 '힘'(力힘 력·역,)이 있는 사람만이 비로소 '왕'(, 朕나 짐)이라고 불릴 수 있다

'勝'에서 파생된 의미는 '얻다' '쟁취하다'이다. 득승(得勝, 싸움이나 경쟁에서 승리함), 승임(勝任shèngrèn, '맡은 직책이나 임무를 능히 감당하다'를 의미하는 중국어), 승리(勝利, 겨루어 이김) 등의 단어에 활용된다.

'勝'의 전서 는 어쩌면 자신을 '짐(朕)'이라고 지칭한 진시황이 만든 한자일 수도 있다. '勝'이 묘사하는 인물이 딱 진시황이기 때문이다. 진시황 외에 천하를 통일하고 '짐'이라는 칭호를 얻은 강하고 힘이 센 사람이 또 누가 있는가. 춘추전국시대는 제후국이 난립하고 약소국이 강대국의 공격을 받아 멸망하는 일이 자주 일어난 어지러운 시대였다. 이 국면은 5백 년 동안 지속되다가 마지막에 진(秦)나라의 군왕인 영정(嬴政)이 6국을 섬멸하고 천하를 통일하며 막을 내렸다. 영정은 스스로 자신을 '시황제'라고 불렀고, '짐(朕)'을 황제에게만 쓸 수 있는 칭호로 정했다. '勝'의 간체자는 언뜻 '생(生)고기(肉)'라고 이해할 수도 있는 '胜'이다. 간체자로 변하는 과정에서 '왕의 손'을 나타내는 한자는 생략되었다.

俞 대답할 유, 나라이름 수

yú

한 척의 '배'(月)가 물의 흐름을 따라서 가볍고 빠르게 앞으로 미끄러져 나아가다( )

금

전

옛 중국인은 나무를 텅 비게 파내어 만든 독목선(통나무를 파서 만든 작은 배)을 타고 경쾌하게 항해했다. 그래서 허신(許愼, 중국 동한시대의 인물, 《설문해자》의 저자)은 '俞'의 본뜻을 나무를 텅 비게 파내어 만든 독목선이라고 생각했다. 금문 은 '물의 흐름'( )을 따라서 가볍고 빠르게 '앞으로 미끄러져 나아가는' 사물을 묘사했고, 또다른 금문 은 '舟(배 주)'를 덧붙여 한 척의 배가 '물의 흐름'을 따라서 경쾌하게 '앞으로 미끄러져 나아가는' 것을 표현했다. 전서 는 금문에서 필순만 조금 바꿨다. 하지만 예서는 '舟'가 '月(달 월)'로 바뀌고 '물의 흐름'이 '刀(칼 도)'로 바뀌어 원래의 뜻을 찾을 수 없게 되었다. 가볍고 빠른 배라는 '俞'의 본뜻에서 '병이 낫다' '허락하다'라는 의미가 생겼다. '俞'는 평소에 자주 쓰이는 한자는 아니지만 偷(훔칠 투), 愉(즐거울 유, 구차할 투), 渝(변할 투·유), 瑜(아름다운 옥 유), 榆(누릅나무 유), 愈(나을 유, 구차할 투), 喻(깨우칠 유), 諭(타이를 유), 癒(병 나을 유), 輸(보낼 수) 같은 많은 한자를 파생시켰다.

偷 훔칠 투

tōu

'빠른 배'()처럼 행동하는 '사람'()

愉 즐거울 유, 구차할 투

yú

'심'정()이 경쾌하게 항해하는 '빠른 배'()와 같다

逾 넘을 유, 구차스러울 투

yú

항해(, 辶 쉬엄쉬엄 갈 착)중인 '빠른 배'()가 목적지를 지나치다

'丹(붉을 단, 정성스러울 란·난)'이 '月(달 월)'로 바뀐 한자

예로부터 '丹'과 '靑(푸를 청)'은 그림을 그리거나 중요한 문서를 작성할 때 자주 쓰는 색소였다. 또한 긴 세월이 지나도 색이 잘 바래지 않는 특성이 있어 충정과 진실함에 자주 비유되었다. 이 밖에 '단청(丹靑)'이나, '역사책'을 의미하는 '청사(靑史)' 등에 쓰인다.

丹 붉은 단, 정성스러울 란·난

dān

땅에서 캔 '광석'을 '틀'(凡, 凡무릇 범)에 넣고 오랜 시간 가열해서 주홍색 색소를 추출할 준비를 하다

'丹'은 붉은색 염료이다. 옛 중국인은 붉은색 염료를 평범한 사람도 신선으로 만들어주는 묘약이라고 생각했다. 凡은 '凡(무릇 범)'의 옛 한자이다. 하지만 이것을 '井(우물 정)'으로 해석하는 학자들도 적지 않은데, 이들은 '丹'을 우물을 파고 주사(수은으로 이루어진 황화 광물)를 캐는 것이라고 풀이한다. '凡'은 원래 틀이 있는 사물을 의미한다.(제7장의 '凡'편 참조)

갑 금 전

靑 푸를 청

qīng

'무성한 식물'(生, 같은 색깔)의 '염료'(丹, 丹붉을 단)

'靑'은 푸른색이라는 원래의 뜻에서 '젊다' '무성하다' 등의 의미가 생겼다. 청춘(靑春), 청섭(靑澀 qīngsè, '단순하고 순수하다' '풋풋하다'를 의미하는 중국어) 등의 단어에 활용된다. '靑'의 독음에서 파생되어 일상에서 자주 쓰이는 한자는 淸(맑을 청), 蜻(잠자리 청), 鯖(청어 청, 잡회 정), 氰(시안 청. '시안(사이안)'은 수은, 은, 금 따위의 사이안화물을 열분해할 때에 생기는 무

갑 전

색의 기체), 情(뜻 정), 晴(갤 청), 請(청할 청), 精(정할 정, 찧을 정), 睛(눈동자 정), 菁(우거지 청, 순무 정), 靜(고요할 정), 竫(편안할 정), 倩(남자의 미칭(美稱) 천, 사위 청), 猜(시기할 시·채), 靛(청대 전. '청대'는 '쪽으로 만든 검푸른 물감'을 의미) 등이 있다. 훗날 예서는 '丹(붉을 단)'을 '月(달 월)'로 바꿨는데, '月'은 '靑'의 본뜻과 전혀 관계가 없다.

'朋(벗 붕)' – 무리를 이루고 날아가는 기러기떼가 '月'로 바뀌다

'朋'의 갑골문 은 줄에 꿴 두 쌍의 조개껍데기가 서로 이어져 있는 모양이고, 또다른 갑골문 은 줄에 꿴 두 쌍의 조개껍데기를 사람이 손으로 잡고 있는 모양이다. 상주(商周)시대에 조개껍데기는 화폐로 쓰였고 '朋'은 이 화폐를 세는 단위였다. 그러면 조개 화폐로 1붕은 얼마였을까? 《한서(漢書)》의 기록에 따르면 두 개의 조개 화폐가 1붕이었다. 하지만 '朋'의 옛 한자를 참고할 때 줄에 꿴 두 쌍의 조개껍데기를 1붕으로 보는 것이 더 합리적이다. 그러면 다시 궁금증이 생긴다. 과연 한 줄에 몇 개의 조개껍데기가 꿰여 있어야 할까? 세 개라고 말하는 학자도 있고 다섯 개라고 말하는 학자도 있고, 의견이 분분하다. 거북 껍데기에 새겨진 갑골 복사(卜辭, 점괘를 기록한 글)에 "두 개의 조개 화폐는 1붕으로 교환된다"라는 기록이 있는가 하면 "열 개의 조개 화폐가 1붕이다"라는 기록이 있고, 《한서》에는 "큰 조개 화폐는 100붕이다"라고 나온다. 하지만 진시황이 천하를 통일한 뒤에 당시에 어지럽게 쓰인 6국의 화폐, 예컨대 조개 화폐, 칼 모양의 화폐, 삽 모양의 화폐 등은 동전에 자리를 내줬고, 조개껍데기는 화폐로서의 기능을 잃었다. 진시황이 문자를 통일한 뒤에 만들어진 전서는 (賏, 목치장영)으로 줄에 꿴 두 쌍의 조개껍데기를 표현했고, '朋'은 '새'(,)의 의미로 쓰기 시작했다. 허신은 '朋'을 한 마리의 봉새(봉황)라고 생각하여 "'朋'은 고문에서 봉새이고, 상형자이다"라고 설명했다. 허신이 말한 봉새는 대붕(大鵬)이라고도 불리는데, 선두에서 기러기떼를 이끌고 가는 큰 새를 가리킨다. 그는 "봉새가 날면 새가 무리를 지어 날아가는데 그 수가 수만 마리가 넘는다"라고 말했다. 봉새는 비록 옛 중국인이 허구로 지어낸 신성한 새이지만 철새가 무리를 지어 이동하는 것은 고대에서 흔히 볼 수 있는 광경이었다.

朋 벗 붕

péng

떼를 지어 날아가는 기러기( ). 뜻이 같은 무리

갑 금 전

금문 및 전서 는 선두에 있는 기러기가 '人'(혹은 'V') 대형을 이룬 기러기떼를 이끌고 날아가는 모습을 닮았다. 사실적으로 묘사된 선두에 있는 기러기에 비해 뒤에 있는 기러기들은 일일이 표현되지 않고 가로 획으로 단순하게 표현되었다. 전서 및 는 세월을 거치며 대형의 맨 앞자리에 있는 기러기가 생략되고 필순이 조금 바뀌었다. 예서 이후에는 두 개의 '月'이 나란히 있는 모양으로 더 단순하게 변했다. '같은 뜻을 가진 사람'이라는 의미를 파생시킨 '朋'은 붕우(朋友, 친구), 호붕인반(呼朋引伴 hūpéngyǐnbàn, '뜻이 같은 친구, 동료를 불러모으다'를 의미하는 중국어), 붕당(朋黨, 뜻을 같이한 사람끼리 모인 무리) 등의 단어에 쓰인다. 이 밖에 도 떼를 지어 날아가는 큰 새를 나타낸 것으로, '鵬(봉새

붕, 봉새 봉. '봉새(대붕)'는 하루에 구만 리를 날아간다는 상상의 새이고 '봉새'는 상서로움을 상징하는 중국 전설 속의 새인 봉황을 의미함)'의 옛 한자이다. '朋'의 독음에서 파생된 한자는 棚(사다리 붕), 硼(붕사 붕, 돌소리 평. '붕사(硼砂)'는 붕산나트륨의 결정체를 의미), 崩(무너질 붕), 綳(묶을 붕), 蹦(뛸 붕) 등이 있다.

옛 중국인과 기러기의 가까운 사이를 증명이라도 하는 듯 중국에는 기러기에 관한 고대 한자와 서적이 매우 많다.

전

雁 기러기 안

yàn

사람(人 사람 인,)이 좋아하는 '언덕'( )변에 있는 큰 '새'( )

'雁'의 전서는 , , , 등이 있다. 먼저 은 물가(, 岸 언덕 안)에 서식하는 새( )를, 및 은 언덕변( )에 있는 새( )를 표현했다. 은 사람을 덧붙여 어느 사냥꾼이 잡은 언덕변의 큰 새를 나타냈다.

기러기는 몸집이 큰 철새이다. 해마다 늦가을이 되면 시베리아에서 중국의 남쪽 지역으로 이동해 추운 겨울을 나고 춘분(24절기 중의 하나로 대략 3월 20·21일에 해당함)이 지나면 다시 북쪽 지역으로 돌아간다. 남쪽으로 이동할 때 기러기는 한 번에 수백 수천마리가 떼를 지어 움직인다. 왜 기러기는 혼자 날지 않고 떼를 지어 나는 것을 좋아할까? 힘을 아끼고 더 빨리 날 수 있어서이다. 선두에 있는 기러기가 힘차게 날갯짓을 하면 뒤에 있는 기러기들의 공기 저항력이 줄어들어 비행 효율이 높아진다. 관련 연구에 따르면 떼를 지어 나는 기러기의 비행 속도는 혈혈단신으로 나는 기러기보다 70퍼센트 정도 빠르다. 비행 대형은 '人'자형일 때 공기의 흐름이 가장 좋은데, 실제로 기러기떼는 이 대형을 가장 많이 취한다. 선두에 있는 기러기는 뒤에 있는 기러기보다 체력을 더 많이 써서 서로 돌아가며 선두를 맡는다. 선두에 있는 기러기가 지치면 뒤에 있는 기러기가 앞으로 날아가 새로운 선두가 되는 식이다. 기러기떼는 같은 목표를 갖고 서로서로 힘을 합치고 도우며 다 같이 천리를 이동하는 임무를 완성한다. 떼를 지어 남쪽으로 이동하는 기러기라는 '朋'의 의미에서 훗날 뜻이 같고 마음이 잘 맞는 친구 사이라는 의미가 생겼다. 참 좋은 해석이지 않은가?

고대에 공부를 많이 한 중국인은 예물로 기러기를 준비했다. 매우 영리한데다 무리와 잘 어울리는 상징적인 의미가 있어서이다. '雁'의 쓰임새를 보면 옛 중국인이 기러기를 어떻게 생각했는지 알 수 있다. 먼저 '안행천리(雁行千里, 기러기는 천리를 난다)'에선 철새인 기러기의 습성과 능력을 알 수 있다. '안천(雁天)'은 기러기가 남쪽으로 이동하는 계절 즉 가을을 의미하고, '안노(雁奴)'는 다른 기러기들이 쉴 때 쉬지 않고 경계하는 기러기, '안자(雁字)'는 기러기떼가 나는 대형을 가리킨다. '안서(雁序)'는 기러기가 나는 차례(형제를 비유적으로 이르는 말)를 말하는데, 무리 중의 어떤 기러기가 화살을 맞고 땅에 떨어지는 바람에 나머지 기러기들의 차례가 흐트러지는 것을 '안항실서(雁行失序)'라고 말한다. 옛 중국인은 형제를 잃은 슬픔을 묘사할 때 이 말을 썼다. '어안왕반(魚雁往返)'은 기러기가 철마다 이동하는 것처럼 친한 친구 사이에 편지가 주기적으로 오가는 것을 의미한다.

'心(마음 심)'에서 파생된 한자

(心)은 체내에 있어 구체적으로 묘사하기 어려운 추상적인 신체 기관이다. '心'이 들어가는 한자는 거의 감정, 의지, 사상과 관계있다. 갑골문 은 안쪽 깊숙이 숨겨져 있는 것을 표현했고, 금문  은 사람의 상반신에 점을 하나 찍어 마음이 위치하는 곳을 표현했다. '心'은 주로 심정(心情), 심사(心思), 중심(中心), 양심(良心) 등의 단어에 활용된다. 현대의학은 '心'을 혈액순환을 조절하는 중추 기관(심장)으로 본다. 옛 중국인은 《황제내경(黃帝內經)》에 "'心'은 인체의 혈맥을 주관한다"라고 기록할 정도로 이미 오래전부터 이 사실을 알았다. 이뿐인가. 옛 중국인은 심장과 혈맥이 호흡기를 통해 체내에 들어온 생명의 기운(산소)을 몸속 구석구석까지 전달해주는 작용을 한다는 점도 일찍이 알고 《황제내경》에 "종기(宗氣. 호흡으로 들이마신 하늘의 청기(淸氣)와 음식을 통해 얻은 곡기(穀氣)가 결합해 생긴 기)는 가슴속에 쌓이고 목구멍으로 나오며, 심장을 관통하고 혈관으로 가 기와 혈의 운동을 촉진한다"라고 기록했다. '心'은 혈액순환을 조절하는 생명의 중추 기관이요, 정신이 거하는 곳이다. 《황제내경》에도 "'心'은 생명의 근본이요, 정신이 거하는 곳이다"라고 나온다. 순자(荀子)는 "'心'은 사람의 외부 형태를 결정하는 군왕이요, 정신 상태를 좌우하는 주인이다"라고 말했고, 《예기》는 "온갖 생각을 다 포괄하는 것이 '心'이다"라고 기록했다. 이렇게 '心'은 옛 중국인에게 감정과 의지를 조절하는 추상적인 신체 기관으로 인식되었다.(《황제내경》은 전국시대의 명의가 황제의 이름을 빌려 저술한 중

국의 전통 의학서이다)

'心'에서 파생된 한자는 갑골문과 금문은 극히 적고 전서만 소수 있는 점으로 미루어 주(周)나라 말기에 만들어진 것으로 추정된다. '心'에서 파생된 한자는 대부분 형성자이고, 忖(헤아릴 촌), 想(생각할 상), 悸(두근거릴 계), 惦(염려할 점), 憧(동결할 동, 어리석을 동), 懂(심란할 동), 懸(달 현), 惕(두려워할 척), 怎(어찌 즘), 慮(생각할 려·여, 사실할 록·녹. '사실(寫實)하다'는 사물을 있는 그대로 그림을 의미), 懷(품을 회), 戀(그리워할 련·연), 憶(생각할 억), 惟(생각할 유), 忙(바쁠 망), 快(쾌할 쾌), 怡(기쁠 이), 悅(기쁠 열), 撫(어루만질 무), 慰(위로할 위), 恭(공손할 공), 慕(그릴 모), 懇(간절할 간), 忱(정성 침·심), 感(느낄 감), 應(응할 응), 恰(흡사할 흡), 恢(넓을 회), 恆(항상 항, 반달 긍), 慣(버릇 관), 恃(믿을 시, 어머니 시), 恙(병 양, 근심할 양), 情(뜻 정), 恣(마음대로 자, 방자할 자), 懼(두려워할 구), 怕(두려워할 파, 담담할 백), 忌(꺼릴 기), 憚(꺼릴 탄, 놀랄 달), 怪(기이할 괴), 恐(두려울 공), 怖(두려워할 포), 憾(섭섭할 감, 근심할 담), 懾(두려워할 섭), 悚(두려울 송), 惶(두려워할 황), 慌(어리둥절할 황), 憎(미울 증), 忿(성낼 분), 惱(괴로워할 뇌), 恨(한 한), 憤(분할 분), 慨(슬퍼할 개), 悻(성낼 행), 懊(한할 오, 슬플 욱. '한(恨)하다'는 몹시 억울하거나 원통하여 원망스럽게 생각함을 의미), 悔(뉘우칠 회), 惋(한탄할 완), 惜(아낄 석), 惺(깨달을 성), 憐(불쌍히 여길 련·연, 이웃 린·인), 憫(근심할 민), 慈(사랑할 자), 慚(부끄러워할 참), 愧(부끄러울 괴), 怔(황겁할 정), 愣(멍청할 릉·능), 悽(슬퍼할 처, 바쁠 서), 慘(참혹할 참, 우울해질 조), 惆(실심할 추. '실심(失心)하다'는 근심 걱정으로 맥이 빠지고 마음이 산란해짐을 의미), 悵(원망할 창), 憔(파리할 초), 悴(파

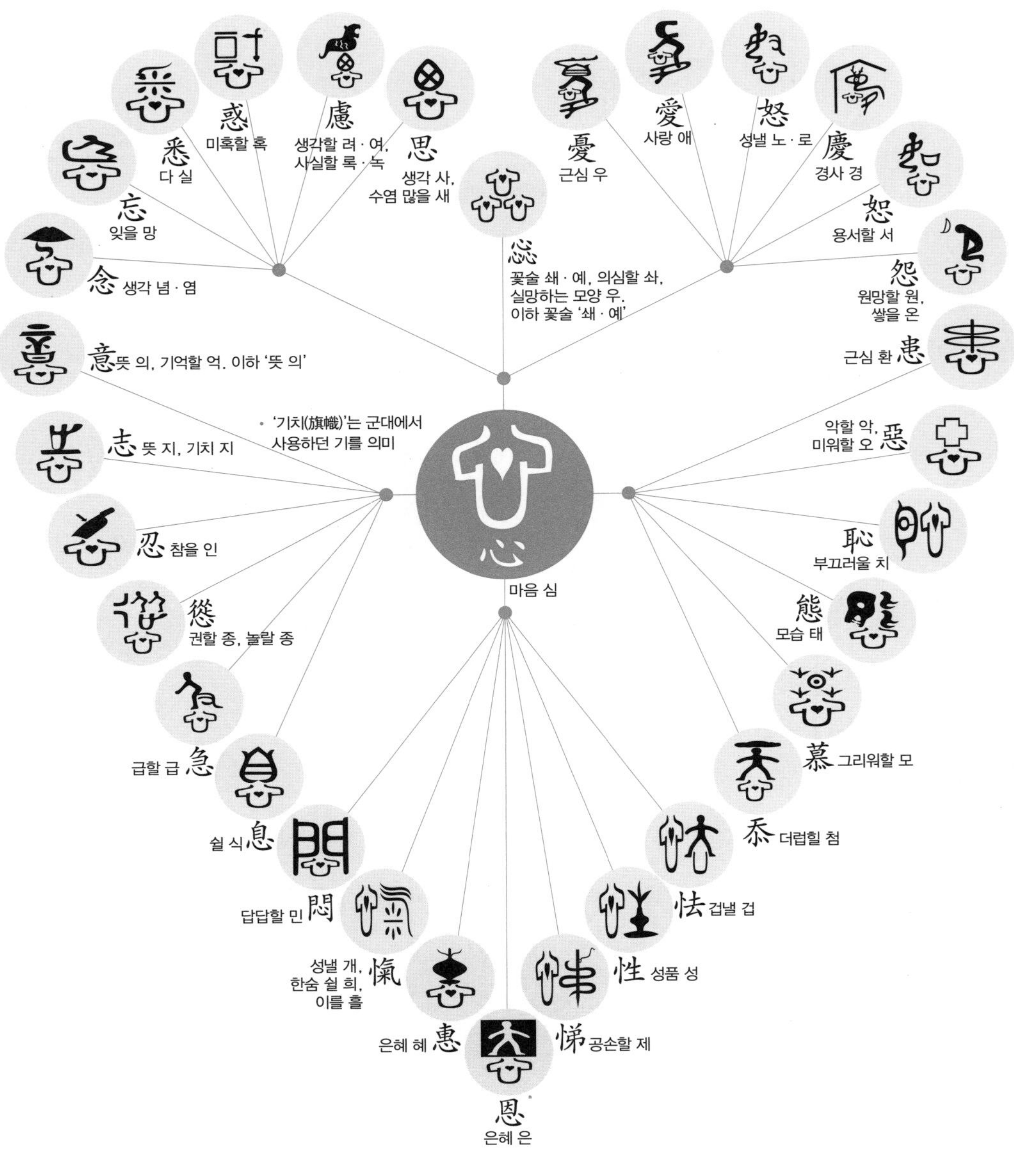
心
마음 심
意뜻 의, 기억할 억. 이하 '뜻 의'
念 생각 념·염
忘
잊을 망
悉
다 실
惑
미혹할 혹
慮
생각할 려·여,
사실할 록·녹
思
생각 사,
수염 많을 새
惢
꽃술 쇄·예, 의심할 솨,
실망하는 모양 우.
이하 꽃술 '쇄·예'
憂
근심 우
愛
사랑 애
怒
성낼 노·로
慶
경사 경
恕
용서할 서
怨
원망할 원,
쌓을 온
근심 환 患
악할 악,
미워할 오 惡
恥
부끄러울 치
態
모습 태
慕 그리워할 모
忝 더럽힐 첨
怯 겁낼 겁
性 성품 성
悌 공손할 제
恩
은혜 은
은혜 혜 惠
성낼 개,
한숨 쉴 희,
이를 흘 愾
답답할 민 悶
쉴 식 息
급할 급 急
慫
권할 종, 놀랄 종
忍 참을 인
志 뜻 지, 기치 지
• '기치(旗幟)'는 군대에서
사용하던 기를 의미

리할 췌·취), 悲(슬플 비), 慟(서러워할 통), 懶(게으를 라·나, 혐오할 뢰·뇌), 惰(게으를 타), 懈(게으를 해), 怠(게으를 태, 안락할 이), 愼(삼갈 신), 慢(거만할 만), 憊(고단할 비), 忸(익을 뉴·유, 부끄러워할 뉵·육), 怩(부끄러워할 니·이·닐·일), 愚(어리석을 우), 懦(나약할 나, 겁쟁이 유), 恍(황홀할 황, 용맹스러운 모양 광), 忽(갑자기 홀), 悟(깨달을 오), 悄(근심할 초), 惻(슬퍼할 측), 惴(두려워할 췌, 꿈틀거릴 천), 愈(나을 유, 구차할 투), 悍(사나울 한), 悖(거스를 패, 우쩍 일어날 발), 惘(멍할 망), 愆(허물 건), 懲(징계할 징), 懺(뉘우칠 참·천), 恤(불쌍할 휼), 忠(충성 충), 愉(즐거울 유, 구차할 투), 惹(이끌 야, 가벼울 약), 愕(놀랄 악), 慾(욕심 욕), 悠(멀 유) 등이 있다. 형성자는 하나의 한자를 구성하는 낱낱의 한자로 전체의 정확한 뜻을 추측하기가 어렵다. 부득이하게 '心'에서 파생된 회의자만 다루는 점에 대해서 양해를 구한다.

惢 꽃술 쇄·예

suǒ 또는 ruǐ

전

세 개의 마음(心 마음 심,). 마음속으로 확실히 정하지 못하고 의심하며 망설이다

'蕊(꽃술 예, 모일 전)'는 '惢'의 독음에서 파생된 형성자이다. 꽃술을 의미하는데, 꽃술은 꽃송이 중앙에 수컷과 암컷으로 몇 개씩 나뉘어 있는 꽃의 생식 기관이다. 한자에서 '3'은 '많음'을 의미한다. 따라서 세 개의 마음은 공연히 이것저것 걱정하는 것을 가리킨다. 《설문》은 "'惢'는 마음속으로 의심하는 것이고, 한자의 꼴은 세 개의 '心'으로 구성되었다"라고 설명했다.

전

思 생각 사, 수염 많을 새

sī

'마음'(心 마음 심,)과 '뇌'(, 囟 정수리 신)를 이용해 문제를 생각하다

중대한 일을 결정할 때 필요한 것은 공정성과 합리성이다. 또한 이성적인 분석 못지않게 타인의 감정을 고려하는 것도 중요하다. 두뇌는 사람의 이성을 조절하고 마음은 감정을 조절하는데, 두뇌와 이성을 동시에 쓰는 것을 '思'라고 부른다. 전서 는 '囟'()과 '心'()으로 구성된 회의자이다. '囟'은 머리 위쪽에 있는 정수리를 가리킨다. 예서는 '囟'을 '田(밭 전)'으로 바꿔 지금의 '思'의 한자꼴을 완성시켰다. '思'는 사상(思想, 어떤 사물에 대하여 가지고 있는 구체적인 사고나 생각), 사념(思念, 근심하고 염려하는 여러 가지 생각), 심사(心思, 어떤 일에 대한 여러 가지 마음의 작용, 마음에 맞지 않아 어깃장을 놓고 싶은 마음) 등에 쓰인다.

금

전

惑 미혹할 혹

huò

'변경을 지키는'() 전사가 미래의 운명을 알 수 없어 '마음'(心 마음 심,)이 혼란스럽다

춘추전국시대에는 제후국 사이에 전쟁이 끊이지 않고 일어났다. 낮이고 밤이고 힘이 센 국가는 약한 국가를 침략해 영토를 빼앗았고, 병사들은 언제 죽을지 모르는 두려움에 늘 떨었다. '惑'은 고대에 두려움 속에서 성을 지키던 병사의 마음을 묘사했다. '惑'은 '의심하고 염려하다' '혼란하다'의 의미를 낳았고 곤혹(困惑, 곤란한 일을 당해 어찌할 바를 모름), 의혹(疑惑, 의심하여 수상히 여김), 미혹(迷惑, 무엇에 홀려 정신을 못 차림), 고혹(蠱惑,

아름다움이나 매력 따위에 홀려 정신을 못 차림) 등에 쓰인다. 《설문》은 "'惑'은 혼란한 것이다"라고 풀이했다.

'或(혹 혹)'의 금문 ( )은 무기( )로 '도시'( )의 변경을 방어하는 것을 묘사했다.(제7장의 '或'편 참조)

慮 생각할 려·여, 사실할 록·녹

lǜ

'호랑이'(虎범 호, ( ))를 '생각'하면(思생각 사, ( )) 무섭다

전

'慮'에서 '걱정하다' '방법을 궁리하다'라는 의미가 생겼고, 사려(思慮, 여러 가지 일에 대해서 깊게 생각함), 우려(憂慮, 근심하거나 걱정함) 등의 단어에 쓰인다. '慮'는 간체자인 '虑'가 되는 과정에서 정수리( ) 부분이 사라졌다. 과연 머리 없이 사람이 어떻게 생각할 수 있을까?

悉 다 실

xī

'마음'(心마음 심, ( ))을 다해 '쌀에 섞여 있는 자갈을 골라내다'(( ), 釆분별할 변, 갖출 판, 두루 편, 깎아내릴 폄)

전

'悉'에서 '자세하고 빈틈없다' '자세하다'의 의미가 파생되었고 실심조료(悉心照料xīxīnzhàoliào, '정성껏 돌보다'를 의미하는 중국어), 실수(悉數xīshǔ '일일이 열거하다', xīshù '전부'를 의미하는 중국어) 등의 단어에 쓰인다. '釆( )'은 쌀(米쌀 미, ( ))에 섞여 있는 자갈을 골라내는 것을 의미한다.(제8장의 '釆'편 참조) 《설문》은 "'悉'은 자세하고 빈틈이 없는 것이고, 한자꼴은 '心'과 '釆'로 구성되었다"라고 풀이했다.

전

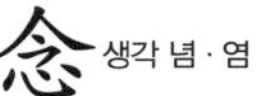

念 생각 념 · 염

niàn

지'금'(今이제 금,) **'마음'속으로**(心마음 심,) **생각하는 일. 회의자**

전

忘 잊을 망

wàng

'마음'속의(心마음 심,) **기억을 '잃어버리다'**()《한자나무》 1권 제2장의 '사라져서 안 보이는 사람(亡망할 망)'편 참조)

전

意 뜻 의

yì

속'마음'(心마음 심,)**에서 나오는 '소리'**(音소리 음, 그늘 음(이하 '소리 음'),)

'意'에서 의지, 신념의 의미가 생겼고 심의(心意, 마음과 뜻), 의지(意志, 어떤 일을 이루려는 마음), 의외(意外, 뜻밖) 등의 단어에 활용된다. '意'의 독음에서 파생된 한자는 億(억 억), 憶(생각할 억), 臆(가슴 억, 마실 것 의) 등이 있다.

금

전

志 뜻 지, 기치 지

zhì

'마음'(心마음 심,)**이 '향하는'**(, 之갈 지) **곳**

'志'에서 마음으로 염원하는 것이라는 의미가 생겼다. '心'과 '之'로 구성된 금문 은 동경하는 마음을 나타냈다. 전서 [志]는 '之'의 모양이 [之]으로 바뀌었고, 예서는 [之]을 '士(선비 사)'로 바꿨다. 관련 단어로는 지향(志向, 어떤 목적으로 뜻이 쏠리어 향함), 지기(志氣, 어떤 일을 이루고자 하는 의기), 지원(志願, 어떤 일이나 조직에 뜻을 두어 함께하거나 구성원이 되기를 바람), 지동도합(志同道合, 서로 뜻이 같고 생각이 일치함) 등이 있다. '志'의 독음에서 파생된 형성자는 誌(기록할 지), 痣(사마귀 지) 등이 있다. '之'([之], [之])는 '앞으로 가다'라는 뜻이다.(제9장의 '之'편 참조)

忍 참을 인

rěn

'마음'(心마음 심, [心])속에 있는 한 자루의 '칼'([刃], 刃칼날 인)

금 전

'忍'에서 생긴 의미는 '참고 감내하다'이다. 忍耐(괴로움이나 어려움을 참고 견딤), 인기탄성(忍氣呑聲, 울분을 억누르고 감히 아무 말도 못하다), 인통(忍痛rěntòng, '고통을 참다'를 의미하는 중국어), 인욕부중(忍辱負重, 치욕을 참아가며 중임을 맡음) 등에 쓰인다.

息 쉴 식

xī

'코'([自], 自스스로 자)로 들어온 숨이 '심'장(心마음 심, [心])까지 가다. 생명의 호흡

전

사람이 호흡하면 산소는 폐로 들어가고, 다시 폐동맥을 거치고 심장을 지나 체내 구석구석까지 전달된다. 옛 중국인은 일찍이 호흡기와 혈액순환이 서로 관련이 있는 것을 알았다. 《황제내경》에는 "폐는 호흡의 근본이다" "폐는 코와 통한다" "종기는 가슴 속에 쌓이고…… 심장을 관통하고 혈관으로 가기와 혈의 운동을 촉진한다" 등의 내용이 나온다. '息'은 '호흡하다' '쉬다'라는 의미를 낳았고 기식(氣息, 호흡의 기운), 비식(鼻息, 콧숨), 탄식(嘆息, 한숨을 쉬며 한탄함), 휴식(休息, 잠깐 쉼) 등으로 활용된다.

전

慫 권할 종, 놀랄 종

sǒng

타인의 '마음'(心마음 심,)을 부추겨 '따르게' 하다(從좇을 종,)

종용(慫慂)은 '타일러 유도하다' '부추기다'라는 뜻이다. '慫'의 간체자는 '怂'이다.

 전

急 급할 급

jí

'쫓기는'(, 及미칠 급) 사람의 '심'정(心마음 심,)

적이나 산짐승에게 쫓기는 사람의 심리는 생각할 것도 없이 초초하고 급하다. 그래서 '急'에선 '매우 위험하다' '초조하다'의 의미가 파생되었고 착급(著急, 몹시 급함을 뜻하는 '착급하다'의 어근), 긴급(緊急, 일이 긴요하고 급함), 위급(危急, 몹시 위태롭고 급함), 급진(急診, 갑자기 병을 앓거나 병세가 급변하거나 하여 의사가 급히 진찰함), 급조(急躁, 성미가 참을성 없이 매우 급함을 뜻하는 '급조하다'의 어근) 등에 쓰인다. '及'의 갑골문 , 금문 및 전서 는 어떤 '사람'(人사람 인,)이 뒤쫓아오던 사람의 '손'(手손 수,)에 붙잡힌 것을 나타냈다.

聰 귀 밝을 총

cōng

마음의 '창문'(, 囱창 창, 바쁠 총)을 열면 타인의 말이 '귀'(耳귀 이,)를 타고 '마음'(心마음 심,)에 들어온다

'聰'은 청각이 예민하거나 지혜로운 것을 의미하고 이총목명(耳聰目明ěrcōngmùmíng, '귀와 눈이 밝다'를 의미하는 중국어), 총명(聰明, 보거나 들은 것을 오래 기억하는 능력이 있음, 썩 영리하고 재주가 있음) 등에 쓰인다. '聰'의 간체자는 '聪'이다.

憂 근심 우

yōu

금

전

'마음'(心마음 심,)속에 걱정거리가 많아 '고개'(, 頁머리 혈)를 숙인 채 '느릿느릿 걷다'(, 夊천천히 걸을 쇠)

금문 은 걱정에 찬 행인이 손바닥을 짝 편 채 어찌할 바를 모르는 것을 묘사했다. 머리 쪽의 연장선은 고민거리에 휩싸인 것을 나타내고, 유난히 눈에 띄는 발바닥()은 발걸음이 무거운 것을 뜻한다. 전서 는 '頁' '心' '夊'로 구성된 회의자이고, 마음()에 근심 걱정이 있어 고개()를 숙이고 천천히 걷는 것을(, 제9장의 '夊'편 참조) 표현했다. '憂'는 우수(憂愁, 근심과 걱정), 우상(憂傷, 근심스러워 마음이 아픔을 뜻하는 '우상하다'의 어근), 우울(憂鬱, 어떤 일이 근심스러워 마음이 답답하고 침울함) 등의 단어에 활용된다. '擾(시끄러울 요, 움직일 우)'는 '憂'와 '扌(손 수)'로 구성된 회의자이고 외부 사물의 방해[扌]를 받아 짜증[憂]이 난 것을 의미하며, 타요(打擾dǎrǎo, '방해하다' '지장을 주다'를 의미하는 중국어), 조요(叨擾tāorǎo, '(환대를 받고 감사 인사를 할 때) 폐를 끼쳐서 미안하다'를 의미하는 중국어) 등에 쓰인다. '憂'의 간체자는 '忧'이다.

전

悶 답답할 민

mèn

'마음'(心마음 심, ⺖)이 '닫혔다'(門, 門문 문). 회의자이자 형성자

'悶'에선 '무엇을 봉쇄하다'라는 의미가 생겼고 울민(鬱悶, 마음이 답답하고 괴로움을 뜻하는 '울민하다'의 어근), 민열(悶熱mēnrè, '후덥지근하다'를 의미하는 중국어) 등에 쓰인다.

전

愾 성낼 개, 한숨 쉴 희, 이를 흘

kài

'마음'(心마음 심, ⺖)에 쏟아내고 싶은 '기'운(氣기운 기, 气)이 한가득 있다

'愾'는 '분노하다'라는 의미를 낳았고 분개(憤愾, 몹시 분하게 여김), 동수적개(同仇敵愾tóngchóudíkài, '공동의 적에 대하여 적개심을 불태우다'를 의미하는 중국어) 등의 단어에 쓰인다.

금

전

惠 은혜 혜

huì

'방추'(叀, 물레에서 실을 감는 가락)를 잘 다루는 '마음'(心마음 심, ⺖)

叀(叀오로지 전)은 방추(spindle)의 상형자이다. 방추는 원시적인 방직 기구이고 '북'이라고도 불린다. 방추를 통과한 식물성 섬유는 비비 꼬아지는 과정을 거쳐 길고 가는 실이 된다. '惠'에서 파생된 의미는 크게 두 가지이다. 첫째는 '慧(슬기로울 혜)'와 같은 현명한 마음이고 둘째는 타인에게 베푸는 마음이다. 실을 잣을 때 식물성 섬유가 끊임없이 방추에 밀려들어가는 것에서 타인을 구제하는 의미가 생겼다. 주로 은혜(恩惠, 고맙게 베풀어 주는 신세나 혜택), 혜고(惠顧, 남의 방문에 대한 존칭, 은혜를 베풀어 잘 돌봐줌) 등의 단어에 활용된다. '惠'와 자형이 비슷한 한자로는 '專(오로지 전)'이 있다.(제8장의 '專'편 참조)

실을 잣는 기구인 방추( )는 방륜(紡輪, 가락바퀴)과 방간(紡杆)으로 구성되었다. 방륜은 중앙에 구멍이 뚫린 도자기나 둥글고 판판한 돌멩이이고, 방륜의 구멍에 끼워넣는 축이 되는 나무 막대가 방간이다. 실을 뽑을 땐 먼저 면이나 마 같은 식물성 섬유를 방간에 한 움큼 매단 뒤에 방륜을 돌린다. 방륜이 돌아가면 섬유가 꼬아지면서 실이 되는데, 이때 실을 잣는 사람은 실이 끊어지지 않게 쉼 없이 섬유를 보충해줘야 한다. 이렇게 뽑아진 실이 둘둘 감기면 직을 짤 때 쓰는 커다란 실타래가 된다.

慶 경사 경

qìng

어떤 사람의 집까지 성'심'성의껏(心 마음 심,) '천천히 걸어가'( ) '사슴 가죽'( )을 바치며 축하해주다

금

전

상주시대 때 사슴(鹿 사슴 록·녹)은 행운을 상징했다. 그래서 결혼을 앞두고 예비 신랑이 예비 신부에게 약혼 예물을 보낼 때나 경사가 있는 집에 축하 선물을 보낼 때 사슴 가죽을 많이 썼다. 금문 은 뿔, 대가리, 꼬리가 있는 사슴 가죽을 표현했고, 또다른 금문인 은 '心'을 더해 성심성의를 다한 것을 표현했다. 전서 는 한 단계 더 나아가 '夊(천천히 걸을 쇠,)'를 덧붙여 누군가를 축하해주기 위해서 천천히 걸어가는 것을 나타냈다. '慶'은 '기쁜 일' '축하하다'의 의미를 낳았고 희경(喜慶, 매우 기쁜 경사),

경축(慶祝, 경사스러운 일을 축하함) 등의 단어에 쓰인다. '慶'의 간체자는 낱낱의 구성 한자만 놓고 생각할 때 왠지 뜻이 '처마 밑에 있는 한 마리의 개'일 것 같은 '庆'이다.

갑 금 전

鹿 사슴 록·녹

lù

문밖에서(厂) 기르는 사슴(鹿)

갑골문 , 금문 및 전서 는 모두 한 마리의 사슴을 묘사했다. 하지만 예서에 이르러 '广(집 엄, 넓을 광, 암자 암, 厂)'을 더해 정원에서 기르는 사슴을 표현했다. 고대 중국에선 집 뒤 울타리 안에서 사슴을 키웠다.

전

愛 사랑 애

ài

마음(心 마음 심,)속으로 사모하여 자꾸 뒤돌아보고(, 旡 목멜 기, 없앨 무), 차마 발걸음이 떨어지지 않다(, 천천히 발걸음을 옮기다)

너무 맘에 드는 보석을 발견했을 때 또는 몰래 짝사랑하는 대상을 만났을 때 심장은 쿵쾅대고, 자기도 모르게 자꾸 고개가 뒤로 돌아가고, 발걸음은 차마 떨어지지 않는다. 은 이런 좋아하는 마음을 생생하게 묘사했다. 전서 는 마음속으로 몹시 사모하여 자꾸 고개를 돌리고 쳐다보는 사람(, 《한자나무》 1권 제2장의 '旡'편 참조)을 표현했고, 또다른 전서인 은 '夊(천천히 걸을 쇠,)'를 더해 차마 발걸음이 떨어지지 않아 느릿느릿 앞으로 걸어가는 것을 표현했다. '愛'는 희애(喜愛xǐ'ài, '호감을 가지다' '흥미를 느끼다'를 의미하는 중국어), 애모(愛慕, 사랑하고 그리워함), 애정(愛情, 사랑하는 마음)

등으로 쓰이고 간체자는 '心'이 생략된 '爱'이다.

恕 용서할 서

shù

사람'다운'(如같을 여, 말 이을 이,) '마음'(心마음 심,)
(《한자나무》 1권 제4장의 '如'편 참조)

怒 성낼 노·로

nù

'노예'(奴종 노,)로 부려지는 '마음'(心마음 심,)(《한자나무》 1권 제4장의 '奴'편 참조)

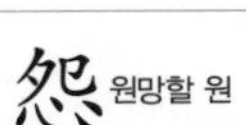

yuàn

'밤에 잠 못 드는 사람'(, 夗누워 뒹굴 원)은 필시 '마음'(心마음 심,)속으로 여러 가지 불만거리를 생각한다(《한자나무》 1권 제2장의 '무릎을 꿇고 앉은 사람(卩병부 절)'편 참조)

患 근심 환

huàn

원하지 않는 일이 '줄줄이'(串땅 이름 곶, 꿸 관, 꿰미 천, 꼬챙이 찬,) 일어나 '마음'(心마음 심,)이 걱정스럽다

전

'患'은 '근심하다' '큰 피해를 주다'의 의미를 파생시켰다. 관련 단어로는 화환(禍患, 근심과 재앙을 통틀어 이르는 말), 병환(病患, 병의 높임말), 환득환실(患得患失, 얻기 전에는 얻으려 걱정하고 얻은 뒤에는 잃을까 걱정함) 등이 있다.

전

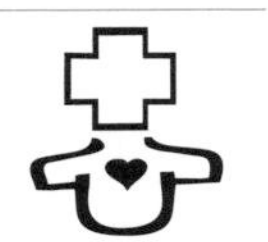

惡 악할 악, 미워할 오

è 또는 wù

'마음'(心마음 심,)이 '바르지 않고'(, 亞버금 아, 누를 압) 삐딱하게 생각하다

'亞'는 비뚤비뚤한 땅을 가리킨다. 마음을 바르게 닦는 것을 중시한 옛 중국인은 너그럽고 슬기롭게 행동하는 사람은 반드시 마음이 바르고 진실하며, 극악무도한 사람은 평소에 비뚤은 생각을 많이 해서 악행을 저지른다고 여겼다. '惡'은 험악(險惡, 지세, 기후, 도로, 사물의 형세 따위가 험하고 나쁨을 뜻하는 '험악하다'의 어근), 악취(惡臭, 나쁜 냄새), 추악(醜惡, 더럽고 흉악함을 뜻하는 '추악하다'의 어근) 등에 쓰이고, '悳(큰 덕, 덕 덕. '德(큰 덕, 덕 덕)'의 옛 한자이고, '곧은 마음'을 의미한다)'과 비슷한 구조로 한자가 만들어졌다.(제6장의 '德'편 참조)

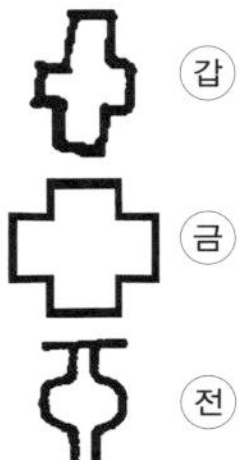

亞 버금 아, 누를 압

yà

반듯하지 않고 비뚤비뚤해서 등급이 약간 떨어지는 땅

예로부터 집이나 땅을 사고팔 때 모양이 둥근지 네모난지는 매우 중요했다. 물론 가장 좋은 땅의 모양은 사각형이다. 역대 왕조의 수도나 부잣집 주택은 모두 네모꼴이었다. 갑골문 및 금문 은 땅을 네모나지 않고 비뚤비뚤하게 묘사해 등급이 약간 떨어지는 땅을 표현했다. 전서 는 쓰기 쉽게 필순을 조금 바꿨다. '亞'는 '품질이 떨어지다' '~보다 한 단계 못하다'라는 의미를 파생시켰고 아군(亞軍yàjūn, (운동 경기에서) 제2위. 준우승(자)), 아열대(亞熱帶, 열대와 온대의 중간에 위치하는 기후대) 등의 단어에 쓰인다.

이 밖에 (亞)자형은 혈거시대(인류가 아직 집을 짓지 못하고 자연 또는 인공의 동굴 속에서 살던 선사 시대) 때 흔히 볼 수 있는 구도이다. 허난성 안양시 서북쪽에 위치한 은허 유적지의 1001호 제왕대묘는 '亞' 자형의 규모가 방대한 무덤이다. '亞'의 간체자는 '亚'이다.

더럽힐 첨

tiǎn

'하늘'(天하늘 천,)은 사람의 '마음'(心마음 심,)을 들여다볼 수 있다. 따라서 스스로 자신을 반성하는 양심이 있어야 한다(《한자나무》 1권 제3장의 '天'편 참조)

전

恥 부끄러울 치

chǐ

'들은'(, 耳귀 이) 뒤에 '마음'(心마음 심,)에 부끄러움이 생기다

수치심이 있는 사람은 잘못을 저지르고 남에게 주의를 받으면 부끄러운 나머지 얼굴과 귀가 빨개지고 잘못을 고치려고 마음먹는다.

전

態 모습 태

tài

'마음'(心마음 심)속의 재'능'(能능할 능, 견딜 내)이 뚜렷하게 드러나다

사람의 능력은 자연스럽게 겉으로 드러난다. 때문에 사람의 말씨와 행동거지를 관찰하면 그 사람의 내재된 능력을 알 수 있다. '態'는 행동거지나 양식이라는 의미를 파생시켰고 태도(態度, 몸의 동작, 사물이나 사태에 대처하는 자세), 태세(態勢, 어떤 일이나 상황에 대처하는 태도나 자세), 형태(形態, 사물의 생김새나 모양, 어떤 사물이나 사실 따위가 일정하게 갖추고 있는 모양) 등의 단어에 쓰인다.

'能'의 금문 및 전서 는 곰의 생김새를 본뜬 상형자이다. 곰의 큰 입과 두 개의 발바닥이 자세하게 묘사되었지만 현대에 이르러 곰의 대가리는 '厶(사사 사)', 큰 입은 '月(달 월)', 발바닥은 '匕(비수 비)'로 바뀌었다. 황제(黃帝, 중국의 전설상의 제왕, 복희씨·신농씨와 더불어 '삼황'이라고 일컫는다)의 부족은 '유웅씨(有熊氏)'라고 불리는데, '熊(곰 웅)'을 써서 부족의 강건함을 상징했다. '態'의 간체자는 '态'이다.

怯 겁낼 겁

qiè

'마음'(心마음 심)속에 두려움이 있어 도망'가다'(去갈 거)

'怯'에서 '소심하고 겁이 많다'라는 의미가 생겼다. 관련 단어로는 담겁(膽怯dǎnqiè, '무서워하다'를 의미하는 중국어), 겁장(怯場qièchǎng, '실전을 겁내다'를 의미하는 중국어) 등이 있다.

性 성품 성

xìng

'타고난(生날 생,)' '본질'(心마음 심,)

《중용(中庸)》은 "천명(하늘의 뜻)을 '性'이라고 부른다"라고 했다.

전

悌 공손할 제

tì

'남동생'(弟아우 제,)이 마땅히 가져야 하는 '마음'(心마음 심,) 상태

'弟'는 형의 단속을 순순히 따르는 것을 의미한다.

전

弟 아우 제

dì

'줄'(, 己몸 기)의 제약을 받는 '주살'(, 弋주살 익, '주살'은 '활의 오늬에 줄을 매어 쏘는 화살'을 의미)

'弟'의 갑골문 은 줄이 매인, 기러기를 맞힌 짧은 길이의 화살을 표현했고, 금문 과 전서 는 '가는 줄'()이 매인 '주살'(弋,)을 표현했다. '弟'는 줄의 제약을 받는 주살이라는 본뜻에서 형의 단속을 받는 사람이라는 의미가 파생되었고 제매(弟妹, 남동생과 여동생), 형우제공(兄友弟恭, 형은 아우를 사랑하고 동생은 형을 공경한다, 형제간에 서로 우애 깊게 지냄을 이르는 말) 등의 단어에 쓰인다. 《광아(廣雅)》는 "'弟'는 거스르지 않고 형의 말을 따르는 것이다"라고 설명했다.

갑

금

전

目
눈 목
耳 귀 이
自
스스로 자
牙
어금니 아
囟
정수리 신

제 6 장 머리

한자를 구성하는 기초 한자 중에서 머리와 관계있는 것은 (囟 정수리 신)과 (由 말미암을 유, 여자의 웃는 모양 요)이고, 머리 부위와 크게 관계있는 한자는 目(눈 목), 自(스스로 자), 耳(귀 이), 牙(어금니 아), 口(입 구)이다.

'目'()에선 등과 같은 시각과 관계있는 무수한 한자가 파생되었고, '自'()에선 등과 같은 후각과 관계있는 무수한 한자가 파생되었다. '耳'()에선 청각과 관계있는 등의 한자가 파생되었고, '口'()에선 입과 관계있는 등의 한자가 파생되었다. 마지막으로 '牙'에서 파생된 치아와 관계있는 한자는 등이 있다.

'頭(머리 두)'에서 파생된 한자

단순하게 획을 그어 머리를 표현하기는 생각보다 어렵다. 고대 한자는 크게 (口입 구), (囟정수리 신), (由말미암을 유, 여자의 웃는 모양 요), (首머리 수), (頁머리 혈)을 통해서 머리 부위를 표현했다. 이중에 '○'로 머리를 나타낸 한자는 (子아들 자), (呆어리석을 매·태, 지킬 보), (辟피할 피, 임금 벽, 비유할 비, 그칠 미), (黃누를 황) 등이 있고, '코'의 특징에서 파생된 한자는 대부분 '首' 및 '頁'로 머리를 나타냈다.(앞의 '自'에서 파생된 한자 참조) (囟) 및 (由)는 사람의 머리, 귀신의 머리, 동물의 대가리를 모두 나타내, 많은 고대 한자가 두 부호를 서로 바꿔 썼다. 본문에서도 두 부호에서 파생된 한자를 하나로 합쳐 설명했다. 두 부호에서 파생된 한자 중에서 사람의 머리를 나타낸 한자는 '黑(검을 흑), 思(생각 사, 수염 많을 새)'이고, 귀신의 머리나 탈(가면)을 나타낸 한자는 '鬼(귀신 귀), 異(다를 이·리)'이며, 동물의 머리를 나타낸 한자는 '萬(일만 만), 禺(땅 이름 옹, 긴꼬리원숭이 우. 이하 '긴꼬리원숭이 우')'이다. 독음에서 파생된 한자는 '細(가늘 세)'가 있다. 주목할 점은 (囟)이나 (由) 모두 예서 때 '田(밭 전)'으로 바뀐 것이다. 이로 인해 후대 사람은 해당 한자들이 경작지와 관계있다고 오해하게 되었다.

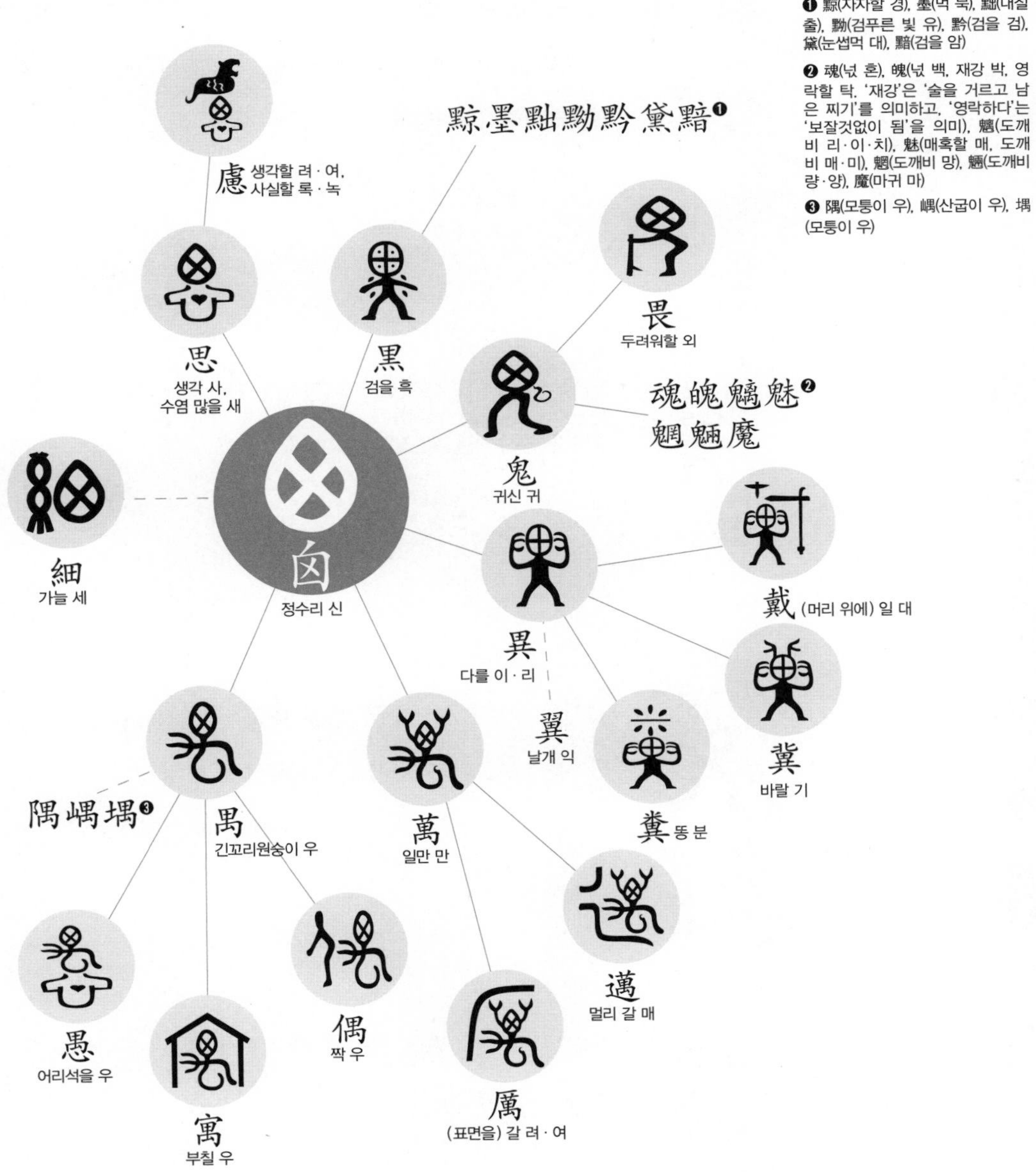

❶ 黥(자자할 경), 墨(먹 묵), 黜(내칠 출), 黝(검푸른 빛 유), 黔(검을 검), 黛(눈썹먹 대), 黯(검을 암)

❷ 魂(넋 혼), 魄(넋 백, 재강 박, 영락할 탁. '재강'은 '술을 거르고 남은 찌기'를 의미하고, '영락하다'는 '보잘것없이 됨'을 의미), 魑(도깨비 리·이·치), 魅(매혹할 매, 도깨비 매·미), 魍(도깨비 망), 魎(도깨비 량·양), 魔(마귀 마)

❸ 隅(모퉁이 우), 嵎(산굽이 우), 堣(모퉁이 우)

사람의 머리와 귀신의 머리

思 생각 사, 수염 많을 새

sī

'마음'(心 마음 심,)과 '머리'(, 囟 정수리 신)로 어떤 일을 고려하다(제5장의 '思'와 '慮'편 참조)

금

전

黑 검을 흑

hēi

얼굴에 글자를 새기고 '먹'(墨 먹 묵,)을 칠한 사람()(《한자나무》 1권 제3장의 '黑'편 참조)

갑

금

전

鬼 귀신 귀

guǐ

음산한 '기운'(, 厶 사사 사)을 내뿜는 '귀신 머리'()를 한 사람()(《한자나무》 1권 제2장의 '鬼'편 참고)

갑

금

전

畏 두려워할 외

wèi

막대()를 든 '귀신 머리를 한 사람'()(《한자나무》 1권 제2장의 '畏'편 참조)

탈을 쓴 머리

異 다를 이·리

yì

어떤 사람( )이 두 손( )으로 탈( )을 잡고 바꿔 쓰다

갑 금 전

중국의 상주(商周)시대는 탈 문화가 있었다. 전통극에서 춤을 추는 사람은 역할이 바뀔 때마다 탈을 바꿔 구경꾼에게 변화의 느낌을 줬다. 갑골문 , , 금문 및 전서 는 양손으로 탈을 잡는 모습을 묘사해 사람이 탈을 바꿔 쓰는 것을 나타냈다. '異'는 탈을 바꿔 쓰는 것에서 '다르다' '특별하다'의 의미를 낳았고 경이(驚異, 놀랍고 신기하게 여김), 차이(差異, 서로 차가 있게 다름), 기풍이속(奇風異俗qífēngyìsú, '진귀한 풍속'을 의미하는 중국어) 등에 쓰인다.

원래 '탈을 쓰다'라는 뜻인 '異'는 훗날 소리를 나타내는 부분인 '𢦏(어조사 재)'가 더해져 새롭게 '戴((머리 위에) 일 대,)'가 되었다. '戴'는 '탈을 머리에 쓰다'라는 본뜻에서 '각종 옷이나 장식품을 몸에 걸치다'의 의미를 파생시켰고 천대(穿戴chuāndài, '차림새'를 의미하는 중국어), 대모자(戴帽子dàimàozi, '모자를 쓰다' '(사람에게) 딱지가 붙다'를 의미하는 중국어) 등에 쓰인다. '異'의 간체자는 탈이 생략된 모양인 '异'이다. 하지만 '已(몸 기)'는 뜻을 나타내지도 않고 소리를 나타내지도 않아 구성 한자로서의 의미를 찾아볼 수 없다.

dài

두 손에 탈(, 異다를 이·리)을 들고 '말뚝을 박는 것'처럼(, 戴에서 異를 제외한 부분) 머리에 깊게 쓰다

전

'戴'는 '끼워넣다' '지지하다'의 의미를 낳았고 대면구(戴面具dàimiànjù, '가면을 쓰다'를 의미하는 중국어), 대계지(戴戒指dàijièzhi, '반지를 끼다'를 의미하는 중국어), 옹대(擁戴yōngdài, '추대하다'를 의미하는 중국어) 등에 쓰인다.

금

전

冀 바랄 기

jì

격투(씨름)를 잘하는 고대 기주 사람

대우(大禹, 고대 하나라의 시조인 우임금을 높여 부르는 말)가 천하를 9주로 나눴으나 그중에 최고는 기주(冀州)였다. 요임금, 순임금, 우임금 모두 기주에 수도를 정했기 때문이다. 현재 중국에서 허베이성은 간단하게 '冀'라고 불리는데 과거에 이곳은 기주의 일부였다. '冀'라는 지명의 유래를 연구하려면 지금으로부터 5천 년 전에 기주에서 발생한 큰 사건에 대해서 먼저 알아야 한다. 기주는 원래 치우(蚩尤)의 근거지였다. 치우는 끊임없이 서쪽으로 세력을 키워나갔고, 서쪽에 웅거한 황제(黃帝)는 계속해서 동쪽으로 세력을 확장했다. 마침내 힘이 충돌한 두 씨족은 탁록 들판에서 최후 결전을 벌였다. 하지만 전투는 치우의 패배로 끝났고, 치우는 고향인 기주로 도망치다가 살해되었다. 《산해경(山海經)》의 기록에 따르면 중기 들판에서 황제에게 붙잡혀 살해되었다고 한다. 치우가 이끄는 씨족은 유난히 씨름과 같은 격투기를 잘했다. 물론 최고의 실력자는 치우였다. 그래서 치우 씨족이 거주하는 지역은 격투기를 하는 모습을 묘사한 (冀)를 넣어 지명을 지었다. '치우극'은 기주의 전통극이다. 극중에서 치우 역을 맡은 사람은 머리에 쇠뿔을 쓰고 적과 싸운다. 격투기를 하는 기주의 풍습에 대해서 남조(南朝)의 양(梁)나라 사람인 임방(任昉)은 《술이지(述異志)》에 "치우의 씨족은 머리에 뿔을 달고 헌원(軒轅, 황제의 이름)과 싸웠다. 뿔로 찔러서 적이 감히 접근하지 못했다. 지금 기주에는 '치우극'이라는 것이 있는데, 기주 사람이 두세 명씩 모여 머리에 쇠뿔을 달고 서로 찌르고 싸우는 내용이다"라고 기록했다. '冀'의 금문 , 은 머리에 뿔이 달린 탈을 쓴 사람, 다시 말해서 치우로 분장한 사람을 표현했다. '北(북녘 북)'과 '異(다를 이·리)'의 조합을 깬 전서 , 는 가면무(, 異)를 추는 '북쪽'() 사람을 의미한다. 옛 중국인은 역병을 몰고 오는 악귀를 내쫓기 위해서 나무(儺舞, 악귀를 쫓는 춤)를 추거나 치우극을 할 때 모두 흉악하게 생긴 탈을 썼는데, 이것에서 '바라다'의 의미가 생겼다. 관련 단어로는 희기(希冀, 희망), 기구(冀求jìqiú, '얻기를 바라다'를 의미하는 중국어) 등이 있다.

糞 똥 분

fèn

'이상한'(異다를 이·리,) 냄새를 풍기는 '쌀'(米쌀 미,)

뱃속에 들어와 소화가 된 '쌀'은 구린내가 폴폴 나는 '똥'이 되어 몸밖으로 배출된다. 전서 는 '양손'에 '키'를 들고 '쌀'을 고르는 것을 나타냈고, 또다른 전서인 은 '흙' 위에 '이상한' 냄새를 풍기는 '쌀'이 한 무더기 있는 것을 나타냈다. '糞'의 간체자는 '粪'이다.

금

전

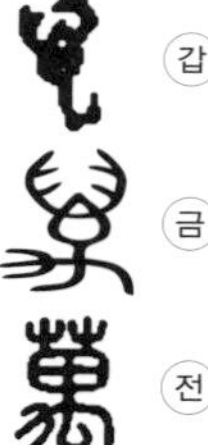

萬 일만 만

wàn

독이 있는 '전갈'(,)을 '팔을 쭉 펴'(, 九아홉 구, 모을 규) 제거하다

갑골문 은 한 마리의 전갈을 표현한 것이다. 옛 중국인은 독이 있는 전갈을 갈퀴를 써서 안전하게 잡았다. 금문 , , 은 전갈 사이에 (각각 대쪽이 한 개, 두 개, 세 개인) 갈퀴를 덧붙인 모양이다. 훗날 금문 및 전서 는 '갈퀴'를 '길게 쭉 편 팔'로 바꿔 팔을 길게 뻗어 전갈을 제거하는 것을 표현했다. 중국에 서식하는 붉은 전갈은 독성이 약해서 사람들이 잡아서 놀기도 하고 먹기도 한다. 하지만 황색 전갈이나 흰 전갈은 독이 강하므로 발견하면 즉시 멀리 피해야 한다. '萬'은 원래 전갈을 뜻했지만 고대 중국에 잡을 수도 없고 셀 수도 없을 정도로 전갈이 많았던 데서 아주 많음을 의미하는 '만'의 뜻이 파생되었다.

邁 멀리 갈 매

mài

'전갈'(, 萬일만 만)이 앞으로 '나아가다'(, 辶쉬엄쉬엄 갈 착)

고대에 전갈은 어디든 돌아다녔다. 사막을 건너고 물가를 '배회'하고 심하게는 사람이 사는 집의 문지방을 넘어 방에 들어가기도 했다. 그래서 '여러 곳으로 돌아다니다' '지역이나 시기의 한계를 뛰어넘다'라는 의미를 파생시켰다. 관련 단어로는 매보(邁步 màibù, '발걸음을 내디디다'를 의미하는 중국어), 매진(邁進, 어떤 일을 전심전력을 다하여 해나감) 등이 있다. 전갈이 여섯 개의 짧은 다리로 기어가는 것은 마치 잔걸음을 치며 걷는 노인의 모습과 비슷하다. 그래서 '邁'에선 '늙어 쇠약해지다'라는 의미가 파생되었다. '邁'의 간체자는 '迈'이다.

厲 (표면을) 갈 려·여

lì

'산기슭'(, 厂 기슭 엄·한, 공장 창)에 있는 독이 있는 '전갈'(, 萬 일만 만)

고대에 높은 산에 오른 중국인은 조금만 주의하지 않아도 바로 독이 있는 전갈에 물리는 경우가 많았다. '厲'는 '용맹하다'라는 의미를 파생시켰고 여해(厲害lìhai, '상대하기 어렵다' '매섭다' '대단하다'를 의미하는 중국어), 엄려(嚴厲, 엄함을 뜻하는 '엄려하다'의 어근) 등의 단어에 쓰인다. '厲'의 간체자는 '厉'이다.

금 전

禺 긴꼬리 원숭이 우

yú

'머리가 크고 꼬리가 긴'() 동물, 즉 유인원

'禺'는 얼굴이 귀신 탈을 쓴 것처럼 생겼고 개코원숭이처럼 꼬리가 긴 원숭이이다. 《정자통(正字通)》은 "'禺'는 긴꼬리원숭이처럼 생겼고 덩치가 매우 크다. 눈은 붉고 꼬리가 매우 길며 산에 많이 산다"라고 설명했다.

금 전

偶 짝 우

ǒu

'사람'(人 사람 인,)처럼 생긴 '원숭이'(, 禺 긴꼬리원숭이 우)

'偶'에선 사람처럼 생긴 사물이라는 의미가 생겼다. '禺'()는 원래 사람처럼 생긴 유인원이라는 뜻이다. 한데 옛 중국인은 사람처럼 생긴 사물도 '禺'라고 불렀다. 예

전

컨대 나무를 깎아 만든 사람의 형상을 ‘목우인(木偶人, 나무 인형)’이라고 불렀고, 진흙으로 만든 사람의 형상을 ‘토우인(土偶人, 흙 인형)’이라고 불렀다. 훗날 전서 때 ‘禺’에 사람인변[亻]이 더해져 ‘偶’( )가 되었다.

《사기·맹상군열전(史記·孟嘗君列傳)》의 기록에 따르면 춘추시대에 진(秦)나라의 소왕(昭王)은 제(齊)나라 사람인 맹상군(孟嘗君)이 재덕을 겸비했다는 소문을 듣고는 아우인 경양군(涇陽君)을 제나라에 인질로 보내고 맹상군을 진나라에 초청했다. 맹상군은 행여 자신이 진나라에 가지 않으면 겁쟁이라고 놀림을 받을 것이 두려워 진나라에 가기로 결정했다. 맹상군 주변의 선비들이 위험하다고 말렸지만 소용이 없었다. 그러자 소대(蘇代)가 맹상군을 찾아가서 말했다.

“오늘 아침 이곳에 오는 길에 나무 인형과 흙 인형이 서로 대화하는 것을 들었습니다. 나무 인형이 흙 인형을 비웃으며 말하더군요. ‘자네 진짜로 떠날 생각인가? 곧 있으면 비가 내릴 텐데 그러면 자네는 형체도 없이 사라질 걸세.’ 흙 인형이 대답합니다. ‘그런들 어떤가? 본디 흙에서 왔으니, 흙으로 돌아가는 건 당연하지 않은가.’ 나무 인형은 펄쩍 뛰며 말했습니다. ‘자네 몸이 빗물에 쓸려 흔적도 없이 사라져도 기어코 가겠다고? 만에 하나 함정에 빠져 다시는 돌아오지 못하게 되면 그게 더 창피한 일이 아닌가?’”

결국 맹상군은 소대의 말을 듣고 진나라에 가지 않았다.

《사기》에는 나무를 깎아 만든 말, 용, 수레를 각각 목우마(木偶馬), 목우룡(木偶龍), 목우차(木偶車)라고 불렀다고 기록돼 있다. 지금까지 고문화 유적지에서 출토된 유물 중에서 가장 유명한 흙 인형은 진(秦)

나라 때 만들어진 병마용이다. 유명한 나무 인형으론 서한(西漢) 시기의 마왕퇴 고분에서 출토된 채색목용과 상(商)나라 때 만들어진 노예용이 있다.

愚 어리석을 우

yú

'마음'(心 마음 심,)의 지혜가 '원숭이'(, 禺 긴꼬리원숭이 우)와 같다. 원숭이는 사람처럼 생겼지만 사람에 비하면 한참 어리석다.

전

寓 부칠 우

yù

'원숭이'(, 禺 긴꼬리원숭이 우)가 '사는 곳'(, 宀 집 면)

금

전

《초사(楚辭)》에 "아득하고 어두컴컴한 깊은 산속에 원숭이가 산다"라고 나온다. 원숭이는 수풀이 우거진 곳에 살지만 한곳에 머무르지 않고 잠자는 곳을 수시로 바꾼다. 그래서 '寓'에선 '임시 거처'라는 의미가 파생되었다. '우객(寓客)'은 타향에 기거하는 나그네, '우식(寓食)'은 남의 집에 얹혀사는 것, '우언(寓言)'은 교훈을 주는 이야기를 의미한다.

'自(스스로 자)'에서 파생된 한자

'自'는 '코'이다. 갑골문의 은 동물의 코와 비슷하고, 금문 은 사람의 콧대, 콧구멍, 숨을 뚜렷하게 묘사했다. 전서 는 금문에서 필순이 조금 바뀐 모양이다. '自'가 들어가는 한자는 대부분 코와 관계있는데 '臭(냄새 취, 맡을 후)'는 개가 코로 냄새를 맡는 것이고, '息(쉴 식)'은 공기가 코를 통해 내장에 들어가는 것이다. 하지만 단독으로 쓰일 땐 자기(自己), 자신(自身), 자살(自殺), 자사(自私 zìsī, '이기적이다'를 의미하는 중국어) 등에서 알 수 있는 것처럼 자신을 의미한다. 사람들이 습관적으로 자신의 코를 가리키며 "이게 바로 나야." "바로 내 거야."라고 말해서일까. 지금 '自'는 본뜻인 코보다 '자신'이라는 의미로 더 많이 쓰인다.

전

鼻 코 비

bí

대나무 '찜기'(畀 줄 비,)에서 나오는 수증기를 들이마시는 코()

'鼻'의 갑골문 및 금문 은 '自'의 갑골문 및 금문과 똑같다. 하지만 차이를 두기 위해서 전서 는 '畀(줄 비)'를 덧붙였다. '畀'는 고대의 찜기이다.

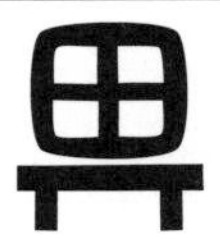

畀 줄 비

bì

갈라진 틈(, 田 밭 전)이 많아 수증기가 통과하는 대나무로 만든 받침대(, 丌 책상 기)

음식물을 찔 때 사용하는 찜기라는 본뜻에서 '부탁하다' '주다'의 의미가 생겼다. 옛 중국인은 상주(商周)시대부터 3단 찜기를 널리 사용했는데, 맨 아래층은 물을 끓이는 '鬲(솥 력·역)', 중간층은 수증기가 통과하는 '畀(줄 비)'('箅 시룻밑 폐'와 같다), 맨 위층은 음식물을 놓는 '甑(시루 증)'이라고 불렀다.(제7장의 '箅'

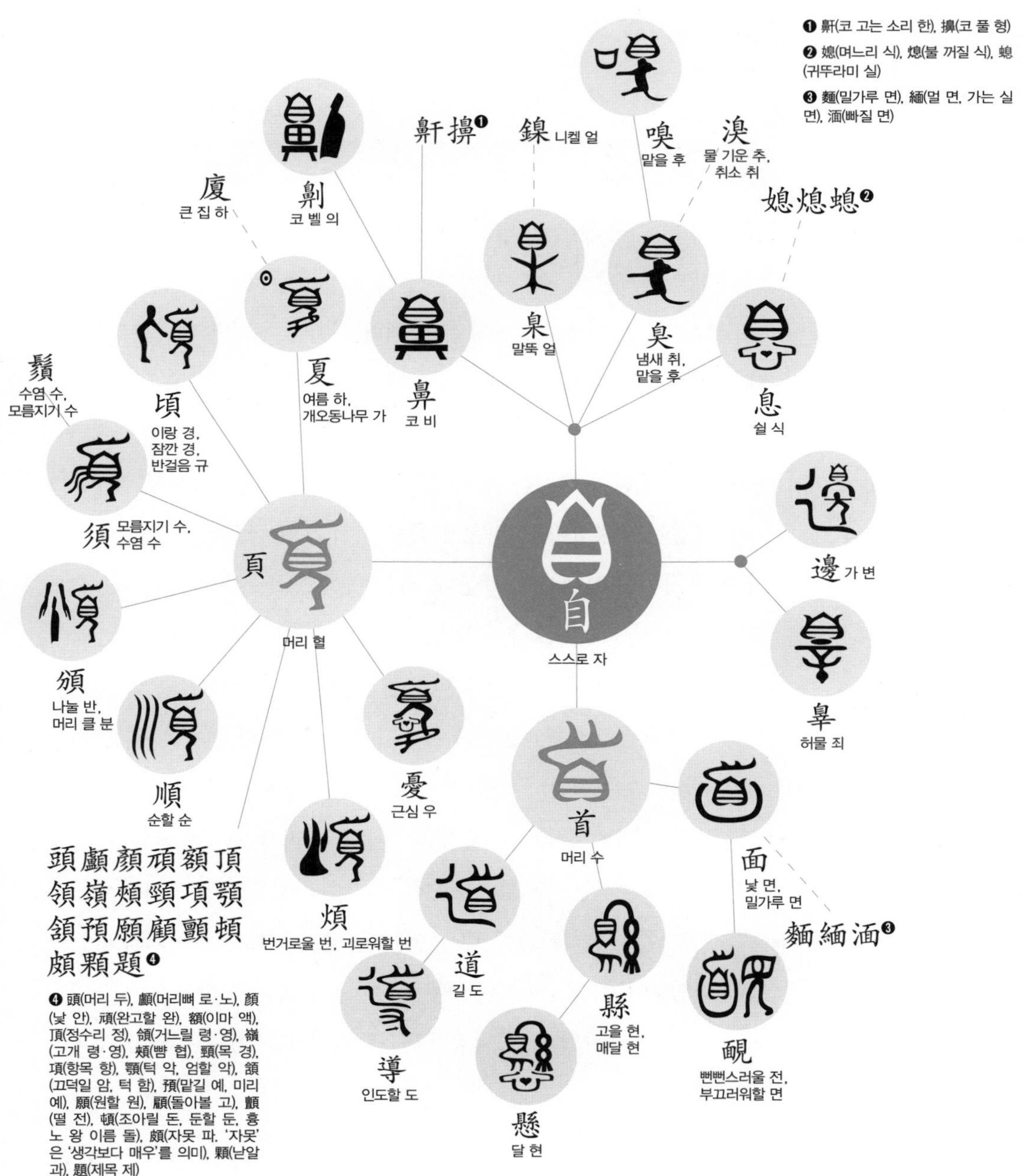

❶ 鼾(코 고는 소리 한), 擤(코 풀 형)
❷ 媳(며느리 식), 熄(불 꺼질 식), 螅(귀뚜라미 실)
❸ 麵(밀가루 면), 緬(멀 면, 가는 실 면), 湎(빠질 면)
自
스스로 자
鼻
코 비
劓
코 벨 의
鼾擤❶
鎳 니켈 얼
臬
말뚝 얼
嗅
맡을 후
溴
물 기운 추, 취소 취
臭
냄새 취, 맡을 후
媳熄螅❷
息
쉴 식
邊 가 변
辠
허물 죄
頁
머리 혈
廈
큰 집 하
夏
여름 하, 개오동나무 가
頃
이랑 경, 잠깐 경, 반걸음 규
鬚
수염 수, 모름지기 수
須 모름지기 수, 수염 수
頒
나눌 반, 머리 클 분
順
순할 순
憂
근심 우
煩
번거로울 번, 괴로워할 번
頭顱顏頑額頂領嶺頰頸項顎頷預願顧顫頓頗顆題❹
❹ 頭(머리 두), 顱(머리뼈 로·노), 顏(낯 안), 頑(완고할 완), 額(이마 액), 頂(정수리 정), 領(거느릴 령·영), 嶺(고개 령·영), 頰(뺨 협), 頸(목 경), 項(항목 항), 顎(턱 악, 엄할 악), 頷(끄덕일 암, 턱 함), 預(맡길 예, 미리 예), 願(원할 원), 顧(돌아볼 고), 顫(떨 전), 頓(조아릴 돈, 둔할 둔, 흉노 왕 이름 돌), 頗(자못 파. '자못'은 '생각보다 매우'를 의미), 顆(낟알 과), 題(제목 제)
首
머리 수
道
길 도
導
인도할 도
縣
고을 현, 매달 현
懸
달 현
面
낯 면, 밀가루 면
麵緬湎❸
靦
뻔뻔스러울 전, 부끄러워할 면

‘曾(일찍 증)’ ‘甑’ ‘會(모일 회)’편 참조)

‘코를 자르는’ 형벌

많은 학자는 전국(戰國)시대에 진(秦)나라가 강성해진 데는 상앙의 공이 컸다고 생각한다. 2천 3백여 년 전에 상앙은 두 차례의 개혁을 실시해 진나라를 법치국가로 만들었다. 개혁을 처음 추진할 때 그는 백성에게 신뢰를 얻기 위해서 성문 앞에 큰 나무 기둥을 세우고 “이 나무를 북문으로 옮기는 사람에게 십 금을 주겠다”라고 공표했다. 하지만 성문 앞을 지나는 백성은 ‘설마 십 금을 주겠어?’라고 생각해 아무도 나무를 옮기지 않았다. 상앙은 상금을 다시 오십 금으로 올렸다. 그러자 어떤 사람이 어디 한번 해볼까, 라는 마음으로 나무 기둥을 북문으로 옮겼고, 약속대로 오십 금을 받자 모든 백성이 상앙의 개혁 의지를 굳게 믿게 되었다. 역사가들은 나무를 옮겨 신뢰를 얻었다고 하여 이것을 ‘사목립신(徙木立信)’이라고 부른다. 훗날 평범한 백성은 법을 잘 지켰지만 귀족은 여전히 법을 우습게 알았다. 당시에 주(周)나라의 귀족은 법을 어겨도 형벌을 받지 않고 예법에 따라서 권고만 받았다. 상앙은 이런 모순적인 제도를 꼭 뜯어고치기로 마음먹었다. 그러던 어느 날 태자가 아무렇지도 않게 법을 어겼다. 상앙은 대신들이 미래의 군왕에게 밉보이는 것이 두려워 아무도 나서서 쓴소리를 하지 않자 본인이 직접 나서 태자의 스승인 공자건(公子虔)에게 ‘의형’을 내리고 그의 코를 베었다.

劓 코 벨 의

yì

'칼'(刀칼 도,)로 죄인의 '코'(鼻코 비,)를 베다, 즉 '의형'을 의미

묵형(墨刑, 죄인의 이마나 팔뚝 따위에 먹줄로 죄명을 써넣던 형벌), 의형(劓刑), 월형(刖刑, 죄인의 발꿈치를 베던 형벌), 궁형(宮刑, 죄인의 생식기를 없애는 형벌), 대벽(大辟, 죄인의 목을 베던 형벌)은 서주(西周)시대에 실행된 5대 형벌이다. 의형은 묵형보다 무겁고 월형보다 가벼운 형벌이다. 금문 은 '코'(, 自스스로 자)를 '칼'(刀,)로 베어 '나무'(, 木나무 목)에 걸어놓은 것을 표현했고, 전서 및 는 '칼'로 죄인의 '코'를 벤 것을 표현했다.

금 전

臬 말뚝 얼

niè

칼로 벤 '코'(, 自스스로 자)를 '나무'(, 木나무 목)에 걸고 과녁으로 쓰다

'얼사(臬司)'는 고대에 형벌과 감옥을 관리하는 사법관이었다. '臬'은 과녁이라는 본뜻에서 '표준' '준칙'의 의미가 생겼고, 규얼(圭臬guīniè, '해시계' '모범'을 의미하는 중국어) 등의 단어에 쓰인다. 《설문》은 "'臬'은 과녁을 쏘는 것이다"라고 풀이했다.

갑 금 전

머리

首 머리 수

shǒu

코(, 自스스로 자)가 있고 머리카락이 있는 신체 기관

한 개의 코에 몇 가닥의 머리카락이 더해져 머리를 의미하는 '首'가 만들어졌다. '首'의 갑골문 은 돌출된

갑 금 전

코, 두피, 털, 한쪽 눈을 묘사한 동물 머리의 옆모습이고, 금문 은 단순하게 털, 두피, 코만 남겨 현재의 의미와 비슷해졌다. '首'는 '머리' '가장 중요하다' 등의 의미가 있고, 수령(首領, 한 당파나 무리의 책임자), 원수(元首, 한 나라의 최고 통치권자), 앙수(昂首ángshǒu, '고개를 들다'를 의미하는 중국어), 고수(叩首, 머리를 조아리고 존경을 나타냄) 등에 쓰인다.

'首'에서 파생된 한자는 죄인의 목을 베어 백성에게 보여준다는 의미가 있는 '縣(고을 현, 매달 현)'과 길을 판단한다는 의미가 있는 '道(길 도)'가 있다.

금
전

縣 고을 현, 매달 현

xiàn

'줄'(, 系맬 계)을 사용해서 사람의 머리(, 首머리 수)를 거꾸로 매달다. '懸'의 본자(本字)

'縣'은 큰 죄를 지은 죄인의 머리를 벤 뒤에 백성에게 주의를 주기 위해서 관아의 출입문 앞에 걸어놓은 것을 묘사했다. 금문 및 전서 는 모두 줄( )로 사람의 머리( )를 나무( )에 거꾸로 매달아놓은 것이다. 또다른 전서 는 나무가 생략되었다. '縣'은 '죄인을 심판하는 권리가 있는 지방 정부'라는 의미를 낳았고, 현부(縣府xiànfǔ, '현(중국 행정 단위의 하나) 정부'를 의미하는 중국어), 현령(縣令, 고대에 현의 으뜸 벼슬), 현성(縣城, '현'이라는 행정 구역을 둘러싸고 있는 성) 등에 쓰인다. '縣'의 간체자는 '县'이다.

懸 달 현

xuán

마음( )이 거꾸로 매달리다( )

관련 단어로는 현괘(懸掛, 내다가 겲), 현념(懸念, 늘 마음에 두고 생각함) 등이 있다.

道 길 도

dào

어떤 머리(首, 首머리 수)가 '길을 찾아 나아가다'(辶, 辶 쉬엄쉬엄 갈 착)

후각이 발달한 개와 고양이는 냄새를 좇아 집에 돌아가는 길을 찾는다. 사람은 어떤가? 고대에는 지금처럼 널찍한 도로가 없었다. 길은 사람과 짐승이 밟고 다녀 자연스럽게 난 산길이 전부였고 주변에 마땅한 표지판도 없었다. 그마저도 추운 겨울이 되면 인적이 끊겨 눈에 묻히고 봄여름이 되면 무성하게 자란 잡초에 가려지기 일쑤였다. 그래서 정확한 목적지에 도착하려면 길을 가는 나그네는 반드시 두 눈을 크게 떠서 주변을 살피고 작은 소리에도 귀를 기울이는 등 머리 부위에 있는 모든 기관을 동원해야 했다. 이런 시대 배경에서 '道'가 만들어졌다. 금문 은 어떤 머리(首, 首머리 수)가 '길'(彳, 彳조금 걸을 척)을 찾아 나아가는(止, 止발 지, 그칠 지) 것을 묘사했는데 이것에서 도로, 방법 등의 의미가 생겼다. 주로 차도(車道, 찻길), 인도(人道, 도로 중에 사람만 다니는 길), 전도(傳道, 도리를 세상에 널리 알림, 기독교 신앙이 없는 사람에게 신앙을 가지도록 인도함) 등의 단어에 쓰인다.

구성 한자로 풀이한 '道'의 의미는 어떤 머리[首]가 길을 걷는[辶] 것이다. 그런데 길은 추상적이고 사상적인 것으로 해석될 수도 있다. 스스로 요(堯)·순(舜)·우(禹)·탕(湯)·문(文)·무(武)·주공(周公)의 '도(道)'를 따른다고 생각한 공자(孔子)는 어느 날 송(宋)나라의 광 땅에 갔다가

금

전

영문도 모른 채 관병들에게 포위되었다. 알고 보니 관병들이 공자를 양호(陽虎)로 오해한 것이다. 양호는 광 땅에서 온갖 나쁜 짓을 다하고 다니는 인물이었는데 외모가 공자와 비슷했다. 공자는 자신은 양호가 아니라고 극구 부인했지만 관병들은 좀처럼 믿지 않았다. 심상치 않은 상황에 제자들이 크게 놀라자 공자는 제자들을 안심시키며 말했다.

"비록 문왕은 죽었어도 그의 도는 여전히 우리에게 남아 있지 않느냐. 문왕의 도가 이 땅에서 사라지는 것을 하늘이 가만히 두고 보지 않을 것이다. 광 땅의 사람들이 우리를 어쩌지 못할 것이니 모두 안심하거라."

그러곤 평화롭게 거문고를 켜고 노래를 불렀다. 공자의 거문고 연주와 노랫소리에 관병들은 마음에 동요가 일어나 하나둘씩 그 자리를 떠났다. 공자는 세상에 하늘의 도, 사라지지 않고 영원히 기억될 도를 전파했다.

導 인도할 도

dǎo

손(手손 수,)으로 '도'로()를 안내하다

갈림길 앞에서 어느 방향으로 가야 하는지 모를 땐 지나가는 사람에게 물어보는 것이 최고이다. 만약에 운이 좋아서 마음씨 착한 사람을 만나면 그가 손으로 정확한 길을 알려줄 것이다. '導'는 이렇게 정확한 길을 알려준 사람들 덕에 만들어졌다. 금문 은 어떤 머리(, 首머리 수)와 한쪽 손(, 寸마디 촌)이 도로(, 사방으로 통하는 길. 行다닐 행, 항렬 항)를 안내하는 것을 표현했다. '導'는 '안내하다'의 의미를 낳았고 인도(引

導, 이끌어 지도함, 길을 안내함), 도사(導師, 부처·보살의 통칭) 등에 쓰인다. 《설문》은 "'導'는 안내하는 것이다. 한자에 '寸'을 썼고, '道'는 소리를 나타낸다"라고 설명했다. '導'의 간체자는 '导'인데 '巳(뱀 사)'는 뜻을 나타내지도 않고 소리를 나타내지도 않는다.

코의 기능

코의 주된 기능은 숨을 쉬고 냄새를 맡는 것이다. 대표적인 관련 한자로는 '臭(냄새 취, 맡을 후)'와 '息(쉴 식)'이 있다.

臭 냄새 취, 맡을 후

xiù 또는 chòu

개(, 犬개 견)가 코(, 自스스로 자)를 킁킁거리며 사냥감을 뒤쫓다

'臭'는 '냄새를 구분하다'라는 의미를 낳았다. 옛 중국인은 개의 후각이 매우 예민한 것을 알았다. 갑골문 은 개( )가 코( )로 냄새를 맡으며 사냥감을 뒤쫓는 것을 묘사했고, 전서 및 는 갑골문의 필순을 조금 바꿨다. '臭'는 원래 냄새를 맡고 구분한다는 뜻인데, 훗날 이 뜻을 가진 한자는 (, 嗅맡을 후)로 바뀌었다. 개는 시체 냄새도 잘 맡는다. 그래서 '臭'는 '臰(냄새 취, 맡을 후)'와 같은 '고약한 냄새'라는 의미도 파생시켰다. 관련 단어로는 악취(惡臭, 나쁜 냄새)가 있다. 《설문》은 "새와 짐승이 지나간 뒤에 냄새로 흔적을 좇는 것이 개이다"라고 설명했다.

갑

전

전

息 쉴 식

xī

'코'(, 自스스로 자)로 들어와서 '심장'()을 지나 온몸에 전달되는 생명의 기운(제5장의 '心(마음 심)'편 참조)

얼굴

面 낯 면, 밀가루 면

miàn

사람의 얼굴

코는 얼굴의 중앙에 있다. 옛 중국인은 얼굴을 묘사할 때 일부러 눈, 입, 귀 등을 생략하고 코만 표현했다. '面'의 전서인 은 마침 중요한 부분만 간단하게 묘사하는 사의(寫意)의 방법으로 만들어졌고, 또다른 전서 는 '정수리'가 더해졌다. 이후 서서히 지금의 한자와 비슷한 모양으로 발전했다. '面'은 안면(顔面, 얼굴), 면공(面孔miànkǒng, '얼굴' '생김새'를 의미하는 중국어), 면구(面具, 가면), 면담(面談, 서로 만나서 이야기함) 등에 쓰인다.

전

전

靦 뻔뻔스러울 전, 부끄러워할 면

miǎn

'얼굴'(面낯 면,)을 다른 사람에게 '보이다'(見볼 견, 뵈올 현,)

서주(西周)시대는 중매로 결혼하는 관습이 있었다. 절차는 먼저 중매인이 남자 가족을 데리고 여자 집에 가서 혼담을 꺼낸다. 그러면 아리따운 여자가 규방에서 나와 대청 옆에 서서 장차 시댁 식구가 될 사람들에게 수줍게 모습을 보인다. '靦'은 이렇게 흥미로운 광경을 담은 한자이다. 전서 는 '얼굴'(面)을 남에게 '보이는'(見) 것을 표현했다. '靦'에선 '부끄러워하다'의 의미가 생겼고 면전(靦腆miǎntiǎn, '수줍어하다'를 의미하는 중국어), 면검(靦臉miǎnliǎn, '낯을 가리다'를 의미하는 중국어) 등에 쓰인다.

사람의 머리

頁 머리 혈, 책 면 엽

yè

사람의 머리

'頁'은 사실(寫實) 기법으로 사물을 있는 그대로 묘사한 갑골문에서 사의(寫意) 기법으로 특징적인 부분만 묘사한 전서까지 크게 3단계에 걸쳐 형성되었다. 갑골문 은 머리와 몸이 연결돼 있는 옆모습을 묘사했는데, '首(머리 수)'의 갑골문과 생김새가 비슷하다. 금문 은 머리의 윤곽을 생략하고 코와 머리꼭대기에 난 몇 가닥의 머리카락만 남겼다. 전서 는 머리카락마저 없애고 정수리, 코, 양쪽 발만 표현했다. 사의 기법을 써서 정수리의 특징만 살리고 중요하지 않은 나머지 부분을 과감히 생략한 것이다. '頁'의 모양이나 생김새에서 파생된 한자는 頭(머리 두), 顱(머리뼈 로·노), 顏(낯 안), 頑(완고할 완), 額(이마 액), 頂(정수리 정), 領(거느릴 령·영), 頰(뺨 협), 頸(목 경), 項(항목 항), 顎(턱 악, 엄할 악), 頷(끄덕일 암, 턱 함), 預(맡길 예, 미리 예), 願(원할 원), 顧(돌아볼 고), 顫(떨 전), 頓(조아릴 돈, 둔할 둔, 흉노 왕 이름 돌), 頗(자못 파), 顆(낟알 과), 題

(제목 제) 등 매우 많고 대부분 머리와 관계있다. '頁'은 원래 머리를 뜻했다. 하지만 사람들이 자신의 얼굴을 자세히 들여다보는 것에서 '자세히 읽어야 하는 책 면(페이지)'이라는 뜻과 '엽'이라는 소리가 새로 생겼고 엽마(頁碼yèmǎ, '쪽 번호'를 의미하는 중국어), 엽연(頁緣yèyuán, '페이지의 가장자리'를 의미하는 중국어) 등에 활용된다. 《설문》은 "'頁'은 머리이다"라고 풀이했다.

전

煩 번거로울 번, 괴로워할 번

fán

'불'(火불 화,)에 '얼굴'(, 頁머리 혈)이 타다

관련 단어로는 번뇌(煩惱, 마음이 시달려서 괴로움, 불교에서 말하는 마음이나 몸을 괴롭히는 모든 망념), 번조(煩燥, 한의학에서 몸과 마음이 답답하고 열이 나서 손과 발을 가만히 두지 못하는 짓) 등이 있다.

憂 근심 우

yōu

'마음'(心마음 심,)에 근심거리가 있어 '고개'(, 頁머리 혈)를 숙이고 '천천히 걷다'(, 夊천천히 걸을 쇠)(제5장의 '憂'편 참조)

금

전

順 순할 순

shùn

생각(, 頁머리 혈)이 '냇물'(川내 천,)처럼 흐르다

금문 은 사람이 고개를 숙이고 흐르는 '냇물'(川,)을 주의 깊게 살피는 것을 묘사했고, 또다른 금문인 은 사람의 '마음'( )이 '냇물'( )을 따라서 흐르는 것을 묘사했다. 전서 는 사람의 '머리'( )가 '냇물'( )을 따라서 흐르는 것을 나타냈다. 세 개의 옛 한자를 종합하면 '順'의 본뜻이 냇물을 따라서 생각이 흐르는 것임을 알 수 있고, 이것에서 '따르다' '복종하다'의 의미가 생겼다. 관련 단어로는 순복(順服, 순순히 복종함), 온순(溫順, 온화하고 단순함을 뜻하는 '온순하다'의 어근), 순도(順道, 바른 도리, 또는 도리를 따름), 순연(順延, 차례로 기일을 연기함) 등이 있다. 《석명(釋名)》은 "'順'은 따름이니, 자연의 이치를 따르는 것이다"라고 풀이했다.

須 모름지기 수, 수염 수

xū

'얼굴'(, 頁머리 혈) 밑에 길게 난 '털'(, 彡터럭 삼)

갑골문 은 아래턱에 길게 난 털을 묘사한 상형자이고, 금문 및 전서 는 얼굴에 털이 길게 난 것을 묘사했다. '須'는 '鬚(수염 수, 모름지기 수)'의 옛 한자이다. 허신은 "'須'는 얼굴의 털이다"라고 설명했다. 그러면 '반드시'라는 의미는 어떻게 생겼을까? 고대에 긴 수염은 미남의 상징이요, 성인 남자의 징표였다. 그 결과 '반드시' '마땅히 ~할 것이다'라는 의미가 생겼다. '須'는 필수(必須, 꼭 필요로 함), 수지(須知, 자신이 소속된 일에 대하여 모름지기 알아야 함) 등에 활용된다. 《석명》은 "'須'는 빼어난 것이다"라고 풀이했다.

갑 금 전

頒 나눌 반, 머리 클 분

bān

'얼굴'(, 頁머리 혈) 양쪽에 있는 수염을 반으로 '가르다'(分나눌 분, 푼 푼,)

전

‘頒’은 원래 발빈(髮鬢), 즉 머리카락과 수염을 뜻했는데, 위에서 아래로 흩어져 난 털이라는 데서 ‘(위에서 아래로) 나누어주다’라는 의미가 생겼다. 관련 단어로는 반발상장(頒發獎狀bānfājiǎngzhuàng, ‘상장을 주다’를 의미하는 중국어), 반증(頒贈bānzèng, ‘하사하다’ ‘수여하다’를 의미하는 중국어), 반포(頒布, 세상에 널리 퍼뜨려 모두 알게 함) 등이 있다.

전

頃 이랑 경, 잠깐 경, 반걸음 규

qǐng

‘고개’(, 頁머리 혈)를 숙이고 다른 ‘사람’(, 匕비수 비)에게 절하다

‘頃’은 원래 아래쪽으로 기울어진 머리를 뜻했다. 하지만 이 뜻을 가진 한자는 훗날 ‘傾(기울 경)’으로 바뀌었다. ‘頃’은 고개를 숙이고 절을 하는 데 시간이 얼마 안 걸리는 데서 ‘매우 짧은 시간’이라는 의미를 파생시켰다. 관련 단어로는 경각(頃刻, 눈 깜빡할 사이), 아경(俄頃, 조금 있다가, 조금 전) 등이 있다.

‘目(눈 목)’에서 파생된 한자

갑골문 및 금문 은 눈구멍 및 눈동자의 모양을 묘사한 상형자이고, 전서 는 금문을 조금 반듯하게 다듬었다. ‘目’이 들어가는 한자는 대부분 ‘눈’과 관계있다. 선진(先秦)시대까지는 주로 ‘目’으로 눈을 표현했지만 한나라 때부터 서서히 ‘眼(눈 안, 눈 불거질 은)’이 쓰이기 시

작했다. ‘目’은 목광(目光, 눈빛), 목격(目擊, 일이 벌어진 광경을 직접 봄) 등의 단어에 쓰인다.

눈썹

眉 눈썹 미

méi

‘눈’(目눈 목,) 위에 있는 ‘털’()

갑골문 , 금문 은 눈 위에 있는 털, 즉 눈썹을 나타냈다.

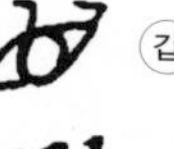

갑

금

전

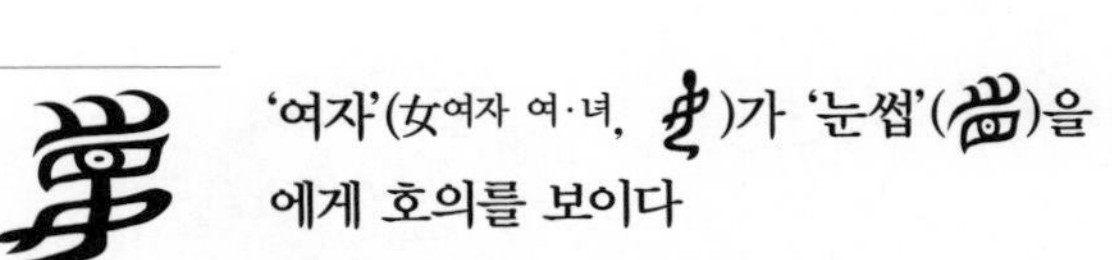

‘여자’(女여자 여·녀,)가 ‘눈썹’()을 위로 올리며 남에게 호의를 보이다

媚 아첨할 미, 예쁠 미

mèi

‘媚’는 ‘여자가 눈썹을 위로 올리다’라는 본뜻에서 ‘비위를 맞추다’ ‘마음을 뒤흔들어놓을 정도로 아름답다’의 의미가 생겼다. 첨미(諂媚, 아첨하며 아양을 떪), 무미(嫵媚, 곱고 아리따움), 명미(明媚, 경치가 맑고 아름다움을 뜻하는 ‘명미하다’의 어근) 등의 표현에 쓰인다.

갑

금

전

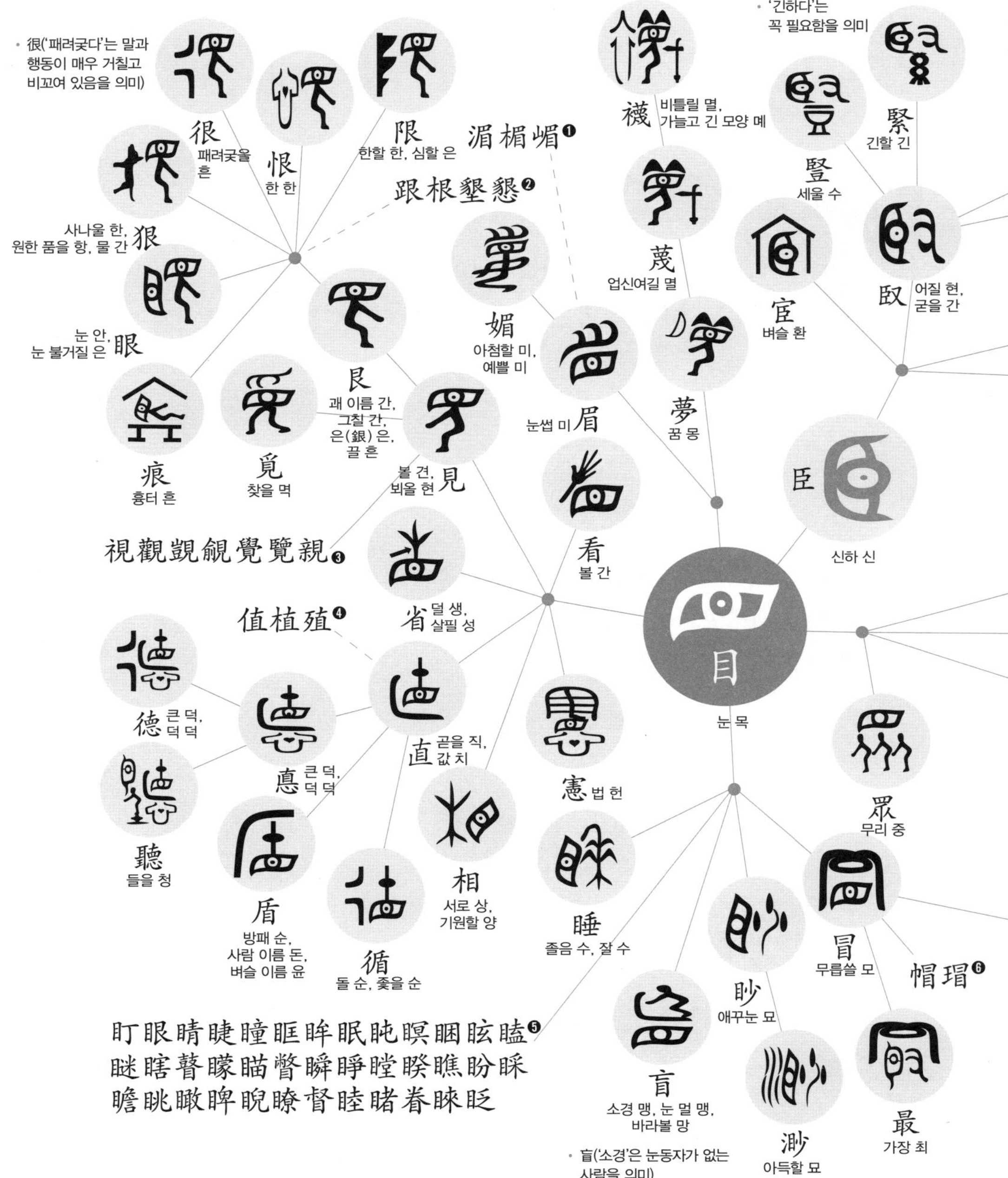

很('패려궂다'는 말과 행동이 매우 거칠고 비꼬여 있음을 의미)
很 패려궂을 흔
恨 한 한
限 한할 한, 심할 은
湄楣嵋❶
跟根墾懇❷
사나울 한, 원한 품을 항, 물 간 狠
눈 안, 눈 불거질 은 眼
艮 괘 이름 간, 그칠 간, 은(銀) 은, 끌 흔
痕 흉터 흔
覓 찾을 멱
볼 견, 뵈올 현 見
視觀覬覦覺覽親❸
媚 아첨할 미, 예쁠 미
눈썹 미 眉
看 볼 간
省 덜 생, 살필 성
値植殖❹
德 큰 덕, 덕 덕
悳 큰 덕, 덕 덕
直 곧을 직, 값 치
聽 들을 청
盾 방패 순, 사람 이름 돈, 벼슬 이름 윤
循 돌 순, 좇을 순
相 서로 상, 기원할 양
憲 법 헌
睡 졸음 수, 잘 수
目 눈 목
蔑 비틀릴 멸, 가늘고 긴 모양 메
蔑 업신여길 멸
夢 꿈 몽
'긴하다'는 꼭 필요함을 의미
緊 긴할 긴
竪 세울 수
宦 벼슬 환
臤 어질 현, 굳을 간
臣 신하 신
衆 무리 중
冒 무릅쓸 모
帽瑁❻
最 가장 최
眇 애꾸눈 묘
渺 아득할 묘
盲 소경 맹, 눈 멀 맹, 바라볼 망
盲('소경'은 눈동자가 없는 사람을 의미)
盯眼睛睫瞳眶眸眠盹瞑睏眩瞌❺
睇瞎瞽矇瞄瞥瞬睜瞠睽瞧盼睬
瞻眺瞰睥睨瞭督睦睹眷睞眨

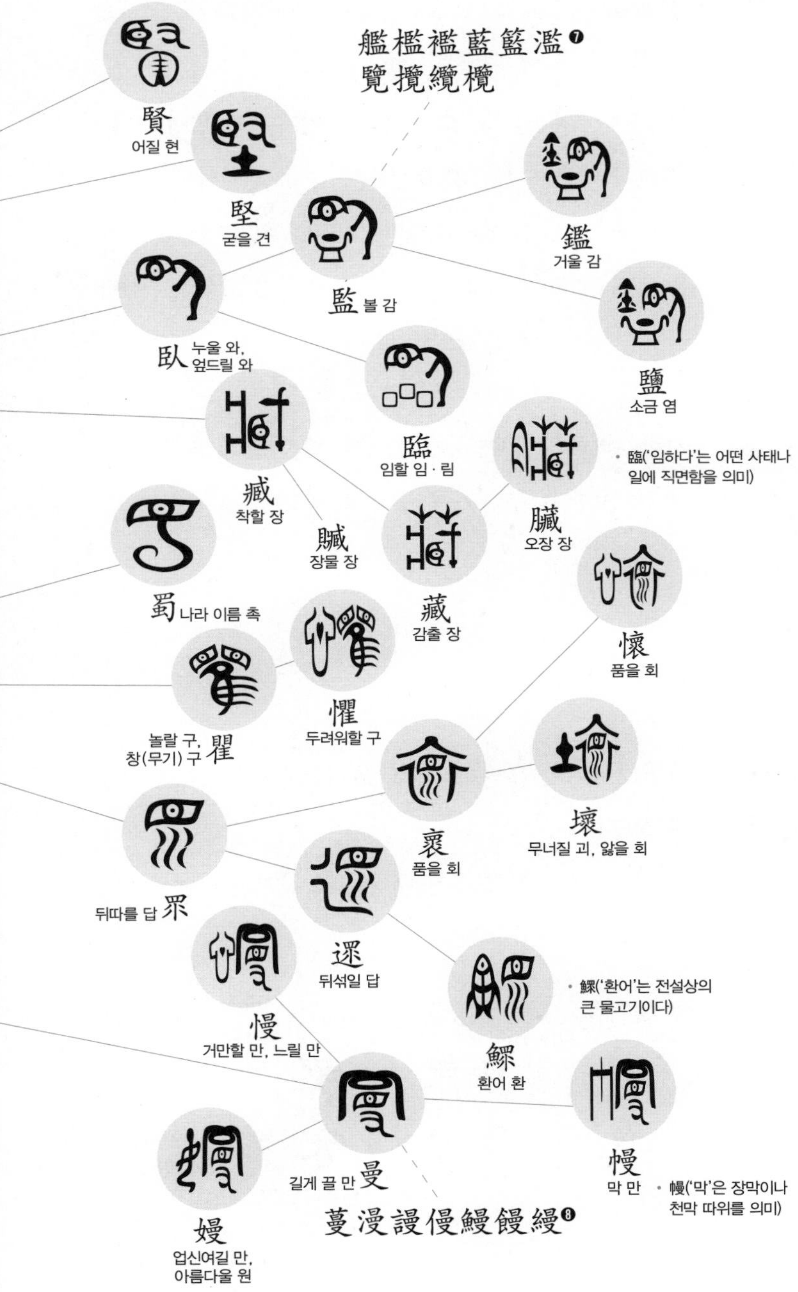

❶ 湄(물가 미, 더운 물 난), 楣(문미 미. '문미(門楣)'는 창문 위에 가로로 댄 나무를 의미), 嵋(산 이름 미)

❷ 跟(발꿈치 근), 根(뿌리 근), 墾(개간할 간), 懇(간절할 간)

❸ 視(볼 시), 觀(볼 관), 覬(바랄 기), 覦(넘겨다볼 유), 覺(깨달을 각), 覽(볼 람·남), 親(친할 친)

❹ 値(값 치), 植(심을 식, 둘 치), 殖(불릴 식)

❺ 盯(똑바로 볼 정), 眼(눈 안, 눈 불거질 은), 睛(눈동자 정), 睫(속눈썹 첩, 깜작일 섭), 瞳(눈동자 동), 眶(눈자위 광), 眸(눈동자 모), 眠(잘 면, 볼 민), 盹(졸 순), 瞑(눈 감을 명, 잘 면), 睏(곤할 곤. '곤하다'는 기운 없이 나른함을 의미), 眩(어지러울 현, 요술 환, 돌아다니며 팔 견), 瞌(졸음올 갑), 瞇(애꾸눈 미), 瞎(애꾸눈 할), 瞽(소경 고), 矇(청맹과니 몽, 어두울 몽. '청맹과니'는 겉으로 보기에는 눈이 멀쩡하나 앞을 보지 못하는 눈을 의미), 瞄(겨룰 묘), 瞥(눈 깜짝일 별, 침침할 폐), 瞬(눈 깜짝일 순), 睜(눈동자 정), 瞠(볼 당), 睽(사팔눈 규, 부릅뜬 모양 계), 瞧(몰래 볼 초), 盼(눈 예쁠 반, 날 새려 할 분), 睬(주목할 채), 瞻(볼 첨), 瞰(굽어볼 감), 睥(흘겨볼 비), 睨(곁눈질할 예), 瞭(밝을 료·요), 督(감독할 독), 睦(화목할 목), 睹(볼 도), 眷(돌볼 권), 睞(한눈팔 래), 眨(깜짝일 잡)

❻ 帽(모자 모), 瑁(옥홀 모, 대모 매. '옥홀(玉笏)'은 제후가 조회할 때 천자가 지니던 옥으로 만든 홀, '대모(玳瑁)'는 바다거북과의 하나를 의미)

❼ 艦(큰 배 함), 檻(난간 함), 襤(헌 누더기 람·남), 藍(쪽 람·남, 볼 감), 籃(대바구니 람·남), 濫(넘칠 람·남, 동이 함), 覽(볼 람·남), 攬(가질 람·남), 纜(닻줄 람·남), 欖(감람나무 람·남)

❽ 蔓(덩굴 만), 漫(흩어질 만), 謾(속일 만), 僈(얕볼 만), 鰻(뱀장어 만), 饅(만두 만), 縵(무늬 없는 비단 만)

'目(눈 목)'에서 파생된 두 가지 의미 – 참관과 성찰

참관(參觀)

금

전

看 볼 간

kàn

'손'(手손 수,)을 '눈'(, 目눈 목) 위에 얹고 멀리 보다

관련 단어로는 관간(觀看guānkàn, '보다' '참관하다'를 의미하는 중국어), 간견(看見kànjiàn, '보다'를 의미하는 중국어), 간관(看管kānguǎn, '돌보다' '범인, 포로 등을 감시·관리하다'를 의미하는 중국어) 등이 있다.

갑

금

전

見 볼 견, 뵈올 현

jiàn

사람(人사람 인,)이 눈(, 目눈 목)을 크게 뜨고 사물을 보다(《한자나무》 1권 제2장의 '見' 참조)

전

艮 괘 이름 간, 그칠 간, 은(銀) 은, 끌 흔

gèn

사람(人사람 인,)이 고개를 돌리고 눈(, 目눈 목)을 부릅뜨다

'艮'과 '見'은 얼핏 좌우가 대칭인 것 같지만 아랫부분의 모양과 뜻이 조금 다르다.

현대 한자	전서	그림문자	본뜻
見			앞을 보는 사람
艮			뒤돌아보는 사람

限 한할 한, 심할 은

xiàn

'성벽'(, ⻖언덕 부)을 넘을 수 없어서 '뒤돌아보다'(, 艮괘 이름 간, 그칠 간, 은(銀) 은, 끌 흔)

'限'은 '넘을 수 없는 장애물'이라는 의미를 낳았고 한제(限制, 제한), 기한(期限, 미리 한정한 시기, 어느 때까지를 기약함), 극한(極限, 도달할 수 있는 최후의 단계) 등에 쓰인다. (阜언덕 부, ⻖언덕 부)는 가파른 고개나 성벽을 의미한다.

금

전

恨 한 한

hèn

'마음'(心마음 심,)속에 한이 있어 '뒤돌아보다'(, 艮괘 이름 간, 그칠 간, 은(銀) 은, 끌 흔)

전

很 패려궂을 흔

hěn

'길'(, 彳조금 걸을 척)을 걷는 중에도 수시로 '뒤돌아보며'(, 艮괘 이름 간, 그칠 간, 은(銀) 은, 끌 흔) 심정을 표출하다. (彳)은 지나는 길을 나타낸다.(제9장의 '彳'편 참조)

전

狠 사나울 한, 원한 품을 항, 물 간

hěn

'개'()처럼 거칠고 위협적인 눈빛으로 '뒤돌아보다'(, 艮괘 이름 간, 그칠 간, 은(銀) 은, 끌 흔)

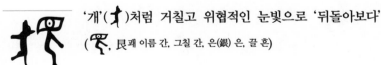

전

 전

眼 눈 안, 눈 불거질 은

yǎn

'뒤돌아서 쳐다보는'(, 艮괘 이름 간, 그칠 간, 은(銀) 은, 끝 흔) '눈'(, 目눈 목)

전

痕 흉터 흔

hén

다치고 '병'든(, 疒병들어 기댈 녁·역, 병들어 기댈 상) 뒤에 남은 상처를 '뒤돌아 쳐다보다'(, 艮괘 이름 간, 그칠 간, 은(銀) 은, 끝 흔)

(疒)은 침대와 지붕으로 병의 개념을 표현했다. 병과 관계있는 한자는 모두 '疒'이 들어간다.

깊은 성찰(省察)

한번쯤 눈에 이물질이 들어가서 고생한 경험이 있을 것이다. 옛 중국인도 농사를 지을 때 미세한 식물이 자꾸 눈에 튀어들어가서 애를 먹었다. 미세한 식물은 속눈썹처럼 작고 얇아서 눈에서 꺼낼 때 많은 주의가 필요했다. 이런 배경에서 '省(살필 성, 덜 생)'이 만들어졌다.

 갑 금 전

省 살필 성, 덜 생

xǐng

'눈'(, 目눈 목)에 들어간 '작은 풀'()을 꺼내어 검사하다

갑골문 및 금문 은 눈에 들어간 작은 풀을 나타냈다. '省'에서 '자세하게 검사하다'라는 의미가 파생되었고 성찰(省察, 자신의 마음을 반성하고 살핌), 성오(省悟, 반성하여 깨달음) 등에 쓰인다.

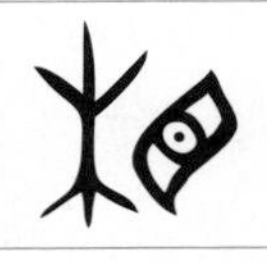

相 서로 상, 기원할 양

xiāng 또는 xiàng

 갑

 금

 전

'눈'(, 目눈 목)으로 '나무'( )와 풀을 관찰하다

인류에게 식물은 식량의 근원이다. 예로부터 중국인은 먹을 수 있는 식물, 치료에 쓸 수 있는 식물, 독성이 있는 식물을 자세하게 연구하고 기록했다. 또한 가구 자재나 건축 자재로 쓸 수 있는 나무를 구분하고 각각의 특징이나 모양을 서로 비교하기도 했다. '相'은 이렇게 옛 중국인이 나무와 화초를 자세하게 관찰하고 연구하는 것을 나타낸 한자이다. '相'에서 파생된 의미는 '자세히 관찰하다'이고 상기이동(相機而動xiàngjī'érdòng, '시기에 알맞게 대처함'을 의미하는 중국어), 상녀배부(相女配夫xiàngnǚpèifū, '딸의 상황을 고려해 적절한 사윗감을 고르다'를 의미하는 중국어) 등에 쓰인다. '相'은 식물을 관찰할 때 각각의 모양과 특징을 비교한 것에서 '용모' '서로'와 같은 의미도 파생시켰다. 관련 단어로는 상모(相貌, 얼굴의 생김새), 상호(相互, 서로), 상배(相配xiāngpèi, '서로 어울리다'를 의미하는 중국어), 상동(相同, 서로 같음) 등이 있다.

나쁜 시력

眇 애꾸눈 묘

miǎo

한쪽 '눈'(, 目눈 목)이 '없다'(, 少적을 소, 젊을 소)

'눈이 멀다' '모호하다'의 의미가 파생되었다. 소식(蘇軾, 소동파. 중국 송나라의 문인)은 《일유(日喩)》에서 "태어나서부터 앞을 못 보는 사람은 해를 알지 못한다(生而眇者不識日, 생이묘자부식일)"라고 말하며 '눈이 멀다'의 의미로 '眇'를 썼다.

전

渺 아득할 묘

miǎo

사물이 끝없이 넓은 '물'속( )에 있어 '잘 안 보인다'( )

'渺'는 '미세하다'의 의미를 낳았고 묘소(渺小, 작고 어림을 뜻하는 '묘소하다'의 어근), 묘망(渺茫, 넓고 멀어서 바라보기에 아득함을 뜻하는 '묘망하다'의 어근), 묘묘(渺渺 miǎomiǎo, '요원하여 끝이 안 보이는 모양' '아주 약하고 작은 모양'을 의미하는 중국어) 등에 쓰인다. 어쩌면 옛 중국인은 방금 전 강변을 떠난 배가 점점 작게 보이는 것에서 아득함을 느끼지 않았을까?

盲 소경 맹, 눈 멀 맹, 바라볼 망

máng

시력(, 目눈 목)을 '잃다'(, 亡망할 망)

신부의 얼굴을 가린 붉은 수건을 들어 올리다

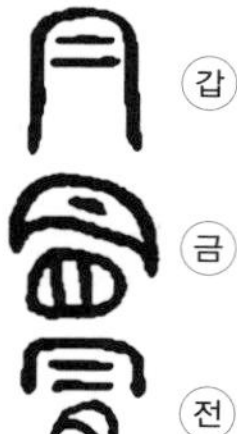

갑

금

전

冒 무릅쓸 모

mào

'두건'(, 冃쓰개 모)으로 머리를 둘둘 감싸 '눈'(, 目눈 목)만 보이다

중국인의 두건 사용은 매우 오랜 역사를 가지고 있다. 동한(東漢) 때 조조(曹操)는 재능과 미모가 빼어난 문희

(文姬, 중국 후한의 학자이자 문인인 채옹(蔡邕)의 딸)에게 두건을 하사했는데 《후한서(後漢書)》에 “추운 겨울에 두건과 가죽신을 하사했다”라는 기록이 나온다. 갑골문 은 두건이나 보자기를 묘사한 것이다. 척박한 북쪽의 황토 고원지대에 산 옛 중국인은 심하게는 한쪽 눈만 빠끔히 내놓고 머리를 긴 보자기로 둘둘 감아 바람과 모래, 추위를 막았다. ‘冒’는 ‘帽(모자 모)’의 옛 한자이고, ‘모자’라는 본뜻에서 두건이나 모자로 얼굴을 가리고 타인 행세를 한다는 의미가 파생되었다. 관련 단어로는 모명(冒名, 이름을 거짓으로 꾸며냄, 또는 그 이름), 가모(假冒, 남의 이름을 제 이름인 것처럼 거짓으로 댐), 모패(冒牌màopái, ‘상표나 명의를 도용하다’를 의미하는 중국어) 등이 있다.

두건은 신장(新疆)지역의 민요에도 등장한다.

“내가 그대의 눈썹을 볼 수 있게 그대의 얼굴을 가린 붉은 수건을 올려요. 당신의 눈썹은 참 가늘고 길군요. 나무 위에 뜬 보름달처럼…….”

‘曼(길게 끌 만)’에서 파생된 한자는 대부분 두건을 쓰는 중국의 민족 문화를 나타낸다.

曼 길게 끌 만

màn

여자가 ‘손’(, 又또 우)으로 머리에 둘둘 만 ‘두건’(, 冒무릅쓸 모)을 천천히 들어올리다

금문 , 및 전서 , 는 여자(女여자 녀·여,)가 손(手손 수,)으로 두건이나 수건(冒무릅쓸 모,)을 들어올리는 것을 표현했다. 여자가 손으로 두건을 천천히 들어올리는 우아한 자태에서 ‘가볍고 부드러우며 가늘고 길다’라는

금

전

의미가 파생되었다. 만묘(曼妙 mànmiào, '음악이나 춤이 감미롭고 아름답다'를 의미하는 중국어), 만장(曼长 또는 漫长 màncháng, '(시간·공간이) 멀다, 길다'를 의미하는 중국어) 등의 단어에 쓰인다. 《설문》은 "'曼'은 끄는 것이다"라고 설명했다.

전

幔 막 만

màn

머리에 둘둘 만 여자의 두건(巾수건 건,)

두건을 표현하기 위해서 '曼(길게 끌 만)' 옆에 '巾(수건 건)'을 덧붙였다. '幔'에선 '드리워진 장막'이라는 의미가 파생되었다. 관련 단어로는 포만(布幔 bùmàn, '천막'을 의미하는 중국어), 장만(帳幔 zhàngmàn, '장막'을 의미하는 중국어), 만자(幔子 mànzi, '천막'을 의미하는 중국어) 등이 있다.

전

嫚 업신여길 만, 아름다울 원

màn

'머리에 둘둘 만 두건이 벗겨진'(, 曼길게 끌 만) '여자'(女여자 녀·여,)

'남을 깔보다' '업신여기고 모욕하다'의 의미가 파생되었고 만욕(嫚辱 mànrǔ, '남을 업신여기고 깔보다'를 의미하는 중국어), 만매(嫚罵 mànmà, '깔보고 욕하다'를 의미하는 중국어) 등에 쓰인다. '嫚'은 소만(小嫚 xiǎomān, '아가씨'를 일컫는 중국 산동 지역의 사투리)처럼 여자를 다정하게 부르는 애칭으로 쓰이기도 한다.

전

僈 얕볼 만

màn

멋대로 '여자의 두건을 들추는'(, 曼길게 끌 만) 남자()

여자를 희롱하고 예의가 없다는 의미가 파생되었다.

《순자·불구편(荀子·不苟篇)》에는 "군자는 너그럽고 온화하며, 남을 함부로 업신여기지 않는다(君子寬而不僈, 군자관이불만)"라는 말이 나온다.

'붉은 두건을 들어올리는'(, 曼길게 끌 만) '마음'(心마음 심,)

慢 거만할 만, 느릴 만

màn

전

고대 중국의 혼례 풍습에서 신랑은 반드시 신부의 붉은 두건을 천천히 들어올려야 했다. 신부가 어떻게 생겼을까, 아무리 궁금해도 심장의 쿵덕거림을 꾹 참고 붉은 두건을 부드럽게 말아올려야 했다는 말이다. 관련 단어로는 완만(緩慢, 움직임이 느릿느릿함, 경사가 급하지 않음), 만조사리(慢條斯理, 서두르지 않고 여유가 있는 모양) 등이 있다.

눈물을 흘리는 눈

눈물을 흘리는(, 水물 수) 눈(, 目눈 목)

眔 뒤따를 답

tà

갑 금 전

갑골문 및 금문 , 은 모두 눈'물'을 흘리는 한쪽 '눈'을 묘사했다.

'눈물'(, 眔뒤따를 답)이 멈추지 않고 계속 흐르다(, 辶쉬엄쉬엄 갈 착)

遝 뒤섞일 답

tà

금 전

'매우 많다'라는 의미가 파생되었다. 관련 단어로는 분지

답래(紛至沓來fēnzhìtàlái, '그치지 않고 계속 오다'를 의미하는 중국어)가 있다.

금

전

裹 품을 회

huái

'눈물'(, 眔뒤따를 답)이 '옷'자락(, 衣옷 의)을 적시다

'懷(품을 회)'의 옛 한자

전

懷 품을 회

huái

마음(心마음 심,)속으로 어떤 사람을 그리워하여 '옷섶이 젖을 정도로 눈물을 흘리다'(, 裹품을 회)

관련 단어로는 회념(懷念huáiniàn, '그리워하다'를 의미하는 중국어), 관회(關懷guānhuái, '(주로 윗사람이 아랫사람에게) 관심을 가지고 보살피다'를 의미하는 중국어)가 있다. '懷'의 간체자는 '怀'이다.

전

壞 무너질 괴, 앓을 회

huài

흙(土흙 토,)으로 만든 건축물이 무너지거나 기구가 파괴되어 '옷섶이 젖을 정도로 눈물을 흘리다'(, 裹품을 회)

훼괴(毀壞, 헐어서 깨트림), 패괴(敗壞, 부서지고 무너짐 또는 부수고 무너뜨림)의 단어에 쓰인다. 간체자는 '坏'이다.

鰥 환어(전설상의 큰 물고기) 환

guān

'눈에서 눈물이 흐르는'(, 眔 뒤따를 답) **큰 '물고기'**(魚 물고기 어,)

늦은 밤까지 잠 못 들고 물고기처럼 뜬 눈으로 있는 것에서 '배우자를 잃고 슬픔에 잠긴 남자'라는 의미가 파생되었다. 《공총자·항지편(孔叢子·抗志篇)》에는 '鰥'이 등장하는 고사가 나온다.

금

전

위(衛)나라 사람이 황허 강에서 낚시를 하다가 환어를 잡았다. 수레에 꽉 찰 정도로 그 크기가 매우 컸다. 자사(子思)가 "어떻게 잡았습니까?"라고 묻자 위나라 사람은 대답했다.

"내가 처음에 방어를 미끼로 썼을 때 환어[鰥]는 거들떠보지 않고 지나다니기만 했습니다. 해서 미끼를 돼지 반쪽으로 바꿨더니 환어가 덥석 물었습니다."

《석명》은 '鰥'을 "근심이 깊으면 잠이 안 오고 큰 물고기[鰥]처럼 눈이 떠진다. 구성 한자에 '魚'가 들어가는데, 물고기는 늘 눈을 뜨고 있다"라고 풀이했고, 《예기·왕제(禮記·王制)》는 "늙어서 부인이 없는 것을 '鰥'이라고 말한다"라고 풀이했다. 송(宋)나라의 육유가 지은 《만등망운(晩登望雲)》에는 "수심에 차서 환어[鰥]처럼 밤에 잠을 못 이루는구나"라는 말이 나온다.

밑을 보는 눈

睡 졸음 수, 잘 수

shuì

눈(, 目 눈 목)**꺼풀이 밑으로 '내려오다'**(垂 드리울 수,)

'睡'는 너무 피곤한 나머지 자기도 모르게 눈꺼풀이 감

전

기는 사람을 묘사했고, 이것에서 '눈을 감고 쉬다'라는 의미가 파생되었다. 수교(睡覺shuìjiào, '(잠을) 자다'를 의미하는 중국어), 수면(睡眠, 잠을 자는 일), 수의(睡衣shuìyī, 잠옷) 등의 단어에 쓰인다.

갑 금 전

蔑 업신여길 멸

miè

어떤 '사람'(人사람 인,)이 '무기'(, 戈창 과)를 한쪽에 방치한 채 눈꺼풀을 밑으로 떨어트리고() 적을 우습게 쳐다보다

갑골문 은 어떤 '사람'이 '삼지창'을 한쪽에 버려두고 눈꺼풀을 떨어트린 채() 적을 쳐다보는 것을 묘사했다. 적이 얼마나 우스웠으면 눈앞에 있는데도 얼른 무기를 안 들까? 금문 은 '삼지창'을 '창'()으로 바꿨고, 전서 는 금문을 조금 다듬었다. '蔑'은 '무시하다'의 의미를 파생시켰고 멸시(蔑視, 업신여기거나 하찮게 여기고 깔봄), 모멸(侮蔑, 업신여기고 얕잡아 봄) 등에 쓰인다.

금 전

夢 꿈 몽

mèng

'밤'(, 夕저녁 석)에 눈꺼풀을 밑으로 떨어트린 사람()(제5장의 '夕(저녁 석)'편 참조)

경계하는 눈

瞿 놀랄 구, 창(무기) 구

jù 또는 qú

참새(, 隹새 추)가 경계를 늦추지 않고 좌우를 살피다(, 目눈 목)

전서 瞿는 참새가 경계를 늦추지 않고 먹이를 쪼며 수시로 주변을 살피는 모습을 묘사했다. '구연(瞿然 jùrán)'은 경계하며 보는 것을 의미하는 중국어이다. '瞿'에서 파생된 '懼(두려워할 구,)'는 '참새가 놀라서 허둥대며 주변을 두리번거릴'(瞿) 때의 '마음'(心마음 심,)을 묘사했고, 이것에서 '두려워하다'라는 의미가 생겼다.

전

衆 무리 중

zhòng

무수한 사람(, 㐺나란히 설 음, 더 높은 곳을 잡고 오를 반, 무리 중)을 보다(, 罒그물 망, 넉 사)

'衆'은 '다수'라는 의미를 낳았고 중인(衆人, 여러 사람), 관중(觀衆, 운동 경기나 공연 따위를 구경하는 사람들) 등에 쓰인다. 상(商)나라 땐 신분이 노비보다 높고 귀족보다 낮은 평범한 백성을 '衆'이라고 불렀다. '衆'의 간체자는 '众'이다.

갑

금

전

'臣(신하 신)'에서 파생된 한자

고대에 노비는 주인의 일거수일투족에 신경을 곤두세웠다. 주인이 "목이 마르구나" 하면 냉큼 차를 가져다 바치고, 주인이 땀을 흘리면 얼른 땀을 닦아주고 부채를 부쳐줬다. 주인의 손짓 하나에 노비는 바로 그

뜻을 이해하고 신속하게 행동했다. 같은 이치로 군왕을 모시는 신하는 늘 두렵고 불안한 마음으로 군왕의 명령을 기다리고 말씀을 새겨들었다.

군왕을 모시는 신하의 마음은 어떤 상태일까? '臣'의 갑골문 은 한눈팔지 않고 오직 위쪽만 쳐다보는 모양이고, 금문 및 전서 는 갑골문을 조금 다듬었다. '정중하고 주의 깊게 살피다'라는 '臣'의 본뜻에서 '지시나 명령을 기다리다' '굴복하다'의 의미가 생겼다. 관련 단어로는 신복(臣服, 신하가 되어 복종함), 군신(君臣, 임금과 신하) 등이 있다.

宦 벼슬 환

huàn

황실(, 宀집 면)에서 항상 주인을 '정중하고 주의 깊게 보살피고'(, 臣신하 신), 주인의 말씀을 새겨듣고 지시를 기다리다

고대에 황궁에서 군왕을 보살피는 태감이나 관리를 통틀어 '宦'이라고 불렀다. 관련 단어로는 사환(仕宦, 벼슬살이를 함), 환도(宦途, 벼슬길), 환관(宦官, 내시) 등이 있다.

시력이 좋고 동작이 민첩한 사람

눈과 손의 협응 능력(hand-eye coordination, 눈과 손의 동작을 일치시키는 능력)은 현대 과학이 만든 신조어이다. 하지만 옛 중국인은 일찍이 주(周)나라 때부터 臤(어질 현, 굳을 간), 賢(어질 현), 堅(굳을 견), 豎(세울 수), 緊(긴할 긴) 등의 금문으로 같은 개념을 표현했다.

臤 어질 현, 굳을 간

qiān

시력이 좋고 동작이 민첩한 사람

금문 은 집중한 눈(, 臣신하 신)과 빠른 손(, 手손 수)으로 눈과 손의 협응 능력이 뛰어난 사람을 묘사했다. '臤'은 '일을 잘하는 사람'이라는 의미를 낳았는데, '臤'에서 파생된 한자는 모두 이 의미와 관계있다.

堅 굳을 견

jiān

'일을 잘하는 사람'(, 臤어질 현, 굳을 간)이 '흙'(, 土흙 토)으로 건물을 짓다

금 전

옛 중국인은 흙으로 벽돌과 기와를 만들어서 눈으로 보고 손으로 척척 만들 수 있는 능력이 뛰어난 장인만이 집이나 궁전을 튼튼하게 지을 수 있었다. 그래서 '堅'에선 '튼튼하다'의 의미가 생겼다. 관련 단어로는 견고(堅固, 굳고 단단함을 뜻하는 '견고하다'의 어근) 등이 있고, 간체자는 '坚'이다.

賢 어질 현

xián

'눈이 밝고 손이 빠른 사람'(, 臤어질 현, 굳을 간)이 '흙'(土흙 토,)으로 건축물을 짓다

사업은 타이밍 싸움이다. 눈이 밝고 손이 빠른 사람은 기회를 잘 잡아서 늘 부를 창조한다. '賢'은 '재능이 있는 사람'이라는 의미를 낳았고 현능(賢能, 현명하고도 재간이 있음), 현혜(賢慧xiánhuì, '어질고 총명하다'를 의미하는 중국어), 현모양처(賢母良妻, 어진 어머니이면서 착한 아내) 등에 쓰인다. 간체자는 '贤'이다.

竪 (전)

竪 세울 수

shù

'일을 잘하는 사람'(臤, 臤어질 현, 굳을 간)이 손으로 '솥'(豆, 豆콩 두)을 들다. 솥은 기울거나 내용물이 넘쳐흐르면 안 되고 반드시 곧게 세워져야 한다

'竪'는 고대에 제사를 지낼 때 제사장이 두 손으로 제사 음식을 담은 그릇[豆器]을 제단에 올리는 것을 묘사한 한자이다. '竪'는 '똑바로 서다'의 의미를 낳았고 수립(竪立, 꼿꼿하게 세움), 수금(竪琴, 하프) 등에 쓰인다. '豆'는 고대에 제사 음식을 담은 솥이다.(제7장의 '豆'편 참조)

緊 (금)

緊 (전)

緊 긴할 긴

jǐn

'일을 잘하는 사람'(臤, 臤어질 현, 굳을 간)이 튼튼한 '밧줄'(糸, 糸가는 실 멱, 실 사)을 만들다

糸은 두세 가닥의 식물성 섬유를 꼬아서 만든 밧줄이다. 밧줄을 잘 만드는 사람이 만든 밧줄은 틀림없이 튼튼할 것이다. 긴밀(緊密, 서로의 관계가 매우 가까워 빈틈이 없음을 뜻하는 '긴밀하다'의 어근), 긴붕(緊繃jǐnbēng, '팽팽하게 잡아당기다'를 의미하는 중국어) 등에 쓰이고 간체자는 '紧'이다.

고개를 숙이고 자세히 살피는 사람

고대에 대신은 전국의 백성이 편안하게 살 수 있게 감독하는 책임이 있었다. 그래서 성문 입구나 중요한 길목에 검문소를 설치하고 관병을 보내 비정기적으로 백성의 삶을 점검했다. 한자에선 집중한 눈에 허리를 굽힌 사람을 덧붙여 고개를 숙이고 검사하는 사람을 묘사했다.

臥 누울 와, 엎드릴 와

wò

고개를 숙이고 '주시'하는(　) 사람(　)

臨(임할 임·림), 監(볼 감), 鹽(소금 염) 등 '臥'가 들어가는 한자는 모두 이 의미를 갖고 있다. '臥'는 '고개를 숙이고 내려다보는 사람'이라는 본뜻에서 엎드린 사람이라는 의미를 파생시켰다. 와방(臥房, 침실), 와도(臥倒wòdǎo, '엎드리다' '드러눕다'를 의미하는 중국어), 와병(臥病, 병으로 자리에 누움) 등에 쓰인다.

전

監 볼 감

jiān

어떤 사람이 세숫대야(　, 皿그릇 명)의 물에 비친 얼굴을 고개 숙여 쳐다보다(　, 臥누울 와, 엎드릴 와)

'監'은 '자신의 용모를 검사하다'라는 본뜻에서 '자세히 검사하다'의 의미가 파생되었다. 감찰(監察, 감독하여 살핌), 감관(監官, 궁가와 관아에서 돈이나 곡식을 간수하고 출납을 맡아보던 관리), 감공(監工jiāngōng, '공사를 감독하다'를 의미하는 중국어), 감뢰(監牢jiānláo, '교도소'를 의미하는 중국어) 등에 쓰인다. '監'의 독음에서 파생된 한자는 鑑(거울 감), 鑒(거울 감), 艦(큰 배 함) 및 覽(볼 람·남), 襤(헌 누더기 람·남), 藍(쪽 람·남, 볼 감), 籃(대바구니 람·남), 濫(넘칠 람·남, 동이 함), 攬(가질 람·남), 欖(감람나무 람·남) 등 매우 많다.

갑

금

전

臨 임할 임·림

lín

어떤 사람이 물'품'(　, 品물건 품)을 고개 숙여 쳐다보다 (　, 臥누울 와, 엎드릴 와)

마치 상급 장관이 몸소 와서 검사하는 모습을 묘사하

금

전

는 것처럼 생긴 '臨'은 '직면하다' '접근하다' '마침 ~한 시기이다'의 의미를 낳았다. 광림(光臨, '남이 찾아옴'의 높임말), 임검(臨檢, 현장 조사나 검증), 임시(臨時, 미리 얼마 동안으로 정하지 아니한 잠시 동안) 등에 쓰이고 간체자는 '临'이다.

금

전

鑑 거울 감

jiàn

어떤 사람이 금속( ) 세숫대야(, 皿그릇 명)의 물을 거울로 삼고 그곳에 비친 얼굴을 고개 숙여 쳐다보다(, 臥누울 와, 엎드릴 와)

'鑑'의 본자는 '監(볼 감)'이다. 옛 중국인은 대야에 물을 받고 거울처럼 자신의 용모를 점검했다. 금문 은 '監'에 '金(쇠 금,)'을 덧붙였는데, 상주(商周)시대 사람들은 청동으로 세숫대야를 만들 수 있게 된 뒤에 한자도 같이 바꿔버렸다. 전서 는 금문을 조금 바꾼 모양이다. '鑑'은 '거울을 보다'라는 본뜻에서 '자아 성찰'의 의미가 파생되었고 감정(鑑定, 사물의 특성이나 참과 거짓, 좋고 나쁨을 분별하여 판정함), 감별(鑑別, 살펴보고 분별함), 감왕지래((鑒往知來, 과거를 살피면 미래를 알 수 있다) 등에 쓰인다. 《광아》는 "'鑑'은 이른바 거울이다"라고 풀이했다. '鑒(거울 감)'은 '鑑'의 이체자(뜻은 같지만 한자꼴은 다른 한자)이고, '鑑'의 간체자는 '鉴'이다.

금

전

鹽 소금 염

yán

거친 '소금'( )을 대야(, 皿그릇 명)에 부은 뒤에 다시 고개를 숙이고 검사하며( ) 이물질을 제거하다

고대 중원 사람들에게 소금은 매우 귀한 조미료이자 방

부제였다. 이천 여 년 전에 파촉(巴蜀) 지역은 소금 산업이 발달했다. 하지만 돌소금이 많이 나고 곳곳에 소금밭이 있다보니 자연스레 파촉의 소금밭을 탐내는 국가가 많았고, 결국 변방에 있는 진(秦)나라와 초(楚)나라에 의해 멸망하고 말았다. 한자에서 가공하지 않은 천연 상태의 거친 소금은 '鹵(소금 로·노,)'이고, '鹵'에서 한 단계 더 나아가 이물질을 제거한 상태는 '鹽'이다. '鹽'()은 거친 소금을 대야에 붓고 자세히 검사하며 이물질을 제거하는 광경을 묘사했다. 《광운(廣韻)》은 "'鹵'는 소금밭이다. 천연 상태를 '鹵'라 말하고 사람의 손을 거친 것을 '鹽'이라 말한다"라고 두 소금의 차이를 설명했다. '鹵'의 금문 은 미세하지만 귀한 사물이 포대에 담긴 모양과 비슷한데, 옛 중국인은 천연 상태의 소금을 포대에 담아 집에 가져갔다. 전서 는 금문을 조금 다듬은 모양이다. '鹵'는 짠맛이 나는 사물이라는 의미를 낳았고, '鹽'의 간체자는 '盐'이다.

감시하고 보관하다

臧 착할 장

zāng

대단히 좋은 물건은 반드시 '벽'(, 爿 나뭇조각 장·상)과 병풍이 있는 안전한 곳에 보관해야 하고, 수시로 '무기'(, 戈 창 과)를 들고 '지켜봐야'() 한다

'아름답고 선한 사물'이라는 의미를 낳았고 장부(臧否, 착함과 착하지 못함) 등에 쓰인다. 《이아·석명(爾雅·釋名)》은 "'臧'은 착한 것이다"라고 풀이했다.

臧 (전)

藏 전

藏 감출 장

cáng 또는 zàng

'좋은 물건'(臧 착할 장)을 '풀'(艸, 草풀 초)로 가리다

장닉(藏匿, 남이 알 수 없도록 감추어서 숨김), 수장(收藏, 거두어서 깊이 간직함), 보장(寶藏, 매우 소중하게 여겨 잘 간직하여 둠) 등에 쓰인다.

臟 오장 장

zàng

은밀하게 '숨어 있는'(臧 착할 장) '신체 기관'(月육 달월)

'直(곧을 직, 값 치)'에서 파생된 한자

중국의 옛 사서와 시가집은 모두 바르고 곧은 마음을 갖고 정직한 길을 걸으라고 강조한다. 《시경(詩經)》은 "자신의 자리를 공손하게 받들고, 바르고 곧은 것을 좋아하라. 그러면 신이 듣고 큰 복을 내릴 것이다"라고 했고 《상서(尙書)》는 "왕도(王道, 인과 덕을 바탕으로 하는 정치)는 바르고 곧다"라고 했으며 《설원(說苑)》은 "정직하면 간사함이 싫어한다"라고 했다. 이 밖에 '直' '德(큰 덕, 덕 덕)' '循(돌 순, 좇을 순)' 등이 들어가는 한자는 의미가 '정직'에 관한 것인 경우가 많다. 그러면 옛 중국인은 어떻게 정직한 사람을 묘사했을까? 그들은 열 사람의 비판

적인 시선을 견딜 수 있으면 정직한 사람이라고 생각했다. 《예기》에 나오는 "열 개의 눈이 지켜보고 열 개의 손이 가리키니, 얼마나 엄격한가!"라는 말처럼 누가 어떤 말을 하고 어떤 행동을 하는지 늘 지켜보는 사람이 있으므로 사람은 혼자 있을 때도 신중히 말하고 조심스럽게 행동해야 한다.

直 곧을 직, 값 치

zhí

마음속에 '숨김'(, ㄴ숨을 은)이 없고 남에게 말 못할 일이 없어 '열'(, 十열 십)개 '눈'(, 目눈 목)의 감시를 견디다

'直'의 갑골문 은 지켜보는 '열'()개의 '눈'(目눈 목,)이고, 금문 및 전서 는 마음속에 '숨김'()이 없고 남에게 말 못할 일이 없어 '열'()개 '눈'(,)의 감시를 견디는 것을 나타냈다. 과 은 각각 '十(열 십)'의 갑골문과 금문이다. 은 은밀하게 숨기는 것을 의미한다. '直'은 일을 정정당당하게 처리해서 대중의 감시가 두렵지 않은 상태를 묘사했다. 관련 단어로는 직선(直線, 곧은 선), 직달(直達, 남의 손을 거치지 않고 직접 전달함), 직시(直視, 사물의 진실을 바로 봄), 직접(直接, 중간에 매개물이 없이 바로 연결되는 관계), 정직(正直, 거짓이나 허식이 없이 마음이 바르고 곧음) 등이 있다.

悳 큰 덕, 덕 덕

dé

바르고 '곧은'(直곧을 직, 값 치,) '마음'(心마음 심,)

德 큰 덕, 덕 덕

dé

바르고 '곧은' '마음'을 가진 사람(, 悳큰 덕, 덕 덕)이 다니는 '길'(, 彳조금 걸을 척)

'悳'은 '德'의 본자이지만 후대 사람은 '悳' 대신에 '德'을 많이 썼다. '德'의 금문 , 및 전서 는 정'직'한 '마음'을 가진 사람이 다니는 '길'을 표현했다. 관련 단어로는 품덕(品德pǐndé, '품성'을 의미하는 중국어), 도덕(道德, 인간으로서 마땅히 지켜야 할 도리) 등이 있다.

聽 들을 청

tīng

'평범한 사람'(, 壬'물(드릴 정)'의 생략형)이 '덕'(, 悳큰 덕, 덕 덕)이 있는 사람의 말을 '귀'(耳귀 이,)기울여 듣다

(《한자나무》 1권 제2장의 '壬'편 참조)

盾 방패 순, 사람 이름 돈, 벼슬 이름 윤

dùn

'수직의 나무판'(, 厂기슭 엄·한, 공장 창)으로 감시하는 '열'(, 十열 십)개의 '눈'(, 目눈 목)을 가리다

'厂'은 수직 절벽을 의미하지만 '盾'에선 감시하는 적의 눈을 가려주고 칼을 막아주는 가림막의 의미로 쓰였다. 순갑(盾甲dùnjiǎ, '신통력을 부리는 재주'를 의미하는 중국어), 모순(矛盾, 말이나 행동 또는 사실의 앞뒤가 맞지 않음) 등에 쓰인다. 《설문》은 "'盾'은 방패이다. 몸을 막고 눈을 가려준다"라고 풀이했다.

遁 숨을 둔, 달아날 둔, 뒷걸음칠 준

dùn

'열 개의 눈을 피해'(盾, 盾방패 순, 사람 이름 돈, 벼슬 이름 윤) 몰래 '달아나다'(辶, 辶쉬엄쉬엄 갈 착)

관련 단어로는 둔도(遁逃, 도망쳐 달아남), 둔형(遁形 dùnxíng, '모습을 감추다'를 의미하는 중국어) 등이 있다.

循 돌 순, 좇을 순

xún

바르고 '곧은'(盾) '길'(彳, 辶쉬엄쉬엄 갈 착)을 따라가다

갑골문 및 은 정'직'(直)한 사람이 가는 '길'(彳, 行)을 묘사했다. 하지만 전서 循는 '직(直곧을 직, 값 치)'이 '순(盾방패 순, 사람 이름 돈, 벼슬 이름 윤)'으로 바뀌었다. '循'은 '따르다'를 의미하고 의순(依循yīxún, '좇다' '따르다'를 의미하는 중국어), 순장이행(循牆而行xúnqiáng'érxíng, '벽을 따라서 가다'를 의미하는 중국어), 순규도규(循規蹈矩xúnguīdǎojǔ, '규칙대로 하다' '기존의 규칙을 고수하며 융통성이 없다'를 의미하는 중국어) 등에 쓰인다.

금

전

'耳(귀 이)'에서 파생된 한자

耳 귀 이

ěr

몸에 이어져 있는 얇고 납작한 부분

갑골문 은 한쪽 귀의 모양을 본뜬 상형자이고, 금문 은 몸에서 바깥쪽으로 이어져 있는 얇고 납작한 부분이며, 전서 는 중앙에 둥그런 구멍이 있고 위아래

❶ 餌(미끼 이), 洱(강 이름 이), 珥(귀고리 이)

❷ 聾(귀먹을 롱·농), 聰(귀 밝을 총), 聒(떠들썩할 괄), 耽(즐길 탐), 職(직분 직)

❸ 聚(모을 취), 叢(떨기 총, 모일 총. '떨기'는 식물의 한 뿌리에서 여러 개의 줄기가 나와 더부룩하게 된 무더기를 의미)

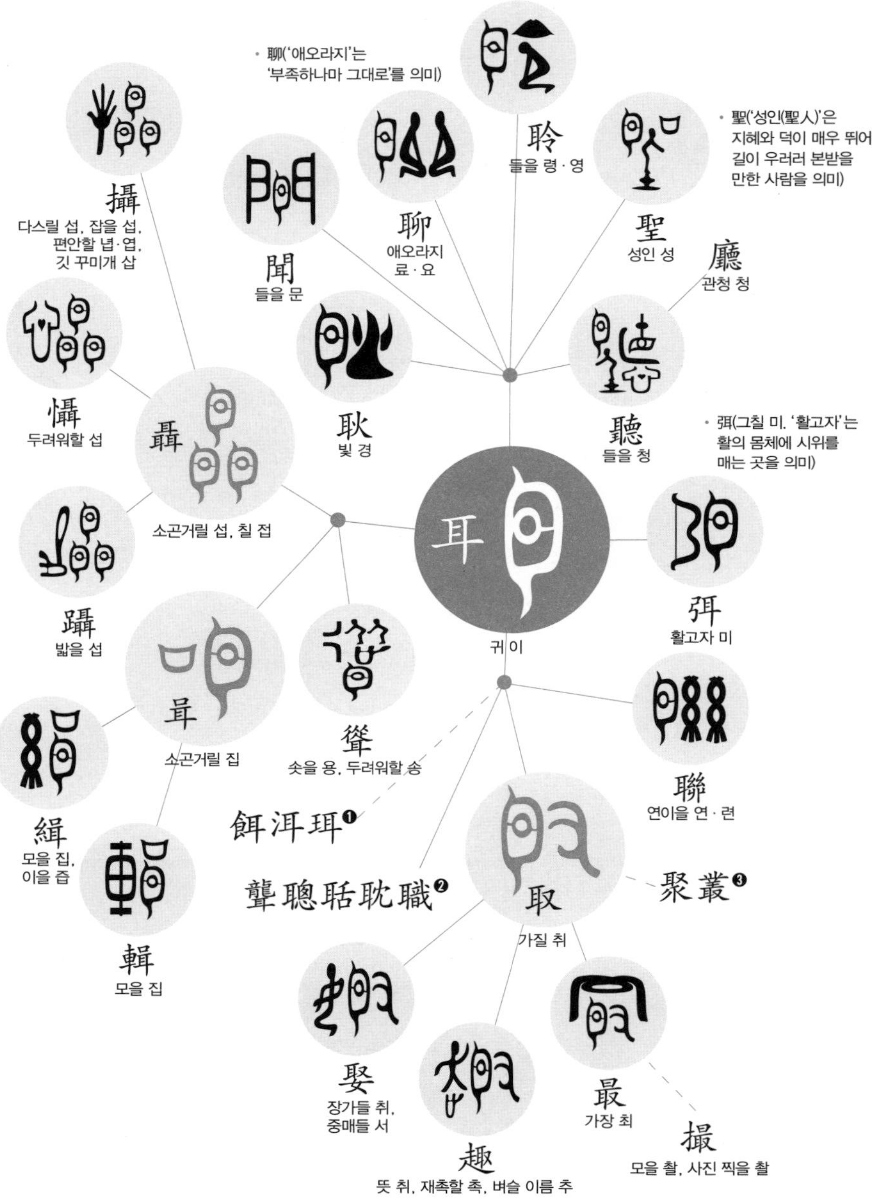

로 몸과 이어져 있는 얇고 납작한 부분이다. '耳'는 청각 기관이다. 그래서 '耳'가 들어가는 한자는 대부분 듣는 것과 관계있다.

귀로 소리를 듣다

聆 들을 령·영

líng

'귀'(耳귀 이,)를 기울이고 명'령'(令하여금 령·영, 명령할 령·영(이하 '명령할 령·영'),)을 자세하게 듣다

'聆'에서 '집중해서 듣다'의 의미가 생겼다.

 전

聊 애오라지 료·요

liáo

'두 사람이 얼굴을 맞대고'(, 卯토끼 묘, 넷째 지지 묘) 서로 상대방의 말을 '듣다'(, 耳귀 이)

'聊'는 귀를 기울이고 진심으로 상대방의 말을 듣는 모습을 생생하게 묘사했다. '聊'는 '잡담하다' '즐거움'의 의미를 낳았고 한료(閒聊xiánliáo, '잡담하다'를 의미하는 중국어), 요천(聊天liáotiān, '수다'를 의미하는 중국어), 무료(無聊, 지루하고 심심함) 등에 쓰인다.

전

聞 들을 문

wén

'문'가(, 門문 문)에서 정보를 '알아보다'(, 耳귀 이)

갑골문 은 사람이 코와 입부분에 손을 대고 있는 모습과 머리 뒷부분에 큰 귀가 이어져 있는 모습으로

 갑

 전

소리를 귀기울여 듣고 코로 냄새를 맡는 것을 나타냈다. 전서 [seal script glyph]는 문가에서 정보를 탐문하는 것을 나타냈다. '聞'은 '듣다' '냄새를 맡다' '소식'의 의미를 낳았고 청문(聽聞, 설교나 연설 따위를 들음), 신문(新聞, 사회에서 발생한 사건에 대한 사실이나 해설을 널리 신속하게 전달하기 위한 정기 간행물) 등에 쓰인다.

聲소리 성

shēng

'경쇠(과거의 악기)'( )를 치는 소리가 '귀'(, 耳귀 이)에 들어오다

'聲'은 '모든 물체에서 나는 소리'라는 의미를 파생시켰다. '殸(소리 성)'은 두드려야 소리가 나는 돌로 만든 악기이다. '聲'의 간체자는 '声'이다.

비밀스러운 통신 방법

지금은 거리가 멀어도 전화나 인터넷으로 정보를 주고받고 보안장치가 발달해서 행여 중간에 정보가 새어나갈까 걱정하지 않아도 된다. 하지만 고대에는 코와 귀에 의존하는 원시적인 방법을 썼다. 그러면 비밀스러운 정보는 어떻게 주고받았을까? 조심하고 또 조심하는 수밖에 없었다. 다음의 한자를 통해서 고대의 비밀스러운 통신 방법을 알아보자.

聶 소곤거릴 섭, 칠 접

niè

주변에 정보를 염탐하는 무수한 '귀'(, 耳귀 이)가 있다

따라서 정보를 전달할 땐 각별히 조심하고 정보가 새어 나가지 않게 반드시 소곤소곤 말해야 한다. '聶'은 '작게 말하다'의 의미를 파생시켰고 '섭섭사어(聶聶私語 niènièsīyǔ, '비밀히 이야기하다'를 의미하는 중국어)'에 쓰인다.

전

懾 두려워할 섭

shè 또는 zhé

'정보를 알아보는'(, 聶소곤거릴 섭, 칠 접) 사람의 '마음'(心 마음 심,)

고대 중국에서 정탐꾼은 몰래 적진에 깊숙이 들어가 기밀을 훔쳐 들었다. 적의 깜짝 놀랄 만한 정보를 얻는 데 그보다 더 좋은 방법이 없었기 때문이다. 하지만 만에 하나 들키면 죽음을 면할 수 없었는데, 이것에서 '걱정하다' '두려워하다'의 의미가 생겼다. 관련 단어로는 진섭(震懾, 두렵고 무서워 떨게 함), 섭복(攝服, 두려워서 복종함) 등이 있다.

전

攝 다스릴 섭, 잡을 섭, 편안할 녑·엽, 깃 꾸미개 삽

shè

'손'()을 귀 옆에 대고 '정보를 캐내다'(, 聶소곤거릴 섭, 칠 접)

'攝'에서 '교훈이나 경험을 열심히 받아들이다'의 의미가 생겼다. 섭취(攝取, 좋은 요소나 양분 따위를 몸속에 빨아들임), 섭식(攝食, 음식을 섭취함), 섭영(攝影 shèyǐng, '영화나 사진을 찍다'를 의미하는 중국어) 등에 쓰인다.

전

聳 ㉠

聳 솟을 용, 두려워할 송

sǒng

'귀'(耳귀 이)가 소리를 '따라서'(從좇을 종) 반응하다

'聳'은 어떤 사람이 놀라운 소리를 듣고 귀를 쫑긋 세우는 모습을 묘사한 것에서 '사람을 놀라게 하다' '똑바로 세우다'의 의미가 파생되었다. 고용(高聳, 높이 솟음), 용견(聳肩sǒngjiān, '어깨를 으쓱하다'를 의미하는 중국어) 등에 쓰이고, 《좌전(左傳)》의 "大夫聞之, 無不聳懼(대부문지, 무불송섭. 대부들이 듣고 두려워하지 않는 사람이 없었다)"라는 문장에서 '두려워하다'의 의미로 쓰였다. '聳'의 간체자는 '耸'이다.

躡 ㉠

躡 밟을 섭

niè

남이 '몰래 듣는'(聶, 耳귀 이) 것을 막기 위해서 가볍게 '제자리에서 걷다'(足, 足발 족)

'발뒤꿈치를 들고 걷다'의 의미를 낳았고 섭수섭각(躡手躡脚, 소리가 나지 않게 조심조심 걸음), 섭족부전(躡足不前nièzúbùqián, '한 걸음도 앞으로 나아가지 못하다'를 의미하는 중국어) 등에 쓰인다. '躡'의 간체자는 '蹑'이다.

咠 ㉠

咠 소곤거릴 집

qì

말하는 사람이 '입'(口입 구, 口)을 듣는 사람의 귀(耳귀 이, 耳)에 바짝 대고 비밀을 말하다

'咠'은 '緝(모을 집, 이을 즙)'의 본자이다. 《설문》은 "'咠'은 소곤거리는 것이다"라고 설명했고, 《시경》에는 "몰래 소곤소곤 속삭이기도 하고, 반복해서 흔들리기도 한다"라는 말이 나온다.

緝 모을 집, 이을 즙

jī

타인이 '밀고'(, 咠소곤거릴 집)하는 바람에 붙잡혀 '밧줄에 묶이다'(, 糸가는 실 멱, 실 사)

'체포하다'의 의미가 파생되었고 추집(追緝zhuījī, '추적하여 붙잡다'를 의미하는 중국어), 통집(通緝tōngjī, '지명 수배하다'를 의미하는 중국어) 등에 쓰인다. '緝'과 '報(갚을 보, 알릴 보)'는 서로 의미가 비슷하다.(《한자나무》 1권 제2장의 '報'편 참조)

전

輯 모을 집

jí

탐문한 정보를 수레(, 車수레 거·차)에 앉아 있는 우두머리에게 보고하여(, 口입 구) 들려주다(, 耳귀 이)

정보를 종류별로 모은다는 본뜻에서 '수집하다' '한데 모이다(모으다)'의 의미가 파생되었다. 관련 단어로는 편집(編輯, 여러 가지 재료를 모아 신문, 잡지, 책 따위를 만드는 일), 집간(輯刊jí kān, '학술기구에서 출간하는 논문집'을 의미하는 중국어) 등이 있다.

적장의 귀를 자르고 상을 받다

取 가질 취

qǔ

'손'(, 手손 수)으로 '귀'(, 耳귀 이)를 꽉 쥐다

'取'는 고대에 전쟁이 일어났을 때 공을 인정받고 상을 받기 위해서 적장의 목을 베고 귀를 자르는 것을 묘사했다. '잡다' '획득하다' '도전하다'의 의미를 낳았고 취득(取得, 자기의 것으로 만들어 가짐), 취재(取材, 작품이나 기

갑

금

전

사의 재료를 얻음), 선취(選取, 여럿 가운데서 골라 가짐), 취소(取消, 예정된 일을 없애버림) 등에 쓰인다. '取'에서 파생된 한자는 聚(모을 취), 娶(장가들 취, 중매들 서), 趣(뜻 취, 재촉할 촉, 벼슬 이름 추)가 있다.

 전

最 가장 최

zuì

머리에 '두건을 돌돌 말고'(冃, 冃쓰개 모) 적진에 깊숙이 들어가 적장의 머리를 '손에 넣다'(取, 取가질 취)

고대의 전쟁은 적진에 깊숙이 침투해 적군의 목을 가장 많이 베어오는 자가 최고의 영예를 누리고 귀한 상을 받았다. '最'는 이런 최고의 용사를 묘사한 한자이다. '最'에선 '최고의 경지'라는 의미가 파생되었고 최가(最佳zuìjiā, '최상의'를 의미하는 중국어), 최괴(最壞zuìhuài, '최악의'를 의미하는 중국어), 최후(最後, 맨 마지막) 등에 쓰인다. 《설문》은 "'最'는 공격하여 붙잡는 것이다"라고 설명했다.

전국(戰國)시대에 백기(白起)는 용병술이 매우 뛰어난 명장이었다. 전장을 누빈 37년 동안 70여 개의 성을 공략했고 백만 명이 넘는 적군을 물리쳤으며 전투에서 단 한 번도 패배하지 않았다. 특히 진나라 최고의 명장답게 기습 공격으로 적군의 요새를 빼앗고 적국의 숨통을 조이는 일을 잘했는데, 언영(鄢郢) 전투에서 초(楚)나라의 백만 대군을 맞닥뜨렸지만 초나라의 요지를 공격해 수도를 손에 넣을 수 있었다. 백기는 아군이 강을 건넌 다리를 무너트리고 배를 불살라 퇴로를 차단하는 방식으로 병사들의 사기와 필승 의지를 북돋아 결국 초나라의 수도를 함락하고 전쟁에서 크게 승리했다.

聯 연이을 연·련

lián

무수한 '귀'(, 耳귀 이)를 '실'(, 絲실 사, 가는 실 멱)로 차례차례 잇다

옛 중국 병사들은 전쟁이 끝난 뒤에 적군의 귀를 얼마나 많이 잘라 실로 이었는지에 따라서 공을 인정받고 상을 받았다. '聯'은 '서로 잇다'라는 뜻이고 연결(聯結, 서로 이어서 맺음), 연합(聯合, 두 가지 이상의 사물이 서로 합동하여 하나의 조직체를 만듦. 또는 그렇게 만든 조직체), 대련(對聯, 시문에서 대가 되는 연, 문이나 기둥에 써 붙이는 대구) 등에 쓰인다. '聯'의 간체자는 '联'이다.

전

지혜를 듣는 평범한 사람

聖 성인 성

shèng

비범하여 하늘의 이치를 환히 꿰뚫는 사람(《한자나무》 1권 제2장의 '聖'편 참조)

전

聽 들을 청

tīng

평범한 사람이 덕이 있는 사람의 말을 귀기울여 듣다.(《한자나무》 1권 제2장의 '聽'편 참조)

전

弴 전

弭 활고자 미, 그칠 미

mǐ

'귀'(𦔮, 耳귀 이)가 있는 '활'(𢎗, 弓활 궁). 반란을 진압하는 정교한 무기

'弭'는 양 끝에 귀가 있는 활이다. 각궁(角弓)이라고도 불린다. 각궁은 양 끝이 완만하게 둥근 일반 활과 달리 양 끝이 완만하게 둥글지 않다. 또 활시위를 꽉 메고 당기는 힘을 높이기 위해서 양 끝을 역방향으로 휘게 만드는데 그 모양이 꼭 사람의 양쪽 귀와 닮았다. 사정거리가 멀고 발사 속도가 빠른 각궁은 고대에 기병이 쓴 뛰어난 무기이자 반란군을 빠르게 진압할 수 있는 정교한 무기였다. 그래서 '弭'에선 '평정하다'의 의미가 생겼고 미란(弭亂 mǐluàn, '종전하다'를 의미하는 중국어), 미평(弭平 mǐpíng, '멈추다'를 의미하는 중국어) 등에 쓰인다. 《이아·석기(爾雅·釋器)》는 "가장자리가 있는 것은 궁(弓)이라 말하고 없는 것은 미(弭) 즉 '각궁'이라 말한다"라고 '궁'과 '미'의 차이를 설명했다. '耳'의 뜻에서 파생된 한자는 聾(귀먹을 롱·농), 聰(귀 밝을 총), 耻(부끄러울 치), 職(직분 직) 등이 있고, '耳'의 소리에서 파생된 한자는 餌(미끼 이), 洱(강 이름 이) 등이 있다.

'牙(어금니 아)'에서 파생된 한자

'牙'의 금문 𠂀은 두 개의 치아가 서로 맞물려 있는 것이고, 전서 𤘅는 금문의 모양에서 조금 바뀌었다. '아'의 독음에서 파생된 한자는 呀

(입 딱 벌릴 하, 입 딱 벌릴 아), 鴉(갈까마귀 아), 雅(맑을 아, 바를 아), 訝(의심할 아), 芽(싹 아), 蚜(진딧물 아) 등이 있다.

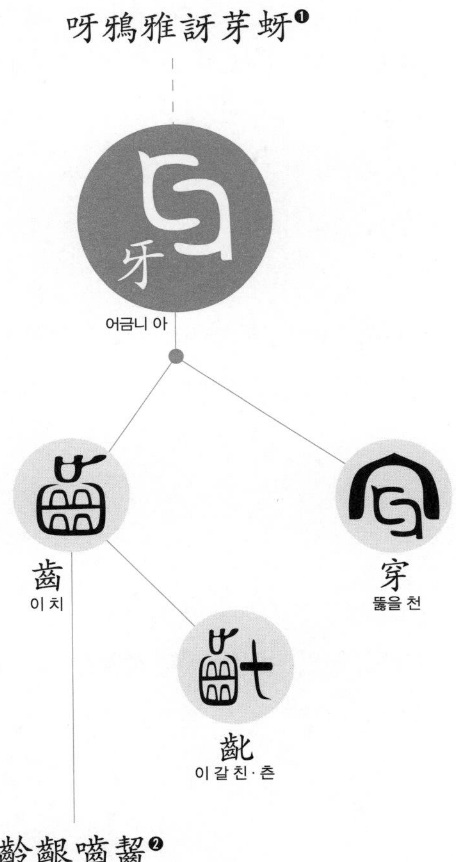

❶ 呀(입 딱 벌릴 하, 입 딱 벌릴 아), 鴉(갈까마귀 아), 雅(맑을 아, 바를 아), 訝(의심할 아), 芽(싹 아), 蚜(진딧물 아)

❷ 齡(나이 령·영), 齦(깨물 간, 잇몸 은), 嚙(깨물 교), 齧(깨물 설)

갑

금

전

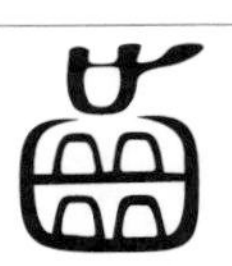

齒 이 치

chǐ

위아래로 쭉 난 치아

갑골문 은 입안에 위아래로 쭉 배열된 치아를 나타낸 상형자이고, 금문 및 전서 는 갑골문에 소리를 나타내는 부분인 '止(발 지, 그칠 지)'가 덧붙은 것이다. '齒'의 뜻에서 파생된 한자는 齔(이 갈 친·츤), 齡(나이 령·영), 齦(깨물 간, 잇몸 은), 齜(이 드러낼 재·차), 嚙(깨물 교), 齧(깨물 설), 齟(어긋날 저, 이 바르지 못할 차), 齬(어긋날 어), 齷(악착할 악. '악착하다'는 일을 해나가는 태도가 매우 모질고 끈덕짐을 의미), 齪(악착할 착) 등이 있다. '齒'의 간체자는 '齿'이다.

전

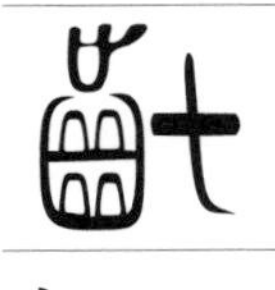

齔 이 갈 친·츤

chèn

'이'(, 齒 이 치)를 갈기 시작한 '7'(, 七 일곱 칠)세 어린이

'齔'의 간체자는 '龀'이다.

갑
금
전

七 일곱 칠

qī

가로로 놓인 나무(—)의 중앙을 자르다

'七'은 '切(끊을 절)'의 본자이다.

穿 뚫을 천

chuān

전

앞'니'(, 牙어금니 아)로 벽에 '구멍'()을 내다

쥐는 설치류이다. 치아가 얼마나 날카로운지 딱딱한 호두 껍데기도 잘게 부순다. '鼠(쥐 서)'의 갑골문 및 전서 , 는 쥐의 날카로운 이빨, 한쪽 발, 긴 꼬리를 묘사했다. 중국 속담에 "그저 용은 용을 낳고 봉황은 봉황을 낳지만 쥐는 구멍을 낼 줄 아는 자식을 낳는다"라는 말이 있을 정도로 쥐는 확실히 구멍을 내는 능력을 타고났다. '穿'은 '구멍을 내다' '관통하다'의 의미가 있고 천공(穿孔, 구멍을 뚫음, 복막이나 위벽이 상하여 난 구멍), 착천(鑿穿záochuān, '뚫다' '억지로 끌어다 붙이다'를 의미하는 중국어), 천천일(天穿日, '하늘에 구멍이 뚫렸던 날'이라는 뜻으로, 중국의 전통 명절이다) 등에 쓰인다. 천천일은 한족(漢族)의 전통 명절이다. 객가족(客家族, 한족의 한 갈래)은 예전에 중원 지역에 살 때부터 이 명절을 보냈다. 전설에 따르면 어느 날 하늘에 커다란 구멍이 뚫리더니 내리 비가 내려 큰 홍수가 일어났다. 다행히도 홍수는 여와(女媧, 중국의 천지 창조 신화에 나오는 여신)가 돌을 녹여 하늘의 구멍을 메우며 일단락되었다. 객가족은 음력 정월 20일을 세상을 구한 여와의 공로를 기념하는 '천천일'로 정하고 해마다 제를 올린다. 각 가정에선 여와가 돌로 하늘의 구멍을 메운 것을 따라서 붉은 실로 전병을 지붕에 매달아놓는다. 그러면 우연의 일치일지는 몰라도, 하늘에서 봄비가 내리는 경우가 많다. 동진(東晉)의 왕가(王嘉)는 《습유기(拾遺記)》에서 "강동 지역에선 이른바 정월 20일을 '천천일'이라 부르고, 붉은 실로 전병을 지붕에 매달아놓는 것을 '보천천(補天穿)'이라 부른다"라고 말했다.

가로 왈

삼합 집
- 亼('삼합(三合)'은 세 가지가 잘 어울려 딱 들어맞음을 의미)

옛 고

사사 사
- 厶('사사'는 자기 힘으로 생계를 이룸을 의미)

혀 설

부르짖을 훤, 엄할 엄

알릴 고

옳을 가

더할 가

오른쪽 우, 도울 우

제7장 입

한자 자전에서 '口(입 구)'는 가장 많이 쓰이는 부수이다. 주로 입이나 소리와 관계있다. 하지만 가끔은 '口'와 생김새가 비슷한 사물을 의미하기도 하는데, 방에 있는 창문(중국어로 창문은 '窗口 chuāngkǒu'이다), 울타리가 쳐진 땅, 네모나거나 둥근 기구 등이 그 예이다. 따라서 '口'에서 파생된 그림 문자는 크게 입이나 소리와 관계있는 한자와 관계없는 한자의 두 부류로 나눌 수 있다.

입이나 소리와 관계있는 '口(입 구)'

입은 숨, 소리, 말이 나오는 곳이자 먹고 마시는 것이 들어가는 곳이다. 이와 관계있는 의미의 한자는 厶(사사 사), 亼(삼합 집), 曰(가로 왈), 舌(혀 설), 古(옛 고), 告(알릴 고), 吏(벼슬아치 리·이, 관리 리·이), 可(옳을 가), 兄(형 형, 두려워할 황), 吅(부르짖을 훤, 엄할 엄), 右(오른쪽 우, 도울 우), 加(더할 가) 등이 있다. (厶)는 입으로 숨을 내뱉는 것, (亼)은 꾹 다문 입, (曰)은 입을 열고 말하는 것, (舌)은 입에서 나와 상하좌우로 움직이는 긴 물체, (古)는 대대로 전해지는 이야기, (告)는 입으로 쇠뿔 나팔을 불며 제를 올리는 것, (可)는 제사 때 노래를 부르는 것, (吅)은 쉬지 않고 소리를 크게 외치는 것, (右)는 선배가 후배를 말로 지도하고 오른손으로 부축해주는 것, (加)는 무거운 물건을 어깨에 메며 내는 함성을 나타낸다.

'厶(사사 사)' – 엷게 흐르는 구름

추운 북쪽 지역에 산 옛 중국인은 말을 하거나 숨을 쉴 때 입과 콧구멍에서 하얀 김이 나왔다. 한데 그 모습이 마치 흰구름이 공중으로 흩어지는 것과 같아서 옛 중국인은 입과 콧구멍에서 나오는 김을 한 조각의 구름()으로 묘사했다.

전서 는 하늘에 엷게 흐르는 구름을 표현했고, 이것에서 云(이를 운, 구름 운), 牟(소 우는 소리 모, 보리 모, 어두울 무), 以(써 이), 台(별 태,

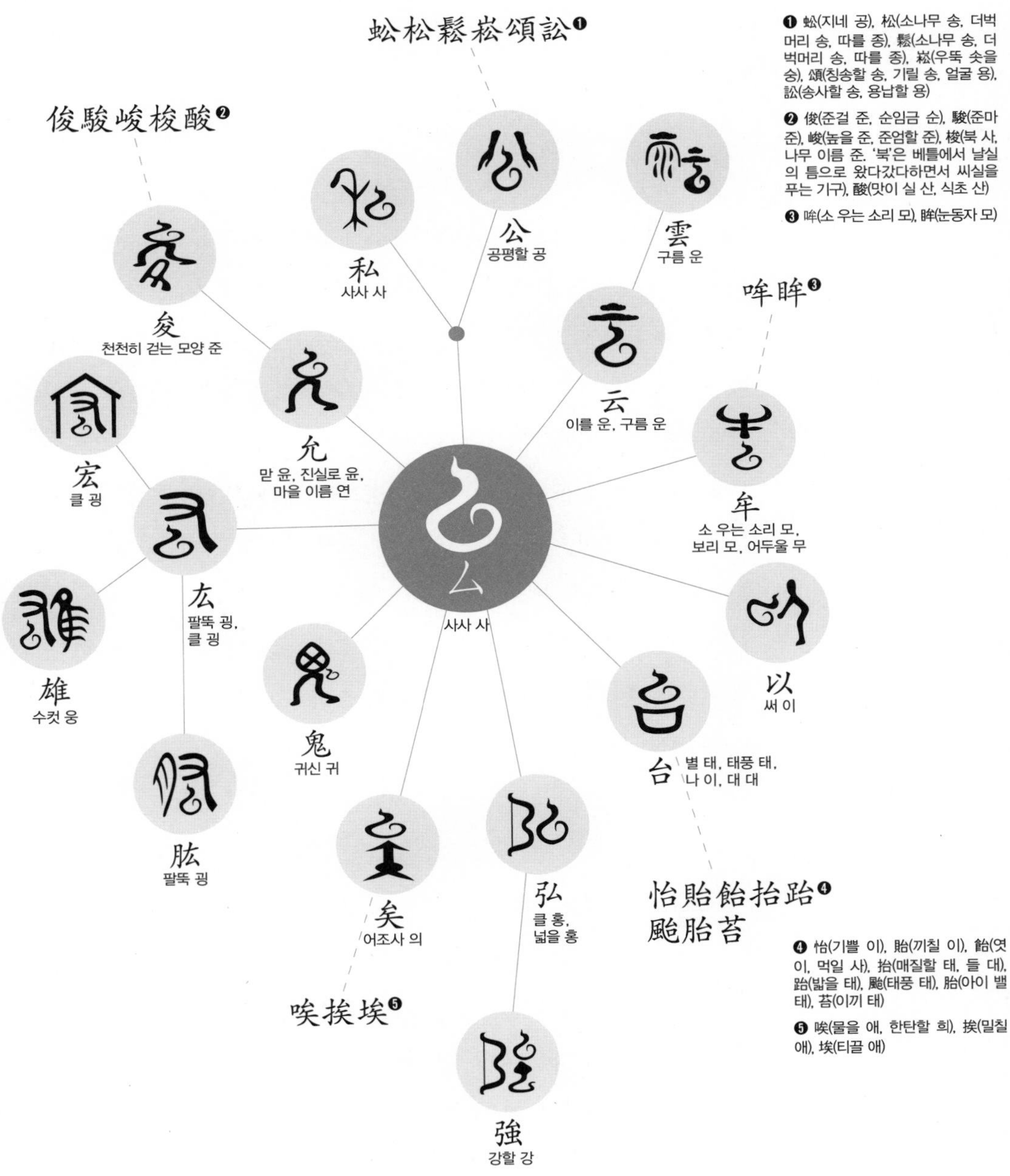

❶ 蚣(지네 공), 松(소나무 송, 더벅머리 송, 따를 종), 鬆(소나무 송, 더벅머리 송, 따를 종), 崧(우뚝 솟을 숭), 頌(칭송할 송, 기릴 송, 얼굴 용), 訟(송사할 송, 용납할 용)

❷ 俊(준걸 준, 순임금 순), 駿(준마 준), 峻(높을 준, 준엄할 준), 梭(북 사, 나무 이름 준. '북'은 베틀에서 날실의 틈으로 왔다갔다하면서 씨실을 푸는 기구), 酸(맛이 실 산, 식초 산)

❸ 哞(소 우는 소리 모), 眸(눈동자 모)

❹ 怡(기쁠 이), 貽(끼칠 이), 飴(엿 이, 먹일 사), 抬(매질할 태, 들 대), 跆(밟을 태), 颱(태풍 태), 胎(아이 밸 태), 苔(이끼 태)

❺ 唉(물을 애, 한탄할 희), 挨(밀칠 애), 埃(티끌 애)

태풍 태, 나 이, 대 대. '대'는 높고 평평한 건축물을 의미), 公(공평할 공), 私(사사 사, '사사'는 개인의 사사로운 일을 의미), 允(맏 윤, 진실로 윤, 마을 이름 연), 弘(클 홍, 넓을 홍), 矣(어조사 의), 厷(팔뚝 굉, 클 굉) 등의 한자가 파생되었다. 이 가운데 (云)은 하늘에 옆게 흐르는 구름을 나타낸 것이고, (牟)는 소가 내쉰 숨, 즉 소의 울음소리이다. (以)는 사람의 몸에서 나는 흰구름, 즉 숨소리를 표현한 것이고, (公)은 연장자의 숨, 다시 말해 연장자의 말에 따라서 재물을 분배하는 것을 표현했다. (私)는 주(周)나라 때 경전제도(토지를 우물 정(井) 자 모양으로 나눠 여덟 가구에 테두리의 땅을 경작지로 나눠주고 가운데 땅은 공동으로 농사짓게 한 제도)에 따라서 각 가정에 분배된 개인 소유의 논밭, (允)은 약속, (宏클 굉)은 실내에서 크게 말하는 것을 가리킨다. (雄수컷 웅)은 울음소리가 우렁찬 새를 표현했다.

'厶'는 사물이 실내에서 진동할 때 울리는 소리를 의미하기도 한다. 예를 들어 (弘)은 활시위가 울리는 소리이고, (矣)는 활이 발사될 때 나는 소리이다.

하늘에 옆게 흐르는 구름

갑 전

云 이를 운, 구름 운

yún

하늘 '위'(二, 上위 상)에 '옆게 흐르는 구름'(, 厶사사 사) 갑골문 , 및 전서 는 하늘에 떠 있는 옆은 구름을 묘사했다. 윗부분의 가로획은 하늘을 의미한다.(《한자나무》 1권 제3장의 '天(하늘 천)'편 참조) 옛 중국인은 하늘에 떠 있는 구름이 서로 뭉쳐 무거워지면 비가 되어 땅에 떨어지는 것을 발견하고 '云'에 '雨(비 우)'를 덧붙여 '雲(구름 운, 䨱)'을 만들었다. 이후 '云'은 하늘에 떠 있는 구름보다 '사람이 한 말'의 의미로 쓰이기 시작했다.

공과 사를 분명히 하다

允 말 윤, 진실로 윤, 마을 이름 연

yǔn

사람(儿, 儿어진 사람 인)의 입에서 나온 '숨'(厶, 厶사사 사). 즉 약속

'允'은 '약속하다'와 '성실하고 거짓이 없다'의 두 의미를 낳았다. 응윤(應允yīngyǔn, '허락하다'를 의미하는 중국어), 윤락(允諾yǔnnuò, '승락하다'를 의미하는 중국어), 공윤(公允gōngyǔn, '공평 타당하다'를 의미하는 중국어) 등의 단어에 쓰인다. '允'은 '사람[人]'이 한 '말[言]'을 '믿는[信]' 점에서 '信(믿을 신)'과 의미가 비슷하다. 사람은 자기가 한 말을 지켜야 한다.

금 전

公 공평할 공

gōng

연장자가 말을 하며(厶, 厶사사 사) 재물을 나누어주다 (八, 八여덟 팔)

갑골문 公은 고대에 연장자의 '말씀'(口, 口)에 따라서 사람들에게 재물을 '나누어주는'(八, 八) 풍속을 묘사한 '八'과 '口(입 구)'로 이루어진 회의자이다. 금문 公은 '口'를 '曰'로 바꿨고, 전서 公는 '曰'을 다시 '厶'(厶)로 바꿨다. 시대에 따라서 한자의 꼴은 바뀌었지만 '口' '曰' '厶' 모두 사람이 한 말이나 입에서 나온 숨을 의미해서 '公'의 전체적인 의미는 변하지 않았다. 고

갑 금 전

대에 '公'은 관료를 지칭하기도 했다. 주(周)나라와 한(漢)나라 때 '삼공(三公)'은 직위가 가장 높은 세 명의 조정 대신을 일컫는 말이었는데 이는 재상과 같은 위치이다. 재상은 사적인 감정에 휘둘리지 않고 반드시 공정하게 말해야 한다. 동한(東漢)의 역사가이자 문학가인 반고(班固)는 《백호통(白虎通)》에서 "공(재상)이 하는 말은 공정하고 사심이 없어야 한다"라고 말했다. '公'은 크게 세 가지 의미를 낳았다. 첫째는 공평(公平, 어느 한쪽으로 치우침이 없이 고름), 공정(公正, 공평하고 올바름)에 쓰이는 '똑같이 나누다'의 의미이고, 둘째는 공가(公家, 승려가 절을 일컫는 말), 공사(公私, 공공의 일과 사사로운 일)에 쓰이는 '만인의 일'이라는 의미이다. 마지막으로 셋째는 '나이가 많은 남자'라는 의미이고, 외공(外公wàigōng, '외할아버지'를 의미하는 중국어)에 쓰인다. 《설문》은 "'公'은 고르게 나누는 것이고, '八'과 '厶'로 이루어졌다"라고 해석했다.

전

私 사사 사

sī

개인이 소유한 땅

주(周)나라는 논밭을 총 아홉 구획으로 나눠 중앙의 한 구획은 여덟 가구가 공동으로 농사짓고 가장자리의 여덟 구획은 각자 농사짓는 정전(井田)제도를 실시했다. '私'는 아직까지 갑골문과 금문에서 발견된 적이 없다. 하지만 서주(西周)시대에 쓰인 《시경·소아(詩經·小雅)》에 "雨我公田, 遂及我私(우아공전, 수급아사. 하늘이 내려준 은혜로운 빗물이 공동의 논밭뿐 아니라 내 논밭 위에도 뿌려지는구나)"라는 문장에 등장하는데, 이때 '私'는 개인이 소유한 논밭을 의미한다. '私'의 개념은 '公'에서 나왔다고 할 수 있다. 고대에 마을의 어르신이 "이 '논'(, 禾벼 화)은 아무개에게 나누어주자"라고 '말하며'(, 厶사사 사) 공동의 논밭과 개인의 논밭을 공평하게 나누는 모습이 상상이 되는가? '私'는 '개인이 소유한 땅'이라는 본뜻에서 '사유물'이라는 의미를 낳았고 사인(私人, 개인 자격으로서의 사람), 자사(自私zìsī, '이기적이다'를 의미하는 중국어), 주사(走私zǒusī, '밀수하다'를 의미하는 중국어), 사밀(私密sīmì, '프라이버시'를 의미하는 중국어) 등에 쓰인다. 《설문》은 "'私'는 벼이다"라고 풀이했다.

성격, 화, 기쁨

以 써 이

yǐ

전

사람(, 人사람 인)이 '소리'(, 厶사사 사)를 통해서 속마음을 드러내다

유능한 대신은 군왕의 말과 표정에서 속마음을 읽고 숨소리만 들어도 현재 군왕이 어떤 생각을 하는지 알아차린다. 만약에 군왕이 숨을 짧고 굵게 "흠!" 하고 내쉬면 뭔가 불만스러운 것이고, 얼굴이 붉으락푸르락하면 화가 나서 속이 부글부글 끓는 것이다. 한숨을 푹 쉬면 마음이 쇳덩이처럼 무거운 것이고, 자기도 모르게 노래를 흥얼거리면 기분이 매우 좋은 것이다. '以'는 많은 의미를 파생시켰다. 그중에 크게 세 가지를 뽑으면 첫째는 이위(以為yǐwéi, '~라고 생각하다'를 의미하는 중국어)에 쓰이는 '생각하다'의 의미이고, 둘째는 소이(所以, 까닭), 이치어(以致於yǐzhìyú, '~을 초래하다'를 의미하는 중국어) 등에 쓰이는 '따라서'라는 의미이며, 셋째는 이아환아(以牙還牙yǐyáhuányá, '눈에는 눈, 이에는 이'를 의미하는 중국어) 등에 쓰이는 '~로써'의 의미이다.

台 별 태, 태풍 태, 기뻐할 이, 대 대

tái 또는 yí

금 전

'입'(ㅁ, 口입 구)에서 즐거운 '숨'(ㅿ, 厶사사 사)이 나오다

후대 사람들은 즐거운 심정을 강조하기 위해서 '台'에 '心(마음 심)'을 덧붙여 '怡(기쁠 이,)'를 만들었다. '기뻐할 이(yí)'로 소리 나는 '台'의 독음에서 파생된 한자는 眙(끼칠 이), 飴(엿 이, 먹일 사) 등이 있다. 이 밖에 '台'는 '臺(대 대,)'의 간체자이지만 두 한자의 본뜻은 서로 다르다. (臺)는 사람이 높은 누대에 올라간 것을 표현했고, (台)는 즐거운 기분을 표현했다. 그러면 두 한자는 어쩌다 서로 간체자와 번체자의 관계가 되었을까? 높은 누대에 오르면 기분이 비할 데 없이 좋은 데서 과 의 관계가 처음 형성되지 않았을까? '대 대(tái)'로 소리 나는 '台'의 독음에서 파생된 한자는 抬(매질할 태, 들 대), 跆(밟을 태), 颱(태풍 태), 胎(아이 밸 태), 苔(이끼 태), 怠(게으를 태, 안락할 이), 殆(거의 태, 위태할 태), 迨(미칠 태, '미치다'는 '닿다'를 의미)가 있다.

가장 원시적인 마이크

厷 팔뚝 굉, 클 굉

hóng 또는 gōng

전

소리를 키우기 위해서 '손'(ㅋ, 手손 수)을 둥글게 말아 입가에 대고 '소리가 나게 숨'(ㅿ, 厶사사 사)을 쉬다

두 손을 둥글게 말아 입가에 대고 말하면 소리가 커지는 효과가 생긴다. '厷'은 '크게 키우다'의 의미를 낳았고, '宏(클 굉)'의 본자이다. 《진작·한서음의(晋灼·漢書音

義)》는 "'厷'은 둥근 것이다"라고 해석했다.

宏 클 굉

hóng

'실내'(, 宀집 면)에서 '크게 말하다'(, 厷팔뚝 굉, 클 굉)

옛 중국인은 밀폐된 공간에서 말할 때 소리가 울리는 것을 발견하고 '宏'을 만들었다. 금문 및 첫번째 전서 는 '실내'에 '소리가 크게 울리는 것'을 나타냈고, 두번째 전서인 은 '동굴'(, 穴구멍 혈)에서 크게 말하는 것(, 厷)을 나타냈다. 또다른 전서인 , 은 실내에서 소리가 울리게 손을 동그랗게 말아 입가에 대고 말하는 것을 묘사했다. '宏'은 '확대하다' '크고 넓다'의 의미를 낳았고 회굉(恢宏, 마음이 너그럽고 도량이 큼을 뜻하는 '회굉하다'의 어근), 굉위(宏偉hóngwěi, '규모나 기세가 굉장하다'를 의미하는 중국어)에 쓰인다. 《설문》은 "'宏'은 집안에 소리가 크게 울리는 것이다"라고 풀이했다.

금 전

雄 수컷 웅

xióng

'울음소리가 크고 맑은'(, 厷팔뚝 굉, 클 굉) 한 마리의 '새'(, 雀참새 작)

수새와 수탉은 원래 암새와 암탉보다 더 큰 소리를 타고났다. 그래서 '雄'은 울음소리가 더 큰 수새나 수탉을 가리킨다. '雄'에선 '수컷' '굳세고 용감하다'의 의미가 생겼고 영웅(英雄, 지혜와 재능이 뛰어나고 용맹하여 보통 사람이 하기 어려운 일을 해내는 사람), 웅장(雄壯, 규모가 거대하고 성대함을 뜻하는 '웅장하다'의 어근)에 쓰인다.

전

肱 팔뚝 굉

gōng

'커진'(, 厷팔뚝 굉, 클 굉) 근'육'(, 肉고기 육). 즉 팔을 구부렸을 때 불룩 튀어나오는 근육

전서 는 팔에 불룩 나온 근육을 묘사한 상형자이다. 하지만 또다른 전서 는 '月(육달월)'과 '厷'으로 이루어진 커진() 근육()을 의미하는 회의자이다. '肱'은 어깨에서 팔꿈치까지의 위쪽 팔을 가리킨다.

활과 화살에서 나는 소리

갑 갑 전

弘 클 홍, 넓을 홍

hóng

활(, 弓활 궁)시위가 진동할 때 나는 '소리'(, 厶사사 사)

'弜(쏠 사)'의 갑골문 , 은 한 손이나 양손으로 활시위를 재는 것이고, '弢(활전대 도, '활전대'는 활을 넣어 두는 길쭉한 주머니를 의미)'의 갑골문 및 금문 은 기구(, 攴칠 복)를 들고 '활시위'()를 잡아당기는 것을 나타냈다. '弢'의 금문 은 '기구를 들고 활시위를 잡아당길'(弢) 때 나는 '소리'()를 나타냈는데 훗날 이것이 '弘'으로 단순하게 변했다. '弘'의 갑골문 , , 금문 , 전서 및 는 활시위가 진동할 때 나는 '소리'(厶, 口)를 나타낸 '弓' 및 '厶'나 '口'로 이루어진 회의자이다.

옛 중국인은 활시위를 힘껏 당겼다가 놓으면 계속 진동하며 소리가 나는 것에서 어떤 일이 끝나도 영향력이 지속될 수 있다는 새로운 이해를 얻었다. 이후 '弘'에선 '확대하다' '더욱더 발전시키다'의 의미가 생겼고 홍양(弘揚hóngyáng, '더욱 발전·확대시키다'를 의미하는 중국어), 회홍(恢弘, 넓고도 큼) 등에 쓰인다. 《설문》은 "'弘'은 활에서 나는 소리이다"라고 설명했다.

强 강할 강

qiáng

'활을 크게 당겨'(弘, 弘클 홍, 넓을 홍) 큰 '벌레'(虫, 虫벌레 훼, 벌레 충, 찔 동)를 쏴 죽이다

상고시대에 후예(后羿)는 동정호에서 봉황과 풍랑을 일으키는 거대한 뱀을 쏴 죽여 물난리를 평정했다. 《남사(南史)》의 기록에 따르면 남송의 개국 황제인 유유는 젊은 시절의 어느 날 짚신을 만들기 위해 강가에서 나무를 베고 갈대를 뜯다가 길이가 몇 장이나 되는 큰 뱀을 만났다. 하지만 놀라는 것도 잠시, 바로 활시위를 당겨 뱀을 사살했다.

전

矣 어조사 의

yǐ

쏘아진 '화살'(矢, 矢화살 시)이 공중에서 "슉" 하고 소리(厶, 厶사사 사)를 내다

옛 중국인은 한번 내뱉은 말은 이미 쏘아진 화살과 같아서 돌이킬 수 없다는 것을 알고 스스로 주의하기 위해서 이 한자를 만들었다. '矣'는 '이미'라는 의미를 낳았고 어조사로도 쓰인다. '矣'의 독음에서 파생된 한자는 挨(밀칠 애), 唉(물을 애, 한탄할 희), 埃(티끌 애) 등이 있다.

전

牟 소 우는 소리 모, 보리 모, 어두울 무

móu

'소'(牛, 牛소 우)가 울 때 주둥이에서 '소리 나는 숨'(厶, 厶사사 사)이 나오다

소가 고개를 들고 "음매" 하고 울 때 콧구멍에서 뜨거

전

운 김이 나온다. '牟'는 '哞(소 우는 소리 모)'와 마찬가지로 소의 울음소리를 뜻한다. 한데 "음매"를 뜻하는 한자에서 어떻게 '사리를 도모하다'라는 의미가 생겼을까? 고대에 농부는 벼와 보리를 수확하면 일단 땅에 평평하게 펴놓고 그 위에 소를 풀어놓았다. 소가 발로 밟는 힘에 벼와 보리의 겉껍질이 벗겨졌기 때문이다. 이 과정에서 소가 몰래 곡물을 훔쳐 먹는 모습은 고대 농촌사회에서 흔히 볼 수 있는 풍경이었다. 이렇게 소가 일하면서 몰래 벼와 보리를 훔쳐 먹는 것에서 '사리를 도모하다'라는 의미가 파생되었다. 관련 단어로는 모리(牟利, 도덕과 의리는 생각하지 않고 오직 부정한 이익만을 꾀함)가 있다.

鬼 귀신 귀

guǐ

'귀신 머리(⊗, 囟정수리 신)'를 하고 음산한 '숨'(ㄹ, 厶사사 사)을 내뿜는 사람(儿, 儿어진 사람 인)(《한자나무》 1권 제2장의 '두 발로 선 사람(儿)'편 참조)

'曰(가로 왈)' - 입을 열고 말하다 

'口(입 구)'는 말을 하는 신체 기관이다. 갑골문 曰은 입(口) 위에 가로획을 하나 더하고 금문 曰은 이 가로획을 위로 꺾어 입(口)을 열고 위쪽을 향해 말하는 것을 나타냈다. 따라서 '曰'은 입을 열고 말하는 것이다.

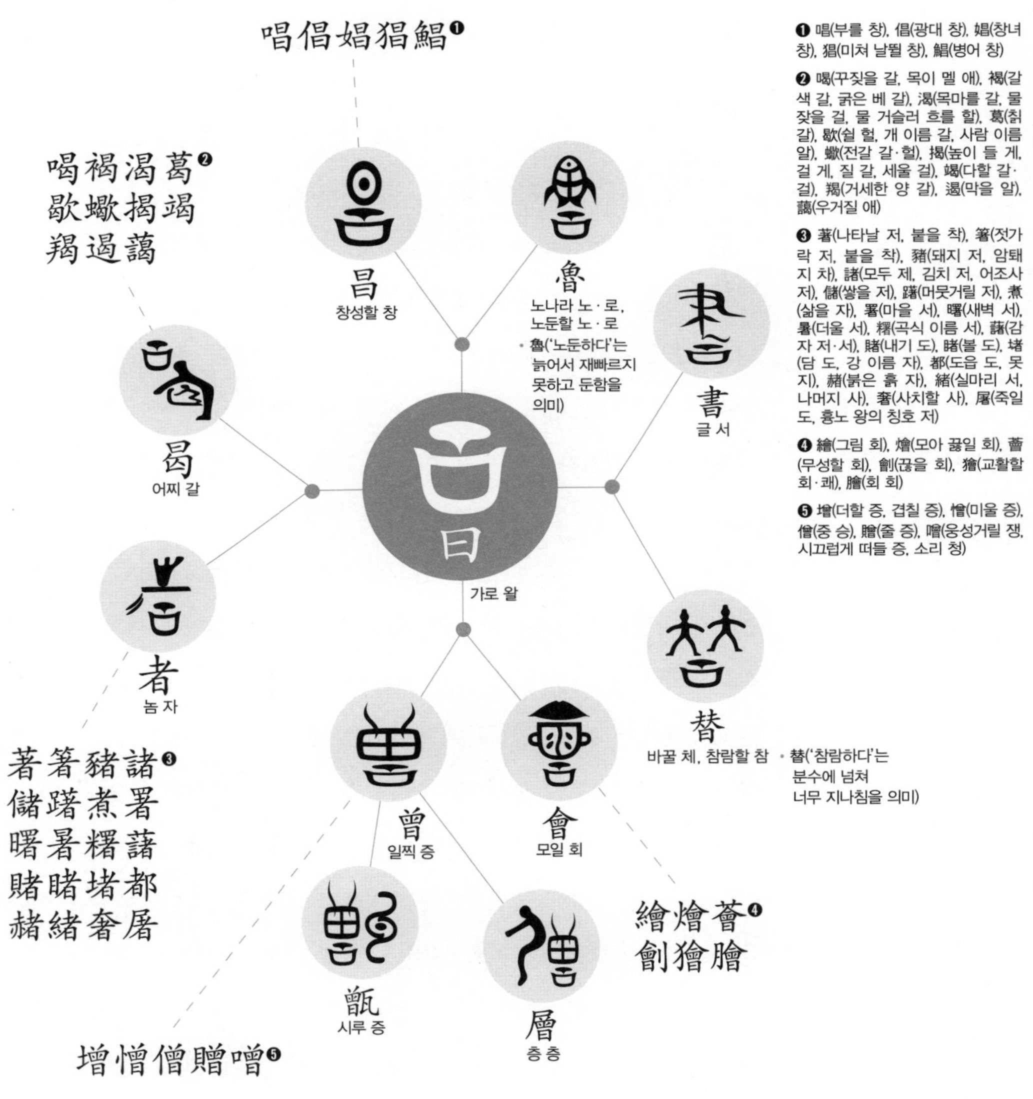

❶ 唱(부를 창), 倡(광대 창), 娼(창녀 창), 猖(미쳐 날뛸 창), 鯧(병어 창)

❷ 喝(꾸짖을 갈, 목이 멜 애), 褐(갈색 갈, 굵은 베 갈), 渴(목마를 갈, 물 잦을 걸, 물 거슬러 흐를 할), 葛(칡 갈), 歇(쉴 헐, 개 이름 갈, 사람 이름 알), 蠍(전갈 갈·헐), 揭(높이 들 게, 걸 게, 질 갈, 세울 걸), 竭(다할 갈·걸), 羯(거세한 양 갈), 遏(막을 알), 藹(우거질 애)

❸ 著(나타날 저, 붙을 착), 箸(젓가락 저, 붙을 착), 豬(돼지 저, 암퇘지 차), 諸(모두 제, 김치 저, 어조사 저), 儲(쌓을 저), 躇(머뭇거릴 저), 煮(삶을 자), 署(마을 서), 曙(새벽 서), 暑(더울 서), 糬(곡식 이름 서), 藷(감자 저·서), 賭(내기 도), 睹(볼 도), 堵(담 도, 강 이름 자), 都(도읍 도, 못 지), 赭(붉은 흙 자), 緒(실마리 서, 나머지 사), 奢(사치할 사), 屠(죽일 도, 흉노 왕의 칭호 저)

❹ 繪(그림 회), 燴(모아 끓일 회), 薈(무성할 회), 劊(끊을 회), 獪(교활할 회·쾌), 膾(회 회)

❺ 增(더할 증, 겹칠 증), 憎(미울 증), 僧(중 승), 贈(줄 증), 噌(웅성거릴 쟁, 시끄럽게 떠들 증, 소리 청)

인사 발표

替 바꿀 체, 참람할 참

tì

높은 직위에 있는 권위자가 "아무개(, 夫지아비 부)의 자리에 다른 아무개()를 임명하시오"라고 말하다 (, 曰가로 왈)

요순(堯舜)시대에 툭하면 홍수로 강물이 범람하자 순임금은 곤(鯀)에게 물을 다스리라고 명령했다. 하지만 9년의 노력에도 여전히 홍수가 자주 지고 많은 백성이 불어난 강물에 휩쓸려 죽거나 실종되자 순임금은 곤을 사형에 처하고 곤의 아들인 우(禹)를 치수 책임자에 임명해 아버지를 대신하게 했다. 금문 은 두 사람(, 立설 립·입)이 앞뒤로 서 있는 모양으로 뒷사람이 앞사람을 대신함을 나타냈다. 전서 는 금문에 '曰'을 덧붙여 권세 있는 고위직 인사가 나란히 서 있는 두 사람에게 "옛 사람의 직위에 새 사람을 앉히시오"라고 말하는 것을 묘사했다. '替'는 훗날 예서 때 '立'이 '夫(성인 남자를 좋게 부르는 말)'로 바뀌어 오늘날 널리 쓰이는 한자꼴이 되었다. '법령·제도·조약 등을 폐지하다' '대체하다'의 의미가 있고, 흥체(興替, 성하고 쇠퇴함), 체대(替代, 어떤 일을 서로 번갈아 가며 대신함), 체신(替身tìshēn, '대리인' '스턴트맨'을 의미하는 중국어), 교체(交替, 사람이나 사물을 다른 사람이나 사물로 바꿈) 등에 쓰인다. 《설문》은 "'替'는 나란히 서 있는 두 사람 중에서 한 사람을 아래쪽으로 내쫓는 것이다"라고 해석했고, 《이아·석언(爾雅·釋言)》은 "'替'는 폐위시키는 것이다"라고 설명했다.

금

전

書글 서

shū

'입으로 말하는'(曰, 曰가로 왈) 내용을 '붓'(聿, 聿붓 율)으로 받아 적다(제8장 '聿'편 참조)

'書'의 간체자는 '书'이다.

금 전

者놈 자

zhě

다른 나라에 '가서'(之, 之갈 지, 㞢갈 지) '말을 전달하는'(曰, 曰가로 왈) 심부름꾼

금문 또는 은 '之'와 '曰'로 구성되었다. '가서' '말을 전달하다'라는 의미이다. 따라서 '者'의 본뜻은 '말을 전달하는 심부름꾼'이라고 할 수 있다. '者'는 '사람이나 사물을 칭하는 대명사'라는 의미가 파생되었고 작자(作者, 저작자의 준말), 학자(學者, 학문을 연구하는 사람), 지자(智者, 지혜가 많은 사람), 우자(愚者, 어리석은 사람) 등에 쓰인다. '者'의 뜻에서 파생된 한자는 매우 많다. 몇 가지를 소개하면 '屠(죽일 도, 흉노 왕의 칭호 저)'는 살인[尸시체 시]을 저지른 사람[者]을 의미하고, '豬(돼지 저, 암돼지 차)'는 겉모습이 돼지[豕돼지 시] 같은 사람[者]을 의미한다. '賭(내기 도)'는 '조개 화폐(貝조개 패)'를 갖고 노는 사람[者]을 의미하고, '睹(볼 도)'는 눈[目눈 목]으로 본 사람[者]을 의미한다.

금 전

입을 벌리고 말하는 물고기

갑

금

전

魯 노나라 노·로, 노둔할 노·로

lǔ

물고기(, 魚물고기 어)가 입을 벌리고 말할(, 曰가로 왈) 때 뽀글뽀글 소리가 나다

갑골문 및 금문 은 물고기()가 입()을 벌리고 있는 것을 나타냈고, 금문 및 전서 는 '물고기'()가 '말하는'() 것을 나타냈다. 사실 물고기가 어떤 소리를 내는지 정확히 아는 사람은 없다. 그래서 '어리석고 멍청하다' '거칠고 사납다'의 의미가 생겼고 노둔(魯鈍, 늙어서 재빠르지 못하고 둔함을 뜻하는 '노둔하다'의 어근), 노망(魯莽lǔmǎng, '경솔하다' '거칠고 차분하지 못하다'를 의미하는 중국어) 등에 쓰인다. 주(周)나라 초기에 천자를 돕고 봉지(封地)를 하사받은 주공 단(旦)은 그 땅에 '노국(魯國)'이라는 이름을 붙이고 아들 백금(伯禽)에게 통치를 맡겼다. 겸손한 성품답게 그곳 사람들의 소박하고 투박한 민속을 '노국'이라는 이름에 담아 널리 알리고 싶었던 것이다. 《동한유희·석명(東漢劉熙·釋名)》에는 "'魯'는 늙어서 재빠르지 못하고 둔한 것이다. 노국은 산이 많고 물이 풍부하며, 백성은 소박하고 우둔하다"라는 기록이 나온다. '魯'의 현대 한자는 '魚' 밑에 '日(날 일)'을 써서 자칫 햇볕에 물고기를 말리는 것으로 뜻이 잘못 해석될 수 있다. 마땅히 '日'을 '曰'로 바꿔 뜻을 바로잡아야 한다.

미식회를 열기로 다 같이 약속하다

갑

금

전

會 모일 회

huì

다 같이 모여(, 亼삼합 집) 음식을 끓이고 삶아() 먹기로 서로 약속하다(, 曰가로 왈)

옛 중국인은 미리 약속을 잡은 뒤에 다 같이 사냥을 나갔고, 사냥이 끝난 뒤에는 다시 다함께 사냥감을 손질해서 끓이고 삶아 먹었다. 《한시외전(韓詩外傳)》에는 제선왕(齊宣王)과 위혜왕(魏惠王)이 성밖 들판에 모여[會] 함께 사냥하기로 약속했다는 기록이 나온다. 이 밖에 옛 중국인은 특별한 제사가 있으면 다 같이 한자리에 모였다. 이때 각 가정에서 제사 음식과 제물로 바칠 짐승을 가져오면 깨끗이 손질하고 조리한 뒤에 제사를 끝내고 다함께 나눠 먹었다. 갑골문 [갑골문 자형] 및 금문 [금문 자형]은 세 개의 개별 한자가 위에서 아래로 쭉 있는 모양인데 맨 윗부분인 [자형]은 '집합하다'를, 맨 아랫부분인 [자형]은 '말하다' 즉 '약속하다'를 의미한다. 가운데 부분은 음식물을 찌는 기구인 시루를 나타낸다. 따라서 [자형]은 미식회를 열기로 다 같이 약속하는 모습을 묘사한 것이고, 이것에서 '모이다' '만나다'의 의미가 파생되었다. 관련 단어로는 회합(會合, 여럿이 모이는 일), 개회(開會, 회의나 모임을 시작함), 상회(相會, 서로 만남) 등이 있다. '會'에서 파생된 한자는 繪(그림 회), 燴(모아 끓일 회), 薈(무성할 회), 劊(끊을 회), 獪(교활할 회·쾌), 膾(회 회) 등이 있다. 《역경(易經)》은 "'亨(형통할 형, 드릴 향, 삶을 팽)'은 사물의 아름다움이 모이는 것이다"라고 했다. '會'의 간체자는 '会'이다.

과거에 은허 유적지의 부호묘에서 청동 시루가 출토되었다. 시루는 음식물을 찔 때 필요한 3단짜리 취사도구이다. 먼저 세 개의 다리가 달린 맨 아랫부분 '鬲(솥 력·역, [자형])'은 물을 넣고 끓이는 곳이고, 맨 윗부분인 '甑(시루 증, [자형])'은 음식물을 넣는 곳이다. 가운데 '箅(시룻밑 폐, [자형])'는 수증기가 통과할 수 있게 구멍([자형], 田밭 전)이 여럿 뚫린 대

나무(竹, 竹대나무 죽) 받침대(丌, 丌책상 기)이다. 한마디로 시루는 수증기로 음식물을 찌는 찜기를 가리킨다.

갑

금

전

曾일찍 증

zēng 또는 céng

음식물을 찌거나 끓일 때 '찜기'(田)에서 수증기가 위쪽으로 흩어져 나오다(丷)

'曾'은 음식물을 찌거나 끓이는 특성으로 분리의 개념을 설명하는 한자이다. '曾'의 갑골문 은 '찜기'(田)에서 수증기가 위쪽으로 흩어져 나오는(丷) 것을 묘사했다. '曾'은 '찜기'에서 가장 윗부분의 '甑(시루 증)'과 가장 아랫부분의 '鬲(솥 력·역)'만 따로 떼어낸 모양 때문에 '서로 떨어져 있다' '세대를 거르다'의 의미를 낳았다. 예를 들어 '증조부모' '증손'은 각각 조부모의 한 세대 위, 손자의 한 세대 아래인 사람을 가리키고, 증경(曾經céngjīng, '일찍이' '이전에'를 의미하는 중국어)은 한동안의 시간차가 있음을 의미한다. '曾'의 금문 , 및 전서 는 '曰(가로 왈)'을 더해 예전의 일(曰)을 언급하는() 것을 나타냈다. 정리하면 '음식물을 찌다'라는 '曾'의 본뜻에서 '서로 떨어져 있다'라는 의미가 생겼다. '曾'에서 파생된 한자인 '層(층 층,)'은 '높는 곳'(尸, 尸시체 시)이 '위아래로 갈라져 있는 것'(曾)을 표현한 것이다. '층층히 쌓인 물건'이라는 의미를 낳았고 루층(樓層lóucéng, '건물의 층수'를 의미하는 중국어), 지층(地層, 자갈·모래·진흙 등이 지표나 물 밑에 쌓여 이룬 층) 등에 쓰인다.

甑 시루 증

zèng

음식물을 찔(甑) 때 사용하는 '진흙을 구워 만든'(瓦) 그릇

전

하늘을 올려다보고 간절하게 말하다

曷 어찌 갈

hé

'떠돌이 생활을 하는 사람'(匃, 匃빌 개·갈)이 하늘을 향해 "어찌하여……"라고 묻다(曰, 曰가로 왈)(《한자나무》 1권 제2장의 '떠도는 사람'편 참조)

전

昌 창성할 창

chāng

'태양'(日, 日날 일)의 아름다움을 '시나 노래로 찬양하다'(曰, 曰가로 왈). '唱(부를 창)'의 본자

'크게 발전하다'의 의미를 낳았고 창성(昌盛, 일이나 기세가 크게 일어나 잘되어 감), 국운창륭(國運昌隆 guóyùn chānglóng, '국운이 번창하다'를 의미하는 중국어) 등에 쓰인다. '昌'의 독음에서 파생된 한자는 娼(창녀 창), 鯧(병어 창), 唱(부를 창), 倡(광대 창) 등이 있다.

전

'亼(삼합 집)' – 꾹 다문 입

'口(입 구)'의 갑골문 또는 전서 는 '입을 짝 벌린' 모양이다. 이에 비해 '亼(삼합 집)'의 갑골문 및 전서 는 '입을 꾹 다문' 모양이다. 흥미롭게도 두 한자의 모양과 뜻은 서로 대비를 이루는데, 입을 벌린 것은 말하는 것을 의미하고 입을 다문 것은 말을 마친 것을 의미한다.

'亼'의 본뜻은 입을 꾹 다문 모양이고, 이것에서 '말을 다 하다' '입을 꾹 다물다' '한데 모이다'의 세 가지 의미가 파생되었다.

말을 다 하다

갑

금

전

合 합할 합, 쪽문 합

hé

'짝 벌린 입'(, 口입 구)을 다물다(, 亼삼합 집)

'合'은 '눈을 감거나 입을 다물다' '한데 모이다(모으다)'의 의미를 낳았다. 폐합(閉合bìhé, '회로·전류를 접속하다'를 의미하는 중국어), 취합(聚合, 모여서 합침), 회합(會合, 여럿이 모이는 일), 집합(集合, 한군데로 모이거나 모음) 등에 쓰인다.

갑

금

전

令 명령할 령·영

lìng

주인이 '노비'()에게 지시(, 말을 다 한 뒤의 입 모양)를 내리다

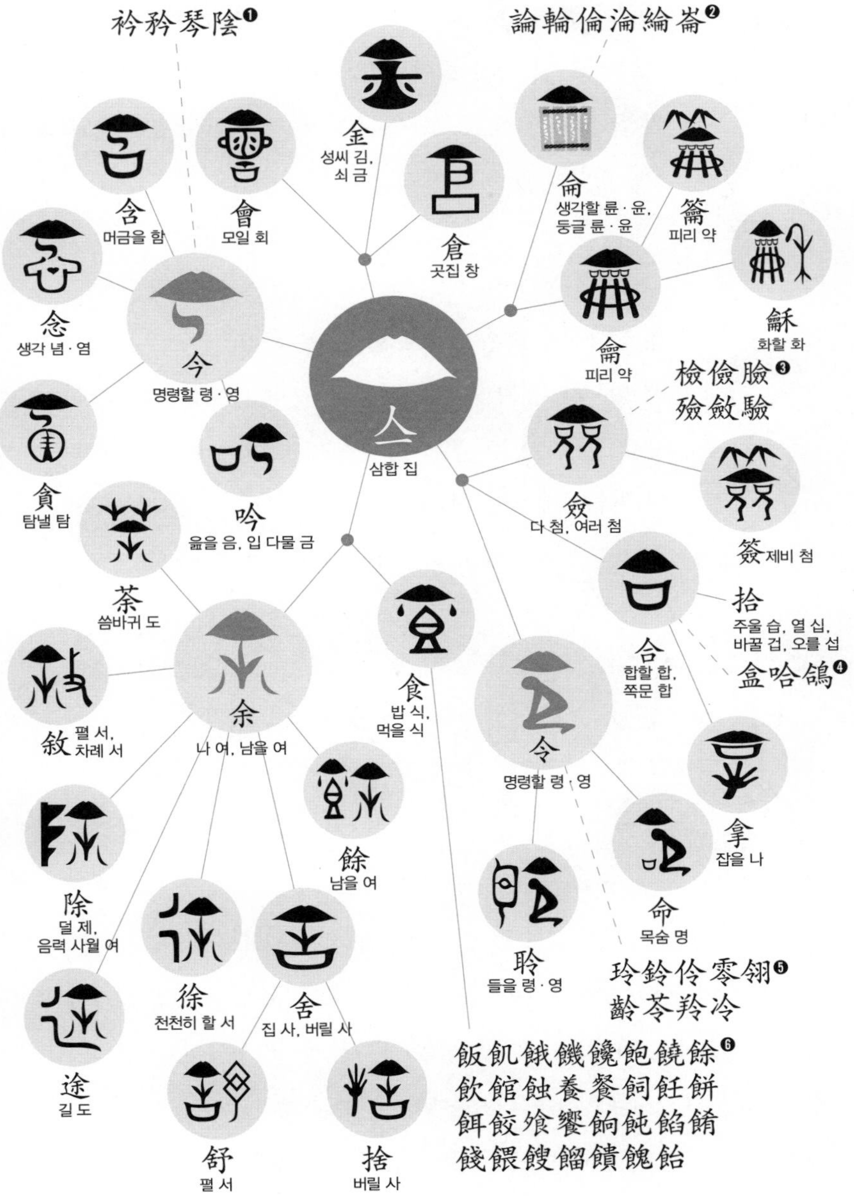

❶ 衿(옷깃 금), 矜(자랑할 긍, 창 자루 근, 앓을 관), 琴(거문고 금), 陰(그늘 음)

❷ 論(논할 론·논, 조리 륜·윤), 輪(바퀴 륜·윤), 倫(인륜 륜·윤), 淪(빠질 륜·윤, 물 돌아 흐를 론·논), 綸(벼리 륜·윤, 허리끈 관. '벼리'는 그물코를 꿴 굵은 줄을 의미), 崙(산 이름 륜·윤)

❸ 檢(검사할 검), 儉(검소할 검), 臉(뺨 검), 殮(염할 렴·염), 斂(거둘 렴·염), 驗(시험 험)

❹ 盒(합 합. '합'은 소반 뚜껑을 의미), 哈(물고기 많은 모양 합), 鴿(집비둘기 합)

❺ 玲(옥 소리 령·영), 鈴(방울 령·영), 伶(영리할 령·영), 零(떨어질 령·영, 영 령·영, 종족 이름 련·연. '영'은 숫자 '0'을 의미), 翎(깃털 령·영), 齡(나이 령·영), 苓(풀 이름 금, 수초 이름 음), 羚(영양 영·령. '영양'은 야생 염소와 산양 따위의 짐승을 통틀어 이르는 말), 冷(찰 냉·랭, 물소리 영·령)

❻ 飯(밥 반), 飢(주릴 기), 餓(주릴 아), 饑(주릴 기), 饞(탐할 참), 飽(배부를 포), 饒(넉넉할 요), 餘(남을 여), 飮(마실 음), 館(집 관), 蝕(좀먹을 식), 養(기를 양), 餐(밥 찬, 물말이할 손), 飼(기를 사), 飪(익힐 임), 餠(떡 병), 餌(미끼 이), 餃(경단 교), 飧(저녁밥 손), 饗(잔치할 향), 餉(건량 향. '건량'은 가지고 다니기 쉽게 만든 음식을 의미), 飩(경단 돈), 餡(떡소 함), 餚(섞일 효), 餞(보낼 전), 餵(먹일 위, 주릴 뇌), 餿(밥 쉴 수), 餾(밥 뜸 들 류·유), 饋(보낼 궤), 餽(보낼 궤), 飴(엿 이, 먹일 사)

- 倉('곳집'은 예전에 물건을 쌓아두려고 지은 집을 의미)
- 簽('제비'는 여럿 가운데 어느 하나를 골라잡아 승부나 차례를 결정하는 방법을 의미)

命 목숨 명

mìng

주인이 명'령'(, 令명령할 령·영)을 내리자 노비가 머리를 조아리고 몇 가지 물어본() 뒤에 명령을 받들다('令' 및 '命'에 관한 설명은 《한자나무》 1권 제2장의 '무릎을 꿇고 앉은 사람(卩 병부 절)'편 참조)

今 이제 금

jīn

입을 다물고 낮은 소리로 혼잣말을 하다

갑골문 은 꽉 다문 입(亼 삼합 집) 밑에 가로획을 하나 더 했고, 금문 및 전서 는 그 가로획을 아래로 꺾어 아래를 향해 낮은 소리로 말하는 느낌을 살렸다. '今'과 '曰(가로 왈)'의 그림문자는 거의 대칭을 이룬다.('曰'편 참조)

현대 한자	갑골문	금문	전서	본뜻
曰				입을 벌리고 소리를 내다
今				입을 다물고 낮은 소리를 내다

근심거리가 있는 사람은 종종 입에 음식을 잔뜩 넣고 중얼거리는 것처럼 잘 알아들을 수 없는 혼잣말을 한다. 그래서 '今'에선 念(생각 념·염), 含(머금을 함), 貪(탐낼 탐), 吟(읊을 음, 입 다물 금) 등의 상용한자가 파생되었다. '今'은 '지금'이라는 의미를 낳았고 현금(現今, 오늘날), 금천(今天 jīntiān, '오늘' '오늘날'을 의미하는 중국어), 금년(今年, 올해) 등에 쓰인다.

含 머금을 함

hán

'입'(, 口입 구)안에 음식을 잔뜩 넣고 씹으며 알아들을 수 없는 소리를 내다(, 今이제 금)

念 생각 념 · 염

niàn

'마음'(, 心마음 심)속으로 어떤 일을 생각하며 혼자 중얼거리다(, 今이제 금)

貪 탐낼 탐

tān

"돈! 돈! 돈!" 늘 돈(, 貝조개 패) 이야기를 하다(, 今이제 금)

吟 읊을 음, 입 다물 금

yín

'입'(, 口입 구)안으로 혼잣말을 하다(, 今이제 금)

전

侖 생각할 륜·윤

lún

한 권의 책(, 冊책 책)을 소리 내어 다 외운 뒤(, 亼삼합 집)에 내용을 반복해서 생각하다

(冊)은 '죽간(중국에서 종이가 발명되기 전에 글자를 기록하던 대나무 조각. 또는 대나무 조각을 엮어서 만든 책)'의 모양을 묘사한 상형자이다. '侖'은 '반성하다'의 의미를 파생시켰다. '侖'의 독음에서 파생되어 자주 쓰이는 한자는 論(논할 론·논, 조리 륜·윤), 輪(바퀴 륜·윤), 倫(인륜 륜·윤), 淪(빠질 륜·윤, 물 돌아 흐를 론·논), 綸(벼리 륜·윤, 허리끈 관), 崙(산 이름 륜·윤) 등이 있다. 《설문》은 "'侖'은 생각하는 것이다. 한자는 '亼'과 '冊'으로 이루어졌다"라고 해석했다. '侖'의 간체자는 '仑'이다.

전

僉 다 첨, 여러 첨

qiān

지도자가 '말을 마치자'(, 亼삼합 집) 무수한 추'종'자(, 从좇을 종)가 '연이어 목청껏'(, 吅부르짖을 훤, 엄할 엄) 동조하는 말을 쏟아내다

《상서·목서(尙書·牧誓)》의 기록에 따르면 주무왕(周武王)은 70만 명의 병사 앞에서 결연한 마음으로 연설을 한 뒤에 상주왕(商紂王)을 토벌하러 떠났다. 연설이 끝났을 때 아마 주무왕의 병사들은 서로 충성을 다짐하며 하늘이 울릴 정도로 우렁찬 함성을 질렀을 것이다. 이것이 '僉'에 딱 맞는 상황이다. '僉'에선 '전부 다'의 의미가 파생되었다. 일례로 《상서》의 "僉曰, 伯禹作司空(첨왈, 백우작사공. 모두가 사공(관직명)은 대우가 맡아야 한다고 말했다)"이라는 문장에서 '僉'은 '모두'의 의미로 쓰였다. 이 밖에 '僉'에선 '서명으로 동의를 표시하다'의 의미도 파생되었다. '僉'은 '籤(제비 첨)'의 본자이다. 따라서 '첨명(僉名)'은 '첨명(簽名qiānmíng, '서명하다'를 의미하는 중국어)'과 같다. '첨압(僉押)'은 문서에 서명해서 그 일에 책임지는 것이고, '첨판(僉判)'은 서명으로 판결문을 대신하는 것이다. '僉'의 독음에서 파생된 한자는 檢(검사할 검), 儉(검소할 검), 臉(뺨 검), 殮(염할 렴·염), 斂(거둘 렴·염), 驗(시험 험) 등이 있다.

입안에 음식물이 한가득

食 밥 식, 먹을 식

shí

그릇에 담긴 음식물( )을 입안에 넣고 씹다( )

갑골문 은 한 사람의 입, 한 솥 밥, 두 방울의 침으로 사람이 음식을 먹는 모습을 생생하게 묘사했다. 금문 및 전서 는 침방울을 생략했다.(비슷한 개념을 가진 한자인 '卽(곧 즉)' '卿(벼슬 경)'은 《한자나무》 1권 제2장 참조) '食'은 원래 '먹다' '음식'을 뜻하고 양식(糧食, 식량), 음식(飮食, 사람이 먹을 수 있게 만든 것), 식언(食言, 약속한 말대로 지키지 않음) 등에 쓰인다. '食'의 뜻에서 파생된 상용한자는 飯(밥 반), 飢(주릴 기), 餓(주릴 아), 饑(주릴 기), 饞(탐할 참), 飽(배부를 포), 饒(넉넉할 요), 餘(남을 여), 飮(마실 음), 館(집 관), 蝕(좀먹을 식), 養(기를 양), 餐(밥 찬, 물말이할 손), 飼(기를 사), 飪(익힐 임), 餅(떡 병), 餌(미끼 이), 餃(경단 교), 飧(저녁밥 손), 饗(잔치할 향), 餉(건량 향), 飩(경단 돈), 餡(떡소 함), 餚(섞일 효), 餞(보낼 전), 餵(먹일 위, 주릴 뇌), 餿(밥 쉴 수), 餾(밥 뜸 들 류·유), 饋(보낼 궤), 餽(보낼 궤), 飴(엿 이, 먹일 사) 등 매우 많다.

갑

금

전

갑 금 전

龠 피리 약

yuè

관악기

갑골문 [image]은 속이 텅 빈 두 개의 관을 한데 묶고 윗부분에 연주할 수 있는 '입'구(ㅂ, 口입 구)를 만든 것을 묘사했다. 금문 [image]은 관의 입구에 '꾹 다문 입'(亼삼합 집)을 덧붙여 악기를 입에 물고 연주하는 것을 나타냈다. 《설문》은 "'龠'은 죽관 악기이다"라고 설명했다.

籥 피리 약

yuè

'대나무'(⺮, 竹대 죽)로 만든 관악기(龠, 龠피리 약)

갑 금

龢 화할 화

hé

길이가 서로 다른 '벼'(禾, 禾벼 화)의 줄기로 음색이 어우러지는 '관악기'(龠, 龠피리 약)를 만들다

'조화롭다' '잘 어울리다'의 의미가 파생되었다. '龢'를 《설문》은 "조화로운 것이다", 《광운》은 "화하는 것이고 합하는 것이다", 《좌전》은 "듣기 좋은 악곡 같은 것이다"라고 설명했다. '和(화할 화)'는 '龢'와 뜻과 발음은 같지만 한자꼴이 다른 이체자인 동시에 '龢'의 간체자이다.

和 화할 화

hé

'벼'(, 禾벼 화)의 줄기로 만든 '입'(, 口입 구)으로 부는 관악기

옛 중국인은 길이가 서로 다른 벼의 줄기를 한데 나란히 엮어 조화로운 소리가 나는 관악기를 만들었다. 그러자 사람이나 사물도 이 피리처럼 서로 조화를 이루며 사이좋게 어울리기를 바라는 마음이 생겼다. '和'는 조화(調和, 서로 잘 어울림), 화해(和諧, 화목하게 어울림), 화목(和睦, 서로 뜻이 맞고 정다움), 화평(和平, 화목하고 평화로움) 등에 쓰인다.

余 나 여

yú

향기로운 '풀'(, 草풀 초)을 '입에 물자'(, 亼삼합 집) 입에서 향기가 나와 '이리저리'(丿乀, 分나눌 분) 흩어지다

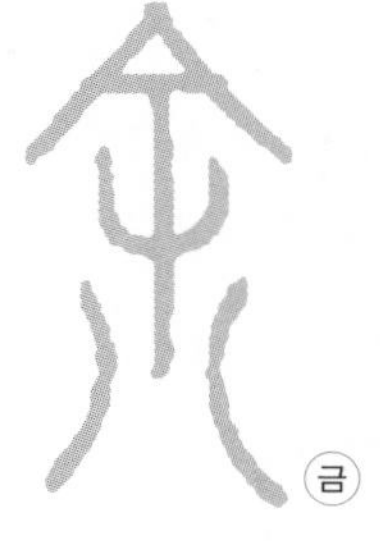

많은 사람이 껌을 씹거나 담배를 피우는 것을 좋아한다. 옛 중국인도 입에 뭔가를 넣고 우물거리는 것을 좋아했는데 특히 향기가 나는 풀을 좋아했다. 어느 곳에서든 그 풀을 물고 있으면 자신의 입안에서 상쾌한 향이 났기 때문이다. 그래서일까? 옛 중국인은 입에 향기로운 풀을 물고 있는 그림문자로 '자신'을 묘사했다. '余'의 본뜻은 '餘(남을 여)'와 같은 입안에 향기로운 풀이 남아 있는 것이다. 《춘추번로(春秋繁露)》에 "그 나머지는 모두 바르게 된다"와 "남은 해 동안 밖에 나가지 않았다"라고 나온다. 갑골문 , 및 금문 은 모두 입에 풀 한 포기를 물고 있는 모습을 묘사한 상형자이다. 금문 및 전서 는 (丿乀, 八여덟 팔)을 덧붙여 향기가 나는 풀(, 草)을 입에 물자(, 亼) 입에서 향기가 '이

리저리'(丿乀) 흩어져 나오는 것을 표현했다. '余'에선 '나'라는 의미가 파생되었고, 《설원》의 "내가 제어앙의 말을 용납 못하여 이 화환이 닥치고 말았구나(余不能用鞅之言以至此患也, 여불능용앙지언 이지차환야)"라는 문장에 쓰였다. 그러면 옛 중국인이 그토록 좋아한 향기로운 풀은 뭘까? 옛 중국인은 4월을 '접여(接余)'를 캐기에 가장 좋은 시기라 하여 '여월(余月)'이라고 불렀다. '접여'는 이른바 '노랑어리연꽃'이라고도 불리는 '행채(荇菜)'를 말한다. 옛 중국인은 4월이 되면 행채를 즐겨 먹었다. 5월이 되면 꽃이 펴서 더 먹고 싶어도 못 먹기 때문이다. 《시경》 제1편에 우아하고 매혹적인 아가씨가 행채를 캐는 모습을 묘사한 시가 나온다. 전해지는 말에 따르면 젊은 주성왕(周成王)이 4월에 성 밖에 놀러 나갔다가 행채를 캐는 아가씨를 보고 지었다고 한다.

"……크고 작은 행채는 여기저기서 구하고, 아름다운 아가씨는 자나 깨나 구하네. 구해도 못 구하여 자나깨나 생각하고, 막연하고 또 막연하여 밤새 뒤척이네. 크고 작은 행채는 여기저기서 캐는구나……."

아가씨가 얼마나 아름다웠기에 주성왕이 밤새 뒤척였을까? 귀한 천자인 신분에도 왜 그녀를 자기 사람으로 만들지 못했을까? 애틋한 마음이 절로 드는 시구이다. 《이아·석고(爾雅·釋詁)》에는 "'余'는 나이다. 또 4월을 '여월'이라고도 부르는데, 접여는 행채이다"라고 나온다.

전

餘 남을 여

yú

식사를 마친(食, 食밥 식, 먹을 식) 뒤에도 여전히 입안에 '행채가 남아 있다'(余, 余나 여)

'남은 음식'이라는 의미를 낳았고 잉여(剩餘, 쓰고 난 나머지), 여음요량(餘音繞樑yúyīnràoliáng, '음악이 그친 후에도 여음이 여전히 귓전에 맴도는 듯하다'를 의미하는 중국어) 등에 쓰인다. 《설문》은 "'餘'는 넉넉한 것이다"라고 풀이했다. '餘'의 간체자는 '余'이다.

舍 집 사, 버릴 사

shě 또는 shè

'입'(ㅂ, 口입 구)에서 '남은 행채'(余, 余나 여)를 뱉어내다

'舍'의 금문 舍, 舍, 舍은 '口'와 '余'로 구성된 회의자이다. 행채를 입에서 뱉어내는 모습으로 '버리다'의 의미를 설명했다. '捨(버릴 사)'의 본자이다. 선진(先秦)시대의 고전, 예를 들어 《논어(論語)》의 "나를 써주면 곧 내 뜻을 실행하고, 나를 버리면 곧 내 뜻을 감춘다(用之則行, 舍之則藏! 용지즉행, 사지즉장)"라는 문장과 《맹자(孟子)》의 "구하면 얻고 버리면 잃는다(求則得之, 舍則失之. 구즉득지, 사즉실지)"라는 문장에서 '舍'는 모두 '捨' 즉 '버리다'의 의미로 쓰였다. '舍'는 '쉬다'의 의미도 있다. 《논어》에는 "가는 것이 이와 같아서 낮과 밤을 쉬지 않는구나!(逝者如斯夫! 不舍晝夜, 서자여사부 불사주야)", "공관에서 쉬며 일을 기다리라(舍於公館以待事, 사어공관이대사)"라고 나온다. 옛 중국에서 30리를 행군하는 것을 '1사'라고 불렀다. 30리를 걸어야 겨우 하룻밤 쉴 수 있었기 때문이다. 현재 '舍'는 '휴식을 취하는 장소' '집'의 의미로 많이 쓰인다.

舍 금

舍 전

捨 버릴 사

shě

'손'(手, 扌손 수)에 든 사물을 '버리다'(舍, 舍집 사, 버릴 사)

捨 전

 전

舒 펼 서

shū

수북이 쌓인 물건을 '하나하나'(◇, 予나 여, 줄 여) '버리다'(舍, 숨집 사, 버릴 사)

쉴 수 있는 곳에 도착해 무거운 짐을 하나하나 푸는 나그네의 기분은 어떨까? 아마도 굉장히 홀가분하리라. '舒'는 '즐겁다' '쭉 펴다'의 의미를 낳았고 서전(舒展shūzhǎn, '펴다' '몸과 마음이 편안하다'를 의미하는 중국어), 서창(舒暢, 한가롭고 여유 있게 마음을 가짐), 서복(舒服shūfu, '몸과 마음이 편안하다'를 의미하는 중국어) 등에 쓰인다. 《설문》은 "'舒'는 펴는 것이다"라고 설명했다.

荼 씀바귀 도

tú

행채(余, 余나 여)처럼 생긴 쓴 풀(艸, 草풀 초)

향기로운 행채인 줄 알고 조리했는데, 맙소사! 삼킬 수도 없을 정도로 쓴 풀이었다. '荼'는 '가난하고 고생스럽다' '고초'의 의미를 파생시켰고 도고(荼苦túkǔ, '고초'를 의미하는 중국어), 도탄(荼炭 또는 塗炭, 몹시 곤궁하여 고통스러운 지경), 도독(荼毒túdú, '해를 끼치다'를 의미하는 중국어) 등에 쓰인다. 《이아·석초(爾雅·釋草)》는 "'荼'는 쓴 풀이다"라고 설명했다.

途 길 도

tú

입에 향기로운 행채(余, 余나 여)를 물고 '길을 걷다'(辵, 辶쉬엄쉬엄 갈 착)

'길'의 의미를 파생시켰다. 관련 단어로는 도경(途徑tújing, '수단' '경로'를 의미하는 중국어), 여도(旅途, 여행하는 길), 사도(仕途, 벼슬길) 등이 있다.

除 덜 제

chú

입에 향기로운 향채(, 余나 여)를 물고 '가파른 고개'(, 阝언덕 부)를 걸어 내려가다

'돌층계' '삭제하다'의 의미를 낳았고 소제(消除xiāochú, '없애다'를 의미하는 중국어) 등에 쓰인다. 《설문》은 "'除'는 궁전으로 오르는 계단의 섬돌이다"라고 풀이했다.

徐 천천히 할 서

xú

입에 향기로운 행채(, 余나 여)를 물고 '길'(, 彳조금 걸을 척)을 산책하다

'천천히 걷다'의 의미를 낳았고 부질불서(不疾不徐 bùjíbùxú, '느리지도 않고 빠르지도 않게'를 의미하는 중국어), 청풍서래(清風徐來, 맑은 바람이 고요히 불어오다) 등에 쓰인다. 하(夏)·상(商) 및 서주(西周)시대에 '서국(徐國,)'은 '서방(徐方)'이라고도 불리는 동쪽의 대국이었다.('方'은 이웃국가를 의미한다) 《시경》에는 "천하가 평정된 뒤에 동쪽의 서국 사람이 와서 스스로 신하를 자청하고 조공을 바쳤다"라고 나온다.

徐 전

敘 펼 서, 차례 서

xù

입에 향기로운 행채(, 余나 여)를 문 채 '손에 도구를 들고'(, 攴칠 복) 침착하게 일하다

'일을 순서대로 하나씩 해나가다'의 의미를 낳았고 서술(敘述, 사건이나 생각을 차례를 좇아 적거나 말함), 서장(敘奬xùjiǎng, '상을 정하다'를 의미하는 중국어) 등에 쓰인다. 《설문》은 "'敘'는 차례를 따르는 것이다"라고 설명했다.

갑
금
전

倉 곳집 창

cāng

곡물을 큰 '문'(, 戶지게 호)과 '발판'()이 있는 곡식 창고에 '모으다'()

'倉'의 갑골문 은 '亼(삼합 집)'과 '秝(나무 성글 력·역)'으로 구성된 회의자이다. 수확한 벼를 묶어() 한곳에 모아둔() 것을 의미한다. 금문 은 '禾(벼 화)'를 한쪽짜리 큰 문으로 바꿔 추수한 벼를 안전하게 지키는 의미를 더했다. 이것이 옛 중국인이 묘사한 '곡식 창고'이다. 전서 는 이것에 '口(입 구)'를 덧붙여 곡물이 물에 잠기지 않게 발판을 만들어놓은 것을 표현했다. '倉'의 소리에서 파생된 한자는 滄(큰 바다 창), 艙(부두 창), 蒼(푸를 창), 創(비롯할 창, 다칠 창), 愴(슬플 창), 搶(부딪칠 창), 槍(창 창, 칠 추), 鎗(종소리 쟁, 창 창), 嗆(쪼아 먹을 창, 어리석을 청), 蹌(추창할 창. '추창하다'는 예도에 맞게 허리를 굽히고 빨리 걸어감을 의미) 등이 있고, '倉'의 간체자는 '仓'이다.

금
전

金 쇠 금

jīn

'청동 도끼'(, 王임금 왕)를 만들기 위해서 '동과 납 두 종류의 광물'()을 융'합'하다(, 亼삼합 집). 합금하다

금문 , , , , 은 '亼' '王' 및 두 개의 점으로 이루어졌다. 여기에서 두 개의 점은 두 종류의 광물을 상징하고, '亼'은 '合(합할 합, 쪽문 합)'의 본자이다. '王'의 본뜻은 군왕이 사용하는 청동 도끼이다. 정리하면 '金'은 동과 납을 하나로 합하여 청동을 만드는 것을 의미하는 회의자이다.

'舌(혀 설)' – 입에서 나와 움직이는 물체

사람의 혀를 어떻게 묘사할까? 입에서 날름 나와 상하좌우로 움직이는데, 이때 잘못하면 침이 몇 방울 떨어지기도 한다. 이것에서 옛 중국인은 '舌(혀 설)'을 만들었다. '舌'의 갑골문 은 입에서 나와 움직이는 물체('Y'자형 혀)와 그 주변의 작은 점, 즉 침을 묘사했다. 혀는 말을 하고 맛을 구분하게 돕는 신체 기관이다.

'舌'의 그림 문자는 →→→의 순서로 발달했다. 먼저 입()에서 쑥 나와 움직이는 물체가 (舌)이 되었고, 혀를 움직이면 말을 할 수 있는 것에서 (言)이 되었다. '言'은 '혀'(, 舌) '위'(, 上위 상)에 있는 것을 의미한다. 옛 중국인은 한 단계 더 나아가 입에 나뭇잎이나 피리 등을 물면 아름다운 소리가 나는 것을 발견하고 (言)에 가로획을 하나 더해 (音소리 음)을 만들었다. '音'은 입에 문 물체에서 아름다운 '언어'가 나오는 것이다.

혀를 움직여 내는 소리

言 말씀 언

yán

'혀'(, 舌)의 '위'(, 上위 상)에 있는 것. 즉 혀를 움직여 내는 소리

금

전

❶ 說(말씀 설, 달랠 세, 기뻐할 열, 벗을 탈), 話(말씀 화), 計(셀 계), 訂(바로잡을 정), 訊(물을 신), 訓(가르칠 훈, 길 순), 記(기록할 기), 討(칠 토), 託(부탁할 탁), 訟(고소할 송, 용납할 용), 訪(찾을 방), 許(허락할 허, 이영차 호), 訣(이별할 결, 결정할 계), 評(평할 평), 詠(읊을 영), 設(베풀 설), 詐(속일 사), 訥(말 더듬거릴 눌), 詞(말 사, 글 사), 証(간할 정, 증거 증), 證(증거 증), 訴(호소할 소), 詛(저주할 저), 詬(꾸짖을 구·후), 詰(물을 힐, 꾸짖을 힐), 誇(자랑할 과, 아름다울 후, 노래할 구), 試(시험 시), 識(알 식, 적을 지, 깃발 치), 誓(맹세할 서), 誠(정성 성), 詼(조롱할 회), 議(의논할 의), 譯(번역할 역), 詣(이를 예), 謚(웃을 익, 시호 시), 訛(그릇될 와), 診(진찰할 진), 註(글 뜻 풀 주), 譜(족보 보), 訖(이를 흘·글), 訝(의심할 아), 該(갖출 해, 마땅 해), 詳(자세할 상), 詢(물을 순), 詮(설명할 전), 詩(시 시), 詭(속일 궤), 託(부탁할 탁), 誤(그르칠 오), 誨(가르칠 회), 誦(외울 송), 誘(꾈 유), 諄(타이를 순), 談(말씀 담), 論(논할 론·논), 誣(속일 무), 請(청할 청), 認(알 인, 적을 잉), 誡(경계할 계), 諛(아첨할 유), 諸(모두 제), 課(공부할 과, 과정 과), 調(고를 조), 誕(낳을 탄, 거짓 탄), 誰(누구 수), 誼(정 의, 옳을 의), 誹(헐뜯을 비), 誌(기록할 지), 詮(설명할 전), 誅(벨 주), 諉(번거롭게 할 위), 諒(살펴 알 량·양, 믿을 량·양), 謂(이를 위), 諮(물을 자), 諺(상말 언, 속담 언, 자랑할 안), 譽(기릴 예, 명예 예), 諭(타이를 유), 諾(허락할 낙·락), 諧(화할 해), 諷(풍자할 풍), 謀(꾀 모), 諫(간할 간. '간하다'는 웃어른이나 임금에게 옳지 못하거나 잘못된 일을 고치도록 말하는 것을 의미), 諳(외울 암), 諱(숨길 휘, 꺼릴 휘), 諜(염탐할 첩, 말 잇닿을 섭), 謙(겸손할 겸, 혐의 혐), 講(외울 강), 謊(잠꼬대할 황), 謠(노래 요), 謝(사례할 사), 謎(수수께끼 미), 謬(그르칠 류·유), 謹(삼갈 근), 譏(비웃을 기), 譬(비유할 비), 警(깨우칠 경, 경계할 경), 護(도울 호), 讀(읽을 독, 구절 두), 譴(꾸짖을 견), 讓(사양할 양), 讚(기릴 찬), 讒(참소할 참), 辯(말씀 변), 變(변할 변)

❷ 活(살 활, 물 콸콸 흐를 괄), 聒(떠들썩할 괄), 話(말씀 화), 聒(떠들썩할 괄), 括(묶을 괄)

❸ 響(울릴 향), 韻(운 운), 韶(풍류 이름 소)

❹ 暗(어두울 암), 黯(검을 암), 諳(외울 암)

❺ 境(지경 경. '지경'은 땅의 가장자리를 의미), 鏡(거울 경)

❻ 億(억 억), 憶(생각할 억), 臆(가슴 억, 마실 것 의), 噫(한숨 쉴 희, 트림할 애, 탄식할 억)

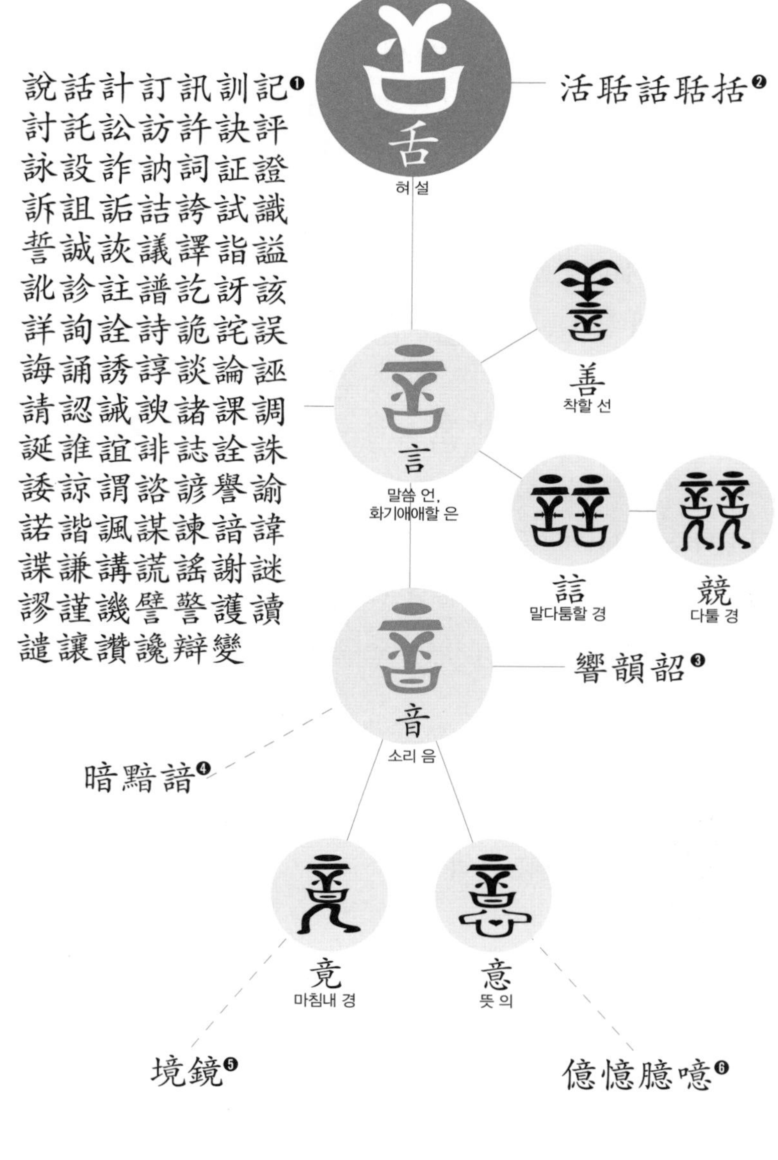

善 착할 선

shàn

'양'(羊, 羊양 양)의 다정함과 선함을 본받으라고 '권하다'(言, 言말씀 언)

금문 𧬈과 전서 譱는 한자만 보면 두 사람이 양(羊, 羊)에 대해서 서로 앞다투어 말하는(誩, 誩말다툼할 경) 것처럼 보인다. 하지만 숨겨진 진짜 의미는 "양이 얼마나 다정하고 착하고 겸손하고 순종적인가? 우리도 보고 배우자"라고 서로 권유하는 것이다. 또다른 전서 善는 한 개의 '言'이 생략되고 서서히 지금의 '善'의 형태가 되었다.

왜 고대의 군왕은 양을 제물로 바쳤을까? 많고 많은 동물 중에 왜 하필 '羊'을 써서 '선'량('善'良, 착하고 어짊), 공'의'(公'義', 공정한 도의), '미'호('美'好, 용모가 아름다움을 뜻하는 '미호하다'의 어근), 길'상'(吉'祥', 운수가 좋을 조짐)을 표현했을까? 양고기가 맛있어서? 아니다. 이들 한자는 음식 맛의 좋고 나쁨과 관계없고 품격과 화복, 구체적으로 양의 타고난 본성과 관계있다. 옛 중국인은 양을 온순하고 착하며 주인에게 무조건 순종한다고 생각했다. 그래서 양이 주인을 따르는 것처럼 사람도 하늘에 순복하고 사람의 마땅한 도리를 실천해야 한다고 생각했다. 만약에 모든 사람이 양의 정신을 본받으면 얼마나 아름다울까? 그래서 '善'에선 '대단히 좋다'의 의미가 파생되었다. 관련 단어로는 선사(善事, 좋은 일), 선인(善人, 성품이 착하고 어진 사람) 등이 있다.('善'과 개념이 비슷한 美(아름다울 미), 義(옳을 의), 祥(상서로울 상) 등의 한자는 각 편의 자세한 설명 참조)

𧬈 금

譱 전

誩 말다툼할 경

jìng

두 사람이 앞다투어 발'언'하다(, 言말씀 언)

전

競 다툴 경

jìng

두 사람(, 儿어진 사람 인)이 서로 말로 이기려고 노력하다(, 誩말다툼할 경). 논쟁하다

'競'은 '논쟁하다'라는 본뜻에서 '시합하다'의 의미가 파생되었고 경쟁(競爭, 같은 목적에 대해 이기려고 서로 다툼), 경새(競賽jìngsài, '경기하다'를 의미하는 중국어), 경기(競技, 운동이나 기술 등에서 기량을 겨룸), 경선(競選, 둘 이상의 후보가 경쟁하는 선거) 등에 쓰인다. '競'의 간체자는 '竞'이다. 경쟁의 의미는 사라지고 어떤 일을 혼자서 처리하는 것으로 한자꼴이 단순하게 바뀌었다.

악기를 입으로 불거나 손으로 연주하여 각종 음악 소리를 내다

노래 부르기를 좋아하는 것은 인류의 타고난 본능이다. 상고시대 땐 기록할 수 있는 문자도 없고 곡을 짓고 가사를 쓰는 일을 할 줄 아는 사람도 없었다. 그래서 노래를 부르고 싶을 때 사람들은 그때그때 기분에 따라서 감정을 즉흥적으로 노래했다. 타이완의 아미족은 지금도 여전히 즉흥적으로 노래하는 풍속이 있다. 먼저 어떤 사람이 노래를 시작하면 뒤이어 친구들이 자기 기분에 따라 노래를 줄줄이 이어 부른다. 이런 창법을 노래가 끊임없이 나온다 하여 '마찰찰랍(馬扎扎拉)'이라고 부른다. 아미족 출신인 궈잉난(郭英男)은 이 창법의 대가인데 그가 부른, 노인들이 서로 술을 권하는 노래는 올림픽 주제가에 선정되기도 했다.

音 소리 음

yīn

'입에 문 사물'에서 나오는 '언'어( )로 음악을 만들다

나뭇잎이나 풀의 줄기 등을 입에 물고 불면 특별한 소리가 난다. 옛 중국인은 이 사실을 발견하고 전서 (言 말씀 언) 안에 가로획을 하나 더해 입으로 불어서 음악 소리를 내는 것을 상징하는 을 만들었다.

意 뜻 의

yì

속'마음'(, 心 마음 심)에서 나오는 '소리'(, 音 소리 음). 심지, 신념

관련 단어로는 심의(心意, 마음과 뜻), 의지(意志, 어떤 일을 이루려는 마음), 애의(愛意 ài'yì, '사랑' '애정'을 의미하는 중국어), 의료(意料 yìliào, '예상하다'를 의미하는 중국어), 의외(意外, 뜻밖) 등이 있다.

竟 마침내 경

jìng

어떤 사람(, 儿 어진 사람 인)이 방금 막 한 단락의 '음'악(, 音 소리 음)을 연주하다

고대에 궁정에서 연회가 열리면 흥을 돋우는 무대가 빠지지 않았다. 어느 한 곡조의 연주가 끝나면 연이어 또다른 곡조가 연주되고, 그렇게 내내 흥겨운 것에서 '竟'은 두 가지 의미를 파생시켰다. 첫째는 경일(竟日jìngrì, '온종일'을 의미하는 중국어), 유지자사경성(有志者事竟成, 하고자 하는 의지만 있으면 일은 반드시 성취된다) 등에 쓰이는 '한 단계가 마무리되다'의 의미이고, 둘째는 '문장의 전환점'이라는 의미이다. 관련 단어로는 경연(竟然jìngrán, '놀랍게도'를 의미하는 중국어)이 있다.

'古(옛 고)' – 십대에 걸쳐 전해지다

태사공(太史公)은 중국 최초로 황제(黃帝)부터 한무제(漢武帝)까지의 통사(通史, 시대를 한정하지 않고 전 시대와 전 지역에 걸쳐 서술한 역사)를 완성했다. 하지만 오제(五帝, 중국 고대 전설상의 다섯 성군(聖君). 황제(黃帝), 전욱(顓頊), 제곡(帝嚳), 요(堯), 순(舜)) 시기의 사료가 부족해 어쩔 수 없이 전국 각지를 떠돌며 그곳의 존경받는 노인을 찾아가 상고 시대의 전설을 수집했다. 이렇게 수집된 전설은 훗날 상고 시대의 구술역사가 되었다.

'십'대(十, 十열 십)에 걸쳐 '말'(口, 口입 구)로 전해지다

아직 문자가 발명되기 전인 상고시대에는 중요한 일이 일어나도 기록할 방법이 없어 대대로 말로 전하는 수밖에 없었다. '古'는 선조 때부터 대대로 전해지는 일을 의미한다.(|, |, 十은 각각 '십(十)'의 갑골문, 금문 및 전서이다)

故 연고(일의 까닭) 고

gù

'고'(, 古옛 고)건축물의 '건축'(, 손에 공구를 든 모습) 원인

금 전

만리장성이나 위대한 고건축물을 본 아이가 부모에게 "옛날에 이 건물을 어떻게 지었어요? 왜 지은 거예요?" 라고 물으면 부모는 예로부터 전해 내려오는 이야기를 해줄 수 있다. '故'의 본뜻은 '과거에 일어난 일'이고, 이것에서 '원인' '이미 지나간 사건'의 의미가 파생되었다. 고사(故事, 옛날부터 전해 내려오는 유서 깊은 일), 연고(緣故, 사유), 전고(典故, 전례와 고사), 병고(病故, 병에 걸리는 일), 교통사고(交通事故) 등에 쓰인다.

居 살 거

jū

'옛'(, 古옛 고) 선조가 누워(, 尸시체 시) 오랫동안 편안하게 쉬는 장소

금 전

固 굳을 고

gù

'고'대(, 古옛 고)부터 존재한 '성'(, 囗에워쌀 위)이 매우 안정적이고 튼튼하다. 는 성벽에 둘러싸인 고대의 도시국가를 의미한다('囗'편 참조)

백년을 못 버티고 무너지거나 헐리는 건축물은 매우 많다. 하지만 고대에 지어진 성은 천년이 지나도 여전히 같은 자리에서 위용을 떨친다. '固'는 이렇게 견고한 고성을 묘사한 한자이다. '固'는 '튼튼하고 안정적이다'의 의미를 낳았고 견고(堅固, 굳건하다, 사상이나 의지가 동요됨이 없이 확고함), 온고(穩固 wěngù, '공고하다' '안정시키다'를 의미하는 중국어), 고수(固守, 굳게 지킴), 응고(凝固, 액체가 엉기고 뭉쳐 딱딱하게 굳어짐) 등에 쓰인다.

'吅(부르짖을 훤, 엄할 엄)' – 쉬지 않고 외치는 큰 소리

큰 소리가 끊임없이 나는 것을 표현하기에 한 개의 입은 부족하다. 그래서 옛 중국인은 '口(입 구)'에 '口'를 한 개 더 덧붙인 '吅'으로 쉬지 않고 소리를 크게 지르는 것을 표현했다.

목 놓아 슬피 우는 소리

전

哭 울 곡

kū

슬픔에 빠진 사람이 '개'(, 犬 개 견)처럼 '큰 소리로 울부짖다'(, 吅 부르짖을 훤, 엄할 엄)

추운 겨울 밤 수 리 밖까지 들리는 개의 울음소리는 그렇게 처량할 수가 없다. 그래서 옛 중국인은 사람의 곡소리를 개의 울음소리로 묘사했다. 전해지는 몇 종류의 '哭'의 전서 중에서  은 곧 쓰러질 것처럼 눈물을 펑펑 흘리는 사람, 은 엉엉 소리 내어 우는 사람, 마지막으로  은 목놓아 슬피 우는 한 마리의 개를 묘사했다.

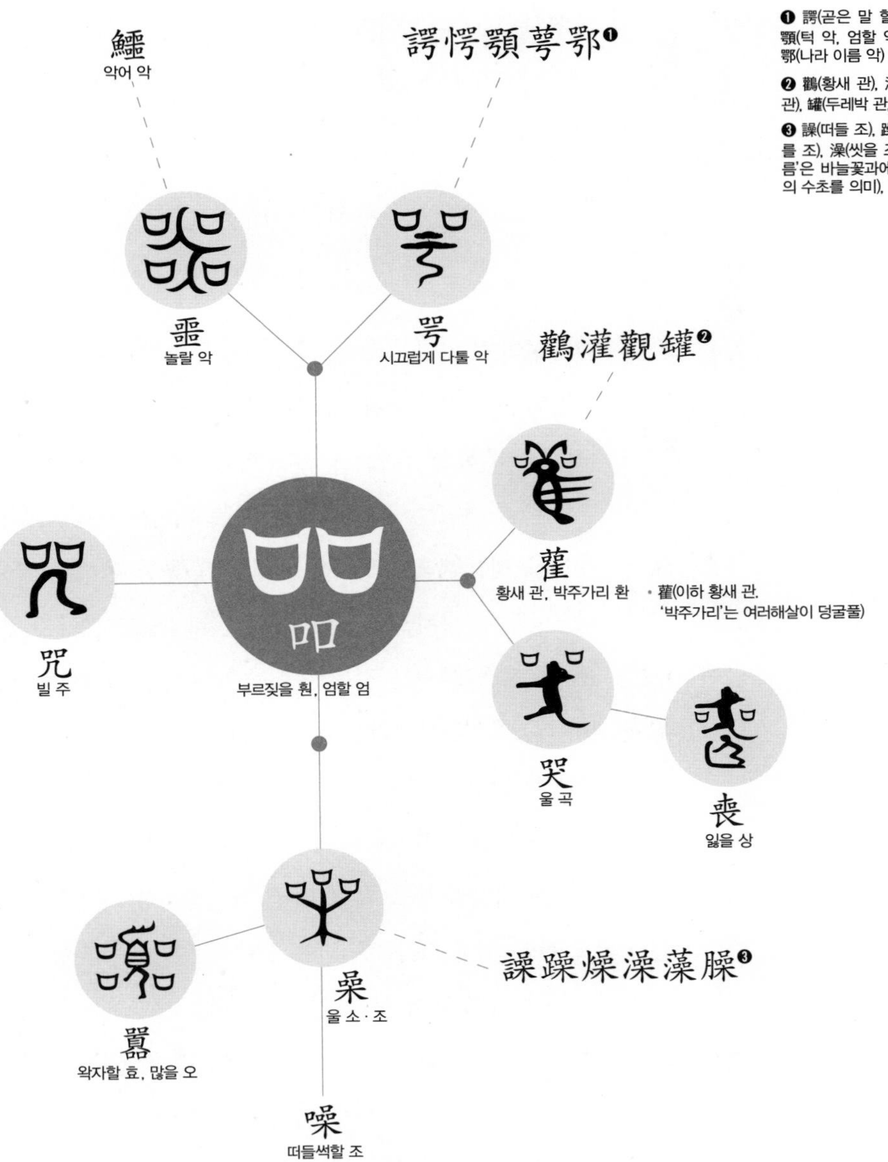

❶ 諤(곧은 말 할 악), 愕(놀랄 악), 顎(턱 악, 엄할 악), 萼(꽃받침 악), 鄂(나라 이름 악)

❷ 鸛(황새 관), 灌(물 댈 관), 觀(볼 관), 罐(두레박 관, 장군 부)

❸ 譟(떠들 조), 躁(조급할 조), 燥(마를 조), 澡(씻을 조), 藻(마름 조. '마름'은 바늘꽃과에 속하는 한해살이의 수초를 의미), 臊(누린내 날 조)

喪 잃을 상

sàng

아끼는 물건을 '잃어버려'(, 亡망할 망) 슬피 '울다'(, 哭울 곡)(《한자나무》 1권 제2장의 '사라져서 안 보이는 사람(亡)' 편 참조)

소스라치게 깜짝 놀라는 소리

咢 시끄럽게 다툴 악

è

재촉하듯 긴박하게 울리는 북소리가(, 吅부르짖을 훤, 엄할 엄) 하늘 끝에 가닿다(, 亏어조사 우, 이지러질 휴)

'소스라치게 깜짝 놀라는 소리'라는 의미를 파생시켰다. 《시경·패풍(詩經·邶風)》에 "북소리가 둥둥 울리면 병사들이 뛰어 무기를 든다"라고 나온다. 언론 매체가 발달하지 않은 고대에 북을 울리는 것은 뉴스를 전달하는 효과적인 방법이었다. 전쟁이 터졌을 때 북소리는 군대에 진격을 명령하는 소리였고, 천하가 태평할 때 삼경고(三更鼓, 밤 11시에서 1시 사이에 울리는 북소리)와 같은 북소리는 시간을 알려주는 소리였다. 적이 습격했을 땐 백성이 방어할 수 있게 재빨리 북을 울렸다. 중국의 남서쪽 지역에 사는 토가족은 지금도 북을 쳐서 소식을 전하는 풍속이 있다. 특히 '상고(喪鼓)'라 하여 부고를 하기 위해서 북을 치면 가까운 곳에 사는 고인의 친척과 친구들이 하던 일을 멈추고 고인을 찾아가 슬피 운다. 어쨌든 옛 중국인은 북이 울리면 심장이 쿵쿵 뛰어도 침착하게 북소리에 귀를 기울였다. '亏(어조사 우, 이지러질 휴,)'는 원래 곧장 구름까지 올라가는 연기를 뜻하는데, '咢'에선 구름에 가닿을 정도로 큰 북소리를 의미한다. '亐'는 종종 '于(어조사 우·어)'와 바꿔 쓰이기도 한다. 《이아·석악(爾雅·釋樂)》은 "북을 치는 것을 '咢'이라고 말한다"라고 설명했다. 이 밖에 '噩'(놀랄 악, 𠾂)은 '咢'과 뜻과 소리가 모두 같은 '咢'의 이체자이다. 금문 𠾂은 네 개의 '口(입 구)'를 불규칙한 선으로 연결하여 끊임없이 울리는 북소리를 나타냈다.('雷(우레 뢰·뇌)'도 비슷한 개념으로 만들어졌는데, '雷'의 금문 𩂣은 벼락이 끊임없이 치는 것이다) '噩'에선 '나쁜 소식'이라는 의미가 생겼고 악모(噩耗èhào, '부고'를 의미하는 중국어)에 쓰인다.

한밤중에 우는 올빼미

雚 황새 관

guàn

'쉬지 않고 우는'(𠱠, 吅부르짖을 훤, 엄할 엄) '소쩍새'(萑, 萑물억새 환, 풀 많을 추)

(萑, 萑)의 갑골문 萑 및 전서 萑는 머리 양쪽에 뿔과 털이 있는 새, 바로 소쩍새이다. 따라서 '雚'의 갑골문 雚은 쉬지 않고 크게 우는(𠱠, 吅) 소쩍새(萑, 萑)를 나타낸 것이다. 올빼미속의 일종인 소쩍새는 한밤중에 "소쩍소쩍" 하고 운다. 금문 雚 및 전서 雚는 필순이 조금 바뀌었는데, 특히 (𠱠, 吅)이 올빼미의 큰 눈처럼 변했다. 《설문》은 "'萑'은 올빼미속이고…… 털과 뿔이 있다"라고 설명했고, 《옥편(玉篇)》은 "치효(鴟鴞, 올빼미)는 다른 새를 먹이로 먹는 나쁜 새이다. 각치(角鴟)라고도 불린다"라고 설명했다.

갑 금 전

呪 빌 주

zhòu

누군가(, 儿어진 사람 인)를 쉬지 않고(, 吅부르짖을 훤, 엄할 엄) 욕하다

주어(呪語zhòuyǔ, '주문'을 의미하는 중국어), 주매(呪罵, 남이 잘못되기를 바라면서 욕함), 주저(呪詛, 저주) 등에 쓰인다.

시끌벅적한 소리

금

전

喿 울 소 · 조

zào

여러 마리의 새가 '나무'(, 木나무 목) 위에 앉아 "지지배배" "짹짹"(, 吅부르짖을 훤, 엄할 엄) 울다

'喿'에선 '떠들썩하다'의 의미가 생겼다. '喿'의 소리에서 파생된 한자는 噪(떠들썩할 조), 譟(떠들 조), 躁(조급할 조), 燥(마를 조), 澡(씻을 조), 藻(마름 조), 臊(누린내 날 조) 등이 있다. 조음(噪音, 시끄러운 음), 고조(鼓譟, 북을 치고 고함을 지름), 급조(急躁, 성미가 참을성 없이 매우 급함을 뜻하는 '급조하다'의 어근), 건조(乾燥, 말라서 습기가 없음), 세조(洗澡xǐzǎo, '목욕하다'를 의미하는 중국어), 해조(海藻, 해초), 해조(害臊hàisào, '부끄러워하다'를 의미하는 중국어)에 쓰인다. 《설문》은 "'喿'는 새떼가 우는 것이다"라고 해석했다.

금

전

囂 왁자할 효

xiāo

'소리가 너무 시끄러워서'() '머리'(, 頁머리 혈)에 화가 치밀어오르다

'囂'는 '짜증날 정도로 시끄러운 소리'의 의미를 낳았고 훤효(喧囂xuānxiāo, '시끄럽다'를 의미하는 중국어), 규효

(叫囂jiàoxiāo, '소리를 지르며 시끄럽게 굴다'를 의미하는 중국어), 효장(囂張 xiāozhāng, '나쁜 기운이 판을 치다' '버릇없이 제멋대로 굴다'를 의미하는 중국어) 등에 쓰인다.

'告(알릴 고)'-쇠뿔 나팔을 불며 알리다

告 알릴 고

gào

입(口, 口입 구)으로 쇠(牛, 牛소 우)뿔 나팔을 불며 하늘에 제를 올리다

갑 금 전

황제는 치우와 대전을 벌일 때 여장한 병사들에게 치우의 성 안에 들어가 틈을 봐서 쇠뿔 나팔을 불라고 명령했다. 쇠뿔 나팔 소리는 성밖의 병사들에게 공격을 시작하라고 알리는 일종의 작전 신호였다. 갑작스러운 쇠뿔 나팔 소리에 치우의 병사들은 두려움에 떨었고, 결국 사기가 바짝 오른 황제의 병사들에게 지고 말았다. 쇠뿔 나팔 소리는 몇 리 밖에 있는 궁전까지 들렸다. 그래서 상고시대에 쇠뿔 나팔은 세계의 고문화 문명에서 제사장이 하늘에 제를 올릴 때 널리 사용되었다. 갑골문 , 금문 및 전서 는 입으로 쇠뿔 나팔을 불며 하늘에 제를 올리는 것을 표현했는데, 후대 사람은 이것에 '示(보일 시)'를 덧붙여 '祰'(고유제 고, , '고유제'는 중대한 일을 치른 뒤에 그 내용을 적어서 사당이나 신명에게 알리는 제사를 의미)를 만들었다. '祰'는 제사를 열고 '신'(神)에게 중요한 일을 '알리는'(告) 것을 말한다. '告'는 '통지하다' '선포하다' 등의 의미를 파생시켰고 경고(警告, 조심하거나 삼가도록 미리 주의를 줌), 고지(告知, 게시나 글을 통해 알림), 고소(告訴, 피해자가 피해 사실을 수사 기관에 신고하고 범인의 법적 처리를 요구함), 보고(報告, 일의 내용이나 결과를 말이나 글로 알림) 등에 쓰인다. '牛' '口' 및 양손으로 이루어진 또다른 전서 는 양손으로 쇠뿔 나팔을 잡고 힘껏 부는 것을 묘사했다. '告'의 소리에서 파생된 한자는 靠(기댈 고), 浩(넓을 호, 숨 거를 고), 皓(힐 호), 窖(움집 교, 부엌 조), 誥(고할 고), 梏(수갑 곡, 클 각), 郜(나라 이름 고, 성씨 곡) 등이 있다.

造 지을 조

zào

금

전

곳곳을 '다니며'(, 辶 쉬엄쉬엄 갈 착) 알리다(, 牛소 우)

고대는 통신이 발달하지 않아 사람이 일일이 다니며 중요한 소식을 전했다. '造'는 사람이 도처를 '돌아다니며'(走달릴 주) 소식을 '알리는'(告알릴 고) 모습을 묘사했다. 금문 은 배()를 타거나 산길을 걸어서(,) 다른 사람에게 소식을 전하는() 것을 나타냈고, 전서 및 는 걸어서(走 또는 辶 쉬엄쉬엄 갈 착) 다른 사람에게 소식을 전달하는 것을 나타냈다. '造'는 '방문하다' '도착하다' '어떤 일을 완성하다'의 의미를 낳았고, 조방(造謗, 남을 헐뜯어 말하거나 비방함), 조취(造就zàojiù, '육성해내다'를 의미하는 중국어), 건조(建造, 배나 건물을 설계하여 만듦), 조성(造成, 분위기를 만듦), 창조(創造, 전에 없던 것을 처음으로 만듦) 등에 쓰인다.

鵠 고니 곡, 과녁 곡

hú

친구에게 경'고'(, 告알릴 고)하는 '새'(, 鳥새 조)

고니는 영리하고 무리 생활을 하며 울음소리가 맑고 깨끗하다. 장거리를 날아갈 때 수컷 고니들은 "꺵꺵" 울며 서로 응원한다. 이 밖에 고니는 청각이 매우 예민하고 주변을 잘 경계한다. 밤에 강가에서 무리지어 쉴 때 사람이 접근하면 이를 처음으로 발견한 고니가 “조심해!”라고 하듯 바로 울부짖는다. 고니와 친척뻘인 거위도 위험 요소가 있으면 친구들에게 바로 경고 신호를 보낸다. 옛 중국인은 도둑이 집에 못 들게 대문 옆에 거위 집을 설치했는데, 만에 하나 도둑이 들면 거위는 울음소리로 친구들과 주인에게 경고했다.

‘可(옳을 가)’ – 돌을 치며 노래하다

아마 인류의 가장 오랜 연주 방식은 돌을 치며 노래하는 것이리라. 석기시대에는 돌을 치거나 가는 방식으로 기구를 만들어서 어디를 가든 “슥슥” “탁탁” 하는 소리가 났다. 따라서 석기를 칠 때 나는 소리와 리듬은 자연스럽게 음악이 되었는데, 고대의 악기인 경쇠도 돌로 만들어졌다. 설에 의하면 공자가 경쇠를 연주하는 솜씨가 그렇게 뛰어났다고 한다. 이 밖에 질장구와 도령도 상고시대에 진흙을 구워 만든 악기이다.

可 옳을 가

kě

‘지팡이’(丁, 丂공교할 교)로 돌을 치며 ‘노래하다’(口, 口입 구) 고대에 하늘에 제를 올릴 때 군왕이 신하와 백성을 이끌고 하늘에 감사의 기도를 올리면 악사는 한편에서 막대기로 돌을 치며 하늘을 칭송했다. 《상서》 및 《사기》에는 순임금이 악관에게 경쇠를 연주하라고 명령하는 내용이 나온다. 악관은 순임금의 명령을 받들어 경쇠를 정성껏 연주했

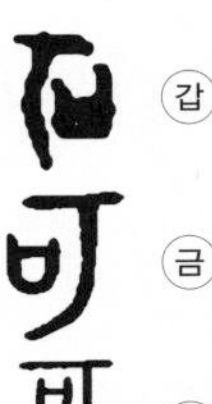

❶ 騎(말 탈 기), 崎(험할 기), 琦(옥 이름 기), 錡(가마솥 기, 쇠뇌 틀 의. '쇠뇌'는 여러 개의 화살이나 돌을 잇달아 쏘는 큰 활을 의미), 畸(뙈기밭 기, 불구 기), 犄(거세한 소 의), 椅(의자 의), 倚(의지할 의, 기이할 기), 踦(절뚝발이 기), 猗(불깐 개 의), 漪(잔물결 의), 寄(부칠 기)

❷ 柯(가지 가), 蚵(도마뱀 가), 苛(가혹할 가), 坷(평탄하지 않을 가), 軻(수레 가, 사람 이름 가), 河(물 하), 荷(멜 하, 꾸짖을 하), 呵(꾸짖을 가·하, 어조사 아), 訶(꾸짖을 가·하)

❸ 烤(말릴 고), 拷(칠 고), 銬(쇠고랑 고)

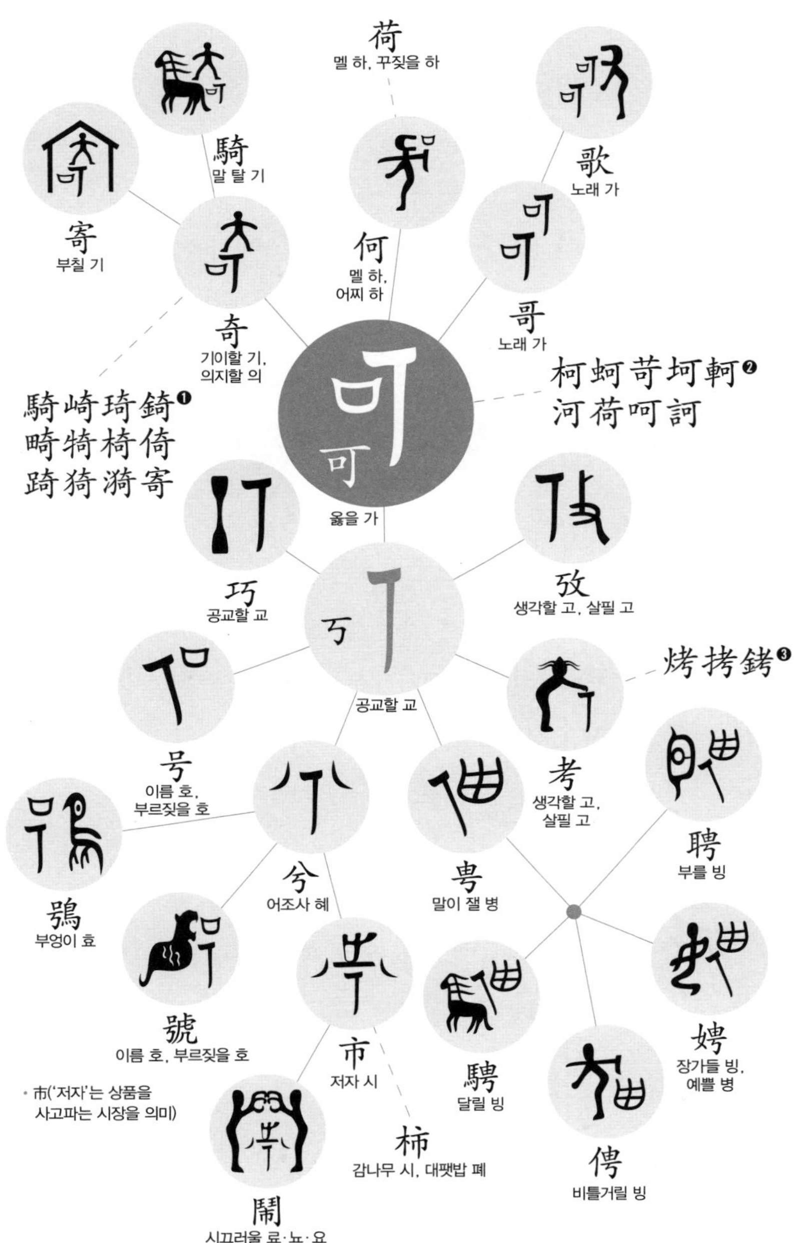

다. 그러자 들짐승이 음악에 맞춰 더덩실 춤추고 봉황이 날아와 예를 갖추며 신과 사람이 한데 사이좋게 어울렸다. 이때 악관이 연주한 제사 음악을 역사는 '소악(韶樂)'이라고 부른다. '可'는 '하늘을 향해 돌을 치며 노래하다'라는 본뜻에서 '적합하다' '칭송받을 만하다' '허락하다'의 의미가 생겼다. 옛 중국인은 하늘에 제를 올릴 때 노래를 부르는 것이 '적합하고', 그러면 백성의 소원을 하늘이 '허락'해줄 것이라고 생각했다. 관련 단어로는 가이(可以kěyǐ, '~할 수 있다'를 의미하는 중국어), 허가(許可, 허락함) 등이 있다. 《예기·단궁(禮記·檀弓)》에는 원괴(原壤)가 즉흥적으로 노래하는 고사가 나온다. 원괴는 원래 예절과 격식에 얽매이지 않고 지극히 기분에 따라서 행동하는 것을 좋아했다. 어느 날 원괴의 어머니가 죽자 공자는 그의 형편이 어려운 것을 알고 직접 관을 들고 찾아갔다. 그런데 뜻밖에도 원괴는 관을 두드리며 리듬을 타기 시작했다.

"하! 얼마 만에 노래로 감정을 푸는 것인가!"

뒤이어 원괴는 즉흥적으로 노래를 부르기 시작했다.

"처음 관의 결을 봤을 땐 살쾡이 대가리에 난 반점인 줄 알았지. 한데 자세히 보니, 어머니 당신의 연약한 두 손에 난 고된 삶의 주름 같구려."

공자의 제자들은 원괴의 행동이 예에 크게 어긋난다고 생각했다. 공자는 평소에 예를 매우 중시했지만 이때만큼은 못 본 체하고 오랜 친구인 원괴를 조용히 위로해줬다.

哥 노래 가

gē

계속 돌을 두드리며 노래하다(

'哥'는 '歌(노래 가)'의 본자이다. 당(唐)나라의 재상을 지낸 유우석(劉禹錫)은 "굴원은 구가(九哥)를 지었다"라고 말했다. 여기에서 구가(九哥)는 구가(九歌)를 가리킨다. 구가는 원래 하(夏)나라의 제사 음악이지만 전국시대에 굴원이 초(楚)나라의 민간 제사 음악을 모으고 하나로 엮은 뒤로 '구가'라고 불리게 되었다. '哥'는 원래 노래를 뜻했다. 하지만 고대에 제사를 지낼 때 기도하고 노래하는 것은 형의 권리이자 의무였기 때문에 훗날 형을 부르는 호칭으로 바뀌었다.(《한자나무》 1권 제2장의 '祝(빌 축)'편 참조)

歌 노래 가

gē

입김을 부는 사람(, 《한자나무》 1권 제2장의 '입을 크게 벌리고 숨을 내쉬는 사람(欠하품할 품)'편 참조)이 계속 돌을 두드리며 노래하다(, 哥노래 가)

관련 단어로는 창가(唱歌chànggē, '노래하다'를 의미하는 중국어), 가창가(歌唱家gēchàngjiā, '가수' '성악가'를 의미하는 중국어), 가곡(歌曲, 노래) 등이 있다.

갑

금

전

何 멜 하, 어찌 하

hè 또는 hé

'지팡이'(, 丂공교할 교)를 멘 '사람'(, 人사람 인)이 고개를 돌리고 질문하다(, 口입 구)

갑골문 , 금문 은 지팡이를 멘 사람이 고개를 돌리고 질문하는 것을 묘사했다. 그 사람은 길을 물었을까? 안부를 물었을까? '何'의 본뜻은 물건을 멘 채 길을 가는 사람에게 길이나 근황을 묻는 것이고, 이것에서 '어찌'의 의미가 생겼다. 위하(爲何wèihé, '무엇 때문에'를 의미하는 중국어), 하필(何必, 어찌하여 꼭 그렇게), 하처(何處, 어느 곳)에 쓰인다.

奇 기이할 기, 의지할 의

qí 또는 jī

어떤 사람(大, 人사람 인)이 끊임없이 칭찬하며 높이 평가하다(可, 可옳을 가)

전서 [전서]는 '단지'([단지])안에 있는 물건을 어떤 '사람'(大)이 크게 칭찬(可)하는 것을 나타냈다. 하지만 또다른 전서 [전서]에선 단지가 생략되었다. '奇'는 '기이한 물건'이라는 본뜻에서 '독특하다' '희귀하다'의 의미가 생겼다. 기특(奇特, 말하는 것이나 행동하는 것이 신통하여 귀염성이 있음을 뜻하는 '기특하다'의 어근), 기이(奇異, 기묘하고 이상함을 뜻하는 '기묘하다'의 어근), 경기(驚奇jīngqí, '놀랍고도 의아하다'를 의미하는 중국어), 기진이보(奇珍異寶qízhēnyìbǎo, '매우 진기한 보물'을 의미하는 중국어), 기수(奇數, 홀수) 등에 쓰인다.

騎 말 탈 기

qí

어떤 사람(大)이 말(馬, 馬말 마)의 등 위에서 즐겁게 노래하다(可, 可옳을 가)

寄 부칠 기

jì

‘기이’(, 奇기이할 기)하고 진귀한 보물을 ‘집’(, 宀집 면) 안에 두다

‘右(오른쪽 우, 도울 우)’ – 인도하고 부축하다

성장하는 어린이는 반드시 어른의 지도와 도움이 필요하다. 그러면 한자로 부축한다는 의미를 어떻게 묘사할까? 옛 중국인은 과 두 개의 단순한 그림문자를 이용했다. 먼저 은 ‘언어 지도’를 가리킨다. 가르침을 받으며 아이는 서서히 철들지 않는가. (오른손)은 ‘부축’해 주는 것이다. 어린 아이는 작고 힘이 약해서 잘 넘어지기 때문에 어른이 강하고 힘센 손으로 부축해줘야 한다.

금

전

右 오른쪽 우, 도울 우

yòu

오른손(, 手손 수)으로 부축하는 동시에 말(, 口입 구)로 지도하다

‘右’는 원래 ‘부축하다’를 뜻했으나 훗날 이 뜻을 가진 한자는 ‘佑(도울 우)’로 바뀌었다. ‘佑’는 주로 선배가 후배를 돕는 것을 가리킨다. ‘右’는 ‘오른쪽’ ‘존귀하다’의 의미를 낳았고 우수(右手, 오른손), 우천(右遷yòuqiān, ‘승진하다’를 의미하는 중국어) 등에 쓰인다. 선배가 후배를 돕는 것은 ‘佑’라고 말하고, 후배가 선배를 돕는 것은 '佐(도울 좌)'라고 말한다. 그러면 하늘이 도운 것은 뭐라고 할까? 전서 祐(祐복 우)는 '신'(示, 示보일 시)의 도움(右, 右)이 있는 것을 나타냈다.

향기로운 나물을 캐러 가자는 대화

고대에는 곳곳마다 식물을 부르는 명칭이 다르고 많은 식물이 생김새가 서로 비슷하여 손짓발짓으로 각각의 식물을 묘사했다. 하지만 이렇게 해도 듣는 사람은 여전히 아리송했다. 이런 배경에서 만들어진 한 자가 '若(같을 약)'이다. '若'은 한 편의 나물 캐는 이야기와 같다. 어느 날 어머니(또는 시어머니)가 딸(또는 며느리)에게 "나물 캐러 가자"라고 말한다. 하지만 딸이 "전 그 나물이 어떻게 생겼는지 몰라요"라고 대답하자 "여자의 긴 머리카락처럼 생겼단다"라고 설명해주는 것이다.

若 같을 약

ruò

어머니가 딸에게 여자의 머리카락처럼 긴 향기로운 '풀'(艸, 草풀 초)을 '캐러'(又, 又또 우) 가자고 '말'(口, 口입 구)하다

갑골문 若은 무릎을 꿇은 여자가 두 손으로 머리카락을 정리하는 모습이다. '머리카락을 평평하고 부드럽게 만들다'라는 본뜻에서 '평탄하다' '순복하다'의 의미가 파생되었다. 《시경》의 "萬民是若(만민시약, 온 백성이 순순히 칭송하다)"에선 '순순히'의 의미로 쓰였다. 하지만 훗날 한자꼴에 큰 변화가 생기며 여자와 긴 머리카락은 한 포기의 풀로 바뀌었다. 금문 若, 若, 若은 여자의 머리

카락처럼 이파리가 긴 풀을 나타냈다. 훗날 전서는 다시 으로 바뀌었다. '若'을 한 편의 대화로 풀어내면 이렇다. 어느 날 어머니가 딸에게 향기로운 '풀'()을 '캐러'() 가자고 '말'()했다. 딸이 "그 풀이 어떻게 생겼어요?"라고 묻자 어머니는 "어떻긴, 네 머리카락처럼 생겼지"라고 대답했다.

전서 '若'의 '머리카락처럼 생긴 향기로운 풀을 캐다'라는 본뜻에서 '마치 ~와 같다'라는 의미가 생겼고 당약(倘若tǎngruò, '만일 ~한다면'을 의미하는 중국어), 약시(若是, 이렇다를 뜻하는 '약시하다'의 어근) 등에 쓰인다. 대체 머리카락처럼 생긴 향기로운 풀은 뭘까? 허신은 '두약(창포의 일종)'이라고 생각하고 "'若'은 나물을 캐는 것이다. 일설에는 향기로운 나물인 두약이라는 의견이 있다"라고 말했다. 《초사·구가(楚辭·九歌)》의 '采芳洲兮杜若(채방주혜두약. 향기로운 물가에서 두약을 캐다)'라는 문장을 근거로 삼았다.

'若'은 '惹(이끌 야)'와 '匿(숨길 닉·익)' 등의 한자를 파생시켰다. 이중에서 (惹)는 명령을 받고 향기로운 풀을 캐러() 나간 여자의 복잡한 심정()을 묘사했다. 복잡한 심정은 향기로운 풀을 캐라고 시킨 연장자 때문에 일어났다. 이것에서 '끌어당기다' '야기하다' 등의 의미가 생겼고 초야(招惹zhāorě, '좋지 않은 일을 일으키다'를 의미하는 중국어), 야화(惹禍rěhuò, '화를 초래하다'를 의미하는 중국어) 등에 쓰인다. 《설문》은 "'惹'는 어지러운 것이다"라고 설명했다. 이 밖에 (匿)의 금문 , 및 전서 는 어떤 물건을 향기로운 풀()이 가득 담긴 그릇()에 감춰둔 것을 묘사했다. 따라서 '匿'은 '숨기다'라는 뜻이고 장닉(藏匿, 남이 알 수 없도록 감추어서 숨김), 익명(匿名, 이름을 숨김) 등에 쓰인다. ㄷ은 물건을 담는 그릇이다.('區(지역 구)'편 참조)

'加(더할 가)' – 힘을 내는 소리

고대에 국가에서 진행하는 큰 공사에 동원된 노동자들은 노래를 부르며 달구로 땅을 평평하게 다졌다. 고된 노동에 힘들어도 땅이 쿵쿵 울리는 소리와 쩌렁쩌렁한 노랫소리를 들으면 절로 힘이 났다. 땅을 다지는 작업이 끝나면 기둥을 세워야 하는데, 어느 한 조가 기둥을 어깨에 짊어지고 옮기면 다음 조가 얼른 밧줄로 묶고 '으쌰으쌰' 구호를 외치며 있는 힘을 다해 기둥을 세웠다. 옛 중국인은 팔뚝이 굵은 사람들이 일제히 함성을 지르며 힘을 쓰면 놀라운 힘이 생기는 것을 발견하고 '加'를 만들었다.

加 더할 가

jiā

'힘'(力힘 력)을 힘껏 내기 위해서 '입'(口입 구)으로 끊임없이 "으쌰으쌰" 하고 외치다

'加'는 '증가하다'의 의미를 낳았고 가강(加强, 더욱 강력하고 완강함을 뜻하는 '가강하다'의 어근), 갱가(更加gèngjiā, '훨씬'을 의미하는 중국어) 등에 쓰인다. '加'의 소리에서 파생된 한자는 嘉(아름다울 가), 枷(칼 가), 迦(부처 이름 가), 笳(호드기 가. '호드기'는 갈대 피리를 의미), 袈(가사 가), 駕(거위 가), 咖(커피 가), 茄(연줄기 가), 伽(절 가), 痂(팔다리 병 가) 등이 있다.

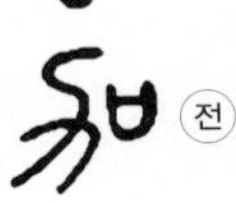

금
전

賀 하례할 하

hè

'축의금'(, 貝조개 패)을 보내 기쁘고 즐거운 분위기를 '더하다'(, 加더할 가)

중국은 결혼, 출산, 승진과 같은 경사가 있을 때 친지와 친구들이 선물이나 축하금을 준비해 축하해주는 풍속이 있다. '賀'는 '선물을 보내 축하해주다'의 의미를 낳았고 경하(慶賀, 경사스러운 일을 축하함), 축하(祝賀, 남의 경사를 기뻐하고 즐거워한다는 뜻으로 인사함), 하희(賀喜hèxǐ, '축하의 말을 하다'를 의미하는 중국어), 하카(賀卡 hèkǎ, '축하 카드'를 의미하는 중국어) 등에 쓰인다.

금
전

嘉 아름다울 가

jiā

'힘'(, 力힘 력)을 주어 '북'(, 壴악기 이름 주)을 치는 동시에 '함성을 지르다'(, 口입 구)

고대 중국에서 북을 치는 행위는 힘과 아름다움이 결합된 예술이었다. 금문 은 특별히 '힘'(, 力)에 근육을 더해 북을 힘차게 치는 것을 강조했다. '嘉'는 '아름다운 기예'라는 본뜻에서 '칭찬하며 허락하다' '아름답고 선하다'의 의미를 낳았고 가양(嘉釀 또는 佳釀, 맛이 좋은 술), 가장(嘉奬, 칭찬하여 장려함), 가면(嘉勉jiāmiǎn, '표창하고 격려하다'를 의미하는 중국어) 등에 쓰인다. '壴'는 소가죽을 입힌 큰북을 가리킨다.('壴'편 참조)

입과 관련된 나머지 '口(입 구)'

입안에 맛있는 음식이 있다

甘 달 감

gān

입(口입 구)안에 맛있는 음식( )이 있다

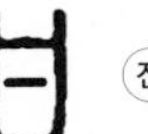

전

'甘'의 뜻에서 파생된 한자는 甜(달 첨), 某(아무 모), 香(향기 향) 등이 있다. 이중에서 '甜'은 '혀(舌혀 설)'에 '단(甘)'맛이 느껴지는 것을 말한다.

某 아무 모

mǒu

열매가 '단'(甘달 감) '나무'(木나무 목)

금

옛 중국인은 열매에서 단맛이 나는 나무를 어떻게 묘사했을까? 나무의 이름이 통일되지 않은 상황에서 말하는 사람이 듣는 사람을 이해시킬 수 있는 방법은 각종 비유를 통해서 자신이 본 것을 묘사하는 수밖에 없다. '某'는 이렇게 단 열매가 달린 이름 모르는 나무를 가리킨다. 훗날 '某'는 모인(某人, 어떤 사람), 모갑(某甲, 아무개), 진모(陳某, 진 모 씨) 등처럼 이름을 모르는 사람이나 사물을 지칭하는 명칭으로 널리 쓰이게 되었다. '某'의 독음에서 파생되어 널리 쓰이는 한자는 謀(꾀 모), 媒(중매 매), 煤(그을음 매) 등이 있다.

香 향기 향

xiāng

'단'(甘)맛이 나는 '벼'(禾벼 화)의 알곡

전

갓 지은 밥을 입에 한 숟가락 넣고 잘근잘근 씹으면 향긋하고 달콤한 맛이 은은하게 난다. '香'은 안타깝게도에서 때 '甘'이 '日'으로 바뀌며 원래의 뜻을 잃었다. '香'의 뜻에서 파생된 한자는 馨(꽃다울 형), 馥(향기 복) 등이 있다.

농사를 가르쳐주는 일

금 전

事 일 사

shì

백성에게 '모를 심는'( ) 일을 '가르쳐주다'(, 口입 구)

고대에 농관은 백성에게 농사를 가르쳐주는 일을 맡았다. 금문 , 및 전서 은 백성에게 '모'(, 屮왼손 좌, 싹 날 철, 풀 초)를 '심는'(, 又또 우) 일을 '가르쳐주는'(,) 것을 나타냈다. 이중에서 (口) 및 (曰)은 말하는 것을 의미한다. 금문 및 전서 는 손에 모를 쥐고 있는 것을 나타냈다. '事'는 '농관이 하는 일'이라는 본뜻에서 '각종 사무'라는 의미가 생겼다. 관련 단어로는 사정(事情, 일의 형편이나 까닭), 사업(事業, 계획을 갖고 지속적으로 하는 일), 고사(故事, 옛날 이야기) 등이 있다.

금 전

吏 벼슬아치 리·이, 관리 리·이

lì

백성에게 '모'(, 屮왼손 좌, 싹 날 철, 풀 초)를 '심는'(, 又또 우) 일을 '가르쳐주는'(, 口입 구) 사람

금문 은 백성에게 '모'를 '심는' 일을 '가르쳐주는' 사람을 표현했다. 또다른 금문 은 관원이 백성에게 자기 '손'(, 又)으로 직접 모를 심는 방법을 '알려주며'(, 告알릴 고) 모범을 보이는 것을 표현했다. 관리(官吏, 관직에 있는 사람), 이부상서(吏部尙書, 관리의 인사를 담당하는 부서인 이부의 으뜸 벼슬), 징청리치(澄清吏治chéngqīnglìzhì, '관리의 부정한 풍속을 깨끗하게 바꾸다'를 의미하는 중국어), 도필리(刀筆吏, 관아의 벼슬아치 밑에서 일을 보던 사람을 낮잡아 부르는 말) 등에서 알 수 있는 것처럼 옛 중국인은 관원을 '吏'라고 불렀다. 《설문》은 "'吏'는 사람을 다스리는 사람이다"라고 설명했다.

명령하는 사람

君 임금 군

jūn

손에 '홀'(彐, 尹성씨 윤, 다스릴 윤, '홀'은 제후를 봉하는 의식 때 쓰인 손에 쥐던 물건을 의미)을 들고 '말'(口, 口입 구)하는 사람(제8장의 '尹' '君'편 참조)

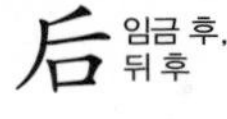

后 임금 후, 뒤 후

hòu

명령하는 군왕(《한자나무》 1권 제2장의 '后'편 참조)

司 맡을 사

sī

군왕을 대신하여 백성에게 명령하는 대신(《한자나무》 1권 제2장의 '后(임금 후, 뒤 후)'와 '司'의 비교 편 참조)

갑
금
전

윗사람을 받들고 아랫사람을 일깨워주는 한 마디의 말

句 글귀 구 · 귀, 올가미 구

jù

각각 한 사람씩 '입'(, 口입 구)으로 말한 구(句)를 하나로 '이어'(, ㄐ얽힐 구) 완벽한 의미가 있는 문장을 완성하다

옛 중국인은 《시경》의 "꾸욱꾸욱 짝 지어 우는 물수리가 강의 섬에 있네. 아름다운 아가씨는 군자의 좋은 짝이로다"와 같이 앞의 연과 뒤의 연이 서로 대구를 이루며 하나의 완벽한 의미가 있는 시를 짓는 것을 좋아했다. 고대에 '句'는 '勾(글귀 구 · 귀, 올가미 구)'와 뜻이 통했다. '句'에서 '문장의 단락' '마디'의 의미가 생겼고 구호(句號 jùhào, '마침표'를 의미하는 중국어), 구자(句子 jùzi, '문장'을 의미하는 중국어), 구당(句當 또는 勾當, 임무나 사무를 맡음) 등에 쓰인다. '句'의 독음에서 파생된 한자는 鉤(갈고리 구), 枸(구기자 구), 狗(개 구), 苟(진실로 구, 구차할 구), 夠(모을 구), 拘(잡을 구), 蒟(구장 구, '구장'은 후춧과의 풀) 등이 있다.

입에서 나온 말을 판단하다

局 판(장기 · 바둑) 국

jú

'입'(, 口입 구)으로 한 말을 '자'(, 《한자나무》 1권 제2장의 '尺(자 척)'편 참조)로 재다

'局'은 '말을 제한하다'라는 본뜻에서 '제한된 공간이나 기구나 인원' 등의 의미가 생겼고 우국(郵局 yóujú, '우체국'을 의미하는 중국어), 반국(飯局 fànjú, '회식' '잔치'를 의미하는 중국어), 편국(騙局 piànjú, '속임수'를 의미하는 중국어)에 쓰인다. 《설문》

은 "'局'은 급박한 것이다. '尺' 밑에 '口'가 있다"라고 풀이했다. '局'에서 파생된 한자는 焗(찔 국), 侷(구부릴 국), 跼(구부릴 국) 등이 있는데 공교롭게도 세 한자는 모두 일정한 범위에 갇혀 있는 의미가 있다. 예컨대 약한 불로 음식을 지지거나 굽는 것을 뜻하는 '焗'은 '불[火]'에 제약이 있고, 협소한 공간을 뜻하는 '侷'은 '사람[人]'이 있는 공간에 제약이 있고, 안절부절못하는 모습을 뜻하는 '跼'은 '발[足]'에 제약이 있다.

남보다 먼저 알고 깨닫다

知 알 지

zhī

'화살'(, 矢화살 시)처럼 빠르게 '대답하다'(, 口입 구)

일의 자초지종을 잘 알고 신속하게 대답하는 것에서 '명료하다'의 의미가 생겼다. 관련 단어로는 지도(知道 zhīdào, '알다'를 의미하는 중국어), 지식(知識, 배움이나 실천으로 알게 된 명확한 인식이나 이해), 지각(知覺, 알아서 깨달음) 등이 있다.

재앙을 복으로 만드는 입

吉 길할 길

jí

'심판관'(, 士선비 사)의 '입'(, 口입 구)에서 나온 말

갑골문 은 하늘()의 뜻을 말해() 재앙을 복으로 바꾸는 것을 나타냈다. 금문 은 '士'와 '口'의 조합으로 바뀌었고, 심판관[士]의 판결문[口]을 의미한다. 심판관은 옳음과 그름, 선과 악을 판단해 착한 백성을 보호하고, 간사함과 악독함을 벌하고 다스릴 수 있다. 그래서 '吉'은 '좋

갑
금
전

다'의 의미를 낳았고 길상(吉祥, 운수가 좋을 조짐), 길리(吉利jílì, '길하다'를 의미하는 중국어), 길성고조(吉星高照jíxīnggāozhào, '길하고 상서로운 별이 높은 곳에서 비치다'를 의미하는 중국어) 등에 쓰인다. 서한(西漢)의 경학자인 공안국(孔安國)은 "'士'는 다스리는 관원(심판관)이다"라고 말했다. 청동 도끼는 심판관의 권력을 상징한다.

신에게 빌기도 하고 점쟁이에게 점을 보기도 하다

요임금과 순임금은 신의 뜻을 거스르지 않기 위해서 수시로 천문 현상을 관측하고 신의 각종 계시에 주의를 기울이며 덕을 실천했다. 하지만 상(商)나라 후기에 신의 계시를 기다리는 것에 인내심을 잃은 군왕은 서서히 주술의 힘을 빌리기 시작했는데, 간편한 방법으로 하늘의 뜻을 바로 알 수 있어 큰일이 있을 때나 작은 일이 있을 때나 자주 점을 봤다.

占 점칠 점, 점령할 점

zhān 또는 zhàn

신에게 '미래'(, 卜점 복)를 '묻다'(, 口입 구)

'卜'의 갑골문 또는 은 불에 그슬린 거북이 등껍질에 나타난 갈라진 무늬와 비슷하다. 옛 중국인은 이 무늬로 길흉을 점쳤다. '占'의 독음에서 파생된 한자는 站(역마을 참, 우두커니 설 참), 佔(엿볼 점, 속삭거릴 첨), 戰(싸움 전), 沾(더할 첨, 젖을 점, 경망할 접), 店(가게 점), 掂(겨냥할 점), 玷(이지러질 점), 踮(밟을 점), 貼(붙일 첩), 帖(문서 첩) 등이 있다. 《설문》은 "'占'은 신의 흔적을 보고 신에게 뜻을 묻는 것이다"라고 설명했다.

기타

否 아닐 부, 막힐 비

fǒu 또는 pǐ

'입'(口, 口입 구)으로 '아니요'(不, 不아닐 부·불)라고 말하다

不 아닐 부·불

bù

하늘(자연의 법칙, 一)을 거스르고 자라는 식물(屮, 草풀 초)

옛 중국인은 식물의 성장을 관찰한 결과 모든 꽃과 풀과 나무는 하늘을 향해 무성하게 자라고 어떤 식물도 거꾸로 자라는 것은 없다는 사실을 발견했다. 갑골문 ○은 뿌리는 아래로 뻗고 줄기는 위로 자라는 정상적인 식물을 표현했다(○은 '春(봄 춘)'의 옛 한자일 수도 있다). 하지만 '不'의 갑골문 ○은 거꾸로 자라는 식물을 묘사했다. 또다른 갑골문 ○은 가로획이 하나 더 있는데, 하늘을 상징하는 가로획을 더해 자연의 법칙을 거스르고 거꾸로 자라는 의미를 더 분명하게 표현했다. 또다른 갑골문 ○ 및 금문 ○은 다시 식물의 줄기를 의미하는 두 개의 삐침을 덧붙였고, 또 다른 금문 ○은 두 개의 가로획으로 하늘을 표현했다. 옛 중국인이 경험한 식물은 모두 자연의 법칙에 순응하고 하늘을 향해 자랐다. 따라서 사람도 자연의 법칙을 거스르지 않고 사람의 도리를 실천해야 한다.(《한자나무》 1권 제2장의 '化(될 화)', 제3장의 '辛(매울 신)'편 참조)

呑 삼킬 탄

tūn

'입'(口, 口입 구)이 '하늘'(天, 天하늘 천)처럼 크다

'통째로 먹다'의 의미를 낳았고 병탄(倂呑, 남의 물건이나 다른 나라의 영토를 한데 아울러서 자기 것으로 만듦), 탄몰(呑没tūnmò, '물에 잠기다' '횡령하다'를 의미하는 중국어) 등에 쓰인다.

앞에서 소개한 상형자 및 회의자 외에 입과 관계있는 한자는 매우 많다. '吠(짖을 폐)'는 개가 짖는 소리를 뜻하고, '鳴(울 명)'은 새가 우는 소리를 뜻한다. '咩(양 울 미·마)'는 양이 우는 소리를, '哞(소 우는 소리 모)'는 "음매" 하고 소가 우는 소리를, '喵(고양이 우는 소리 묘)'는 "야옹" 하고 고양이가 우는 소리를 뜻한다. 이 밖에 '口'의 형상이나 뜻에서 파생된 한자는 무수히 많다.

입이나 소리와 무관한 '口(입 구)' 口

'口(입 구)'는 입이나 소리와 관계있는 것 외에 다음의 것들을 나타내기도 한다.

•일상에서 사용하는 각종 물건

사각형: 凡(무릇 범), 井(우물 정), 呂(성씨 려·여, 법칙 려·여, 음률 려·여) 등

원형: 豆(콩 두), 壴(악기 이름 주) 등

일반: 串(땅 이름 곶, 꿸 관, 꿰미 천, 꼬챙이 찬), 品(물건 품) 등

- **집의 문이나 창문**

向(향할 향), 尙(오히려 상), 高(높을 고), 京(서울 경), 亭(정자 정), 嵩(높은 산 숭), 亮(밝을 량·양), 喬(높을 교), 豪(호걸 호), 毫(터럭 호), 臺(대 대) 등

- **주변에 둘러싸인 지역**

邑(고을 읍), 或(혹 혹, 나라 역), 城(성 성, 재 성. '재'는 높은 산의 고개를 의미), 韋(가죽 위), 圍(에워쌀 위, 나라 국), 衛(지킬 위), 囚(가둘 수), 困(곤할 곤. '곤하다'는 기운 없이 나른한 것을 의미), 因(인할 인), 田(밭 전) 등

'凡(무릇 범)'에서 파생된 한자

'凡'(口)은 틀을 가리킨다. 국가의 변경, 거푸집, 배 모두 틀이 있다. 따라서 옛 중국인은 '凡'으로 관련 한자를 묘사했다.

틀

중국은 예로부터 흙을 다져 집을 짓는 기술이 발달해서 흙벽돌로 지은 건물 유적이 많이 발견된다. 물론 요즈음도 중국의 농촌에 가면 흙벽돌로 지은 집을 심심찮게 볼 수 있다. 흙벽돌로 집을 짓는 과정을 묘사한 세 가지 한자가 있다. 흙벽돌을 만드는 틀인 '凡(무릇 범)', 틀로 찍어낸 흙벽돌인 '同(한가지 동)', 다 같이 힘을 합쳐 지은 흙벽돌 집인 '興(일 흥, 피 바를 흔)'이 그것이다.

❶ 淸(맑을 청), 蜻(잠자리 청), 鯖(청어 청, 잡회 정), 氰(시안 청), 情(뜻 정), 晴(갤 청), 請(청할 청), 精(정할 정, 찧을 정. '정하다'는 정성을 들여서 거칠지 않고 매우 고운 것을 의미), 睛(눈동자 정), 菁(우거질 청, 순무 정), 静(고요할 정), 靖(편안할 정), 倩(남자의 미칭 천, 사위 청), 猜(시기할 시·채), 靛(청대 전)

❷ 搬(옮길 반), 磐(너럭바위 반. '너럭바위'는 넓고 평평한 돌을 의미), 槃(쟁반 반)

❸ 帆(돛 범), 汎(넓을 범, 소리 가늘 핍, 물소리 풍), 梵(불경 범)

❹ 螃(방게 방), 徬(헤맬 방, 시중들 방), 傍(곁 방), 膀(오줌통 방), 滂(비 퍼부을 방), 磅(돌 떨어지는 소리 방)

❺ 船(배 선), 舶(배 박), 艇(배 정), 艦(큰 배 함), 舫(방주 방. '방주'는 네모진 모양의 배를 의미), 艘(배 소), 舵(키 타), 艙(부두 창), 舢(종선 산. '종선'은 큰 배에 딸린 작은 배를 의미), 舨(배 판), 艋(작은 배 맹), 舺(긴 배 갑)

❻ 楓(단풍 풍), 瘋(두풍 풍. '두풍'은 편두통을 의미)

❼ 飄(나부낄 표), 颱(태풍 태), 颶(구풍 구. '구풍'은 회오리치면서 북상하는 급격한 바람을 의미), 飆(폭풍 표), 颳(모진 바람 괄), 颺(날릴 양), 颼(바람 소리 수), 颯(바람 소리 삽, 큰 바람 립·입)

❽ 銅(구리 동), 桐(오동나무 동), 酮(말 젖 동), 筒(대통 통), 侗(정성 동, 클 통), 洞(골 동, 밝을 통), 胴(큰창자 동, 몸통 동), 恫(상심할 통, 두려워할 동)

❾ 箭(화살 전), 煎(달일 전)

❿ 渝(변할 투, 변할 유), 瑜(아름다운 옥 유), 楡(느릅나무 유), 踰(넘을 유, 멀 요), 覦(넘겨다볼 유), 愈(나을 유, 구차할 투), 喻(깨우칠 유), 諭(타이를 유), 瘉(병 나을 유), 輸(보낼 수)

* 般('가지'는 종류를 세는 단위를 의미)

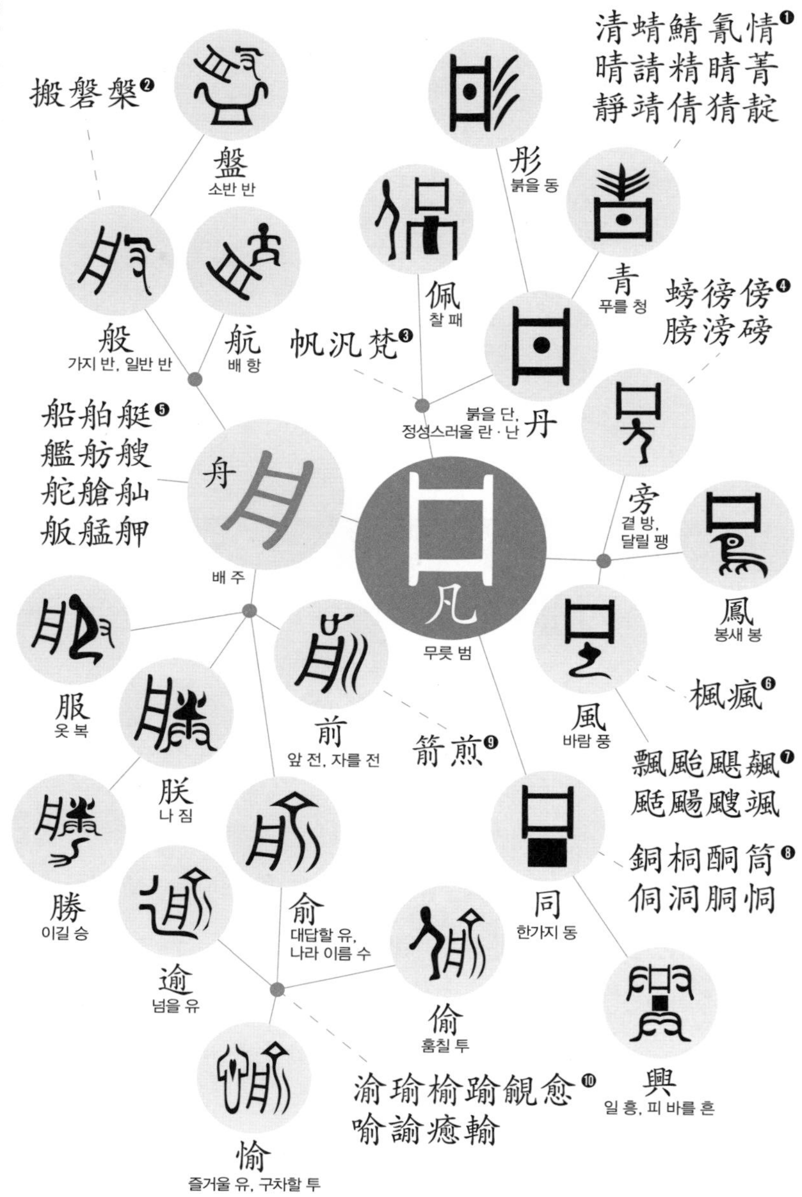

凡 무릇 범

fán

일상생활에 필요한 물건을 만드는 틀

갑골문 은 흙벽돌 같은 기물을 만드는 틀처럼 생겼다. 옛 중국인은 점토를 틀에 가득 넣고 그대로 바람을 쐬게 하며 볕에 말리거나 불에 구워 흙벽돌을 만들었다. 틀을 이용해서 만든 흙벽돌은 모두 모양과 크기가 똑같은 것에서 '일반적이다' '평범하다' '특별한 의미가 없다'의 의미가 생겼고 평범(平凡, 뛰어나거나 색다른 점이 없이 보통임을 뜻하는 '평범하다'의 어근), 범시(凡是fánshì, '대체로'를 의미하는 중국어) 등에 쓰인다.

전서 는 틀이 불규칙적인 형상으로 바뀌었고 중앙에 가로획을 그어 틀에 넣은 재료를 표현했다(지사의 방법, 즉 사물의 추상적인 개념을 본떠 한자를 만듦). 왜 이렇게 변했을까? 중국의 고고학자들은 안양의 은허 유적지에서 거푸집, 용광로 등 은상(殷商)시대 후기의 높은 청동 제작기술을 엿볼 수 있는 만 제곱미터 규모의 청동 공방터를 발견했다. 전서 의 불규칙적인 형상은 청동을 주조하는 틀과 닮았는데 옛 중국인은 틀을 이용해 각종 형태의 기구를 만들었다.

同 한가지 동

tóng

벽돌을 만드는 '틀'(, 凡무릇 범)로 '흙벽돌'()을 만들다

은허 유적지, 전국시대의 무덤 등에선 흙벽돌을 이용한 구조물이 발견되었다. 모든 흙벽돌의 모양과 크기가 일정하려면 틀과 재료가 항상 일정해야 한다. 따라서 '同'에선 '똑같다' '함께'의 의미가 생겼다. 상동(相同, 서로 같음), 동사(同事,

같은 종류의 일을 함), 동포(同胞, 형제자매, 같은 겨레나 민족) 등에 쓰인다.

興 일 흥, 피 바를 흔

xīng

집을 짓기 위해서 네 개의 손(𦥑)이 한마음으로 흙벽돌을 만들다(同, 同한가지 동)

만리장성은 지난 이천 여 년 동안 십여 차례 공사를 했지만 지금도 여전히 진한(秦漢)시기의 흙벽돌을 많이 찾아볼 수 있다. '興'의 옛 한자는 흙벽돌을 만드는 과정을 명료하게 묘사했다. 금문 은 네 개의 손이 흙벽돌의 재료(흙과 볏짚)를 틀에 가득 넣은 것을 묘사했고, 또다른 금문 은 틀()을 빼어 흙벽돌()을 완성하는 것을 묘사했다. 전서 , 는 틀과 흙벽돌을 합쳐 을 만들었다. '興'은 '흙벽돌을 만들다'라는 본뜻에서 세 가지 의미가 생겼다. 첫째는 흥건(興建xīngjiàn, '건설하다'를 의미하는 중국어), 흥방(興邦, 나라를 융성하게 일으킴), 부흥(復興, 쇠퇴했던 것이 다시 일어남) 등에 쓰이는 '건설하다'의 의미이고, 둘째는 흥왕(興旺, 번창하고 세력이 매우 왕성함을 뜻하는 '흥왕하다'의 어근)에 쓰이는 '번성하다'의 의미이다. 마지막은 흥분(興奮, 감정이 북받쳐 일어남), 흥취(興趣, 취미) 등에 쓰이는 '즐겁고 흥분되다'의 의미이다. 새 집이 완성되면 얼마나 기쁜가. '興'의 간체자는 '兴'이고, '學'의 간체자는 '学'이다. 두 한자의 간체자는 윗부분에 똑같이 세 개의 점이 있지만 의미가 서로 다른 점에서 한문을 간단하게 쓰는 방식이 본래의 뜻을 잃게 만들뿐더러 체계적이지도 않은 것을 알 수 있다.

변경으로 둘러싸인 국가

風 바람 풍

fēng

‘변경’(, 凡무릇 범)에서 ‘벌레’(, 虫벌레 훼·충, 찔 동)를 데려온 심부름꾼

보이지도 않고 만질 수도 없는 바람을 어떻게 묘사할까? 허신은 “바람이 움직이면 벌레가 생긴다”라고 말했다. 《예기·월령(禮記·月令)》에도 “동쪽에서 바람이 불어오면 언 땅이 녹고 겨울잠을 자던 벌레가 움직이기 시작한다”라고 나온다. 벌레는 동풍이 불면 동면에서 깨어나 슬슬 활동을 시작하지만 차가운 북풍이 불면 다시 어디로 갔는지도 모르게 종적을 감춘다. 대체 벌레는 어디에서 오고 어디로 갈까? 혹시 변경에서 오나? 옛 중국인은 ‘바람’이 새뿐 아니라 벌레도 변경에서 데리고 온다고 생각했다. ‘風’의 간체자는 ‘风’이다. 편리하게 쓰기 위해서 뜻이 없는 부호로 ‘風’을 단순하게 만든 것이다.

전

旁 곁 방, 달릴 팽

páng 또는 bàng

중국의 ‘네 변경’(, 凡무릇 범)에 맞닿은 ‘이웃 국가의 백성’(, 方방위 방)

鳳 봉새 봉

fèng

‘변경’(, 凡무릇 범) 밖에서 날아온 큰 ‘새’(, 鳥새 조)

《예기·월령》의 내용에 따르면 늦가을이 되면 중원은

갑

전

백로(처서와 추분 사이에 드는 이십사절기의 하나)에 접어들고 날씨가 서늘해지기 시작한다. 이즈음 시베리아에서 불어오는 북풍은 추운 겨울을 피해 '천리 행'에 오른 대형 철새인 기러기를 데려오고 추위를 싫어하는 제비도 데려와 따뜻한 남쪽 지역에서 쉬게 한다. 고대의 군왕인 순임금이 한겨울에 제를 올릴 땐 어디서 '봉황'이 한 마리 날아와 제사 음악에 맞춰 너울너울 춤췄다. 이후 봉황은 전설상의 신성한 새가 되었다.

'鳳'의 갑골문 , , , 은 변경(, 凡) 밖에서 날아온 큰 새(,)를 표현했다. 동주(東周) 때 전서는 '鳳'을 '凡'()과 '鳥'()의 조합으로 명확하게 바꿔 오늘날의 '鳳'()을 만들었다. '鳳'의 간체자는 '凤'이다.

틀이 있는 기물

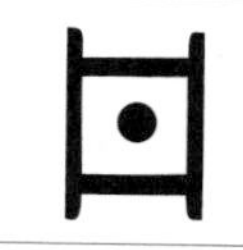

丹 붉을 단, 정성스러울 란·난

dān

갑 금 전

땅에서 캔 붉은색의 광석(●)을 '틀'(, 凡무릇 범)에 넣고 불을 지펴 주홍색 염료나 신선이 되는 약을 만들려고 준비하다

대우(大禹)는 천하를 구주(九州)로 나누고 각 주에 해마다 조공을 바치게 했다. 《사기》의 기록에 따르면 당시에 형주(荊州)의 백성은 주사, 새털, 야크의 꼬리털 등을 배에 한가득 실어 조정에 바쳤다. 기록에서 알 수 있는 점은 중국인은 이미 4천여 년 전부터 주사를 불에 녹여 붉은색 염료를 추출한 것이다. '丹'은 황과 수은으로 이루어진 화합물이다. 색이 붉어서 염료로 쓰인다. 옛 중국인은 주사를 녹여 만든 약을 먹으면 신선이 될 수 있다고 믿었다. 도사들은 한술 더 떠 주사의 성분인 수은을 장생불사의 명약이라고 선전까지 했다. 그러자 자신의 무덤을 자연의 축소판으로 만들고 싶었던 진시황은 수은이 강과 바다를 이루어 온 무덤을 흐를 수 있게 설계했다. 그러면 자신의 강산, 즉 천하가 통일된 채로 영원히 유지될 것이라고 굳게 믿었다. 《사기·진시황본기(史記·秦始皇本紀)》는 진시황의 무덤을 "수은으로 여러 갈래의 하천, 강, 대해를 만들었다"라고 묘사했다.

青 푸를 청

qīng

'잎이 무성한 식물'(, 丰 예쁠 봉, 풍채 풍)과 같은 '색깔'(, 丹 붉을 단, 정성스러울 란·난)

금 전

彤 붉을 동

tóng

'붉은색'(, 丹 붉을 단, 정성스러울 란·난)의 '도안'(), 즉 붉은 칠

금 전

이른바 '동관(彤管)'은 옛날에 주로 여자들이 사용한 대에 붉은 칠을 한 붓을 말한다. 《시경·패풍》에 "정숙한 아가씨 아름답기도 한데, 내게 동관을 가져다주는구나"라고 나오고, 《후한서》에 "후궁의 일을 맡아보는 여자 관리는 동관으로 각각의 공과 과를 기록한다"라고 나온다.

금 전

佩 찰 패

pèi

사람(, 人사람 인)이 몸에 '허리띠'(, 凧(공중에 날리는) 연 궤)를 차다

'佩'는 고대에 물건을 매달고 다닐 수 있게 만든 허리띠이다. 동한(東漢)의 허신은 이것을 "소지품을 달기 위해서 큰옷 위에 차는 장신구이다"라고 말했다. '佩'는 '凡(무릇 범)'과 '巾(수건 건)'으로 이루어졌다. '凡'()은 사각 틀을 가진 기구이지만 '佩'에선 허리띠의 고리나 물건을 매달 때 쓰는 금속 고리의 의미로 쓰였다. '호서석척(虎噬晰蝪)'은 전국시대의 유물이다. 금속 고리가 수없이 이어져 있는 이 유물은 고리마다 소지품을 달 수 있다. 옛 중국인은 허리띠에 자기가 자주 쓰는 물품을 달고 다녔다. 《백호통》을 보면 '농부는 쟁기를 매달고 다녔고 장인은 도끼를 매달고 다녔으며 부녀자는 실과 바늘을 매달고 다녔다'는 것을 알 수 있다. '佩'의 본뜻은 '몸에 물건을 달 수 있는 허리띠를 차다'이고, 이것에서 '휴대하다'의 의미가 생겼다. 관련 단어로는 패대(佩帶pèidài, '장식품이나 명찰 등을 몸에 달다'를 의미하는 중국어), 패건(佩巾, 고대에 여자가 외출할 때 허리 왼쪽에 맨 천), 패옥(佩玉, 옛날에 귀족이 차고 다닌 옥으로 만든 장신구), 패환(佩環, 옥으로 만든 고리 모양의 장신구), 패검(佩劍, 차는 칼) 등이 있다.

갑 금 전

舟 배 주

zhōu

한 척의 배

'舟'의 갑골문 , , , 은 모두 한 척의 배를 묘사했다. '舟'에서 파생된 한자 중에서 服(옷 복), 前(앞 전, 자를 전), 俞(대답할 유, 나라 이름 수), 朕(나 짐) 등은

에서 때 '舟'가 '月(달 월)'로 바뀌었다.(제5장 '月'편 참조)

般 가지 반, 일반 반

bān

'손에 몽둥이를 들고'(, 殳몽둥이 수) '배'(, 舟배 주)를 조종하다

갑 금 전

상(商)나라 사람은 당시에 '적하(滴河)'라고 불린 청장과 탁장 두 하류 지역에서 활발하게 활동했다. 그 결과 상나라는 수로와 육로를 이용한 운수 기술이 발달했고 더불어 유통업의 꽃도 활짝 피었다. 이후에 주(周)나라는 배를 전문적으로 관리하는 부서인 '주목(舟牧)'을 만들었다. 고고학 자료를 보면 당시 사람들이 이미 돛, 노, 조종간 등을 이용해 배를 조종한 것을 알 수 있다. '般'은 '盤(소반 반)'의 본자이고, 본뜻은 '배가 빙빙 돌다' '배를 조종하다'이다. 노련한 사공은 처음 뱃일을 시작한 사공에게 배를 조종하는 방법을 가르쳐줄 때 긴 상앗대(배질을 할 때 쓰는 긴 막대)를 잡고 "이럴 땐 이렇게…… 그러면 암초를 피할 수 있다네"라고 말하며 시범을 보여준다. 이것에서 '~과 같은'이라는 의미가 생겼다. 관련 단어로는 저반(這般, 이와 같음), 일반(一般, 특별하지 아니하고 평범한 수준)이 있다. 《설문》은 "'般'은 상앗대로 배를 띄우는 것이다. 한자꼴은 배가 빙빙 도는 모습과 비슷하고 '舟'와 '殳'로 구성되었다. '殳'는 상앗대로 배를 젓는 것이고, 때문에 배가 앞으로 나아가지 못하고 빙빙 돈다"라고 풀이했다.

航 배 항

háng

배(, 舟배 주) 위에 두 발로 꿋꿋이 서서(, 亢높을 항) 돛의 방향을 정하는 사람

항해를 하다보면 악천후를 만날 때가 있다. 이럴 때 거친 파도와 성난 폭풍우에 침착하게 대처하는 사람만이 배를 안전하게 운전할 수 있다.

'井(우물 정)'에서 파생된 한자 井

'井'의 본뜻을 알려면 약 6천 년 전에 하모도(河姆渡) 사람이 네모난 모양의 우물을 만들 당시로 거슬러올라가야 한다. 당시에 하모도 사람은 우물을 판 뒤에 우물 벽이 무너지는 것을 막기 위해서 나무틀을 '井'자 모양으로 포개어 차곡차곡 높게 쌓아 올렸다. '정간식(井幹式)'이라고 불리는 이 기술은 간란식(干欄式, 기후가 습한 지역에서 나무로 기둥을 세우고 널빤지로 바닥과 벽을 만들어 풀이나 기와로 지붕을 올려 집을 짓는 건축 방식. 일반적으로 1층은 축사나 창고로 쓰이고 2층은 사람이 거주하는 공간으로 쓰인다) 건축 기술의 일종이자 '사각형 우물'을 만드는 가장 오래된 건축 기술이다.

'井'의 갑골문 井, 금문 丼 및 전서 丼는 모두 사각형 우물의 벽을 지지하는 나무틀을 묘사했다. 고대에 땅을 깊게 파고 우물을 만드는 것은 굉장히 어려운 일이었다. 때문에 여러 가구가 한 우물을 공동으로 썼는데, 우물은 사람들이 줄을 서서 물을 긷거나 정보를 주고받는 공공장소인 동시에 곡물, 채소, 과일 등을 교환하는 시장 역할을 했다. '시정(市井)'은 우물이 있는 곳에 사람들이 모여 살고 시장이 열린다 하여 생겨난 말이다. 《상군서(商君書)》에 "반드시 농민은 밭과 들판에 거하고 장인은 관청에 거하고 상인은 시정에 거해야 한다"라고 나온다.

阱 함정 정

jǐng

동물이 우물에 빠지면 '우물'(井, 井우물 정) 안의 '벽이 너무 가팔라서'(阝, 阝언덕 부) 거의 빠져나오지 못한다

穽 함정 정

jǐng

동물을 '우물'(井, 井우물 정)의 '구덩이'(穴, 穴구멍 혈)에 빠지게 유인하다

옛 중국인은 우물을 파는 기술을 이용해 들짐승을 잡는 함정을 만들었다. 물이 없는 얕은 우물을 판 뒤에 그 위에 나뭇잎과 가지를 덮고 미끼를 올려놓으면 지나가는 동물이 덥석 물어 함정에 빠졌다. 갑골문 은 동물이 '井'자형 함정에 빠진 것을 구체적으로 묘사했다. '穽'과 '阱'은 서로 같은 한자이다.

'井'은 우물이나 함정 같은 원시적인 뜻 외에 정전제도를 상징하기도 한다. 다음의 몇몇 한자를 통해서 주나라의 정전제도가 당시 사회에 어떤 영향을 줬는지 알아보자.

정전제도

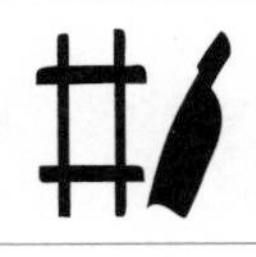

刑 형벌 형, 탕기 형

xíng

'칼'(刀, 刀칼 도)을 이용해서 '정'전제도(井, 井우물 정)를 강력하게 실시하다. 다시 말해 법령에 따라서 토지를 '井'자형으로 강제로 나누다

주공(周公)은 사방 1리의 토지를 각각 100무(畝)씩 총 아

• '탕기'는 국그릇을 의미

홉 개의 구역으로 나눴다. 그러곤 가장자리에 있는 800무는 사전(私田)이라 하여 여덟 가구에 각각 100무씩 나눠주어 따로 농사짓게 하고, 중앙에 있는 100무의 땅은 공전(公田)이라 하여 다 같이 경작하게 했다. 이것이 정전제도이다. 주공은 대규모 토지개혁을 반대하는 세력을 견제하기 위해서 관련 법률을 제정하고 공권력을 강화하기 위해서 각각의 담당 관리에게 칼을 찬 병사를 배정했다. 한(漢)나라의 응소(應劭)는 《풍속통(風俗通)》에서 "'井'은 법이요, 제한하는 것이다"라고 말했다. 그가 말한 '井'은 정전제도의 법규를 가리킨다. 그러면 '刑'은 뭘까? 정전제도를 어긴 사람을 처벌하는 것이다. 정전제도는 빈틈이 없는 체계적인 제도였고, 이런 특징에서 '조리 정연하다' '질서 정연하다' 등의 의미가 생겼다.

고대 중국에선 우물 때문에 싸움이 자주 일어났다. 그래서 어떤 학자들은 질서 유지를 위해 누군가가 칼을 차고 우물을 지키는 것에서 '刑'이 만들어졌다고 주장한다. 아주 허무맹랑한 소리는 아니지만 설득력이 크게 떨어진다. 주나라는 정전제도를 대규모로 치밀하게 시행해 번영의 길로 들어섰고, 관련 법규를 어긴 사람을 형벌로 엄격하게 다스렸다. 또한 최초의 '刑'자는 금문, 즉 서주시대에 만들어진 점만 봐도 '刑'이 정전제도와 관계있다는 주장이 더 타당하다. 한자 구성과 의미 면에서 '型(모형 형)'과 '荆(모형 형)'은 '刑'과 서로 통한다.

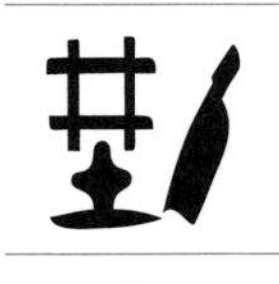

型 모형 형

xíng

'토'(土, 土흙 토)지를 '井'(井, 井우물 정)자 모양으로 강제로 '나누다'(刀, 刀칼 도)

'荆(모형 형)'은 '型'의 옛 한자이다. '井'자형의 땅[土]을 표현한 것이고, '규격화된 모형'이라는 의미를 낳았다. 고대에 모형은 어떤 재료를 썼느냐에 따라서 서로 달리 불렸다. 《예기·왕제》에 따르면 나무, 대나무, 흙으로 만든 모형은 각각 '模(본뜰 모)', '範(법 범, 거푸집 범)', '型'이라고 불렸다.

里 마을 리·이, 속 리·이

lǐ

중앙의 토지(土, 土흙 토)를 포함한 900무의 밭(田, 田밭 전)

주나라의 정전제도에서 '1리'는 중앙의 토지를 포함한 900무의 밭을 가리켰다. 《한시외전(韓詩外傳)》과 《맹자》에 각각 "여덟 가구가 한 개의 정전, 즉 사방 1리의 토지에 농사를 지었다", "사방 1리의 토지를 정전이라고 한다. 총 900무 규모의 밭에서 중앙의 100무는 공동으로 농사를 지었고 나머지 800무는 여덟 가구가 나누어 농사를 지었다"라고 나온다.

里 ㉠ 금

里 ㉠ 전

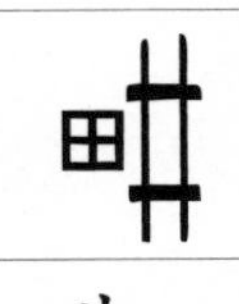

畊 밭 갈 경

gēng

주나라의 농부가 농사를 지은 정(井, 井우물 정)전(田, 田밭 전)

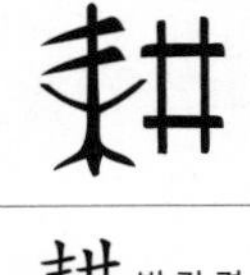

耕 밭 갈 경

gēng

'정'전(井, 井우물 정)에서 '가래'(耒, 耒가래 뢰·뇌)로 흙을 파다

'畊(밭 갈 경)'과 '耕'은 서로 뜻이 같다. '耒'( )는 '나무'( ) 막대기에 '풀을 베는 날'( )을 단 농기구이다. 고대에 밭을 갈 때 쓰였다. 《백호통》의 기록에 따르면 '耒'는 나무 막대기에 '耜(보습 사, '보습'은 땅을 갈아 흙덩이를 일으키는 데 쓰는 농기구를 의미)'라고 불리는 낫의 머리를 묶은 농기구이고, 신농씨가 발명했다.

'向(향할 향)'에서 파생된 한자

'向(향할 향)'에서 파생된 한자를 보면 마치 아이의 그림을 보는 것 같다. 먼저 집의 윤곽(, 宀)을 그리고 문을 그리면 가장 단순한 형태의 집(, 向)이 완성된다. 여기에 웅장함을 더하기 위해서 기존의 지붕에 화려한 지붕(, 尙)을 덧대고 마지막으로 땅을 높게 다지면 (, 堂)이 된다.

갑
금
전

向 향할 향

xiàng

입구(, 口입 구)가 큰 남향 집(, 宀집 면)

중국인은 대문이 난 방향을 매우 중시해서 지난 몇 천 년 동안 줄곧 남쪽을 향해 집을 지었다. 그래야 볕이 잘 들고 추운 북풍을 막을 수 있으며, 여름에 남쪽에서 불어오는 쾌적한 바람이 온 집안에 통하기 때문이다. 고고학자들은 상주(商周)시대의 사람들이 하나같이 남쪽에 대문을 내고 찬바람을 막기 위해서 북쪽에 나무를 죽 심은 사실을 발견했는데, 이런 나무 울타리를 '병번(屛藩)' 또는 '병풍(屛風)'이라고 부른다. '向'은

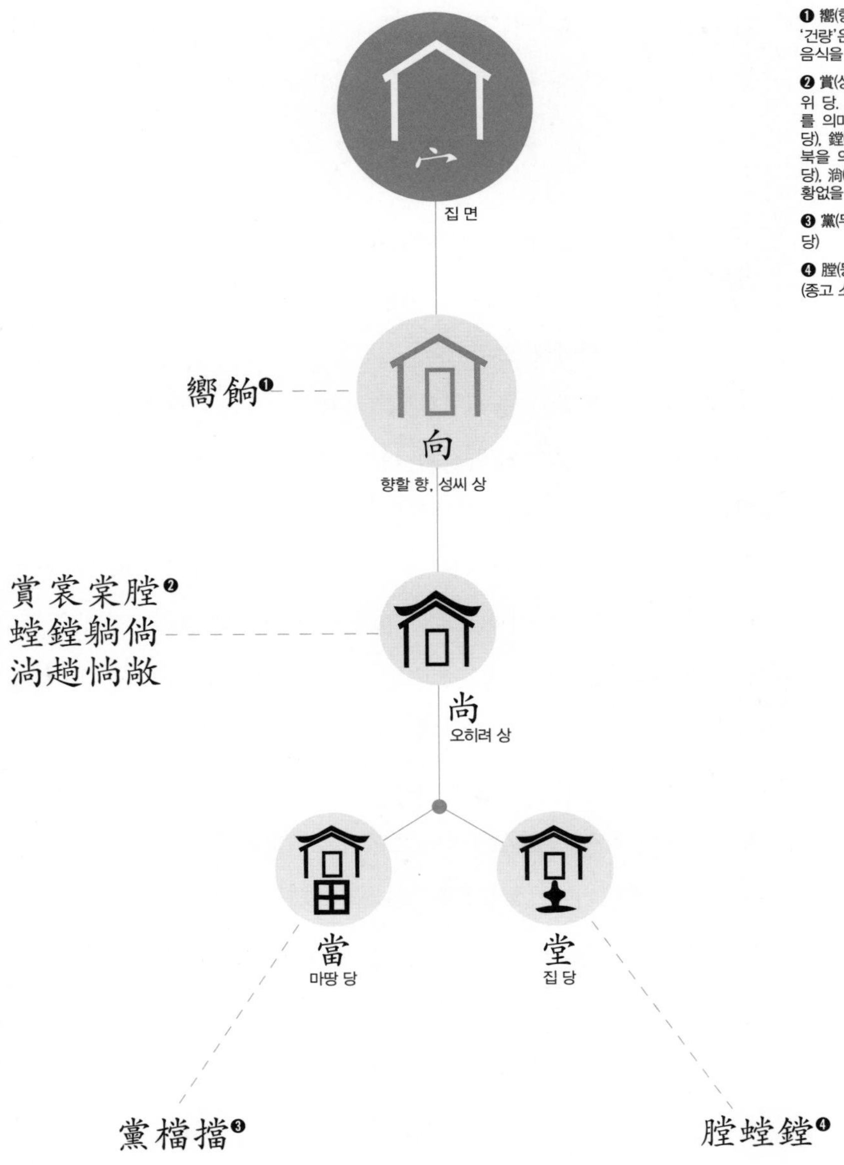

❶ 嚮(향할 향, 성씨 상), 餉(건량 향. '건량'은 가지고 다니기 쉽게 만든 음식을 의미)

❷ 賞(상 줄 상), 裳(치마 상), 棠(아가위 당. '아가위'는 산사나무의 열매를 의미), 膛(뚱뚱할 당), 螳(사마귀 당), 鏜(종고 소리 당. '종고'는 종과 북을 의미), 躺(누울 당), 倘(빼어날 당), 淌(큰 물결 창), 趟(뛸 쟁), 惝(경황없을 창), 敞(시원할 창)

❸ 黨(무리 당), 檔(의자 당), 擋(숨길 당)

❹ 膛(뚱뚱할 당), 螳(사마귀 당), 鏜(종고 소리 당)

'마주보다' '~을 향하다' '방위' 등의 의미를 낳았고 향전(向前, 지난번), 향일규(向日葵xiàngrìkuí, '해바라기'를 의미하는 중국어), 방향(方向, 방위) 등에 쓰인다.

尚 오히려 상

shàng

높고 화려한 '지붕'()이 있는 '집'(, 向향할 향)

옛 중국 사회는 지붕을 여러 등급으로 나누어 매우 엄격하게 관리했다. 천자가 거주하는 궁은 당연히 최고 등급인 '중첨무전(重簷廡殿)' 구조의 지붕을 얹었다. 자금성의 태화전과 타이페이 고궁박물원의 지붕이 바로 이 구조이다. 이른바 중첨무전은 두 개의 처마와 다섯 개의 용마루가 있는 지붕을 가리킨다. 용마루는 한 개는 위쪽에 가로로 크게 놓이고 나머지 네 개는 아래쪽의 사면에 각각 하나씩 놓인다. '尙'은 '꼭대기' '위쪽'의 의미를 파생시켰고 숭상(崇尙, 높여 소중히 여김), 고상(高尙, 품위나 몸가짐이 속되지 않고 훌륭함을 뜻하는 '고상하다'의 어근), 상차(尚且shàngqiě, '~조차 ~한데'를 의미하는 중국어) 등에 쓰인다. '尙'의 독음에서 파생된 한자는 賞(상줄 상), 裳(치마 상), 棠(아가위 당. '아가위'는 산사나무의 열매를 의미), 膛(뚱뚱할 당), 螳(사마귀 당), 鏜(종고 소리 당), 躺(누울 당), 倘(빼어날 당), 淌(큰 물결 창), 趟(뛸 쟁), 敞(시원할 창), 廠(공장 창), 當(마땅 당), 黨(무리 당), 檔(의자 당), 擋(숨길 당) 등 매우 많다. 《광아》는 "'尙'은 높은 것이다"라고 풀이했다.

堂 집 당

táng

'지반'(土, 土흙 토)이 단단하고 '지붕이 화려한 집'(尙, 尙오히려 상)

주나라는 궁전이나 사당의 토대 높이를 엄격하게 규정하고 지위가 높은 사람만 토대가 높은 집에서 살게 했다. 《예기》의 기록에 따르면 이 높이가 천자는 9척, 제후(諸侯)는 7척, 대부(大夫)는 5척, 사(士)는 3척까지 허락되었다. 관련 단어로는 전당(殿堂, 학문이나 예술 등의 분야에서 가장 권위 있는 기관), 예당(禮堂 lǐtáng, '강당'을 의미하는 중국어), 공당(公堂, 공무를 맡아보는 공관) 등이 있다.

(금) (전)

當 마땅 당

dāng 또는 dàng

'좋은 집'(尙, 尙오히려 상)과 좋은 '밭'(田, 田밭 전)은 가장 가치 있는 부동산이다

좋은 부동산이 있으면 저당을 잡히고 돈을 빌려 쓸 수도 있고 가치가 엇비슷한 것끼리 서로 교환할 수도 있다. '當'에선 '대등하다' '적임이다' '교환하다' '저당잡히다' 등의 의미가 생겼고 상당(相當, 일정한 액수나 수치에 해당함), 응당(應當, 당연히), 전당(典當, 물품을 담보로 하여 돈을 꾸어주고 꾸어 씀) 등에 쓰인다. '當'의 간체자는 '当'이다.

갑

금

전

高 높을 고

gāo

대를 높게 쌓은 건축물

갑골문 은 꼭대기가 뾰족한 누대이고, '口(입 구,)'를 덧붙인 금문 은 옛 성문과 모양이 비슷하다. '高'에선 '높게 솟은 물체'라는 의미가 생겼다.

옛 중국인은 하늘에 제를 올리기 위해서 누대를 지었다. 특히 상주(商周)시대의 사람은 상제에게 제를 올릴 때 야외에 누대를 높게 짓고 그 위에 장작을 설치했다. 제물인 소와 양을 태우기 위해서인데, 이렇게 연기를 하늘 높이 모락모락 피워 올리는 제사를 교제(郊祭), 시제(柴祭) 또는 연제(煙祭)라고 부른다. 누대를 높게 쌓아 올리는 기술은 훗날 궁전을 지을 때 제대로 쓰였다.

고고학자들의 발견에 따르면 고대에 누대는 매우 보편적인 건축 형태였다. 누대를 높게 올리는 고대(高臺)건축은 대사(臺榭)건축이라고도 불린다. 구조적으로 아랫부분은 흙으로 이루어졌고 윗부분은 나무로 이루어졌다. 갑골문 은 흙으로 토대를 쌓고 그 위에 나무로 건물을 지어 올린 고대건축 형태이다. 흙을 다지는 기술이 매우 발달한 상(商)나라는 노비들을 총동원해 몽둥이로 땅을 다지고 흙으로 토대를 단단하게 쌓아 올린 뒤에 그 위에 궁전을 지었다. 《노자》는 이것을 "9층 누대는 흙을 쌓는 것에서 시작된다"라고 기록했다. 상주왕이 지은 높고 큰 토대를 역사는 '녹대(鹿臺)'라고 부른다. 《태평환우기(太平寰宇記)》는 주왕이 지은 녹대를 "그 길이가 3리나 되고 높이가 천 척에 달했다"라고 묘사했다. 녹대는 수백 칸의 궁실과 누각이 들어설 수 있을 정도로

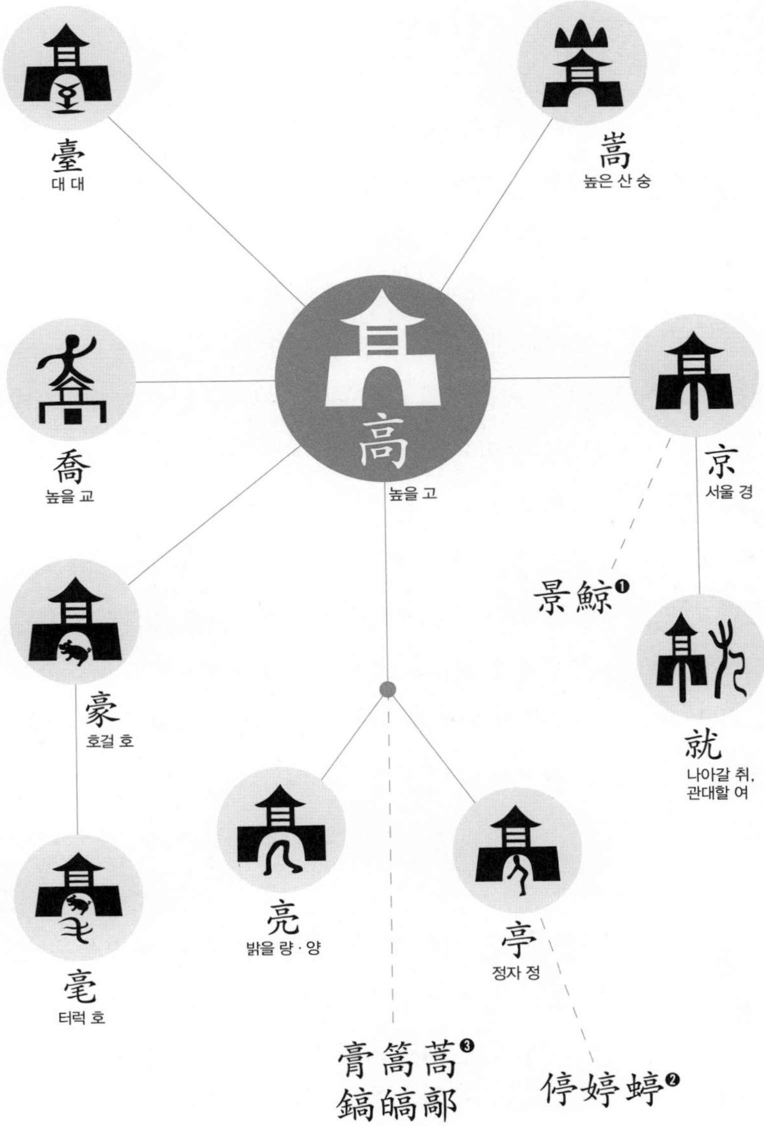

❶ 景(볕 경, 그림자 영), 鯨(고래 경)

❷ 停(머무를 정), 婷(예쁠 정), 蝏(긴맛 정. '긴맛'은 조개의 일종)

❸ 膏(기름 고), 篙(상앗대 고. '상앗대'는 배질을 할 때 쓰는 긴 막대를 의미), 蒿(쑥 호, 짚 고), 鎬(호경 호. '호경'은 서주 무왕 때의 첫 도읍지를 의미), 皜(흴 호), 鄗(땅 이름 호·학, 산 이름 교)

규모가 어마어마했다고 한다.

갑 금 전

京 서울 경

jīng

매우 높게 치솟은(|) 누대(, 高높을 고)

고대에 강대국의 군왕은 대부분 탑을 높게 짓는 것을 좋아했다. 예를 들어 상주왕이 3천여 년 전에 지은 녹대는 높이가 4장 9척이나 되었고, 2천 6백 년 전에 바빌론에 지어진 공중정원은 기단부의 높이만 4층이었다. 약 25미터 높이의 기둥이 각 층을 지지한 공중정원은 당시에도 굉장히 높은 건축물에 속했다. (高)의 아랫부분에 수직선을 하나 더해 탄생한 ('京'의 갑골문)은 높은 누대를 의미한다. 수직으로 선을 그어 높게 우뚝 솟은 것을 표현한 한자는 이 밖에 (示보일 시) 등이 있다. '京'은 '높은 건축물'이라는 본뜻에서 경도(京都, 한 나라의 중앙정부가 있는 곳), 경성(京城, 도읍의 성)처럼 '군왕이 기거하는 곳'이라는 의미가 생겼다. 그도 그럴 것이 고대에 군왕은 모두 가장 높은 건축물에 살았다. 《설문》은 "'京'은 인공적으로 지은 매우 높은 토대이다"라고 설명했다.

전

就 나아갈 취, 관대할 여

jiù

'보통 사람과 다른 긴 팔'(, 尤더욱 우)로 '매우 높은 성루'(, 京서울 경)를 기어오르다

'就'에선 '도달하다' '가까이 가다'의 의미가 생겼다. 취근(就近 jiùjìn, '가까운 곳에'를 의미하는 중국어), 취위(就位 jiùwèi, '제자리로 나아가다'를 의미하는 중국어) 등에 쓰인

다.(제8장의 '尤'편 참조)

亭 정자 정

tíng

여행하는 '사람'(, 人사람 인)에게 제공하는 쉬거나 잘 수 있는 '높은'(, 高높을 고) 누대

전국시대에 진(秦)나라는 중요한 도로마다 십리에 한 개씩 나그네가 쉬거나 잘 수 있는 정자를 설치했다.(《후한서·백관지(後漢書·百官志)》 참조) 하지만 이 기능은 훗날 여관이 대신하게 되었고, 현재 정자는 숙박을 하지 않고 잠시 걸음을 쉬었다 가는 단순한 장소로 기능한다.

전서 는 '사람'(人,)이 '높은'() 누대에 사는 것을 표현했다. 이 밖에 두 개의 전서인 , 은 '人'을 '丁(고무래 정, 장정 정, '고무래'는 곡식을 그러모으고 펴거나 밭의 흙을 고르거나 아궁이의 재를 긁어모을 때 쓰는 丁자 모양의 기구를 의미)'으로 바꿨다. '丁'은 사람의 숫자를 세는 단위이고, '亭'에서 소리를 나타낸다. '亭'은 양정(涼亭 liángtíng, '정자'를 의미하는 중국어)처럼 '쉴 수 있는 건축물'이라는 의미를 파생시켰다. 《풍속통》은 "'亭'은 머무름이요, 여행자가 밤을 지낼 수 있는 곳이다"라고 설명했다.

전

亮 밝을 량·양

liàng

여행하는 '사람'(, 儿어진 사람 인)이 등불이 켜진 '높은'(, 高높을 고) 누대 안으로 걸어 들어가다(《한자나무》 1권 제2장의 '두 발로 선 사람'편 참조)

嵩 높은 산 숭

sōng

높은(, 高높을 고) 산(, 山뫼 산)

전서 는 산()과 위아래를 오르락내리락할 수 있는 계단()으로 계단을 무수히 걸어 올라가야 하는 높은 산을 표현했다. 또다른 전서 는 '높은'(高) '산'(山)을 의미하는 회의자이다. 중국의 숭산(嵩山)은 오악 중에서 중악이고, 허난성에 위치한다.(동악 태산, 남악 형산, 서악 화산, 북악 항산, 중악 숭산을 통틀어 '오악'이라고 부른다. 예로부터 중국인은 오악에 신선이 산다고 믿었다)

전

臺 대 대

tái

멀리 볼 수 있는 '높은'(, 高높을 고) 곳, 즉 전망대에 '도착하다'(, 至이를 지)

옛 중국인은 흙을 쌓아 누대를 높게 짓고 사방을 감시했다. 따라서 '臺'는 전망대라고 할 수 있다. 누대는 따로 지붕이 필요 없다. 그래서 예서는 '亠(돼지해머리 두)'를 '士(선비 사, '士'는 남자의 존칭이다)'로 바꾸어 남자가 높은 곳에 올라간 것을 표현했다. 《설문》은 "'臺'는 사방을 볼 수 있는 높은 곳이다"라고 풀이했다. '臺'의 간체자는 '台'이다.

전

豪 호걸 호

háo

'높고'(, 高높을 고) 큰 '돼지'(, 豕돼지 시)

'豪'는 '높고 크다' '무지막지하다' '재능이 남다르다'의 의미를 파생시켰고 호음(豪飮, 술을 썩 많이 마심), 호우(豪雨, 줄기차게 퍼붓는 비), 호걸(豪傑, 지혜와 용기가 뛰어나고 기개와 풍모가 있는 사람), 호방(豪放, 의기가 장하여 작은 일에 거리낌이 없음을 뜻하는 '호방하다'의 어근) 등에 쓰인다. 고대에 이른바 '호저(豪猪)'는 요즘 사람들이 생각하는 고슴도치처럼 작은 동물이 아니었다(현재 호저는 쥐목의 호저류에 속하는 포유류를 일컫는다). 《한서·양웅전(漢書·揚雄傳)》에 "그물을 넓게 쳐서 웅비, 호저, 호표를 잡았다"라는 내용이 나오는데 웅비(熊羆, 큰 곰), 호저(豪猪, 야생 멧돼지), 호표(虎豹, 호랑이와 표범)는 하나같이 몸집이 크고 사나운 동물이다. 한마디로 고대의 '호저'는 현대의 '호저'와 달리 위험했다. 때문에 '豪'에서 '높고 크다' '난폭하다' 등의 의미가 생겼다.

毫 터럭 호

háo

'호'저(, 豪호걸 호)의 몸에 난 '털'(, 毛털 모)

후대에 '豕(돼지 시)'가 생략되고 서서히 지금과 같은 '毫'가 되었다. '毫'의 본뜻은 호저의 몸에 난 바늘처럼 빼쪽하고 가느다란 털이고, 이것에서 '잔털' '미세하다'의 의미가 생겼다. 호발(毫髮, 자디잔 털), 분호(分毫, 매우 적거나 조금인 것을 비유적으로 이르는 말) 등에 쓰인다.

'石(돌 석)'에서 파생된 한자

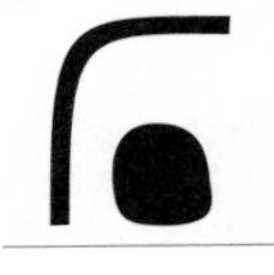

石 돌 석

shí

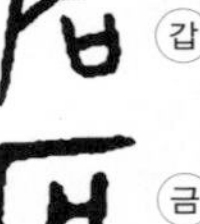

'절벽'(, 厂기슭 엄·한, 공장 창)을 이루는 암석()

절벽은 대부분 큼직큼직한 바윗덩이로 이루어졌다. 《설문》은 "'石'은 산에 있는 돌이다"라고 설명했다.

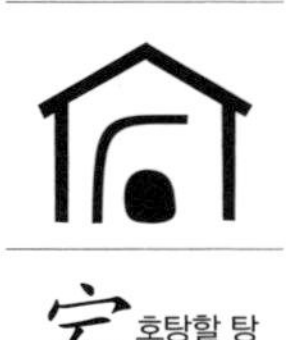

宕 호탕할 탕

dàng

'바위'(, 石돌 석)을 뚫어 '집'(, 宀집 면)을 만들다

옛 중국인은 땅을 파거나 나무로 집을 짓는 것 외에 고생스럽게 바위를 뚫어서 집을 만들기도 했다. 중국 충칭의 텐츠산에선 돌침대, 돌 부뚜막, 돌그릇 등을 사용한 흔적이 있는 48칸의 신비로운 동굴집이 발견되었는데, 전언에 따르면 4천 년 전에 파(巴)나라 사람들이 이곳에서 살았다고 한다. 단단한 바위를 뚫어 한 칸 집을 완성하기까지 얼마나 많은 시간이 걸렸는지 급기야 한자까지 만들어졌다. '宕'의 의미는 몇 가지이다. 첫째는 탕호(宕户 dànghù), 탕장(宕匠 dàngjiàng)처럼 바위를 캐는 장인을 의미한다. 둘째는 동굴집이 완성될 때까지 시간이 굉장히 오래 걸리는 것에서 '지연하다'의 의미가 생겼다. 관련 단어로는 연탕(延宕 yándàng, '시간을 끌다'를 의미하는 중국어)이 있다. 마지막 셋째는 '뚫다'의 의미를 희미하게 찾아볼 수 있는 '가로질러 가다'이다. 《설문》은 "'宕'은 지나친 것이다. 동굴집이라는 의견도 있다"라고 설명했다. 텐츠산의 동굴집은 돌로 만든 보루인 조보(碉堡)에 가까운데 '碉(돌집 조)'는 사'주'(周)를 '돌'(石)로 만든 집이라는 뜻이다.

厚 두터울 후

hòu

'절벽'(, 厂기슭 엄·한, 공장 창)에서 줄줄이 굴러떨어진( ) 무거운 '바윗덩이'( )가 어린 '아이'(, 子아들 자)의 몸을 짓누르다

갑골문 은 두 개의 바윗덩이()가 절벽()에서 굴러떨어지는 것을 표현했고, 금문 은 절벽에서 몇 개의 바윗덩이가 연이어 굴러떨어지는 것을 표현했다(또는 절벽에서 화살을 아래쪽으로 겨누는 것을 표현했다). 또다른 금문 및 전서 는 절벽에서 굴러떨어진 큰 돌이 아이( )의 몸을 짓누르고 있는 것을 표현했다. '厚'는 '많다' '무겁다'의 의미를 낳았고 후도(厚度hòudù, '두께'를 의미하는 중국어), 관후(寬厚, 마음이 너그럽고 후덕함을 뜻하는 '관후하다'의 어근) 등에 쓰인다.

磊 돌무더기 뢰·뇌

lěi

한 무더기의 돌( )이 '절벽'(, 厂기슭 엄·한, 공장 창)에서 굴러떨어지다

'뇌락(磊落)'은 명성과 위세가 드높은 것을 의미한다. 《설문》은 "'磊'는 돌이 많은 것이다"라고 해석했다.

'品(물건 품)'에서 파생된 한자

갑골문 , 금문 및 전서 는 모두 '口(입 구)'가 세 개씩 모여 있다. '물건이 많다'라는 의미에서 '물건을 종류별로 나누다' '등급을 나누다'의 의미가 파생되었다. 품항(品項pǐnxiàng, '품종'을 의미하는 중국어), 품격(品格, 물건이 좋고 나쁜 정도, 품위), 구품(九品, 고대 관직의 아홉 등급), 품상(品嘗, 음식을 고루 맛보다, 임금에게 드릴 음식을 미리 먹어서 독이 있나 없나를 확인하다) 등에 쓰인다.

갑 금 전

區 구분할 구, 지경 구, 숨길 우

qū

많은 물'품'(, 品물건 품)을 각종 '그릇'()에 나누어 담다

갑골문 은 많은 물'품'()을 모아서 보관하는(, ㄴ숨길 은) 것을 표현했고, 전서 는 물품을 '그릇'()에 담은 것을 표현했다. '區'는 '종류별로 나누어진 저장 공간'이라는 의미를 낳았고 구역(區域, 갈라놓은 지역), 구분(區分, 일정한 기준에 따라 갈라 나누다) 등에 쓰인다. '區'의 소리에서 파생된 한자는 驅(몰 구), 軀(몸 구), 嶇(험할 구), 歐(구라파 구, 칠 구), 嘔(게울 구, 기뻐할 후), 毆(때릴 구), 甌(사발 구), 謳(노래 구, 따뜻해질 후), 鷗(갈매기 구) 등이 있다. 《설문》은 "'區'는 숨기는 것이요, 물품에 따라서 그릇에 담는 것이다"라고 설명했다. '區'의 간체자는 '区'이다.

臨 임할 임 · 림

lín

어떤 사람이 고개를 숙인 채 물'품'(, 品물건 품)을 보고 있다()(제6장의 '臣(신하 신)'편 참조)

금 전

器 그릇 기

qì

한 마리의 '개'(, 犬개 견)가 '사방에 있는 물건'(, 品물건 품)을 지키다

개는 예로부터 감시하는 능력이 뛰어났다. 괜히 집집마다 대문 옆에서 개를 키우는 게 아니다. '器'는 '잘 지켜야 하는 물건'이라는 본뜻에서 '재주가 뛰어난 사람'이라는 의미가 생겼고 기구(器具, 세간, 도구, 기계 등을 통틀어 이르는 말), 기관(器官, 일정한 모양과 생리 기능을 가지고 있는 생물체의 부분), 재기(才器, 재주와 기량)에 쓰인다. 《설문》은 "'器'는 그릇이다. 한자꼴은 그릇의 입구와 비슷하고 집에서 키우는 개가 물건을 지키는 모습과도 비슷하다"라고 설명했다.

'呂(성씨 려·여, 법칙 려·여, 음률 려·여)'에서 파생된 한자

呂 성씨 려·여, 법칙 려·여, 음률 려·여

lǚ

금 전

마디마디의 척추뼈

'呂'의 금문 은 척추뼈와 모양이 거의 일치한다. 염제의 후예인 백이(伯夷)는 대우(大禹)의 심복으로서 치수 사업을 도운 공을 인정받아 여후(呂侯)에 봉해지고 여씨의 선조가 되었다. '呂'는 많은 한자에서 '일대일' '연이어'의 의미로 쓰인다. 예를 들어 '躳(몸 궁,)'은 '척추뼈'( )의 마디마디가 휜 '신'체(, 身몸 신)를 의미하고(후대에 '躳'은 '躬(몸 궁)'으로 바뀌었다), '侶(짝 려·여,)'는 일대일로 '짝을 이룬'( ) '사람'(, 人사람 인)을 의미한다. '宮(집 궁,)'은 원래 '방이 여러 칸 죽 있는'( ) 큰 '집'(, 宀집 면)을 의미했지만 진(秦)나라 이후에 '왕이 거주하는 곳'이라는 의미로 바뀌었다. '營(경영할 영,)'은 '등불'( )이 연달아 켜진( ) 모습, 즉 등불을 들고 야간 전투를 하거나 밤낮없이 공사하는 광경을 묘사한 것이고, 이것에서 '건설하다'의 의미가 파생되었다.

❶ 鋁(줄 려·여), 梠(평고대 려·여. '평고대'는 처마 끝의 서까래를 받치기 위해 가로로 놓는 나무를 의미), 閭(마을 려·여), 櫚(종려 려·여)

❷ 好(좋을 호), 豫(미리 예, 펼 서)

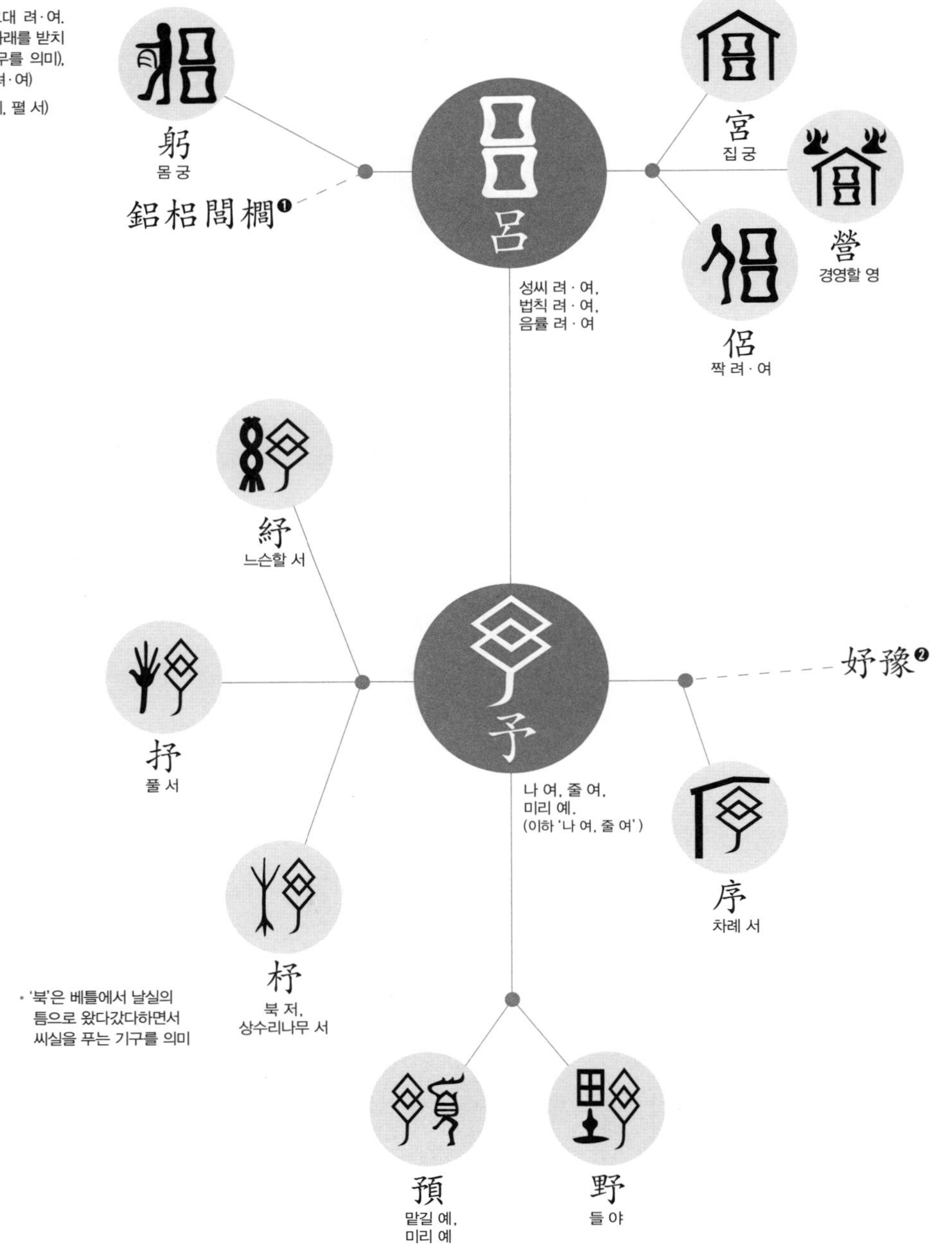

• '북'은 베틀에서 날실의 틈으로 왔다갔다하면서 씨실을 푸는 기구를 의미

영건(營建, 집이나 건물을 짓다), 경영(經營, 기업이나 사업을 관리하고 운영하다)에 쓰인다.

予 나 여, 줄 여 yú

갑 금 전

하나(◇)에 이어 또하나(◇)가 밑으로 길게 늘어지다(亅)

'予'는 고대에 군왕이 '자기 사람'에게 토지를 나누어준 분봉제도를 묘사했다고 해도 과언이 아니다. 군왕은 천하를 얻은 뒤에 토지와 백성을 자신의 친족과 공신에게 차례대로 나누어줬다. 《좌전》에 "天子建國, 諸侯立家, 卿置側室, 大夫有貳宗, 士有隸子弟(천자건국, 제후립가, 경치측실, 대부유이종, 사유례자제)"라고 나온다. 뜻인즉 "천자는 천하를 얻은 뒤에 토지와 백성을 제후에게 나누어줬고, 이를 제후는 다시 경대부에게 나누어줬고, 경대부는 다시 하급 대부에게 나누어줬고, 대부는 다시 사에게 나누어줬고, 사는 다시 자신의 자제에게 나누어줬다"이다. 주(周)나라의 분봉제도는 철저하게 혈연관계를 따랐고, 가까운 혈연에게 더 많은 토지와 백성이 주어졌다. 달리 말하면 황제 일가가 지배하는 '가천하(家天下)'에서 이들과 피 한 방울 섞이지 않은 사람은 아무것도 얻지 못했다.

갑골문 은 줄줄이 아래로 늘어진 모양이다. '予'는 '질서 있게 아래를 향해 확장하다'라는 본뜻에서 두 가지 의미를 낳았다. 첫째는 천자가 분봉제도에 따라서 토지와 백성을 친족에서 나눠준 것에서 '주다'의 의미가 생겼다. 관련 단어로는 수여(授予 shòuyǔ, '훈장이나 상장 등을 주다'를 의미하는 중국어), 시여(施予 shīyǔ, '베풀다'를 의미하는 중국어) 등이 있다. 다음으로 천자가 토지와 백성을 주는 대상이 모두 '자기 사람'인 점에서 '나'의 의미가 파생되었다. 《논어》의 "顔淵死. 子曰, 噫! 天喪予! 天喪予!(안연사. 자왈, 희! 천상여! 천상여! 안회가 죽자 공자는 "아! 하늘이 나를 버렸구나! 하늘이 나를 버렸구나!"라고 말했다)"에서 관련 표현을 찾아볼 수 있다.

'予'는 많은 한자에서 '가지런히 정렬하다' '질서 있게 확장하다'의 의미로 쓰인다.

紓 느슨할 서

shū

'누에고치에서 명주실을 뽑는 것'처럼(, 糸가는 실 멱, 실 사) 어떤 사물을 '질서 있게'(, 予나 여, 줄 여) 뽑다

'서서히 풀다'의 의미를 낳았고 서완(紓緩shūhuǎn, '늦추다'를 의미하는 중국어), 서해(紓解shūjiě, '해제하다'를 의미하는 중국어)에 쓰인다. (糸)은 밧줄을 의미한다. 《설문》은 "'紓'는 느슨한 것이다"라고 풀이했다.

抒 풀 서

shū

'손'(, 手손 수)으로 어떤 사물을 '질서 있게'(, 予나 여, 줄 여) 잡아당기다

예를 들어 어떤 정서나 감정이 내면에서 일어날 때 '서발감정(抒發感情shūfāgǎnqíng, '감정을 토로하다'를 의미하는 중국어)'이라고 말한다. '서정시(抒情詩)' '서정문(抒情文)'은 내면의 깊은 감정을 표현한 시와 글이다.

杼 북 저, 상수리나무 서

zhù

실을 '질서 있게'(, 予나 여, 줄 여) 뽑는 '나무'(, 木나무 목)로 만든 도구

'杼'는 방직기에서 실을 가지런하게 만드는 북을 가리킨다.

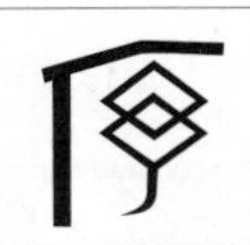

序 차례 서

xù

'칸칸이 가지런하게 배열된'(, 予나 여, 줄 여) 교실(, 천장이 있는 반개방식 건축)

주(周)나라 때 학교는 '序'라고 불렸다. '序'는 '가지런하게 놓인 물건'이라는 의미를 낳았고 질서(秩序, 사물의 순서), 서열(序列, 일정한 기준에 따라 순서대로 늘어서다) 등에 쓰인다.

預 맡길 예, 미리 예

yù

'머리'(, 頁머리 혈)로 '일련의'(, 予나 여, 줄 여) 일을 계획하다, 즉 사전에 미리 준비하다

예비(預備, 필요할 때 쓰기 위하여 미리 마련하거나 갖추어 놓다), 예지(豫知, 어떤 일이 일어나기 전에 미리 알다) 등에 쓰인다. (頁)은 머리를 가리킨다.(제6장 '頁'편 참조)

野 들 야

yě

경성에서 '끊임없이 확장되어나가는'(, 予나 여, 줄 여) '토'지(, 土흙 토)와 '밭'(, 田밭 전)

주(周)나라는 경성에서 백 리 밖까지의 땅을 '郊(성밖

교, 들 교)'라고 부르고 '郊' 밖을 '野'라고 불렀다. '野'는 '경성에서 먼 곳'이라는 의미를 낳았고 황야(荒野, 거친 들판), 광야(狂野kuángyě, '야만스럽다'를 의미하는 중국어) 등에 쓰인다. 《설문》은 "'野'는 백 리 밖이다"라고 해석했다. 주무왕과 상주왕의 군대는 '목야(牧野)'에서 대전을 벌였는데, 목야는 매우 너른 들판이다. 목야전투는 주무왕의 대승으로 끝났고, 이후 주나라의 번영이 시작되었다.

'串(땅 이름 곶, 꿸 관, 꿰미 천, 꼬챙이 찬)'에서 파생된 한자 

금

전

串 땅 이름 곶, 꿸 관, 꿰미 천, 꼬챙이 찬

chuàn

두 물체를 나란히 뚫어서 서로 연결하다

갑

전

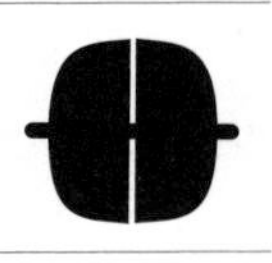

毌 꿰뚫을 관

guàn

한 사물을 왼쪽에서 오른쪽으로 뚫다

'毌'은 '貫(꿸 관, 당길 만)'의 옛 한자이다. 갑골문 [갑골문]은 바깥쪽에서 안쪽으로 관통한 것을 표현했고, 전서 [전서]는 어떤 사물의 가운데 부분이 뻥 뚫린 모양과 비슷하다.

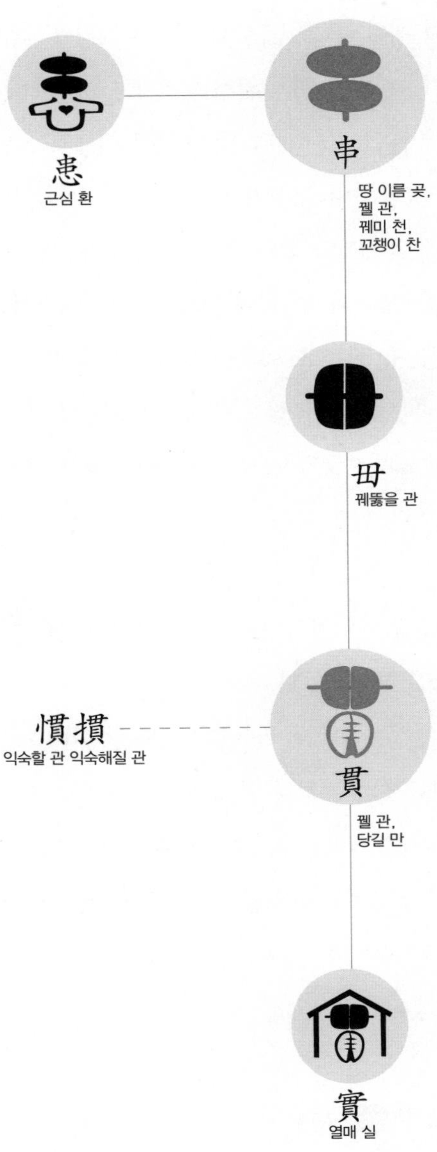
患
근심 환
串
땅 이름 곶,
꿸 관,
꿰미 천,
꼬챙이 찬
毌
꿰뚫을 관
慣 摜
익숙할 관 익숙해질 관
貫
꿸 관,
당길 만
實
열매 실

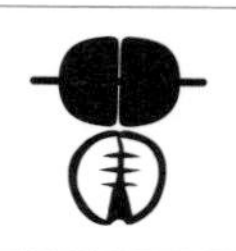

貫 꿸 관, 당길 만

guàn

여러 개의 '조개'(, 貝조개 패)껍데기를 '뚫고'(, 毌꿰뚫을 관) 하나로 엮어 화폐로 쓰다

전서 는 두 개의 '조개'()껍데기를 나란히 뚫어서 하나로 엮은 것이고, 또다른 전서 는 여러 개의 '조개'껍데기를 '뚫어서' 엮은 것이다. '貫'의 본뜻은 '한 꾸러미의 화폐' 또는 '엽전을 묶은 줄'이고, 이것에서 '관통하다' '연결하다'의 의미가 생겼다. 관련 단어로는 만관가재(萬貫家財wànguànjiācái, '거액의 재산'을 의미하는 중국어), 관천(貫穿, 어떤 학문을 꿰뚫고 있다), 관철(觀徹, 사물을 속속들이 꿰뚫어 보다), 연관(連貫, 활이 잇따라 과녁의 복판에 맞는 일) 등이 있다.

實 열매 실

shí

'집'(, 宀집 면)안에 '한 꾸러미의 화폐'(, 貫꿸 관, 당길 만)를 보관해두다

'實'은 '돈이 꽉 찬 집'이라는 본뜻에서 '충만하다' '풍요롭다' '헛되지 않다'의 의미가 생겼다. 충실(充實, 내용이 알차고 단단하다), 은실(殷實yīnshí, '살림이 부유하다'를 의미하는 중국어), 진실(眞實, 거짓이 없고 참되다) 등에 쓰인다. 《설문》은 "'實'은 부유한 것이다. '宀'과 '貫'으로 이루어졌다"라고 설명했다. '實'의 간체자는 '实'이다.

患 근심 환

huàn

'잇따른'(, 串땅 이름 곶, 꿸 관, 꿰미 천, 꼬챙이 찬) 안 좋은 일로 '마음'(, 心마음 심)에 걱정거리가 가득차다

‘中(가운데 중)’에서 파생된 한자

中 가운데 중

zhōng

이웃 국가의 국기에 사방이 둘러싸인 국가, 즉 중국

갑골문 , , 및 금문 , , 은 중앙에 있는 국가를 나타냈다. 위아래에 있는 깃발은 이웃 국가를 의미하고, 가운데에 있는 네모 또는 원은 중앙에 있는 국가를 의미한다. ‘중국’은 일찍이 상서와 시경에 등장했다. 《상서·재재(尙書·梓材)》에는 “황천이 이미 중국의 백성과 그 땅을 선왕에게 맡겼다”라고 나오고 《시경·대아(詩經·大雅)》에는 “중국에서 은혜를 베풀어 사방을 편하게 해야 한다”라고 나온다. 은허 갑골문에서도 ‘중상(中商)’이라는 한자가 발견되었는데 이것은 은상(殷商)을 일컫는 말이다. 중국은 자국을 줄곧 ‘중국(中國)’이라고 불렀다. 상주(商周)시대에는 이웃 국가를 주방, 인방, 토방, 공방, 귀방 등 ‘방국(方國)’이라고 불렀고, 먼 곳에 있는 야만족을 동이, 서융, 남만, 북적이라고 불렀다. 깃발은 국가와 민족을 상징한다. 중국의 이웃 국가도 모두 각국을 상징하는 깃발이 있었다. 따라서 깃발 부호는 이웃 국가를 상징하고, 깃발에 둘러싸인 중앙에 있는 토지는 ‘중’국을 의미한다.(《한자나무》 1권 제2장의 ‘方(방위 방)’편 참조)

沖 화할 충, 빌 충, 찌를 충

chōng

‘물’(, 水물 수)을 ‘가운데’(, 中가운데 중)로 흐르게 하다

충포우내(沖泡牛奶chōngpàoniúnǎi, ‘우유를 타다’를 의미하는 중국어), 충쇄(沖刷chōngshuā, ‘침식되다’ ‘물을 뿌리며 씻어내다’를 의미하는 중국어), 충세(沖洗chōngxǐ, ‘물로 씻어내다’

갑

금

전

를 의미하는 중국어), 충혼두(沖昏頭chōnghūntóu, '승리나 성공으로 인해 판단력이 흐려지다'를 의미하는 중국어) 등에 쓰인다.

금
전

忠 충성 충

zhōng

어느 한쪽으로 '치우치지 않는'(, 中가운데 중) '마음'(, 心마음 심)

'忠'은 사심을 버리고 몸과 마음을 다해 타인을 위해서 일하는 것이다. 관련 단어로는 충성(忠誠, 진정에서 우러나오는 정성), 진충보국(盡忠保國, 충성을 다하여 국가를 지키다), 충어직수(忠於職守zhōngyúzhíshǒu, '본분에 충실하다'를 의미하는 중국어), 충심경경(忠心耿耿zhōngxīngěnggěng, '충성심에 불타다'를 의미하는 중국어) 등이 있다.

전

衷 속마음 충

zhōng

'옷'(, 衣옷 의)의 '가운데'(, 中가운데 중)에 숨기다

'衷'은 '속마음' '진실하다'의 의미를 낳았고 언불유충(言不由衷yánbù-yóuzhōng, '마음에 없는 소리를 하다'를 의미하는 중국어), 충심(衷心, 마음에서 우러나오는 참된 마음) 등에 쓰인다.

갑
금
전

史 역사 사

shǐ

사관이 '손'(, 又또 우)에 붓을 쥐고 '중'립적으로(, 中가운데 중) 적은 기록

사관은 어느 한쪽 편을 들지 않고 반드시 중립적인 위치에서 갑과 을 사이에 일어난 사건을 충실하게 기록해야 한다. 전서 는 의 좌우에 각각 '阜(언덕 부)'와 '肉(고기 육)'을 덧붙여 '고난'(, 가파른 고개)을 두려워하지 않고 '유혹'(, 肉)에 흔들리지 않는 사관의 자질과 책임을 자세하게 묘사했다. 또다른 전서 는 손( )을 하나의 불규칙한 곡선으로 단순화시켰다. 이 곡선은 사관이 적은 기록, 다시 말해서 붓을 쥐고 중립적으로 적은 기록을 의미한다. 고대 중국에서는 사건을 기록하는 관리를 '태사(太史)'라고 불렀는데 태사의 기록은 곧 역사가 되었다. 《설문》은 "'史'는 사건을 기록하는 관원이다. 한자꼴은 손에 '中'을 쥔 모양과 비슷하다. '中'은 기록이 객관적이고 공정한 것을 의미한다"라고 설명했다. 《좌전·양공이십오년(左傳·襄公二十五年)》에는 춘추시대의 사건이 기록돼 있다. 제(齊)나라 대신인 최서(崔抒)는 대권을 장악한 뒤에 국군인 제장공(齊莊公)을 죽이고 새로운 국군을 세웠다. 제나라의 태사는 이 사건을 "최서가 그 국군을 살해했다"라고 기록했다. 최서는 분노하여 태사를 죽였지만 뜻밖에도 두 명의 후임 태사 역시 전임 태사와 똑같이 기록해 그들마저 죽여버렸다. 네번째 태사도 여전히 권력을 두려워하지 않자 최서는 결국 역사를 왜곡시키려는 마음을 접었다. 이처럼 올곧은 태사는 위협과 유혹이 있어도 전혀 영향을 안 받는다.

仲 버금 중

zhòng

'중'간(, 中가운데 중)에 있는 '사람'(, 人사람 인)

'仲'은 '중간에 위치한'이라는 의미를 낳았다. 중형(仲兄, 둘째 형), 중하(仲夏, 여름이 한창인 때), 중개(仲介, 제삼자가 되어 두 당사자 사이에서 일을 주선하다), 중재(仲裁, 분쟁에 끼어들어 화해를 시키다) 등에 쓰인다.

'豆(콩 두)'에서 파생된 한자

'豆'는 제사 음식을 놓는 예기이다. 고대 중국에선 제사 때 제물인 짐승을 '鼎(솥 정)'에 넣고 푹 삶은 뒤에 '豆'에 그 고기나 제사 음식을 놓았다. '豆'의 갑골문 , 금문 , 및 전서 는 모두 다리가 달린 솥을 묘사했다. 또다른 전서 는 콩꼬투리에 콩 두 알이 들어 있는 모양과 비슷하다. 솥과 콩꼬투리는 서로 완전히 다른 물체이지만 예서는 일률적으로 '豆'로 표현했다. '豆'의 본뜻은 제사 음식을 놓는 예기이고, '콩류'라는 의미가 파생되었다. 현재 '豆'는 단독으로 쓰일 때 대부분 완두, 황두 같은 콩과식물을 의미한다. 하지만 豎(세울 수), 登(오를 등), 短(짧을 단), 豈(어찌 기, 개가 개. '개가'는 전쟁에서 이기고 돌아올 때 부르는 노래를 의미) 등 다른 한자의 구성 한자로 쓰일 땐 여전히 음식물이 가득 담긴 솥을 의미한다.

갑 금 전

登 오를 등

dēng

제사 음식이 가득 담긴 '두기'(, 豆콩 두)를 들고 제단에 '올라가다'()

고대 중국은 모든 제단을 높게 설계했다. 명나라 때 베이징에 지어진 천단(天壇)은 높이가 9장 9척이나 되는 전 세계에서 가장 큰 고대의 제단이다. 하늘에 제를 올릴 때 제사장은 반드시 돌계단을 걸어올라가야 한다. 갑골문 과 금문 (glyph)은 어떤 사람이 '양손'에 제사 음식이 가득 담긴 '두기'(豆)를 들고 '계단을 걸어올라가는 것'(癶 등질 발)을 묘사했다. 전서 (glyph)는 양손을 생략하고 '癶'과 '豆'만 남겼지만 여전히 솥을 들고 위쪽으로 올라가는 형상이 남아 있다. '登'은 등산(登山, 산에 오르다), 등고(登高, 높은 곳에 오르다)처럼 '위쪽으로 올라가다'의 의미를 낳았다. 이 밖에 잘 익은 곡물만 제사 음식에 쓸 수 있는 것에서 '성숙하다'의 의미도 있다. 관련 단어로는 오곡풍등(五穀豐登, 온갖 곡식이 잘 익다), 오곡부등(五穀不登, 온갖 곡식이 잘 자라지 않다)이 있다. 《이아·석고》는 "'登'은 높은 곳에 오르는 것이다"라고 풀이했다.

豎 세울 수

shù

'일을 잘하는 사람'(臤, 臤 어질 현, 굳을 간)이 '두기'(豆, 豆 콩 두)를 들고 제단에 올라가다

때문에 두기는 기울어서 내용물이 튀는 일이 없게 반드시 똑바로 서야 한다. '豎'는 '곧게 서다'의 의미를 파생시켰다.(제6장의 '臣(신하 신)'편 참조)

短 짧을 단

duǎn

'솥'(豆, 豆 콩 두)과 '짧은작(길이가 짧은 화살)'(矢, 矢 화살 시)처럼 왜소하다

고대 중국은 활과 화살을 이용해서 길이를 쟀다. 구체적으로 짧은 물건은 화살을, 긴 물건은 활을 이용해서 길이를 쟀다. '短'은 '왜소하다'의 의미를 파생시켰고 단소정한(短小精悍duǎnxiǎojīnghàn, '몸집은 작지만 민첩하고 용감하다'를 의미하는 중국어), 단소(短少duǎnshǎo, '부족하다'를 의미하는 중국어), 단시간(短時間, 짧은 시간) 등에 쓰인다. '短'과 비슷한 개념으로 만들어진 한자는 '矮(난쟁이 왜)'가 있다.(《한자나무》 1권 제4장의 '矮'편 참조) 《설문》은 "길고 짧은 것은 화살로 잰다"라고 설명했다.

전

豈 어찌 기, 개가 개

qǐ

'손'(, 左(왼 좌)에서 工(장인 공)을 뺀 글자)으로 '솥'(, 豆콩 두)을 두드려 시끄럽게 만들다

고대 중국 군대에서 솥은 다양한 용도로 쓰였다. 평소에는 밥을 짓거나 순찰을 돌 때 쓰였고 전쟁시에는 적의 화살을 막는 방패로 쓰였다. 하지만 병사들이 단체로 솥을 두드릴 땐 큰일이 일어난 것인데, 전쟁에서 승리한 것을 자축하거나 식량이 부족하여 반란을 일으킨 것이다. 전서 , 는 '손'으로 '솥'을 두드리며 시끄러운 소리를 내는 광경을 묘사했다. 《설문》은 "'豈'는 병사들이 전쟁에서 승리하여 돌아오거나 출정할 때 사기를 북돋워주기 위해서 음악을 연주하는 것이다"라고 설명했다. '豈'는 얼마나 큰일이기에 병사들이 단체로 솥을 두드렸을까 궁금해하는 것에서 '설마 ~하겠는가?'의 의미가 생겼다. 관련 단어로는 기불(豈不qǐbù, '어찌 ~이 아니겠는가'를 의미하는 중국어), 기유차리(豈有此理qǐyǒucǐlǐ, '이런 경우가 어디 있단 말인가'를 의미하는 중국어), 기감(豈敢qǐgǎn, '어찌 감히 ~하겠는가'를 의미하는 중국어) 등이 있다. 안타깝게도 '豈'는 예서 때 '手'가 '山(뫼 산)'으로 바뀌어 원래의 뜻을 잃었다. 조두(刁斗)는 손잡이가 있는 전국(戰國)시대의 군용 솥이다. 금탁(金柝)이라고도 불린다. 청동으로 만들었고 세 개의 발이 있으며 쌀 한 말을 담을 수 있다. 병사들은 낮에는 이 솥에 밥을 지어 먹고 밤에는 뒤집어서 솥바닥을 두드리며 순찰을 돌았다. 조두에 관한 기록은 두보(杜甫)의 시 〈하야탄(夏夜歎)〉에 "밤을 다투며 조두를 두드리니 시끄러운 소리가 만방에 울리네"라고 나오고 《사기·이장군열전(史記·李將軍列傳)》에 "조두를 두드리며 스스로 자신을 지키지 않았다"라고 나온다. '豈'의 간체자는 '岂'이지만 원래의 뜻을 전혀 찾아볼 수 없다.

愷 편안할 개

kǎi

전쟁에서 승리하여 돌아올 때 흥분된 '마음'(, 心마음 심)으로 '솥을 두드리며'(, 豈어찌 기, 개가 개) 축하하다

《설문》은 "'愷'는 편안한 것이고, '心'과 '豈'로 이루어졌다"라고 해석했다.

凱 개선할 개

kǎi

전쟁에서 승리하여 돌아올 때 병사들이 일일이(, 儿어진 사람 인) '손으로 솥을 두드리며'(, 豈어찌 기, 개가 개) 승전보를 전하다

관련 단어로는 개가(凱歌, 전쟁에서 이기고 돌아올 때 부르는 노래), 개선문(凱旋門, 전쟁에서 이기고 돌아오는 병사들을 환영하고 기념하기 위해서 광장 등에 세운 문), 개선귀래(凱旋歸來, 군대가 전쟁에서 승리하고 돌아오다) 등이 있다.

'壴(악기 이름 주)'에서 파생된 한자

갑 금 전

壴 악기 이름 주
zhù

소(牛소 우)가죽을 입힌 발 달린 큰북(○)

중국에서 소가죽을 입힌 큰북의 역사는 매우 오래되었다. 일찍이 은허 유적지에선 토고(土鼓)가 출토되었다. 토고는 흙을 구워 만든 틀에 가죽을 덮어씌운 큰북이다. '壴'의 한자꼴은 '건고(建鼓)'와 닮았는데, 한(漢)나라 때의 고분에서 막대기로 건고를 치는 모습이 그려진 그림이 많이 나왔다. 건고는 상(商)나라의 청동 건고와 거의 비슷하게 생겼고 밑에 받침대가 있으며, 장식물이 달린 것도 있고 안 달린 것도 있다.

갑골문 , 은 발이 있는 큰북을 묘사했다. 가운데 부분은 북을 치는 면이고, 윗부분 은 소가죽이다(이것을 북에 달린 장식물로 보는 학자들도 있다. 하지만 윗부분의 갑골문이 대부분 '牛'로 표기되는 점으로 봤을 때 소가죽으로 보는 것이 더 타당하다). 하지만 예서 때 '牛'는 '士(선비 사)'로 바뀌었다. 한자는 예쁘고 편리하게 쓸 수 있게 됐지만 소가죽을 입힌 북이라는 원래의 의미는 이로써 잃고 말았다.

갑 금 전

鼓 북 고
gǔ

'손에 나뭇가지를 쥐고'(, 支지탱할 지, 가를 지) '소가죽을 입힌 북'(, 壴악기 이름 주)을 치다

'손에 나뭇가지를 쥐고 북을 치다'라는 본뜻에서 '두드리다' '불러일으키다'의 의미가 생겼다. 관련 단어로는 고슬탄금(鼓瑟弹琴gǔsètánqín, '비파를 치고 거문고를 타며 풍류를 즐기다'를 의미하는 중국어), 고장(鼓掌, 손바닥을 치다), 고무(鼓舞,

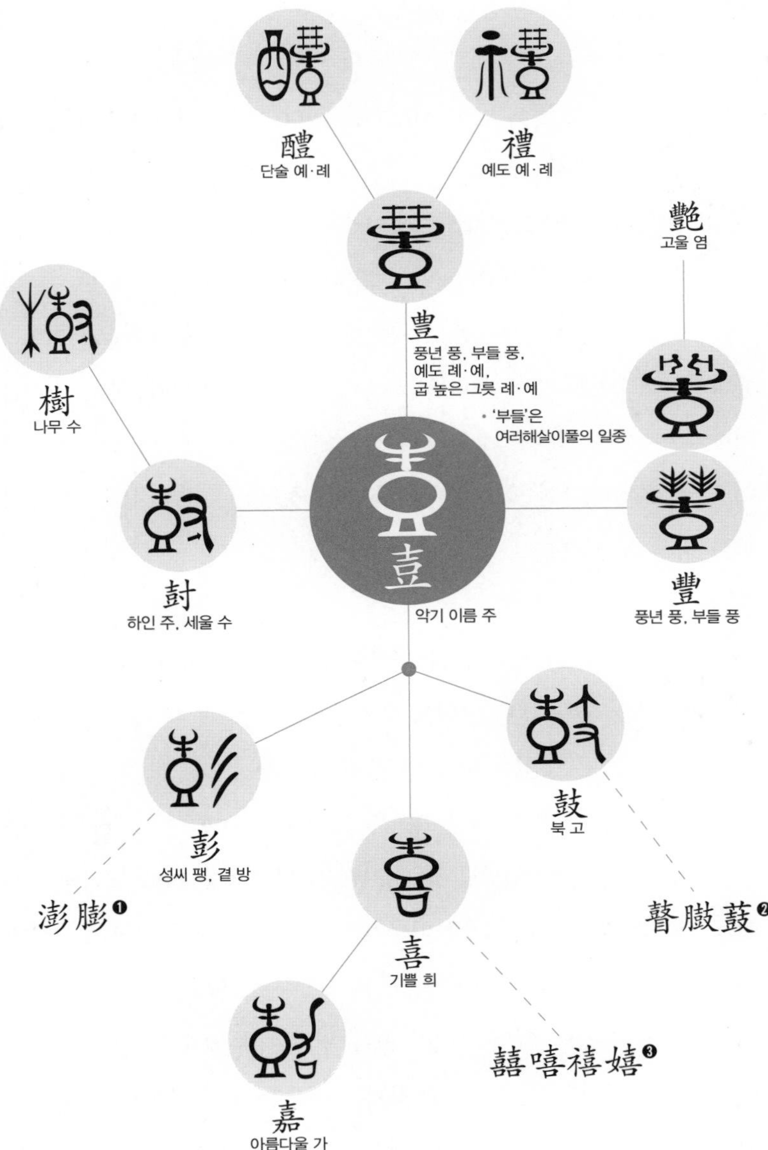

❶ 澎(물소리 팽), 膨(부를 팽)

❷ 瞽(소경 고. '소경'은 눈동자가 없는 장님을 의미), 臌(부풀 고), 薣(요화 고. '요화'는 여뀌의 꽃을 의미)

❸ 囍(쌍희 희), 嘻(화락할 희, 아의), 禧(복 희), 嬉(아름다울 희)

격려하며 기세를 돋우다) 등이 있다.

금
전

'북'(, 壴악기 이름 주)을 치며 '즐겁게 노래하다'(, 口 입 구)

喜 기쁠 희

xǐ

'기쁘고 즐겁다' '경사스러운 일' '좋아하다' 등의 의미를 낳았고 희락(喜樂, 기쁨과 즐거움), 희사(喜事, 기쁜 일), 쌍희림문(雙喜臨門shuāngxǐlínmén, '겹경사가 나다'를 의미하는 중국어), 희호(喜好xǐhào, '흥미를 느끼다'를 의미하는 중국어), 희신염구(喜新厭舊xǐxīnyànjiù, '새로운 것을 좋아하고 옛것을 싫어하다'를 의미하는 중국어) 등에 쓰인다. 《설문》은 "'喜'는 즐거운 것이고, '壴'와 '口'로 이루어졌다"라고 설명했다.

갑
금
전

북을 치고 술을 마시며 풍년을 축하하다. 북을 친(, 壴악기 이름 주) 뒤에 수확한 식물(, 丰예쁠 봉, 풍채 풍)로 빚은 맛있는 술을 다 같이 마시다

豐 풍년 풍, 부들 풍

fēng

'豐'의 갑골문 은 소가죽을 입힌 큰북() 및 두 개의 '亡(망할 망)'(, , '亡'의 갑골문)으로 구성되었다. 이게 상나라 때 '豐'의 한자꼴이다. 《전국책(戰國策)》의 기록에 따르면 대우(大禹)의 밑에는 술을 잘 담그기로 소문난 의적(儀狄)이라는 대신이 있었다. 어느 날 의적이 직접 술을 담가 대우에게 바쳤다. 대우가 맛을 보니 기가 막히게 달았다. 하지만 대우는 술을 가까이하면 반드시 나라를 망치게 될 것을 알고 스스로 의적을 멀리했다. 훗날 대우의 후대인 하(夏)나라의 걸왕(桀王)은 결국 술 때문에 나라를 망쳤다. 《유향·신서(劉向·新序)》는 이것을 "걸왕은 요대(瑤臺)를 지어 백성의 힘을 빼앗고 재물을 다 쓰게 했다. 연못에 술을 채우고 음탕하게 놀았으며, 그가 북을 울리면 3천 명이나 되는 사람들이 일제히 소가 물을 마시는 것처럼 술을 마셨다"라고 기록했다. 북이 울리면 3천 명이나 되는 사람들이 일제히 잔을 들고 '부어라 마셔라' 했다니, 당시에 문무백관이 얼마나 성대하게 술을 마시고 방탕하게 놀았는지 상상이 된다.

주(周)나라 이후에 술은 하늘에 제를 올릴 때를 제외하고 천자가 연회를 열고 빈객을 대접할 때 상에 올랐다. 주나라 사람들은 술을 하늘이 내려준 선물이요, 풍년의 상징이라고 생각했다. 이런 관념은 '豐'의 한자꼴에도 영향을 줘 '亡' 대신에 '丰'을 쓰게 되었고, '豐'의 금문 및 전서도 자연스레  과  으로 바뀌었다. 두 한자는 오곡을 풍성하게 수확한 주나라 사람들이 기쁜 마음으로 술을 담근 뒤에 '풍년제'를 올리며 하늘에 감사하는 것을 묘사했다. '豐'은 북을 울리고 술을 마시며 풍년을 축하하는 본뜻에서 '많다' '가득하다' 등의 의미를 낳았다. 관련 단어로는 풍부(豐富, 넉넉하고 많음을 뜻하는 '풍부하다'의 어근), 풍수(豐收fēngshōu, '풍년이 들다'를 의미하는 중국어), 풍공위업(豐功偉業, 큰 공훈과 위대한 업적) 등이 있다. 《주송(周頌)》은 "풍년이라 기장도 많고 벼도 많구나…… 술도 빚고 감주도 만들어야지"라고 풍년을 노래했다. '豐'의 간체자는 북을 치며 축하하는 의미의 부호가 사라진 '丰'이다.

갑 금 전

豊 풍년 풍, 부들 풍, 예도 례·예, 굽 높은 그릇 례·예

lǐ

'두 개의 옥 채'(, 玨쌍옥 각)로 '소가죽을 입힌 큰북'(, 壴악기 이름 주)을 치다

굴원이 지은 〈국상(國殤)〉은 중국 최초의 애국시요, 나아가 전사를 추도하는 제사 노래이다. 그중에서 "원옥포혜격고명(援玉枹兮擊鼓鳴)"은 옥 채를 쥐고 북을 치는 모습을 묘사했다. 고대 중국에서 제사 때 북과 옥은 매우 중요하게 쓰였다. 먼저 북은 하늘과 통하는 예기라고 인식되었다. 그래서 사람들은 제사 때마다 하늘이 울릴 정도로 북을 크게 쳤다. 《주례》에 "천제에게 제를 올릴 때 북을 쉴 새 없이 빨리 쳤다"라는 기록이 있다. '玉(옥 옥)'(갑골문 ,)도 신과 통하는 예기로 여겨졌다. 천지 사방의 신에게 제사를 지낼 때 육기(六器)를 썼는데 창벽, 황종, 청규, 적장, 백호, 현황이 그것이다. 창벽은 짙푸른 색의 옥으로 만든 원형 그릇이다. 하늘의 색깔과 형상을 상징하고 하늘에 제를 올릴 때 썼다. 황종은 황토색의 옥으로 만든 사각형의 그릇으로, 땅의 색깔과 형상을 상징하고 땅에 제를 올릴 때 썼다. 청규, 적장, 백호, 현황은 동서남북 사방에 제를 올릴 때 썼다.

禮 예도 예·례

lǐ

'신'(, 示보일 시)을 향해 '북을 두드리며 제를 올리는'(, 壴악기 이름 주) 의식

유명한 갑골문 학자인 왕궈웨이(王國維)는 '豊(풍년 풍, 부들 풍, 예도 례·예, 굽 높은 그릇 례·예)'을 "두 개의 옥이 그릇에 놓인 형상과 비슷하다. 옛사람이 옥을 이용

해서 예를 하는 것이다……"라고 해석했다. 그러나 두 옥을 제사 때 어떻게 썼는지에 대해선 설명하지 못했다. 궈모뤄(郭沫若, 중국의 시인, 극작가 겸 사학자)는 그릇 위에 두 꾸러미의 옥이 있는 것이라고 해석했고 다른 여러 학자는 '豊'과 '豐'을 서로 같은 한자라고 해석했지만 여전히 풀리지 않는 의문점이 많다. 그래서 이 책은 '두 개의 옥 채를 쥐고 북을 치며 제를 올리는 의식'이라고 해석했다. 그것이 한자의 구조와 국상, 주례 등의 기록에 더 부합하고 이해도 잘 된다.

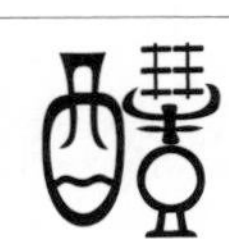

醴 단술 예·례

lǐ

제사 '의식'(, 豊풍년 풍, 부들 풍, 예도 례·예, 굽 높은 그릇 례·예)에 쓰는 '술'(, 酉닭 유)

금

전

'醴'는 고대 중국에서 제사 때 쓴 좋은 술이다. 《예기》의 "맛있는 술과 맑은 물처럼 오래된 술은 다섯 가지 맛의 근본이다"라는 문장을 보면 '醴'가 상급의 감미롭고 맛있는 술인 것을 알 수 있다. '醴'는 '달콤하다'의 의미를 낳았다. 따라서 '예천(醴泉)'은 달콤한 샘물을 일컫는다. 《예기》에는 "그러므로 하늘에서는 단 이슬이 내리고 땅에서는 단 샘물이 솟아난다(故天降甘露, 地出醴泉. 고천강감로, 지출예천)"라고 나온다.

彭 성씨 팽, 곁 방

péng

"쿵! 쿵! 쿵!" 소리가 나게 '연속'(, 彡터럭 삼)으로 '북'(, 壴악기 이름 주)을 치다

갑

금

전

'彭'의 본뜻은 북소리이고, '매우 많다' '성대하다'의 의미를 낳았다. '彭'의 소리에서 澎(물소리 팽)과 膨(부를 팽)이 파생되었다. 물이 흐르는 소리를 뜻하는 '澎'은 '팽배(澎湃, 물결이 맞부딪혀 솟구치다)'에 쓰이고, 덩치가 큰 몸을 뜻하는 '膨'은 '팽창(膨脹, 부풀어 부피가 커지다)'에 쓰인다. 《설문》은 "'彭'은 북을 쳐서 나는 소리이다"라고 풀이했다. 청(淸)나라의 훈고학자인 주준성(朱駿聲)은 "'彭'은 '壴'와 '彡'으로 이루어진 회의자이다. '彡'은 '三(석 삼)'으로, 북을 세 번 치는 것이다. 처음 북을 칠 땐 병사들의 사기가 높지만 두 번째로 북을 칠 땐 이미 병사들의 투지가 꺾여 세번째로 북을 칠 즈음엔 아예 전쟁에서 이기고 싶은 마음이 없다"라고 해석했다.

갑 금 전

尌 하인 주, 세울 수

shù

'소가죽을 입힌 큰북'(, 壴 악기 이름 주)을 '손'(, , 又 또 우)으로 잡다

고대에 건고(建鼓)는 땅에 세울 수도 있고 편하게 옮길 수도 있어야 해서 간편하게 만들었다. 하지만 고수가 북을 힘껏 치면 받침대가 흔들리고 심하게는 뒤로 넘어가는 문제가 있어 북을 바로 세우고 안정적으로 치기 위해서 반드시 북을 잡고 쳤다. 특히 행진중에 북을 칠 땐 더더욱 북을 잘 잡아야 했다. '尌'은 '세우다'의 의미를 낳았고 뜻, 소리 모두 '豎(세울 수)'와 같아서 옛 중국인은 '尌' 대신에 '豎'를 자주 썼다.

樹 나무 수

shù

'우뚝 솟은'(, 尌 하인 주, 세울 수) '나무'(, 木 나무 목)

'樹'의 간체자는 '尌'를 '对(대할 대)'로 단순화시킨 '树'이다. 하지만 정작 '对'는 '對(대할 대)'의 간체자로, 한자가 서로 일치하지 않는 부분이 있다.

'口(에워쌀 위, 나라 국)'에서 파생된 한자

口 에워쌀 위, 나라 국

wéi

경계선이 있는 구역

或 혹 혹, 나라 역

huò

'무기'(, 戈창 과)를 사용해 '국가'(, 口에워쌀 위, 나라 국)의 '경계'()를 지키다

갑 금 전

'或'은 원래 '국가'를 뜻했지만 훗날 이 뜻을 가리키는 한자는 '國(나라 국)'으로 대체되었다. 국가 간 경계는 성공적으로 지켜질 때도 있지만 그렇지 않을 때도 있어 일정하지 않다. 때문에 '或'에서 '불확실하다' '어쩌면'의 의미가 생겼다. 혹허(或許 huòxǔ, '혹시'를 의미하는 중국어), 혹연율(或然率 huòránlǜ, '확률'의 옛 중국 명칭) 등에 쓰인다. 《설문》은 "'或'은 국가이다"라고 해석했다.

惑 미혹할 혹

huò

'국가의 변경을 지키는'(, 或혹 혹) 병사가 앞으로 자신의 운명이 어떻게 될지 몰라 '마음'(, 心마음 심)이 혼란스럽다

❶ 梱(쥐덫 고), 痼(고질 고), 錮(막을 고), 涸(얼 고), 個(낱 개), 箇(낱 개)

❷ 囹(옥 영·령), 圄(옥 어), 囫(온전할 홀), 圇(완전할 륜·윤), 圓(둥글 원, 화폐 단위 엔), 圈(우리 권, 술잔 권), 園(동산 원), 圃(채마밭 포), 囿(동산 유), 囤(곳집 돈), 團(둥글 단, 경단 단)

❸ 偉(클 위), 緯(씨 위), 煒(빨갈 위, 빛 휘), 葦(갈대 위), 幃(휘장 위), 瑋(옥 위)

❹ 邦(나라 방), 郡(고을 군), 都(도읍 도, 못 지), 鄉(시골 향), 鄰(이웃 린·인), 郊(성밖 교, 들 교), 郵(우편 우), 部(떼 부, 거느릴 부), 郭(둘레 곽), 郎(사내 랑·낭), 鄭(정나라 정), 鄧(나라 이름 등), 鄒(추나라 추), 鄂(나라 이름 악), 邪(간사할 사, 그런가 야, 나머지 여, 느릿할 서), 邱(언덕 구), 郝(땅 이름 학), 邵(땅 이름 소), 那(어찌 나, 어조사 내)

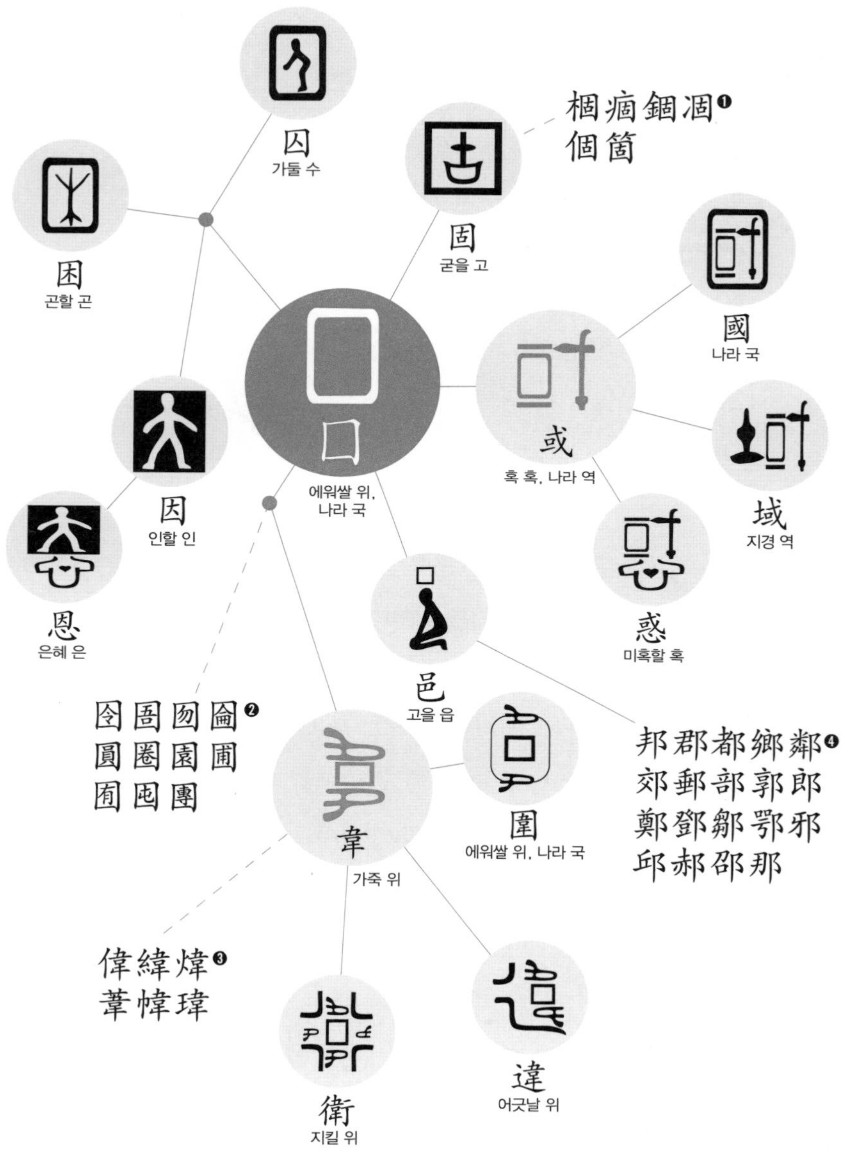

춘추전국시대에 제후국은 서로 패권을 차지하기 위해서 끊임없이 전쟁했다. 강대국이 약소국을 차례차례 공략하는 과정에서 병사들은 늘 언제 죽을지 몰라서 두려움에 떨었다. ‘惑’은 이렇게 국가를 지키는 병사의 두렵고 불안한 마음을 묘사했다. ‘의심하여 염려하다’ ‘혼란하다’라는 뜻이고 곤혹(困惑, 곤란한 일을 당해 어찌할 바를 모르다), 의혹(疑惑, 의심하여 수상히 여기다), 미혹(迷惑, 무엇에 홀려 정신을 못 차리다), 고혹(蠱惑, 아름다움이나 매력에 홀려 정신을 못 차리다) 등에 쓰인다. 《설문》은 “‘惑’은 혼란스러운 것이다”라고 풀이했다.

域 지경 역

yù

‘국가’(, 或혹 혹, 나라 역)가 위치한 ‘땅’(, 土흙 토)

고대 국가는 적이 쉽게 쳐들어오지 못하고 설령 쳐들어와도 쉽게 방어할 수 있는 곳에 세워졌다. 일반적으로 산속이 최적의 위치였다. 따라서 전서 는 ‘가파른 고개’(, 阜언덕 부) 위에 있는 ‘국가’()를 표현한 것이고, 또다른 전서 는 국가()가 위치한 땅()을 표현한 것이다. ‘域’은 ‘일정한 범위 안에 있는 토지’라는 의미를 낳았고 구역(區域, 갈라놓은 지역), 영역(領域, 활동, 기능, 효과, 관심 등이 미치는 일정한 범위), 국역(國域, 국가의 영역), 해역(海域, 바다 위의 일정한 구역) 등에 쓰인다.

國 나라 국

guó

완전한 ‘영토’(, 口에워쌀 위, 나라 국)가 있는 ‘국가’(, 或혹 혹, 나라 역)

수도만 한 곳 덜렁 있는 국가는 완전한 국가라고 할 수

갑

금

전

없다. 국가는 수도 외에 국가가 관리하는 완전한 지역이 또 있어야 한다. '國'의 갑골문 은 '或'과 같고, 국가를 의미한다. 금문 은 바깥에 을 덧붙여 도읍이 관할하는 완전한 영토를 나타냈다. '國'의 간체자는 '国'이지만 가운데에 있는 '玉(구슬 옥)'은 뜻을 나타내지도 않고 소리를 나타내지도 않는다.

갑

금

전

韋 가죽 위

wéi

나라(, 口에워쌀 위, 나라 국) 바깥에 두 짝의 '발바닥'(, 제9장의 '止(발 지, 그칠 지)'편 참조)이 있다

'韋'는 '違(어긋날 위)'와 '圍(에워쌀 위, 나라 국)'의 본자이다. 두 한자가 '韋'를 대체하게 된 뒤에 '韋'는 성씨로 쓰이기 시작했다.

금

전

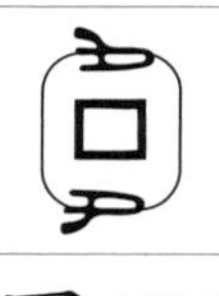

圍 에워쌀 위, 나라 국

wéi

많은 '발바닥'(, 止발 지, 그칠 지)이 '국가'(, 口에워쌀 위, 나라 국)를 '한 바퀴 에워싸다'()

'圍'는 적에 겹겹이 둘러싸인 광경을 묘사했고, 이것에서 '둘러싸다'의 의미가 생겼다. '圍'의 간체자는 '围'이다.

違 어긋날 위

wéi

두 짝의 '발바닥'(, 止발 지, 그칠 지)이 '국가'(, 口에워쌀 위, 나라 국)를 '떠나'(, 辶쉬엄쉬엄 갈 착) 각각 남쪽과 북쪽을 향해 가다

'違'는 춘추전국시대에 무수한 사람이 고향을 등지고

타국으로 떠나는 모습을 묘사했다. '떠나다' '위배되다'의 의미를 낳았고 위배(違背, 법률, 명령, 약속을 지키지 않고 어기다), 위반(違反, 위배) 등에 쓰인다. '違'의 간체자는 '违'이다.

衛 지킬 위

wèi

병사를 보내 사방으로 통하는 '길'(, 行다닐 행, 항렬 항)을 '둘러싸고'(, 韋가죽 위) 지키다

중국의 역대 군왕은 금위군을 설치하고 경성으로 통하는 모든 길목에 병사를 배치했다. 목적은 단 하나, 자신을 안전하게 지키기 위해서이다. '衛'를 구성하는 한자를 낱낱이 풀어 해석하면 고대에 위병이 가진 상징적인 의미를 알 수 있다. 갑골문 은 길목마다 발바닥이 한 짝씩 찍힌 것으로, 모든 길목에 위병을 한 명씩 배치한 것을 표현했다. 금문 은 네 명의 위병( )이 밖에서 보호구역( )을 지키는 것을 표현했다. 관련 단어로는 보위(保衛, 보호하고 방위하다), 경위(警衛, 경계하여 호위하다), 위생(衛生, 건강을 지키기 위해서 대책을 세우는 일), 위성(衛星, 지구, 화성, 목성 등과 같이 행성의 인력에 의하여 그 둘레를 도는 천체) 등이 있다. '衛'의 간체자는 '卫'이다. 한자꼴은 마치 사람이 '땅'(一한 일)에 '무릎을 꿇고 앉아 있는 것'(卩병부 절)과 비슷하다.

갑 금 전

囚 가둘 수

qiú

사람(, 人사람 인)이 테두리(, 囗에워쌀 위, 나라 국) 안에 구금돼 있다

관련 단어로는 수범(囚犯qiúfàn, '죄수'를 의미하는 중국어),

수금(囚禁, 죄인을 잡아 가두다)이 있다.

困 곤할 곤

kùn

나무(, 木나무 목)가 테두리(, 口에워쌀 위, 나라 국) 안에서 크게 자라지 못하다

'빈곤하다' '병이 위중하다'의 의미를 낳았다. 이 밖에 '口'의 뜻에서 파생된 단어와 한자는 영어(囹圄, 감옥), 홀륜(囫圇, 이지러지거나 모자람이 없이 이루어진 완전한 모양의 덩어리), 원권(圓圈 yuánquān, '동그라미'를 의미하는 중국어), 원포(園圃, 과실나무와 채소를 심어 가꾸는 뒤란이나 밭), 囿(동산 유), 囤(곳집 돈), 團(둥글 단, 경단 단) 등이 있다.

'田(밭 전)'과 '用(쓸 용)에서 파생된 한자

'田'의 갑골문 은 획일적으로 나뉜 농경지를 묘사했다. '用'의 갑골문 , , 금문 및 전서 도 널따란 농경지가 획일적으로 나뉜 것을 묘사했다. '用'은 '효과가 나게 하다'의 의미를 낳았고 사용(使用, 물건을 쓰거나 사람을 부리다), 공용(功用, 공을 들인 보람이나 효과), 용법(用法, 사용하는 방법) 등에 쓰인다.

한자는 주로 '用'과 '田'을 써서 농경지를 표현한다. 또한 두 한자가 서로 대체되어 쓰이는 점에서 두 한자의 뜻이 같은 것을 알 수 있다. 예를 들어 '甫(클 보, 채마밭 포)'는 갑골문 에서 금문 으로 바뀔 때 '田'이 '用'으로 바뀌었다. 똑같은 현상은 '圃(채마밭 포)'(금문 , 전

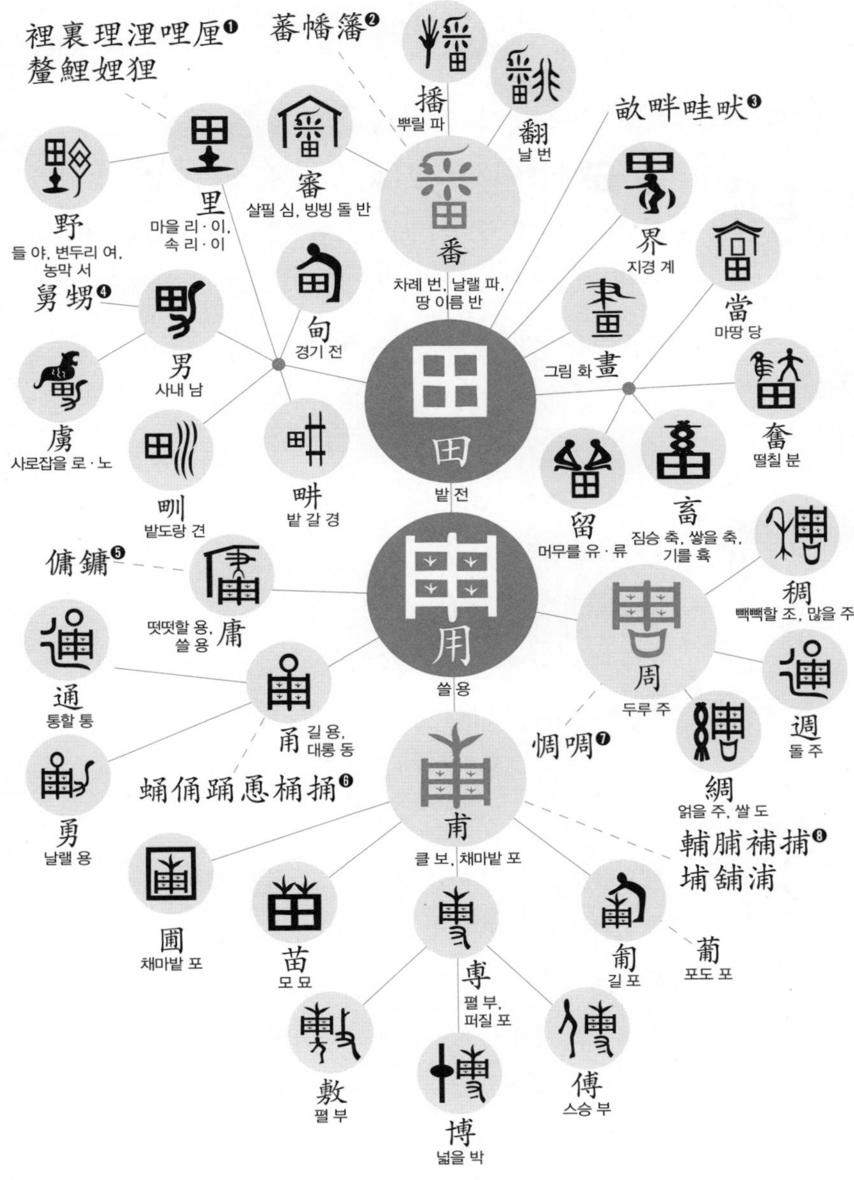

❶ 裡(속 리·이), 裏(속 리·이), 理(다스릴 이·리), 浬(해리 리·이. '해리'는 거리의 단위. 1해리는 1852미터에 해당), 哩(어조사 리·이), 厘(다스릴 리·이, 가게 전), 釐(다스릴 리·이, 복 희, 보리 래·내, 땅 이름 태, 줄 뢰·뇌), 鯉(잉어 리·이), 娌(동서 리·이), 狸(삵 리·이, 묻을 매)

❷ 蕃(우거질 번, 고을 이름 피), 幡(깃발 번, 날 번), 藩(가릴 번)

❸ 畝(이랑 무·묘), 畔(밭두둑 반, 배반할 반), 畦(밭두둑 휴), 畎(밭도랑 견)

❹ 舅(시아버지 구, 외삼촌 구), 甥(생질 생)

❺ 傭(품 팔 용, 고를 총), 鏞(쇠북 용)

❻ 蛹(번데기 용), 俑(목우 용), 踊(뛸 용), 恿(날랠 용), 桶(통 통, 되 용), 捅(나아갈 통)

❼ 惆(실심할 추. '실심하다'는 근심 걱정으로 맥이 빠지고 마음이 산란해짐을 의미), 啁(비웃을 조, 새소리 주)

❽ 輔(도울 보), 脯(포 포, 회식할 보), 補(기울 보, 도울 보), 捕(잡을 포), 埔(땅 이름 포), 舖(펼 포, 가게 포), 浦(개 포)

서) 및 '周(두루 주)'(금문 , 전서)에서도 나타난다.

밭을 가는 것은 남자의 본분

갑

금

전

男 사내 남

nán

'밭'(, 田밭 전)에서 '힘'(, 力힘 력)을 쓰는 사람

상나라 사람과 주나라 사람은 한자를 만들 때 늘 교육적인 기능을 함께 고려했다. '男'만 봐도 당시 사회가 남자에게 밭을 갈고 농사짓는 것을 기대했음을 알 수 있다. '甫(클 보, 채마밭 포)'도 비슷한 개념으로 만들어졌다.

虜 사로잡을 로·노

lǔ

밭에서 일하던 '남자'(, 男사내 남)가 '호랑이'(, 虎범 호)에게 잡혀가다

고대 중국 남자는 밖에서 황무지를 개간하거나 농사를 지을 때 가끔씩 독사나 맹수를 만났다. 그중에서도 가장 두려운 맹수는 고대에 대충(大蟲)이라고 불린 호랑이였다.

파종

금

전

番 차례 번

fān

'씨앗'(, 釆분별할 변)을 한 개씩 '밭'(, 田밭 전)에 심다

밭에 씨를 뿌리려면 먼저 옹골진 씨를 골라야 한다. '釆'()은 원래 불순물을 정성껏 골라낸 쌀이지만 '番'에선 씨앗의 의미로 쓰였다. 농부는 씨를 뿌릴 때 먼저 땅을 갈고 씨를 뿌린 뒤에 다시 그 위에 흙을 살포시 덮는다. 지금처럼 농기계가 없던 고대에는 일일이 사람 손으로 씨를 뿌려야 했기 때문에 농부는 파종을 마칠 때까지 몇 번이고 이 과정을 반복했고, 이것에서 '번갈아가며 바꾸다'의 의미가 생겼다. 삼번량차(三番兩次 sānfānliǎngcì, '수차례'를 의미하는 중국어), 기번(幾番, 몇 번) 등에 쓰인다.

翻 날 번

fān

밭을 갈아엎고(非, 非아닐 비) 씨를 뿌리다(番, 番차례 번)

전서 [전서]는 '파종'(番)하기 전에 먼저 '풀'(屮)이 난 땅을 '갈아엎는 것'(非)을 표현했다. 非(非)는 서로 맞닿아 있는 한 쌍의 날개이고, '뒤엎다'의 의미가 있다. 또 다른 전서 [전서]는 非을 羽(羽깃 우)로 바꿨다. 번전(翻轉 fānzhuǎn, '뒤치다'를 의미하는 중국어), 번토(翻土 fāntǔ, '땅을 갈아엎다'를 의미하는 중국어) 등에 쓰인다.

播 뿌릴 파

bō

'손'(手, 手손 수)으로 '정성껏 고른 씨앗'(釆, 釆분별할 변)을 '논'(田, 田밭 전)에 뿌리다

관련 단어로는 파종(播種, 씨뿌리기), 산파(散播, 흩어뿌리기), 광파(廣播, 씨를 넓게 뿌리다) 등이 있다.

1953년에 중국은 식량난을 해결하기 위해서 농부가 양식을 몰래 비축하는 것을 엄격하게 금지하고 국가가 일괄적으로 식량을 수매하고 판매하는 제도를 실시했다. 하지만 식량 부족 문제가 나날이 심각해지자 많은 중국인이 몰래 양식을 숨겼다가 당국에 들켜 비판 투쟁을 당하거나 징역을 살았다. 고대 상(商)나라에 기근이 들었을 때도 사람들이 식량을 사재기하거나 몰래 숨기는 일이 비일비재하게 일어났다. 한자 '審(살필 심)' '奧(깊을 오, 따뜻할 욱)' '粵(말 내킬 월)' 등은 이런 현상을 묘사했다.

審 또는 宷

살필 심

shěn

'논'(, 田밭 전)에서 수확한 '쌀'(, 釆분별할 변)을 '집안'(, 宀집 면)에 숨겼는지 자세히 따져 묻다

금문 은 '집안'()에 '쌀'()을 숨겼는지 자세하게 '따져 묻는 것'()을 표현했다. 전서 는 심문하는 '입(口입 구)'을 '田'으로 바꿔 '논'에서 수확한 '쌀'을 '집안'에 숨겼는지 따져 묻는 것을 나타냈다. '宷'은 '審'의 본자이고 관련 단어로는 심문(審問, 자세히 따져서 묻다), 심사(審査, 자세히 조사해서 등급이나 등락을 결정하다) 등이 있다. '審'의 간체자는 '审'이다.

奧 깊을 오, 따뜻할 욱

ào

'두 손'()으로 '쌀'(, 釆분별할 변)을 '집'(, 宀집 면) 안 깊숙한 곳에 숨기다

'은밀한 곳' '꼭꼭 감추다'의 의미를 낳았고 심오(深奧, 사상이나 이론이 깊이가 있고 오묘함을 뜻하는 '심오하다'의 어근), 오비(奧秘 àomì, '신비'를 의미하는 중국어), 오묘(奧妙, 심오하고 묘함을 뜻하는 '오묘하다'의 어근) 등에 쓰인다. 몰래 양식을 숨겼다가 당국에 들켜 교도소에 간 사람은 자신의 행동을 얼마나 후회할까? '懊(한할 오, 슬플 욱)'는 '양식을 몰래 숨기곤'(奧) 뒤늦게 후회하는 '마음'(心)을 의미한다.

粵 말 내킬 월

yuè

'쌀'(米, 釆분별할 변)을 '집안'(宀, 宀집 면)의 눈에 잘 안 띄는 구석'에'(亐, 亐어조사 우, 이지러질 휴) 숨기다

옛 중국인은 외지고 산이 많은 광둥성, 광시성이나 항저우 부근에서 광둥성에 이르는 연해 지역을 '粵'라고 불렀다.

전

모 키우기와 모내기

甫 클 보, 채마밭 포

fŭ

갑 금 전

논(田, 用쓸 용)에서 '모'(屮)를 키우다

고대 농업사회에서 농사를 짓는 것이 본분이었던 남자들에게 볍씨의 싹을 틔우는 것은 첫째 임무였다. '甫'는 원래 '모를 키우다'라는 뜻이고 두 가지 의미를 파생시켰다. 첫째는 볍씨에서 막 싹이 나기 시작한 것에서 '시작하다' 또는 '지금 막'이라는 의미가 생겼다. 둘째는 아버지나 남자, 다시 말해서 책임을 다하는 남자를 아름답게 부르는 것을 의미한다. 태보(台甫táifŭ, '귀하의 자(字)'를 의미하는 중국어), 이보(尼甫, 공자의 시호) 등에 쓰인다. '甫'는 '苗(모 묘)'의 본자이다.

苗 모 묘

miáo

'논'(田, 田밭 전)에서 자라는 '풀'(艸, 草풀 초), 즉 모

금

전

圃 채마밭 포

pǔ

'키운 모'(甫, 甫클 보, 채마밭 포)로 땅을 '둘러싸다'(囗, 囗에워쌀 위)

채포(菜圃, 전문적으로 채소를 심어 가꾸는 규모가 큰 밭), 화포(花圃, 꽃밭) 등에 쓰인다. 모를 넓은 공간에서 충분한 양분을 공급하며 키우려면 모판에서 싹을 틔운 뒤에 논에 옮겨 심어야 하는데 이것을 '삽앙(插秧, 모내기)'이라고 부른다. 뒤이어 소개되는 몇몇 한자는 모내기와 관련이 있다.

匍 길 포

pú

'허리를 숙이고'(勹, 勹쌀 포) '모를 논에 심다'(甫, 甫클 보, 채마밭 포)

'엎드리다'의 의미를 낳았다. 관련 단어로는 포복전진(匍匐前進, 기어서 전진하다), 포복경(匍匐莖, 기는줄기)이 있다.

금

전

尃 펼 부, 퍼질 포

fū

'손'(寸, 寸마디 촌)으로 '모를 논에 심다'(甫, 甫클 보, 채마밭 포)

傅 스승 부

fù

'손'(寸, 寸마디 촌)으로 '모를 논에 심는'(甫, 甫클 보, 채마밭 포) '사람'(亻, 人사람 인)

‘傅’는 모를 잘 키우는 사람을 묘사했고, 이것에서 ‘양성하는 사람’이라는 의미가 생겼다. 제자가 스승을 높여 부를 때 ‘사부(師傅)’라고 부른다. 제자를 전문 능력이 있는 사람으로 키우기 때문이다. 고대에 어린 군왕을 보좌하는 대신을 ‘부상(傅相)’이라고 불렀고 왕실의 자녀를 보육하는 사람을 ‘부부(傅父)’라고 불렀다.

博 넓을 박

bó

‘십’(, 十열 십)방의 땅까지 ‘모를 심다’(, 尃펼 부, 퍼질 포) ‘광대하다’의 의미를 낳았다. ‘十’은 완전함을 의미하는 숫자이다. 광박(廣博, 학문이나 식견 따위가 넓음을 뜻하는 ‘광박하다’의 어근), 연박(淵博, 학문이나 교양이 깊고 넓음을 뜻하는 ‘연박하다’의 어근) 등에 쓰인다.

敷 펼 부

fū

‘손에 도구를 들고’(, 攴칠 복) ‘모’(, 尃펼 부, 퍼질 포)를 각 ‘방향’(, 方방위 방)에 심다

모내기 때 농부는 모를 가지런하게 심기 위해서 도구를 사용해서 모의 줄을 맞춘다. ‘敷’는 ‘외부로 균형 있게 넓게 퍼져나가다’의 의미를 낳았다. 부연(敷衍, 덧붙여 알기 쉽게 자세히 설명하다) 등에 쓰인다.

모를 가득 심은 논

周 두루 주

zhōu

모든 ‘농경지’(, 用쓸 용)를 충분히 계획적으로 이용해야 많은 사람이 배불리 ‘먹을 수 있다’(, 口입 구)

갑

금

전

갑골문 田은 모를 빼곡히 심은 논을 표현했고, '완전하다' '가득 널려 있다'를 의미한다. 이 갑골문을 보면 상(商)나라와 주(周)나라 사람들이 토지를 얼마나 잘 이용했는지 알 수 있다. 주나라가 스스로 자국을 '周'라고 부른 것은 토지를 구획하고 충분히 이용해서 농산물을 풍족하게 생산하는 강력한 농업 국가였기 때문이다.

금문 𠱐은 '口'를 덧붙였고, 전서 周는 모를 생략하고 '田(밭 전)'을 '用'으로 바꿔 모든 농경지를 충분히 계획적으로 이용해(用, 用) 많은 사람이 배불리 먹는 것을(口, 口) 표현했다. 관련 단어로는 주전(周全, 빈틈없이 두루 온전함을 뜻하는 '주전하다'의 어근), 주연(周延, 어떤 개념을 포함하는 판단이 그 개념의 외연 전부에 대하여 무엇인가를 주장하고 있을 때 그 개념의 상태를 이르는 말), 원주(圓周, 원둘레), 주년(周年, 일 년을 단위로 돌아오는 돌을 세는 단위) 등이 있다. '周'에서 파생된 한자 중에서 '週(돌 주)'(週)는 한 바퀴를 두루(周) 돈(⻎ 쉬엄쉬엄 갈 착) 것을 의미하고 주전(週轉zhōuzhuǎn, '돌리다' '자금을 회전시키다'를 의미하는 중국어)에 쓰인다. '稠(빽빽할 조, 많을 주)'(稠)는 모(周)가 가득 심어진 것(禾)을 표현했다.

논두렁 밭두렁

금

전

甬 길 용

yǒng

'밭'(用, 用쓸 용) 사이에 물을 대는 '길'(○)

'甬'은 '통로'의 의미를 낳았고, '通(통할 통)'의 본자이다. 《사기》에 "甬道相連(용도상련, 길은 서로 연결돼 있다)" "築甬道(축용도, 길을 만들다)" "절기용도(絕其甬道, 그 길을 끊다)"라고 나오고, 《묵자(墨子)》에 "爲作水甬, 深四尺(위작수용, 심사척. 수로로 쓰려면 깊이가 4척은 되어야 한다)"라고 나온다. 이른바 '수용(水甬)'은 수로를 의미한다. 전서 [전서]는 지층에서 '물'([물])이 솟아나는 길을 표현했다.

'甬'의 금문 [금문]은 물이 흐를 수 있게 '밭'(田밭 전)의 입'구'(口입 구, [口])를 열어놓은 것을 표현했다. '甬'은 처음에 '밭 사이에 물을 대는 길'을 의미했다가 점점 양쪽에 벽이 있는 통로나 지하도의 의미로 쓰이게 되었고, 지금은 일반적인 길을 지칭하는 용어로 광범위하게 쓰인다. '甬'의 독음에서 파생된 한자는 蛹(번데기 용), 俑(목우 용), 踴(뛸 용), 踊(뛸 용), 恿(날랠 용), 桶(통 통, 되 용), 捅(나아갈 통) 등이 있다.

通 통할 통

tōng

'밭 사이의 통로'([甬], 甬길 용)를 '걸어 다니다'([辵], 辶쉬엄쉬엄 갈 착)

관련 단어로는 통로(通路, 통하여 다니는 길), 상통(相通, 서로 막힘없이 길이 통하다, 서로 마음과 뜻이 통하다), 통순(通順tōngshùn, '문장이 매끄럽다'를 의미하는 중국어) 등이 있다.

[전서] 전

勇 날랠 용

yǒng

있는 '힘'([力], 力힘 력·역)을 다해 '길'([甬], 甬길 용)을 개척하다

'勇'은 선봉대가 겹겹의 포위망을 뚫고나가는 모습과 비슷하다. 또다른 전서 [전서]는 무기([戈])를 사용해 길을 내는 것을 표현했다.

[전서] 전

힘들게 농사짓는 사람

고대 중국은 무수히 많은 사람이 오로지 군왕, 귀족, 지주를 위해서 농사를 지었다. 전농(佃農)과 용인(庸人)은 이렇게 고생하며 농사를 지은 사람을 가리킨다.

남의 '밭'(田)에서 농사를 지어주고 몇 푼 안 되는 수확물을 받는 '사람'(人)

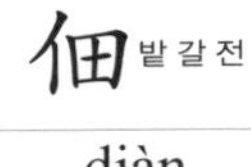

佃 밭 갈 전

diàn

집 앞(, 广집 엄, 넓을 광, 암자 암)에 있는 논밭(, 用쓸 용)에서 농기구(, 干방패 간)를 들고 열심히 농사를 짓는 사람

庸 떳떳할 용, 쓸 용

yōng

'庸'은 '평범하다' '열심히 일하다'의 의미를 낳았고 평용(平庸píngyōng, '평범하다'를 의미하는 중국어), 수용(酬庸chóuyōng, '사례하다'를 의미하는 중국어) 등에 쓰인다. 고대에 '庸' '傭(품팔 용, 고를 총)' '佣(품 팔 용, 고를 총)'은 서로 통용되었다.

'㕣(산속 늪 연, 공평할 공)에서 파생된 한자

큰 강과 바다는 여러 지류의 물길이 한곳에서 만나 이루어진다. 빗물은 산속의 냇물을 따라 흐르고, 제각각 흐르던 냇물은 다 같이 한곳에서 만나 강을 이루고, 강물은 다시 더 넓은 곳에서 한데 모여 바다를 이룬다. '八(여덟 팔)'은 강물이 갈라져 흐르는 것을 의미하고, '口(입 구)'는 한곳에서 모이는 것을 의미한다. 다음에 소개하는 한자에서도 '八'과 '口'는 같은 의미로 쓰인다.

台 산속 늪 연, 공평할 공

yǎn

냇물이 여러 갈래로 흩어져 흐르다가(丿㇏, 八여덟 팔) 강의 입구(□, 口입 구)에서 합쳐지다

'沿(물 따라갈 연, 따를 연)'과 '谷(골 곡, 곡식 곡)'의 본자이다.

전

沿 물 따라갈 연, 따를 연

yán

빗물(氵, 水물 수)이 냇물을 따라 흩어져 흐르다가(丿㇏, 八여덟 팔) 강의 입구에서 합쳐지다(□, 口입 구)

鉛 납 연

qiān

가열한 '금속'(金, 金쇠 금)의 액체가 흩어져 흐르다가(丿㇏, 八여덟 팔) 모형(□, 口입 구)에 들어가다

은상(殷商)시대의 대규모 청동 작업장이나 청동 기물을 보면 상나라는 납과 동 같은 금속을 합금하는 기술이 매우 발달했고 모형을 이용해서 금속 물품을 대량으로 생산한 것을 알 수 있다.

금
전

船 배 선

chuán

배(月, 舟배 주)가 항구(口, 口입 구)에서 흩어져 나왔다가(丿乀, 八여덟 팔) 다시 물길을 따라 항구로 돌아가다

은(殷)나라와 상(商)나라 사람들은 항해술이 뛰어나서 항구는 오고가는 배들로 날마다 붐볐다. '船'은 갑골문에서 발견되지 않았다. 한데 어쩌다가 '舟(배 주)'를 대신하게 되었을까? 아마 배를 이용한 운송 기술과 항구의 기능을 더 잘 나타내기 때문이리라.

갑
금
전

谷 골 곡, 곡식 곡

gǔ

협곡 양쪽의 높은 산 위에서 냇물이 '흩어져 흐르다가'(丿乀, 八여덟 팔) 협곡의 입구(口, 口입 구)에서 한데 합쳐지다

'谷'은 물의 흐름이 합쳐지는 곳이다. 《이아》는 "물이 산골짜기로 모여 흐르는 것이다"라고 설명했다.

容 얼굴 용

róng

산'골짜기'(谷, 谷골 곡, 곡식 곡) 가득, '집안'(宀, 宀집 면) 가득 화물을 쌓아놓을 수 있다

'짐을 담을 수 있는 물건'이라는 의미를 낳았다. 용기(容器, 물건을 담는 그릇), 포용(包容, 남을 너그럽게 감싸거나 받아들이다), 용납(容納, 너그러운 마음으로 남의 말이나 행동을 받아들이다) 등에 쓰인다.

欲 하고자 할 욕

yù

'입을 벌린 사람'(, 欠하품 흠)이 산'골짜기'(, 谷골 곡, 곡식 곡)처럼 볼이 패어 배고파하다

'강렬하게 욕망하다'의 의미를 낳았다.

浴 목욕할 욕

yù

목욕하기 위해서 '물'(, 水물 수)을 '모으다'(, 谷골 곡, 곡식 곡). '谷'은 소리를 나타낸다

裕 넉넉할 유

yù

'옷'(, 衣옷 의)을 많이 '모으다'(, 谷골 곡, 곡식 곡). '谷'은 소리를 나타낸다

금

전

고대에는 옷이 턱없이 부족해서 많은 사람이 옷 한 벌로 수년을 났다. 하지만 살림살이가 풍족한 사람은 옷을 여러 벌 지어 번갈아 입었고, 이것에서 '넉넉하다'의 의미가 생겼다. 관련 단어로는 부유(富裕, 재물이 넉넉하다), 관유(寬裕, 마음이 너그럽다) 등이 있다. 《설문》은 "'裕'는 옷이 많은 것이다"라고 풀이했다.

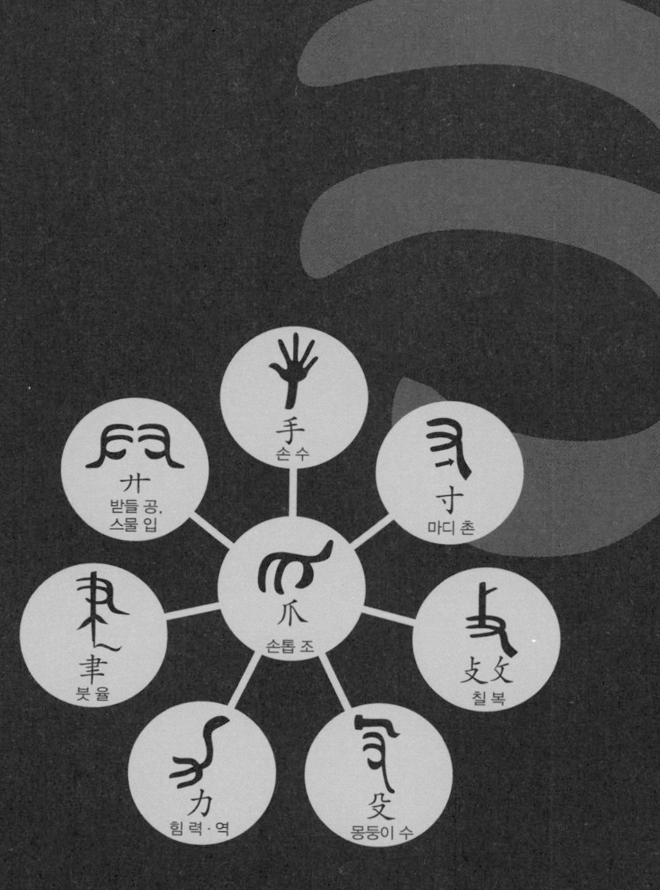

手
손 수
廾
받들 공,
스물 입
寸
마디 촌
爪
손톱 조
聿
붓 율
攴 攵
칠 복
力
힘 력·역
殳
몽둥이 수

제
8
장

손

갑골문은 세 개의 손가락(𠂇)으로 '손'을 표현했다. 𠂇(又 또 우)는 손에 관한 중요한 기초 한자를 무수히 파생시켰는데, 又(또 우), 𠂇(左(왼 좌)에서 工(장인 공)을 뺀 글자), 爪(손톱 조), 攴(칠 복), 殳(몽둥이 수), 寸(마디 촌), 力(힘 력·역), 九(아홉 구), 聿(붓 율), 丑(소 축, 추할 추), 叉(갈래 차), 手(손 수) 등이 그 예이다.

손과 관계있는 중요한 기초 한자

그림문자	기초 한자	본뜻	파생된 한자
	𠂇	왼손	左(왼 좌), 有(있을 유), 灰(재 회), 布(베 포), 差(어긋날 차), 隨(따를 수), 墮(떨어질 타), 惰(게으를 타), 穩(평온할 온), 隱(숨길 은), 炭(숯 탄), 碳(탄소 탄), 恢(넓을 회), 拻(마주칠 회), 搓(비빌 차) 등
	攴 칠 복	손에 기구를 들다	敗(패할 패), 牧(칠 목), 更(고칠 경, 다시 갱), 改(고칠 개), 便(편할 편, 똥오줌 변), 啟(열 계), 肇(비롯할 조), 救(구원할 구), 赦(용서할 사), 攻(칠 공), 放(놓을 방), 敲(두드릴 고)
	殳 몽둥이 수	손에 긴 몽둥이를 들다	役(부릴 역), 擊(부딪칠 격), 投(던질 투, 머무를 두), 發(쏠 발, 필 발), 殺(죽일 살, 감할 살), 毁(헐 훼), 殹(앓는 소리 예), 醫(의원 의), 般(가지 반, 일반 반), 搬(옮길 반), 殷(성할 은), 毅(굳셀 의), 毆(때릴 구) 등
	寸 마디 촌	신중하게 일을 처리하다	尊(높을 존), 專(오로지 전), 射(쏠 사), 導(인도할 도), 耐(견딜 내), 冠(갓 관), 壽(목숨 수), 守(지킬 수), 寺(절 사, 관청 시), 等(무리 등, 가지런할 등), 待(기다릴 대), 時(때 시), 封(봉할 봉), 付(줄 부), 府(곳집 부), 討(칠 토), 尋(찾을 심), 得(얻을 득)
	爪 손톱 조	손으로 잡다	妥(온당할 타), 孚(미쁠 부), 奚(어찌 해), 爲(할 위), 爭(다툴 쟁), 爰(이에 원), 受(받을 수), 蚤(벼룩 조), 舀(퍼낼 요), 稻(벼 도), 采(캘 채), 彩(무늬 채), 採(캘 채), 菜(나물 채), 覓(찾을 멱), 稱(일컬을 칭), 虐(모질 학)
	力 힘 력·역	힘이 센 팔	男(사내 남), 虜(포로 로·노), 功(공 공), 勞(일할 노·로), 勒(굴레 륵·늑), 辦(힘들일 판, 다스릴 판), 劫(위협할 겁), 勦(노곤할 초), 飭(신칙할 칙. '신칙하다'는 단단히 타일러서 경계함을 의미), 加(더할 가), 嘉(아름다울 가), 賀(하례 하), 幼(어릴 유), 劣(못할 렬·열), 劦(합할 협), 協(맞을 협) 등
	聿 붓 율	손에 대나무 붓을 쥐다	筆(붓 필), 書(쓸 서), 畵(그림 화), 晝(낮 주), 律(법률·율), 建(세울 건, 엎지를 건), 肅(엄숙할 숙), 蕭(맑은대쑥 소), 肆(방자할 사), 肄(익힐 이), 肇(칠 조) 등

	九 아홉 구	길게 쭉 편 팔	究(궁구할 구), 仇(원수 구), 軌(바퀴 자국 궤), 旭(아침해 욱), 染(물들 염), 旬(열흘 순), 勻(적을 균), 均(고를 균), 禸(발자국 유), 禹(하우씨 우), 萬(일만 만), 禺(긴꼬리원숭이 우), 禽(새 금), 擒(사로잡을 금), 离(떠날 리·이, 산신 리·이), 離(떠날 리·이) 등
	手 손 수	다섯 손가락	失(잃을 실), 找(채울 조), 拜(절 배, 뺄 배), 拿(잡을 나), 掌(손바닥 장), 擘(엄지손가락 벽), 摩(문지를 마), 拳(주먹 권), 攀(더위잡을 반), 擎(들 경), 摹(베낄 모), 投(던질 투, 머무를 두), 打(칠 타), 扛(들 강), 按(누를 안), 抗(겨룰 항), 把(잡을 파) 등
	叉 갈래 차	갈라진 손가락	朮(차조 출), 述(지을 술), 術(꾀 술), 殺(죽일 살, 감할 살), 刹(절 찰) 등
	丑 소 축, 추할 추	되돌리다	紐(맺을 뉴·유), 扭(묶을 뉴·유), 鬥(싸울 두·투·각), 鬩(다툴 혁, 고요할 격), 鬧(시끄러울 료·요·뇨), 羞(부끄러울 수), 忸(익을 뉴·유, 부끄러워할 뉵·육), 妞(아가씨 뉴·유) 등
	隶 미칠 이·대, 종 례·예	손으로 동물의 꼬리를 잡다	逮(잡을 체), 盡(다될 진), 隸(붙을 례·예), 燼(불탄 끝 신), 儘(다할 진) 등
	芻 꼴 추	풀을 뽑다	雛(병아리 추), 犓(소 먹일 추), 趨(달아날 추, 재촉할 촉), 皺(주름 추), 鄒(추나라 추) 등
	支 지탱할 지, 가를 지	손에 대나무 가지를 쥐다	鼓(북 고), 肢(사지 지), 翅(날개 시), 枝(가지 지), 妓(기생 기), 技(재주 기) 등
	皮 가죽 피	손으로 뱀의 가죽을 벗기다	克(이길 복), 破(깨트릴 파), 被(이불 피), 披(헤칠 피), 波(물결 파, 방죽 피), 坡(언덕 파), 陂(방죽 피, 비탈 파), 包(쌀 포), 疲(지칠 피), 頗(자못 파), 玻(유리 파) 등
	尹 성씨 윤, 다스릴 윤	손에 홀을 쥐다	君(임금 군), 窘(군색할 군), 群(무리 군), 裙(치마 군), 郡(고을 군), 伊(저 이) 등
	尤 더욱 우	남다르게 긴 팔	就(나아갈 취, 관대할 여), 蹴(찰 축), 尷(절뚝거릴 감), 尬(절름발이 개), 疣(혹 우), 猷(꾀 유), 魷(오징어 우) 등

	庚 별 경	손에 농기구를 들고 바쁘게 추수하다	康(편안할 강), 唐(당나라 당), 庸(쓸 용), 慷(슬플 강), 糠(겨 강), 糖(엿 당·탕), 塘(못 당) 등
	廾 받들 공, 스물 입	양손	友(벗 우), 爭(다툴 쟁), 爰(이에 원), 曳(끌 예), 受(받을 수), 承(이을 승), 丞(정승 승, 도울 승, 나아갈 증), 拯(건질 증), 兵(군사 병), 戒(경계할 계), 共(함께 공), 巷(거리 항), 具(갖출 구), 算(셀 산), 異(다를 이·리), 冀(바랄 기), 戴(일 대), 開(열 개, 평평할 견), 弄(희롱할 롱·농), 奕(클 혁), 奧(깊을 오, 따뜻할 욱), 申(거듭 신, 아홉째 지지 신), 神(귀신 신), 電(번개 전), 奄(문득 엄), 臾(잠깐 유), 舂(찧을 용), 椿(말뚝 장, 칠 용), 奉(받들 봉), 秦(성씨 진, 나라 이름 진), 圈(우리 권), 眷(돌볼 권), 與(더불 여, 줄 여), 興(일 흥, 피 바를 흔), 輿(수레 여, 명예 예), 盥(대야 관, 깨끗할 관), 帥(장수 수, 거느릴 솔) 등
기타			隻(외짝 척), 雙(쌍 쌍), 秉(잡을 병), 兼(겸할 겸), 廉(청렴할 렴·염), 父(아버지 부, 아비 부), 斧(도끼 부), 丈(어른 장), 反(돌이킬 반, 되돌릴 반), 馭(말 부릴 어), 疌(베틀 디딜판 섭, 빠를 첩), 捷(빠를 첩, 이길 첩), 取(취할 취), 彗(살별 혜·수·세. '살별'은 혜성을 의미), 雪(눈 설), 慧(슬기로울 혜), 叟(늙은이 수), 搜(찾을 수) 등

한 손을 표현한 한자

많은 사람이 주로 오른손을 사용하는 습관이 있다. 그래서 오른손은 대부분 왼손보다 힘이 세다. 양손의 차이점은 문화에도 반영되어 오른쪽은 존귀하고 왼쪽은 비천하다는 개념이 형성되었다. 예를 들어 연회에서 자리를 배정할 때 오른쪽은 귀하고 높은 사람이 앉고 왼쪽은 이보다 아래인 사람이 앉으며, 관직이나 지위가 높아진 것을 우천(右遷),

낮아진 것을 좌천(左遷)이라고 부른다. 이런 문화적 배경은 ‘左(왼 좌)’와 ‘右(오른쪽 우, 도울 우)’에 깊은 영향을 줬다.

‘𠂇’ – 왼손

左 왼 좌

zuǒ

부하가 ‘왼손’( )에 ‘공이’(, 工장인 공)를 들고 상사가 시킨 일을 완성하다

‘左’는 ‘보조하다’ ‘왼손’ ‘저급하다’ 등의 의미가 있다. 훗날 ‘보조하다’를 의미하는 ‘左’는 ‘佐(도울 좌)’가 되었다.

右 오른 우, 도울 우

yòu

상사가 ‘말로 지도하는’( ) 동시에 ‘오른손’( )으로 부하를 부축하다

‘又(또 우)’( )와 ‘右’( )는 모두 오른손을 의미하고 소리도 같다.(제7장의 ‘右’편 참조) 하지만 안타깝게도 ‘右’의 금문 과 전서 에 등장한 오른손은 예서 때 왼손으로 바뀌었다.

현대 한자	금문	본뜻	파생된 의미	파생된 한자
左 왼 좌		아랫사람이 윗사람을 돕다	왼손, 저급하다, 지위가 낮아지다	佐(도울 좌)
右 오른 우		윗사람이 아랫사람을 돕다	오른손, 존귀하다, 지위가 높아지다	佑(도울 우)

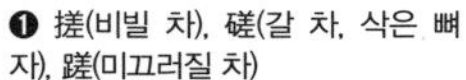

❶ 搓(비빌 차), 磋(갈 차, 삭은 뼈자), 蹉(미끄러질 차)

❷ 佈(펼 포), 怖(두려워할 포), 鈽(철판 포)

❸ 侑(권할 유), 囿(동산 유), 鮪(참다랑어 유), 郁(성할 욱, 답답할 울, 울창할 울)

❹ 恢(넓을 회), 挾(마주칠 회), 詼(조롱할 회), 盔(주발 회)

❺ 炭(숯 탄), 碳(탄소 탄)

橢
길쭉할 타,
수레통 가운데 그릇 와

隨
따를 수,
게으를 타

墮
떨어질 타, 무너뜨릴 휴

隋
수나라 수, 떨어질 타

惰
게으를 타

佐
도울 좌

隱
숨을 은

差
다를 차, 차별 치, 버금 채

左
왼 좌

穩
편안할 온, 편안할 은

搓磋蹉❶

布
베 포, 펼 포, 보시 보

ナ

灰
재 회

佈怖鈽❷

恢挾詼盔❹

有
있을 유

炭碳❺

侑囿鮪郁❸

有 있을 유

yǒu

왼손(, 𠂇)에 '고기'(, 肉고기 육)를 한 덩이 들다. 좋은 것을 가지고 있음을 의미한다

灰 재 회

huī

'손'(, 𠂇)으로 만질 수 있는 꺼진 '불'(, 火불 화). 불에 타고 남은 재를 의미한다

'灰'의 뜻에서 炭(숯 탄)과 碳(탄소 탄)이 파생되었고, 소리에서 恢(넓을 회), 扌灰(마주칠 회), 詼(조롱할 회), 盔(주발 회) 등이 파생되었다. 《설문》은 "'灰'는 불이 꺼진 뒤에 남은 재이다"라고 풀이했다.

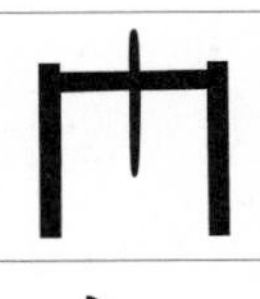

巾 수건 건

jīn

베틀(, 冂멀 경)에 있는 실(, 丨뚫을 곤)

신석기시대의 하모도 문화는 원시적인 베틀 및 칼, 북과 같은 방직 도구를 사용했다. 갑골문 은 '冂'과 '丨'으로 이루어졌는데 '冂'은 베틀의 지축과 틀이고 '丨'은 실이다. 실이 있으면 각양각색의 방직품을 만들 수 있다. 따라서 '巾'의 뜻에서 파생된 한자, 예컨대 帛(비단 백), 布(베 포), 帕(머리띠 말·파, 휘장 첩), 帶(띠 대), 帽(모자 모), 帆(돛 범), 帳(장막 장), 帷(휘장 유), 幃(휘장 위), 幕(장막 막), 幣(화폐 폐), 席(자리 석), 帘(발 렴·염), 帖(문서 첩, 체지 체), 幔(막 만), 幟(기 치), 幅(폭 폭, 행전 핍, 두건 복), 幌

(휘장 황), 幀(그림 족자 정·탱), 希(바랄 희, 칡베 치) 등은 모두 방직품과 관계있다. 단독으로 쓰일 때 '巾'은 휴대하고 다니는 작은 천을 의미하고 모건(毛巾máojīn, '수건'을 의미하는 중국어), 두건(頭巾, 머리에 쓰는 헝겊으로 만든 물건), 위건(圍巾wéijīn, '목도리'를 의미하는 중국어) 등에 쓰인다. 《설문》은 "'巾'은 '冂'과 '丨'으로 이루어졌다. '丨'은 천을 묶는 끈이다"라고 설명했다.

금 전

布 베 포

bù

'손'(, 𠂇)에 북을 잡고 씨실을 풀어 '천'(, 巾수건 건)을 짜다

고대 중국에서 천을 짜는 사람은 반드시 베틀의 북을 잡고 천을 짰다. 북은 팔꿈치보다 약간 짧은 길이의 목재 도구로, 날실의 틈을 왔다갔다하면 한 필의 천이 완성된다. 금문 은 '손에 북을 잡고'() '천'()을 짜는 것이고, 이것에서 '방직품'이라는 의미가 생겼다. 관련 단어로는 말포(抹布mābù, '걸레'를 의미하는 중국어), 사포(紗布shābù, '거즈'를 의미하는 중국어), 면포(綿布, 무명) 등이 있다. 또한 천을 짤 때 실이 가로세로로 가지런하게 놓이는 점에서 '배열하다' '분산하다'의 의미가 생겼다. 이럴 땐 포치(布置, 넓게 늘어놓다), 산포(散布, 흩어져 퍼지다) 등으로 활용된다.

많은 학자는 '巾(수건 건)'을 벽에 걸린 천으로 해석한다. 하지만 갑골문 은 아래로 늘어진 천이 아니라 베틀의 겉틀과 실의 모양을 닮았다. 또한 방직품을 나타내는 한자에 대부분 '巾'이 들어가는 점에서

'巾'의 원시적인 의미는 천이 아니라 베틀에 있는 실이라고 할 수 있다. 실이 있어야 천을 만들지 않는가. 물론 어떤 학자들은 '布(베 포)'를 '巾'으로 해석하기도 한다. 금문 은 '巾'을 표현한 것이고 (父아버지 부)가 소리를 나타내는 부분이라는 게 그들의 주장이다. 만약에 이 베틀과 실이면 은 손에 실을 끊는 칼을 쥐고 있는 모습과 비슷하지 않은가? 만약에 (父)가 단순히 소리만 나타내면 전서 는 왜 을 으로 바꿨을까? 따라서 은 소리가 아니라 손과 관계있는 의미라고 생각하는 것이 더 타당하다.

經 지날 경, 글 경

jīng

베틀에 '수직으로 배열된'(, 巠물줄기 경) 낱낱의 '실'(, 糸가는 실 멱, 실 사)

하모도 유적지에는 고대의 방직 문화를 엿볼 수 있는 '요기(腰機)'라는 유물이 남아 있다. 이른바 요기는 허리에 두르고 조작하는 베틀을 말한다. (巠)은 가장 원시적인 방직 방식을 묘사했다. 베틀에서, 세로로 걸린 실을 날실이라고 부르고 북에 담긴 실을 씨실이라고 부른다. 그리고 날실과 씨실이 서로 연이어 교차되면 한 필의 천이 완성된다. 베틀에는 총 세 개의 대가 있는데 양쪽의 두 대는 날실을 고정하고 중간에서 움직이는 대는 씨실을 촘촘하게 누르는 역할을 한다. 베틀 아래쪽의 검은 부분은 이미 반쯤 짜인 천을 의미한다.

금

전

莖 줄기 경

jīng

'세로'(, 巠물줄기 경)로 난 '초'본식물(, 艸풀 초)의 가지와 줄기(초본식물은 한란, 창포처럼 지상부가 연하고 물기가 많아 목질(木質)을 이루지 않는 식물을 의미)

공이를 들고 성벽을 허물다

'左(왼 좌)'()는 '손'(手)에 '공이'(工)를 들고 있는 모습을 본뜬 상형자이다. '左'에서 파생된 한자는 대부분 성벽을 짓거나 허무는 것과 관계있다. 고대 전쟁에서 적군의 성벽을 파괴하는 것은 전쟁의 승패를 좌우할 정도로 매우 중요했다. 때문에 각 군의 장군은 "성 안에 술과 고기와 양식이 있다! 공격하라! 그러면 그대들은 원하는 모든 것을 얻을 수 있으니, 게으름을 피우지 말고 열심히 성을 부셔라!"라고 말하며 병사들의 사기를 돋웠다. '左'에서 파생된 한자는 이렇게 고대 전쟁에 관한 문화를 갖고 있다.

隨 따를 수, 게으를 타

suí

성 안에 있는 '고기'(, 肉고기 육)를 차지하기 위해서 '손에 공이를 들고'(, 左왼 좌) 장군을 따라서 '성벽'(, 阝언덕 부)을 공격하러 '가다'(, 辶쉬엄쉬엄 갈 착)

'隨'는 '따르다'의 의미를 낳았고 건수(跟隨gēnsuí, '뒤따르다'를 의미하는 중국어), 수종(隨從, 남을 따라다니며 시중을 드는 사람) 등에 쓰인다.

隋 수나라 수, 떨어질 타

suí

'공이를 들고'(, 左왼 좌) 적군의 '성벽'(, ⻏언덕 부)을 허문 뒤에 '고기'(, 肉고기 육)를 먹다

'隋'는 '전리품'이라는 본뜻에서 '고기'의 의미가 파생되었다. 왕조의 명칭이기도 하다. 《주례·수조(周禮·守祧)》에는 "既祭則藏其隋(기제즉장기수. 제사를 마치면 고기를 저장해두었다)"라는 기록이 있다. 전서 는 '손에 공이를 들고' 열심히 일한 뒤에 '고기'를 먹는 것을 표현했다. (隓 폐할 휴)는 무수한 사람이 '손에 공이를 들고' '성벽'을 공격하는 것이다. 《설문》은 "함락당한 성을 '隓'라고 부른다"라고 설명했고 《옥편》은 '隓'를 "쇠퇴하고 허물어지고 파괴된 것이다"라고 설명했다.

墮 떨어질 타, 무너뜨릴 휴

duò

성 안에 있는 '고기'(, 肉고기 육)를 차지하기 위해서 '손에 공이를 들고'(, 左왼 좌) '성벽'(, ⻏언덕 부) 위에 있는 '흙'(, 土흙 토)벽돌을 있는 힘을 다해 일일이 부수다

'墮'는 '떨어지다' '무너뜨리다'의 의미를 낳았고 타락(墮落, 올바른 길에서 벗어나 잘못된 길로 빠지는 일), 타태(墮胎, 낙태) 등에 쓰인다.

惰 게으를 타

duò

'손에 공이를 들었으나'(, 左왼 좌) 일하고 싶은 마음이 전혀 없고, 온 '마음'(, 心마음 심)으로 성 안에 있는 '고기'(, 肉고기 육)를 생각하다

'惰'에서 '게으르다'의 의미가 생겼다. 라타(懶惰 lǎnduò,

'나태하다'를 의미하는 중국어), 태타(怠惰, 몹시 게으르다) 등에 쓰인다.

금
전

差 다를 차, 차별 치, 버금 채

chà

남의 식량이 부족하게 '손에 공이를 들고'(, 左왼 좌) 다 익어가는 '고개를 숙인 벼'(, 來올 래·내)를 때리라고 사람들에게 지시하다

고대 전쟁에선 적을 굶주리고 쇠약하게 만들기 위해서 적군의 작물을 망가트리고 양식 창고를 약탈하는 일이 전략적으로 행해졌다. 민간에서도 원수에게 복수할 때 같은 수법을 썼는데, 사실 양식을 망가트리는 것은 매우 나쁜 행위이다. '差'는 '나쁘다' '부족하다' '지시하다'의 의미를 낳았고 차경(差勁chàjìn, '형편없다'를 의미하는 중국어), 오차(誤差, 측정값과 참값의 차이), 차견(差遣, 사람을 보내다) 등에 쓰인다.

穩 평온할 온

wěn

온 '마음'(, 心마음 심)을 다해 '손에 공이를 들고'(, 左왼 좌) 열심히 일하면 반드시 '양식'(, 來올 래·내)을 얻는다

'파악하다'의 의미를 낳았고 안온(安穩, 조용하고 편안하다), 온정(穩定, 사리에 맞는 결정) 등에 쓰인다. '穩'의 간체자는 '稳'이다.

隱 숨길 은

yǐn

'손에 공이를 들고'(, 左왼 좌) '성벽'(, 阝언덕 부)을 공격하며 '마음'(, 心마음 심)속으로 '성 안에 어떤 좋은 물건들이 있을까?'라고 궁금해하다

'숨기다'의 의미가 생겼다. 관련 단어로는 은장(隱藏yǐncáng, '숨기다'를 의미하는 중국어), 은거(隱居, 세상을 피해 숨어 살다) 등이 있다. '隱'의 간체자는 '隐'이다.

'攴(칠 복) 또는 攵(칠 복)' – 손에 물건을 들다

敗 패할 패

bài

'손에 공구를 들고'(攴, 攵칠 복) '조개'(貝, 貝조개 패)껍데기를 화폐로 만들다가 그만 실수로 깨트리고 말다

하·상·서주시대에 조개껍데기는 화폐로 유통되었다. 고고학자들은 상나라의 '부호(婦好)'라는 왕비의 무덤에서 7천여 개의 조개껍데기를 발견했는데, 이를 통해서 당시에 조개껍데기가 얼마나 가치 있는 부장품이었는지 알 수 있다. 寶(보배 보), 貨(재물 화), 資(재물 자), 貫(꿸 관, 당길 만), 貪(탐낼 탐) 등 '貝'가 들어가는 한자는 모두 재물과 관계있다. 조개껍데기가 화폐로 쓰이려면 반드시 테두리를 부드럽게 갈고 중앙에 구멍을 뚫는 가공 작업을 거쳐야 한다. 하지만 간혹 실수로 조개껍데기가 깨지는 일이 발생했는데 '敗'는 바로 이 광경을 묘사했다. 갑골문 은 '두 손'으로 '두 개의 조개껍데기'() 화폐를 깨트린 것을 나타냈고, 금문 은 손에 물건()을 들고 두 개의 조개껍데기()를 화폐로 가공하는 것을 나타냈다. '敗'의 본뜻은 '화폐를 만드는 데 실패하다'이고 이것에서 '패배하다' '훼손하다' '쓸모없다'의 의미가 생겼다. 패괴(敗壞, 부서지고 무너지다), 전패(戰敗, 패전)에 쓰인다. 《설문》은 "'敗'는 훼손하는 것이고

갑 금 전

❶ 攻(칠 공), 放(놓을 방), 政(정사 정, 칠 정), 敲(두드릴 고·교·학), 敢(감히 감, 구태여 감)

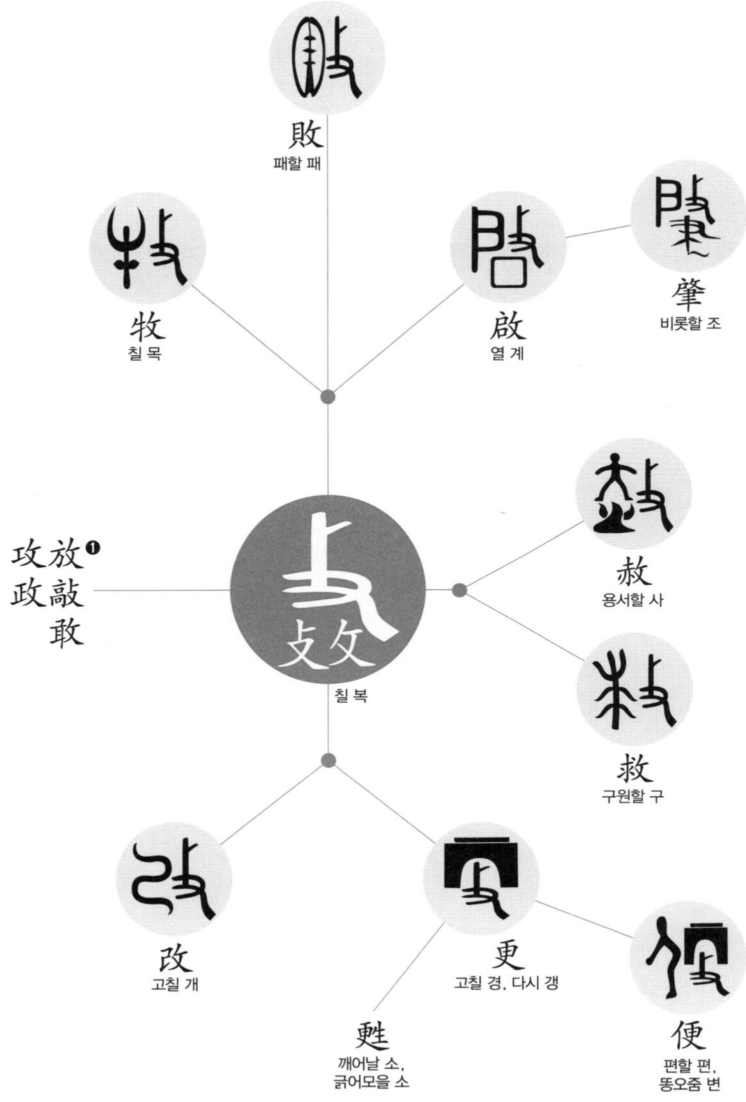

'攴'과 '貝'로 이루어졌다"라고 설명했다.

啟 열 계

qǐ

'손에 공구를 들고'(攴, 攴칠 복) 한쪽 '문'(口, 口입 구)이 없는 출입'문'(戶, 戶지게 호)을 열다

개계(開啟 kāiqǐ, '열다'를 의미하는 중국어), 계정(啟程 qǐchéng, '출발하다'를 의미하는 중국어), 계몽(啟蒙, 교육을 통해 새로운 문화와 문물을 전수하다) 등에 쓰인다.

갑 금 전

肇 비롯할 조

zhào

성문을 '열'(啟, 啟열 계) 계획, 다시 말해서 공격 계획을 '세우다'(聿, 聿붓 율)

고대에 성과 그에 딸린 영토를 차지하려면 반드시 빈틈없는 공격 계획을 세우고 가장 먼저 적의 성문을 공격해야 했다. '肇'는 병사들이 적의 성문을 공격하기 위해서 계획을 세우는 모습을 묘사했다. '肇'의 본뜻은 '성문 공격 계획'이고, 성문을 공격하면 전쟁이 일어나는 것에서 '시작하다' '유발하다' 등의 의미가 생겼다. 조시(肇始, 무엇이 비롯되다), 조사(肇事 zhàoshì, '사고를 내다'를 의미하는 중국어)에 쓰인다. 금문 은 무기()를 사용해서 성문(, 戶지게 호)을 어떻게 공격할까 계획하는 것(, 붓 율)을 표현했고, 또다른 금문 은 공구(, 손에 공구를 들다)를 사용해서 성문()을 어떻게 열까 계획하는 것()을 표현했다. (聿)은 손에 붓을 쥔 모습을 본뜬 상형자이고, '계획하다' '글씨를 쓰다'의 의미를 파생시켰다.('聿'편 참조)

금 전

갑 금 전

牧 칠 목

mù

'손에 공구를 들고'(, 攵칠 복) '소'떼(, 牛소 우)를 지키다

《사기》의 기록에 따르면 4천여 년 전에 진(秦)나라의 시조인 백예(伯翳)는 순(舜)임금의 뒤를 이어 가축을 관장했다. 그는 유독 소, 말, 돼지, 양 등을 잘 키워 봉지와 '嬴(남을 영)'씨 성을 하사받았다. 갑골문 은 손에 가느다란 나뭇가지를 들고 소를 모는 것을 묘사했다. 관련 단어로는 방목(放牧, 소, 양, 말 등을 놓아기르다), 목양(牧羊, 양을 치다)이 있다. 《설문》은 "'牧'은 소를 키우는 사람이다. '攴'과 '牛'로 이루어졌다"라고 풀이했다.

赦 용서할 사

shè

'손에 공구를 들고'(, 攵칠 복) '화형을 당해야 하는 사람'(, 赤붉을 적)을 풀어주다(《한자나무》 1권 제3장의 '赤(붉을 적)'편 참조)

改 고칠 개

gǎi

'손에 공구를 들고'(, 攵칠 복) '매듭에 기록한 내용'(, 己몸 기)을 수정하다. '己'()는 매듭을 매어 기록할 때 쓴 끈을 의미하고, '紀(벼리 기)'의 본자이다

求 구할 구

qiú

'모'피(毛털 모)의 소매에서 한쪽 '손'(手손 수)을 쑥 내밀어 타인에게 도움을 구하다

왜 털이 송송한 손으로 도움을 구했을까? 옛 중국인은 겨울이면 짐승의 가죽을 벗겨 '裘(갖옷 구, 갖옷은 짐승의 털가죽으로 안을 댄 옷을 의미)'라는 외투를 만들어 입었다. 때문에 전신에 털이 많아 보일 수밖에 없었다.

금

전

救 구원할 구

jiù

'손에 기구를 들고'(攵칠 복) 도움을 '구한'(求구할 구) 사람을 도와주다

금문 은 '무기'(戈창 과)를 들고 도움을 '구한'(求) 사람을 돕는 것을 표현했고, 전서 는 기구를 들고() 도움을 구한() 사람을 돕는 것을 표현했다. '救'는 '원조하다' '어려움에서 벗어나게 하다'의 의미를 낳았고 증구(拯救, 건져내어 구하다), 구난(救難, 재난에서 구조하다) 등에 쓰인다.

금

전

丙 남녘 병, 셋째 천간 병

bǐng

불을 때어 밥을 짓는 부뚜막

불을 때어 밥을 짓는 것은 하루의 큰 일과이다. 갑골문 및 금문 은 아랫부분에 불을 지피고 윗부분에 솥을 걸어 쓰는 부뚜막과 생김새가 비슷하다. 전서는 서로 모양이 비슷한 '丙'과 '內(안 내)'()를 구분하기 위해서 부뚜막 위에 솥을 거는 자리를 의미하는 가로획을 더해 이 되었다. '丙'의 또다른 금문 및 전서 는 '불'(火)을 때는 부뚜막을 더 분명하게 묘사했다.

'丙'은 부뚜막 또는 난로를 상징하고, 뜻에서 病(병 병), 陋(더러울 누·루), 炳(불꽃 병, 밝을 병) 등의 한자가 파생되었다. 이중에서 '病'( )은 몸속에 불이 붙은 '부뚜막'( ) 같은 것이 들어 있어 '몸져누운 것'(, 疒병들어 기댈 녁·역·삼)을 표현했다. 아무래도 옛 중국인은 염증과 열 때문에 병이 난다고 생각한 듯하다. '炳'( )은 '불'빛( )이 '부뚜막'( )에서 새어나오는 것을 표현했고, 이것에서 '빛나다'의 의미가 생겼다. '陋'( )는 '부뚜막'( )을 짓고 '벽'(, 阝언덕 부) 쪽에 숨어(, 乚숨을 은) 청빈하게 사는 것을 표현했다.

금 전

更 다시 갱, 고칠 경

gèng 또는 gēng

'손에 부집게를 들고'(, 攴칠 복) '부뚜막'(, 丙남녘 병) 안에 있는 장작을 뒤적뒤적해 불이 더 활활 타오르게 하다

금문 은 '손에 부집게를 들고' '두 개의 부뚜막'에서 장작을 뒤적뒤적하는 모습을 묘사했고, 전서 는 부뚜막의 숫자를 한 개로 줄였다. 또다른 전서 는 한자를 더 반듯하고 편하게 쓰기 위해서 모양을 바꿨다. '更'의 본뜻은 '불길을 크게 키우다'이고, 이것에서 '바꾸다' '더욱'의 의미가 생겼다. 경개(更改gēnggǎi, '바꾸다'를 의미하는 중국어), 변경(變更, 다르게 바꾸어 새롭게 고치다) 등에 쓰인다. '更'의 또다른 전서 도 '부뚜막'( ) 앞에서 한 손( )으로 장작을 뒤적거리는 모습을 묘사했다.

어떤 '사람'(, 人사람 인)이 정세를 파악하고 일하는 방법을 '바꾸다'(, 更다시 갱, 고칠 경)

便 똥오줌 변, 편할 편

biàn

'便'은 어떤 사람이 상황을 이해하고 일을 원만하게 해결하는 것을 묘사했고, 이것에서 '순조롭다' '변통하다'의 의미가 생겼다. 방편(方便, 그때그때의 경우에 따라 편하고 쉽게 이용하는 수단과 방법), 편리(便利, 편하고 이로우며 이용하기 쉬움) 등에 쓰인다.

'殳(몽둥이 수)' – 손에 긴 몽둥이를 들다

'殳'는 칼날이 없는 기다란 형태의 단단한 무기이다. 고대에 5대 병기 중의 하나였고, 적군을 세게 치거나 때릴 때 썼다. 병마용 3호갱에선 청동으로 만든 '수수(殳首)'가 출토되었는데, 기다란 나무 몽둥이 앞쪽에 '수수'를 끼우면 타격하는 힘이 더 세졌다. 하지만 '戈(창 과)' '矛(창 모)' '戟(창 극)' 같은 날카로운 칼날이 없어서 점차 사용되지 않다가 나중에는 아예 예악을 위한 도구로 쓰이게 되었다.('矛'는 대상을 직접적으로 찌를 때 썼고 '戈'는 대상을 가로로 타격할 때 썼으며, '戟'은 '矛'와 '戈'를 합친 무기이다)

'殳'의 갑골문 은 가장 원시적인 몽둥이나 창에 가까운 형태의 무기로, 긴 몽둥이에 돌을 묶어놓았다. 금문 은 손에 '殳'를 장착한 몽둥이를 들고 있는 모습인데, 몽둥이 앞쪽에 있는 짧은 선이 '殳'이다. 하지만 이쯤에서 한 가지 궁금증이 생긴다. 기다란 몽둥이를 왜

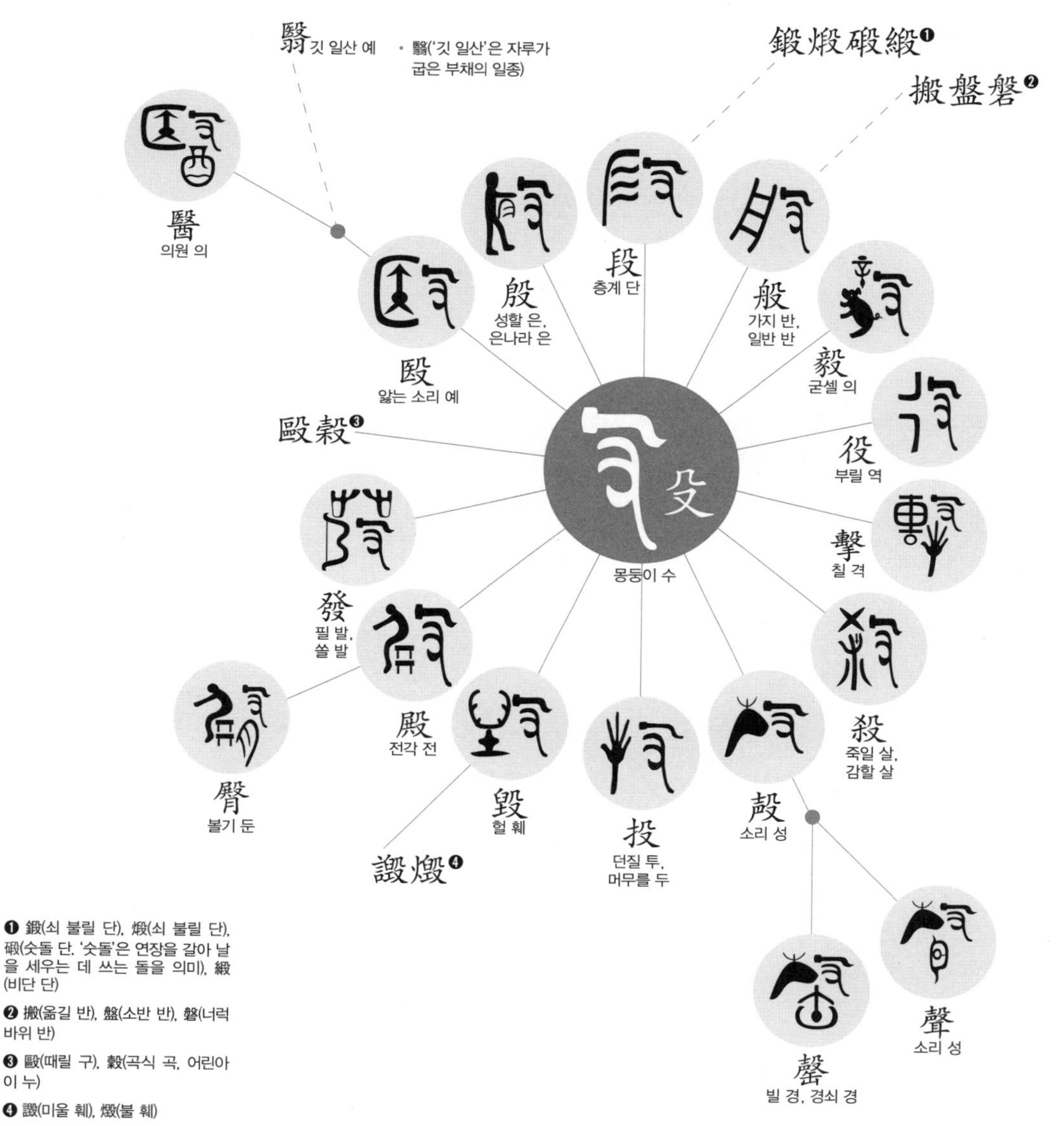

❶ 鍛(쇠 불릴 단), 煅(쇠 불릴 단), 碫(숫돌 단. '숫돌'은 연장을 갈아 날을 세우는 데 쓰는 돌을 의미), 緞(비단 단)

❷ 搬(옮길 반), 盤(소반 반), 磐(너럭바위 반)

❸ 毆(때릴 구), 縠(곡식 곡, 어린아이 누)

❹ 譭(미울 훼), 燬(불 훼)

곡선으로 표현했을까? 한자의 모양은 대부분 사각형에 가깝다. 때문에 길고 곧은 물건을 표현할 때는 어쩔 수 없이 곡선으로 구부려서 묘사하게 된다. 이와 비슷한 상황은 己(몸 기), 九(아홉 구), 尺(자 척), 尸(시체 시), 虫(벌레 충·훼), 尤(더욱 우) 등에서도 발견된다. '殳'는 다른 한자에 쓰일 때 '무기' '긴 몽둥이' '세게 치다' 등의 의미를 가진다.

던지거나 때리는 용도의 긴 몽둥이

役 부릴 역

yì

손에 '몽둥이'(, 殳몽둥이 수)를 들고 전장으로 향하는 '길'(, 彳조금 걸을 척)을 걷다, 즉 전쟁터로 향하다

관련 단어로는 병역(兵役, 일정 기간 군에 복무하는 일), 전역(戰役, 전쟁), 노역(勞役, 괴롭고 힘든 노동), 복역(僕役 púyì, '하인' '고용인'을 의미하는 중국어) 등이 있다.

投 던질 투, 머무를 두

tóu

'손'(, 扌손 수)으로 '몽둥이'(, 殳몽둥이 수)를 내던지다

擊 칠 격

jī

'손'(, 手손 수)으로 '세게 때리다'(, 毄부딪칠 격, 매어기를 계)

'毄'()은 고대에 적진을 공격하는 전차를 묘사했다. 특이한 점은 공격하는 용도의 긴 몽둥이인 '수기(殳器)'

전

를 '전차 바퀴의 축'(害, 害굴대 끝 세·예)에 묶어놓은 것이다. 훗날 이 구조는 '공성차(攻城車)'라고 하여 성벽만 전문적으로 공격하는 전차로 발전했다. 따라서 '毄'은 '부딪치다'의 의미이다.

금
전

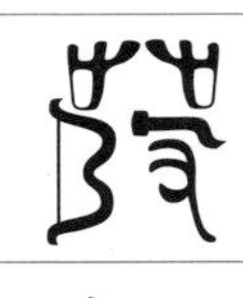

發 필 발, 쏠 발

fā

높은 곳에 '올라'(, 癶등질 발) '활'(, 弓활 궁)로 화살을 쏘고 긴 '몽둥이'(, 殳몽둥이 수)를 던지다

'물건을 보내다'의 의미가 생겼고 발사(發射, 총포나 미사일 등을 쏘다), 발산(發散, 감정 등을 행동으로 나타내어 밖으로 내보내다), 발아(發芽, 씨앗에서 싹이 나오다) 등에 쓰인다. '發'의 간체자는 '髮(터럭 발)'과 같은 '发'이다.

긴 몽둥이로 절구질하다

금
전

毁 헐 훼

huǐ

'손에 몽둥이를 들고'(, 殳몽둥이 수) 쌀을 찧다가 실수로 '점토'(, 土흙 토)로 만든 '절구'(, 臼절구 구)를 깨트리다

고대 중국에서 점토로 만든 절구는 흔히 쓰였지만 오래 쓰지 못했다. 곡식을 찧을 때 조금만 힘을 줘도 쉽게 깨졌으니 말이다. 때문에 '毁'에선 '파괴하다'의 의미가 생겼다. '毁'는 譭(미울 훼)와 燬(불 훼)를 파생시켰는데, '燬'는 '불'(火)에 타서 훼손되는 것이고 '譭'는 '말'(言)로 타인의 명예를 훼손하는 것이다. 《설문》은 "'毁'는 이지러지는 것이다"라고 설명했다.

'毁'와 모양이 비슷한 '毇'(쓿을 훼,)는 쌀을 찧는 것을 의미하는 회의자이다. 구체적으로 풀이하면 '쌀'(米, 米쌀 미)을 '절구'(臼, 臼)에 넣은 뒤에 '손에 긴 몽둥이를 들고'(殳, 殳) 찧어서 겨를 벗기는 것이다. 《좌전》은 "'毇'는 벼를 찧어 입쌀을 만드는 것이다"라고 설명했다.

몽둥이를 이용해서 돌을 찾다

段 층계 단

duàn

'판판한'(三) 돌을 찾기 위해서 '손에 몽둥이를 들고'(殳, 殳몽둥이 수) '절벽'(厂, 厂기슭 엄·한, 공장 창)의 돌 사이를 헤집다

돌은 여러 천연재료 중에서 인류가 가장 먼저 사용한 것이다. 신석기시대 및 은허 유적지에선 넓적한 돌로 지은 집, 석관 등이 발견되었다. 옛 중국인은 돌이 필요할 때 바위의 균열이 생긴 부분에 긴 몽둥이를 꽂고 지렛대 원리를 이용해 힘을 주어 바위를 넓적하게 부쉈다. 대부분 절벽에 있는 바위를 부쉈기 때문에 '段'에서 '전체의 일부'라는 의미가 생겼다. 관련 단어로는 편단(片段 piànduàn, '단편' '일부'를 의미하는 중국어), 분단(分段, 사물이나 문장을 몇 부분으로 나누다), 단락(段落, 일이 어느 정도 다 된 끝) 등이 있다.

금 전

匹 짝 필

pǐ

'절벽'(厂, 厂기슭 엄·한, 공장 창) 쪽에 있는 '평평한'(三) 돌

넓적한 모양의 사물이나 천·말 등을 세는 단위를 가리킨다. 포필(布匹 bùpǐ, '천의 총칭'을 의미하는 중국어), 마필(馬匹, 말) 등에 쓰인다.

금 전

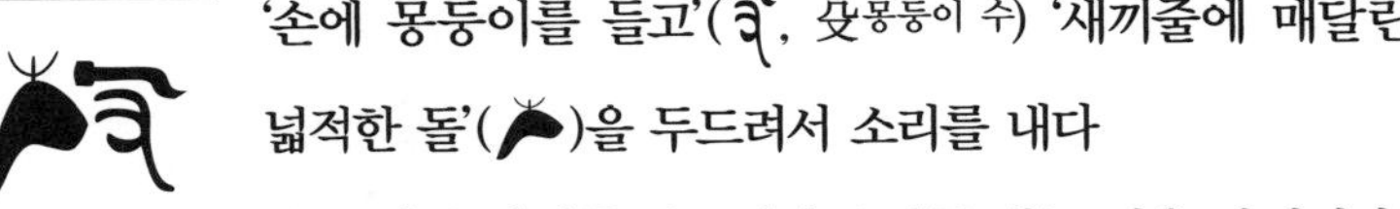

몽둥이로 돌을 칠 때 나는 소리

갑

금

전

殸 소리 성
또는
磬 경쇠 경

qìng

'손에 몽둥이를 들고'(, 殳몽둥이 수) '새끼줄에 매달린 넓적한 돌'()을 두드려서 소리를 내다

돌로 만든 악기를 두드리며 소리를 내는 것을 가리킨다.

聲 소리 성

shēng

'경쇠'(, 殸소리 성)를 칠 때 나는 음악 소리가 '귀'(, 耳귀 이)에 들어가다

'모든 물체에서 나는 소리'라는 의미를 낳았고, 간체자는 '声'이다.

罄 빌 경, 경쇠 경

qìng

빈 '항아리'(, 缶장군 부, 두레박 관)에서 '경쇠'(, 殸소리 성) 같은 맑은 소리가 나다

'罄'은 빈 항아리이고, '물건을 다 쓰다'의 의미를 파생시켰다. 경죽난서(罄竹難書, 다 적을 수 없을 정도로 죄를 많이 지은 것을 의미)에 쓰인다. 《설문》은 "'罄'은 그릇이 빈 것이다"라고 해석했다.

막대기를 밀어 배 조종하기, 몽둥이를 들고 춤추기, 정장(廷杖)

般 가지 반, 일반 반

bān

'손에 긴 몽둥이를 들고'(, 殳몽둥이 수) '배'(, 舟배 주)가 나아가는 정도를 조종하다(제7장의 '舟'편 참조)

殷 성할 은, 은나라 은

yīn

성대한 제례에서 춤을 추는 사람이 '손에 붉은색의 예기를 들고'(, 殳몽둥이 수) '몸'(, 身몸 신)을 흔들다(《한자나무》 1권 제2장의 '身(몸 신)'편 참조)

殿 전각 전

diàn

'손에 긴 몽둥이를 들고'(, 殳몽둥이 수) 두 개의 '받침대'(, 丌책상 기) 위에 '엎드려 있는'(, 尸시체 시) 사람을 때리다

'殿'은 고대에 조정에 무례한 짓을 한 관원에게 '정장(廷杖, 명나라 때 잘못을 저지른 관원의 볼기를 큰 형장으로 때리는 형벌)'을 가하는 광경을 묘사했다.(《한자나무》 1권 제2장의 '누운 사람'편 참조)

- '투호'는 두 사람이 일정한 거리에서 화살을 병 속에 던져 많이 넣는 수효로 승부를 가리는 놀이를 의미.

투호로 병을 치료하다

왜 '疾(병 질)'에 화살이 들어갈까? '醫(의원 의)'에 술 주전자는 왜 있을까? 한번쯤 궁금해한 사람이 있으리라. 사실 두 물음에 대한 답에는 요즘 사람들은 이해가 잘 안 되는 이야기가 숨어 있다.

고대에 중국은 끊임없이 전쟁이 일어나 화살을 맞고 부상을 당하는 병사를 흔하게 볼 수 있었다. 얼마나 많은 병사가 화살을 맞았는지, 그 자체로 '질병'과 '치료'에 관한 한자를 만드는 배경이 되었다. '疾'은 화살을 맞고 앓아누운 병사를 묘사했다. 한데 화살을 맞으면 반드시 염증이 생긴다. 따라서 '病(병 병)'은 몸속에 불이 나서 병상에 누워 있는 것이다. 화살을 맞은 병사 중에는 상처 부위가 감염되어 사망하는 경우도 있었는데, 뜻밖에도 옛 중국인은 술에서 상처를 치료하는 효능을 발견했다. 술은 치료 전에는 마취 용도로 쓰이고 치료 후에는 소독용으로 쓰인 것에서 '醫'의 구성한자가 되었다.

疾 병 질

jí

화살을 맞고(, 矢 화살 시) **앓아눕다**(, 疒 병들어 기댈 녁·역·상)

'疾'의 갑골문 및 금문 은 어떤 '사람'(, 大 큰 대)이 겨드랑이에 '화살'(, 矢)을 맞은 것을 나타냈고, 전서 는 '화살'()을 맞고 '병상에 누워 있는 것'()을 표현했다. '疾'은 '질병' '신속하다'의 의미를 낳았고 질병(疾病, 질환), 질주(疾走, 빨리 달리다) 등에 쓰인다.

病 병 병

bìng

몸속에 불을 지핀 부뚜막(, 丙남녘 병)이 있는 것처럼 열이 나서 병상에 누운(, 疒병들어 기댈 녁·역·상) 사람

殹 앓는 소리 예

yì

화살(, 矢화살 시)을 그릇(, 匸감출 혜)에 던지자 안에서 부딪히는(, 殳몽둥이 수) 소리가 나다

주(周)나라 땐 '투호(投壺)'가 유행했다. 투호는 주인과 손님이 화살을 던져 그릇에 많이 넣는 사람이 이기는 놀이이다. '殹'는 투호 문화 때문에 만들어졌다고 해도 과언이 아니다. 《설문》은 "'殹'는 부딪히는 소리이다. '医(의원 의, 동개 예)'는 활, 쇠뇌(여러 개의 화살이나 돌을 잇달아 쏘는 큰 활), 화살을 담는 기구이다"라고 설명했다.

금

전

醫 의원 의

yī

술로 화살을 맞은 부위를 치료하기 위해서 먼저 부상자에게 술(, 酉닭 유)을 조금 먹인 뒤에 화살을 뽑아 그릇에 던지고(, 殹앓는 소리 예) 마지막으로 상처 부위에 다시 술()을 부어 소독하다

화살을 뽑고 상처를 치료할 때 부상자는 엄청난 고통을 겪는다. 때문에 반드시 마취를 먼저 한 뒤에 수술을 진행해야 한다. 하지만 고대 중국은 마취 기술이 발달하지 않은 터라 통증을 줄이

기 위해서 부상자에게 술을 먹이기도 하고, 약주로 상처 부위를 소독하기도 했다. 중국에서 약주로 병을 치료한 사례 중에서 사람들 입에 가장 많이 오르내리는 이야기는 화타(중국 후한 말기에서 위나라 초기의 명의)가 관우의 뼈를 깎아 독을 치료한 것이다. 《삼국지》의 기록에 따르면 관우는 번성을 공략할 때 오른팔에 독화살을 맞아 독이 뼛속까지 퍼졌다. 그러자 명의인 화타가 특별히 관우를 치료하기 위해서 배를 타고 왔는데, 화타가 관우의 피부를 절개하고 뼈를 깎는 수술을 하는 동안에 관우는 술을 마시고 바둑을 두며 태연하게 담소를 나눴다. '醫'의 본뜻은 '화살에 맞은 상처를 치료하다'이고, 이것에서 '치료하다'의 의미가 생겼다. 관련 단어로는 의치(醫治, 의술로 병을 고치다), 의생(醫生, 예전에 의술로 병을 고치는 것을 직업으로 삼았던 사람), 수의(獸醫, 수의사의 준말), 수술(手術) 등이 있다. '醫'의 간체자는 '医'이다.

'寸(마디 촌)' – 조심스러운 손

寸(寸마디 촌)은 팔목에 맥박이 뛰는 곳, 다시 말해서 '촌구(寸口)'라고 불리는 곳을 묘사했다. 옛 중국인은 이미 진한(秦漢) 시기 전부터 손목에 맥박이 뛰는 곳이 있는 것을 알았다. 또한 맥박의 강약으로 사람의 건강 상태를 알 수 있는 것을 발견하고 맥을 짚는 기술을 발전시켰다. 전서 寸는 지사의 방법으로 손바닥 밑에, 구체적으로 손가락 하나의 너비만큼 내려온 곳에서 맥박이 뛰는 것을 표현했다. '寸'은 차차 길이를 재는 단위가 되었는데, 10분을 1촌이라고 한다. '寸'은 '매우 짧

❶ 轉(구를 전), 磚(벽돌 전, 둥근 모양 타), 傳(전할 전)

❷ 遵(좇을 준), 樽(술통 준), 罇(술두루미 준)

❸ 咐(분부할 부, 불 부), 附(붙을 부), 符(부호 부)

❹ 侍(모실 시), 詩(시 시), 峙(언덕 치), 痔(치질 치), 恃(믿을 시, 어머니 시), 持(가질 지), 峙(머뭇거릴 치)

❺ 俯(구부릴 부), 腐(썩을 부)

은 거리'라는 의미를 낳았고 분촌(分寸, 일 분 일 촌, 아주 적음을 의미한다), 촌보(寸步cùnbù, '아주 짧은 거리' '한 걸음'을 의미하는 중국어) 등에 쓰인다.

맥박을 재는 손인 (寸)은 다른 한자의 구성한자로 쓰일 때 '공손하고 조심스럽게 일을 처리하는 손' '업무를 보는 손'의 의미를 가진다. (又또 우)와 (寸)의 옛 한자는 모양과 뜻이 거의 비슷한데, 寺(절 사, 관청 시), 射(쏠 사), 專(오로지 전), 封(봉할 봉), 尊(높을 존), 尋(찾을 심) 등의 한자는 갑골문이나 금문까지는 (又)를 썼지만 예서 때 공손하고 조심스러운 의미를 강조하기 위해서 (寸)을 쓰기 시작했다. 《설문》은 "'寸'은 10분이고, 손에서 손가락 하나 너비만큼 내려온 곳에서 맥박이 뛰는 촌구이다"라고 설명했다.

일을 처리하다

守 지킬 수

shǒu

'집'(, 宀집 면)안에서 '공손하고 조심스러운 손'(, 寸마디 촌)이 집안일을 관리하다

전국(戰國)시대에 군수(또는 태수)는 1개 군에서 가장 높은 행정 관장으로서 군내의 모든 일을 관장했다. '守'는 '관리하다' '그대로 실행하다' '방어하다'의 의미를 낳았고 간수(看守, 보살피고 지키다), 수호(守護, 지키어 보호하다) 등에 쓰인다. 《설문》은 "'守'는 관리의 품행, 절개이다. '宀'과 '寸'으로 이루어졌다"라고 설명했다.

寺 절 사, 관청 시

sì

백성이 '찾아가서'(, 之갈 지, 㞢갈 지) '일을 처리하는' (, 寸마디 촌) 곳

진(秦)나라 땐 관아를 '寺'라고 불렀다. 예컨대 대리시(大理寺)는 형벌을 장관하고 감옥을 관리하는 기관이었다. 금문 및 전서 는 백성이 찾아가서(,) 일을 처리하는 것(,)을 표현했다. 하지만 안타깝게도 예서 때 '之'가 '士(선비 사)'로 바뀌어 '가다'의 의미가 완전히 사라졌다.(제9장의 '之'편 참조)

'寺'는 원래 백성이 가서 일을 처리하는 곳인 관아를 의미했지만 나중에는 사당, 절의 의미로 쓰이게 되었다. 《설문》은 "'寺'는 조정처럼 법을 집행할 수 있는 권한을 가진 곳이다"라고 설명했다.

금 전

待 기다릴 대

dài

'일을 처리하려고 가는'(, 寺절 사, 관청 시) '길'(, 彳조금 걸을 척) 위에 있는 중

'곧 ~하려 하다' '기다리다'의 의미를 낳았다. 관련 단어로는 대판지사(待辦之事 dàibànzhīshì, '처리를 기다리는 일'을 의미하는 중국어), 등대(等待, 미리 준비하고 기다리다)가 있다.

금 전

等 무리 등, 가지런할 등

děng

'찾아가서'(, 之갈 지) '죽'간(, 竹대 죽)에 적힌 일을 '처리하다'(, 寸마디 촌)

죽간은 이미 주(周)나라 때 발명되었다. 현재 베이징의 칭화대학교가 소장하고 있는 전국시대의 죽간에는 중국 최초의 역사서인 《상서》가 기록돼 있다. '等'은 죽간으로 책을 만드는 시대적 배경에서 탄생했다. 고대에 책을 한 권 만들려면 죽간 수 백 장을 엮어야 했는데, 대나무를 골라 겉의 푸른 끼를 없애고 변형과 부식을 방지하는 작업을 한 뒤에 대나무를 갈고 가지런히 쪼개 엮어 글을 썼다. 이렇게 복잡한 과정을 거쳐 겨우 책 한 권이 만들어지는 것에서 '等'의 몇 가지 의미가 생겼다. 첫째는 몇 날 며칠을 작업한 끝에 책이 완성되는 것에서 '기다리다'의 의미가 파생되었다. 다음으로 모든 죽간의 길이가 일정한 것에서 '동등하다'의 의미가 생겼고, 마지막으로 재료에 따라 죽간의 품질이 다른 것에서 '등급'의 의미가 생겼다. 《설문》은 "'等'은 가지런한 죽간이다"라고 풀이했다.

측량

갑 금 전

時 때 시

shí

'태양'(, 日해 일)이 '움직이는'(, 之갈 지) 위치를 '측량하다'(, 寸마디 촌)

중국인은 이미 은상(殷商)시대부터 그림자의 방향과 길이를 보고 절기, 시간 등을 맞혔다. 주(周)나라의 규표(圭表, 그림자의 길이로 태양의 시차를 관측하는 고대의 천문 관측 기구) 및 한(漢)나라의 일구(日晷, 해의 그림자를 이용해 만든 해시계)는 모두 해의 그림자로 시간을 측량하는 기구이다. '時'에서 계절 및 시간의 의미가 파생되었고 사시(四時, 사계절), 시간(時間), 시종(時鐘, 예전에 시계를 이르던 말), 시후(時候, 봄, 여름, 가을, 겨울의 절기) 등에 쓰인다. 은 원래 사람의 맥박을 재는 것을 뜻하지만 '時'에선 '측량하다'의 의미로 해석한다.

尋 찾을 심

xún

양팔을 활짝 편 길이. 팔 척 정도의 길이

갑골문 [glyph]은 '활짝 편 양팔'과 양팔 사이의 일직선을 묘사했고, 전서 [glyph]는 '양팔'([glyph])을 '공'구(工장인 공, [glyph]) 삼아 길이를 측량한 뒤에 '입'(口입 구, [glyph])으로 말하는 것을 묘사했다. 고대 중국에선 두 팔을 공구 삼아 길이를 재는 모습을 흔하게 볼 수 있었는데 '1심'은 8척 길이이고 '丈(어른 장)' [glyph]은 '십수(十手)', 다시 말해서 열 손바닥을 합친 길이와 같았다. 만약에 한쪽 손바닥의 길이가 20센티미터이면 1장은 2미터이다. '尋'은 원래 양팔을 쫙 편 길이를 뜻하고, 누구나 두 팔로 길이를 잴 수 있는 것에서 '평상시' '평범하다'의 의미가, 정확함을 추구하는 정신에서 '탐구하다'의 의미가 생겼다. 심상(尋常, 대수롭지 않고 예사로움을 뜻하는 '심상하다'의 어근), 심조(尋找 xúnzhǎo, '찾다'를 의미하는 중국어) 등에 쓰인다. 《소이아(小爾雅)》는 "길이를 재기 위해서 두 팔을 활짝 펴는 것이다"라고 설명했다. '尋'의 간체자는 '寻'이다.

갑 [glyph] 전 [glyph]

식물 재배

封 봉할 봉

fēng

영'토'([glyph], 土흙 토) 안에서 '손'([glyph], 寸마디 촌)으로 '식물'([glyph], 丰예쁠 봉, 풍채 풍)을 심다

주무왕(周武王)은 천하를 얻은 뒤에 같은 성씨를 가진 종친에게 영토를 나누어주는 봉건제도를 실시했다. 봉지를 하사받은 제후는 영토의 변경에 나무를 두루 심어 영토의 경계를 표시했다.(다음에 소개되는 '邦(나라 방)'편 참조) '封'은

금 [glyph] 전 [glyph]

'토지나 작위, 영지, 한계 등을 주다'의 의미를 낳았고 책봉(冊封, 왕세자, 왕세손, 왕후, 비, 빈, 부마 등을 봉작하던 일), 봉강(封疆, 제후를 정하여 땅을 내줌 또는 그 땅의 경계), 봉폐(문을 굳게 닫아 사람이 출입하지 못하게 하다) 등에 쓰인다. 궈모뤄는 "고대에 왕도 부근의 땅은 나무를 심어 경계를 표시했다. 오늘날에도 남아 있는 이 습관은 아주 먼 옛날부터 시작되었다. 아주 먼 옛날에 사람들은 자연적으로 우거진 숲으로 민족 간의 경계를 나눴다. 서양의 학자들이 말하는 경계림이 바로 그것이다"라고 말했다.

금

전

邦 나라 방

bāng

'영토의 경계 안에 있는 백성'(, 邑 고을 읍)이 영토에 '식물'(, 丰 예쁠 봉, 풍채 풍)을 심다

'封(봉할 봉)'과 '邦'에는 모두 나무를 심어 경계를 표시하는 의미가 숨어 있다. '邦'의 금문 은 '경내에 있는 백성'(, 邑)이 '땅'( )에 '식물'( )을 심는 것을 표현했는데 '封'의 금문 과 모양이 서로 비슷하다.

독촉과 지불

討 칠 토

tǎo

입을 열고 말하는(, 言 말씀 언) 동시에 팔(, 寸 마디 촌)을 뻗어 타인에게 요구하다

토채(討債tǎozhài, '빚을 독촉하다'를 의미하는 중국어), 토전(討錢tǎoqián, '돈을 구걸하다'를 의미하는 중국어), 성토(聲討, 여럿이 모여 어떤 잘못을 소리 높여 규탄하다) 등에 쓰인다.

付 줄 부

fù

물건을 남에게(, 人사람 인) 맡기다(, 寸마디 촌)

교부(交付, 관공서 등에서 서류를 내어주다), 탁부(託付 tuōfù, '부탁하다' '맡기다'를 의미하는 중국어) 등에 쓰인다. 《설문》은 "'付'는 주는 것이고, '人'과 '寸'으로 이루어졌다. 손에 어떤 물건을 든 채 다른 사람을 마주하고 있는 것을 나타낸다"라고 설명했다.

府 마을 부

fǔ

재물을 나누어'주는'(, 付줄 부) '장소'(, 广집 엄, 넓을 광, 암자 암)

'府'는 고대에 정부의 재화를 보관하거나 관리하는 장소였다. 관련 단어로는 관부(官府, 조정 또는 관아), 정부(政府) 등이 있다.

취득

得 얻을 득

dé

'길'(, 彳조금 걸을 척)에서 '돈'(, 貝조개 패)을 줍다(, 寸마디 촌)

'得'은 '얻다'의 의미를 낳았고 획득(獲得), 득수(得手 déshǒu, '순조롭다' '목적을 달성하다'를 의미하는 중국어), 득의(得意, 일이 뜻대로 되어 만족해하다) 등에 쓰인다. 예서 때 '貝'가 '旦(아침 단)'으로 바뀌어 본래의 뜻이 사라졌다.

갑

금

금

전

奪 빼앗을 탈

duó

어떤 '사람'(大, 大큰 대)이 한 마리의 '새'(隹, 隹새 추)를 '잡아'(寸, 寸마디 촌)가다

금문 奪은 '옷'(衣, 衣옷 의)을 이용하여 새(隹)를 잡는(寸) 것을 표현했고, 전서 奪는 '衣'를 '大'로 바꿔 어떤 한 마리의 새가 사람(大)에게 잡혀간 것을 나타냈다. '奪'은 '강제로 빼앗다' '없애다'의 의미를 낳았고 창탈(搶奪, 약탈), 박탈(剝奪, 재물이나 권리 등을 강제로 빼앗다) 등에 쓰인다. '奪'의 간체자는 '夺'이다.

금

전

奮 떨칠 분

fèn

'농부'(大, 大큰 대)가 '밭'(田, 田밭 전)에 있는 '새'(隹, 隹새 추)를 쫓다

'진동하다' '높이 들다' '분발하다' 등의 의미가 파생되었고 분투(奮鬪, 있는 힘을 다해 싸우거나 노력하다), 흥분(興奮) 등에 쓰인다. 금문 奮은 사람이 "휘이" 하고 '옷'(衣)을 휘두르자 밭에 앉은 새가 날개를 펴고 멀리 날아가는 것을 표현했다.

술을 바치다

酋 우두머리 추

qiú

향기가 사방으로 퍼지는(八, 八여덟 팔) 좋은 술(酉, 酉닭 유)

고대 중국에서 '대추(大酋)'는 술을 관장하는 관리였다. 《예기》는 주(周)나라의 술 빚는 기술을 자세하게 소개했다.

"차조와 벼는 반드시 잘 익어야 하고 누룩은 반드시 시기를 맞춰야 하며, 술 빚는 쌀은 반드시 깨끗해야 하고 술 빚는 샘물은 반드시 향기로워야 한다. 또한 술독은 반드시 질이 좋아야 하고 술밥을 찔 때는 반드시 불이 알맞아야 한다. 술을 빚을 때는 이렇게 여섯 가지가 필요한데, 대추는 품질이 떨어지는 것을 쓰는지 전 과정을 감독했다."

내용을 보면 누룩을 발효시키는 것에서 불의 세기를 맞추는 것까지 대추가 꼼꼼하게 감독한 것을 알 수 있다. 현재 '酋'는 추장(酋長)처럼 한 민족의 우두머리를 이르는 말로 주로 쓰인다.

尊 높을 존

zūn

'향기가 사방으로 퍼지는 좋은 술'(, 酉닭 유)을 받쳐 들고(, 寸마디 촌) 높은 사람에게 바치다

'尊'은 원래 '술을 바치다'라는 뜻이다. 한데 신분이 높고 귀한 사람만 좋은 술맛을 볼 수 있는 것에서 '공경하다' '고귀하다' '나이가 많은 사람에 대한 존칭'의 의미가 생겼다. 존경(尊敬), 존귀(尊貴), 영존(令尊, 남의 아버지를 높여 부르는 말) 등에 쓰인다. 고대 중국은 술독도 '尊'이라고 부르다가 훗날 '罇(술두루미 준)'으로 명칭을 바꿨다. 고대 중국은 유생에게 연장자를 공경하는 마음을 키워주기 위해서 향음주례(鄕飮酒禮)를 실시했다. 향음주례는 서주(西周)시대부터 청나라 말까지 시행된 유구한 역사를 가진 교육활동이다. 노인에 대한 경의를 표현하기 위해서 지방관은 해마다 한 차례씩 향촌에서 잔치를 열었다. 잔치에 초대받은 연장자는 나이순대로 자리에 앉았고, 나이가 많으면 음식을 더 풍성하게 받았다.

갑

금

전

《예기·향음주의(禮記·鄕飮酒義)》에는 "향음주례에서 60된 자는 앉고 50된 자는 서서 정치와 부역에 관한 일을 듣는 것은 어른을 존중하는 것을 밝히기 위해서이다. 60된 자에게는 3두, 70된 자에게는 4두, 80된 자에게는 5두, 90된 자에게는 6두를 주는 것은 노인을 봉양하는 것을 밝히기 위해서이다. 백성이 어른을 존중하고 노인을 봉양하면 나중에는 부모에게 효도하고 형에게 공손해진다"라고 나온다. 《예기》의 기록에 따르면 노인을 공경하는 역사는 상(商)나라의 국로(國老, 나라의 원로)를 양성하는 제도에서 시작되었다. '尊'은 연륜과 학식을 존중하는 문화적 배경에서 만들어진 한자이다.

수염 꼬기

耐 견딜 내

nài

'손'(, 寸마디 촌)으로 '수염'(, 而말 이을 이)을 꼬다

무엇을 생각하거나 누구를 기다릴 때 자기도 모르게 수염을 비비 꼬는 것에서 '인내하다'의 의미가 생겼다. 인내(忍耐), 내번(耐煩, 번거로움을 참고 견디다) 등에 쓰인다. '而'의 갑골문 및 금문 은 모두 턱에 난 수염을 묘사했다. 옛 중국인은 뭔가를 생각할 때 습관적으로 수염을 만지작거렸다. 때문에 '而'는 생각을 이어가는 것에서 말을 잇는 접속사의 의미가 생겼다. 관련 단어로는 연이(然而rán'ér, '그러나'를 의미하는 중국어), 이차(而且érqiě, '~뿐만 아니라'를 의미하는 중국어)' 등이 있다. 《설문》은 "'而'는 뺨에 난 털이다"라고 설명했다.

조작

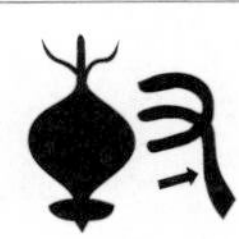

專 오로지 전

zhuān

'손'(, 寸마디 촌)으로 '북'(, 叀오로지 전)을 조작하다

'叀'의 갑골문 및 금문 은 방추(spindle)의 모양을 본뜬 상형자이다. 방추는 식물성 섬유를 회전시키고 꼬아 실을 가늘고 길게 만드는 공구이다. 방륜(가락바퀴) 및 방간으로 이루어졌는데, 방륜은 중앙에 구멍이 뚫린 도자기나 돌로 만든 원판이고 방간은 이 구멍에 꽂는 나무 막대기이다. 식물성 섬유(천연 마)를 방간에 묶은 뒤에 방륜을 돌리면 꼬아진 섬유가 실이 되어 나온다. 이때 섬유를 계속해서 보충해야 실이 중간에 끊어지지 않고, 완성된 실은 방간에 둘둘 감겨 천을 만드는 데 쓰인다.

숙련된 사람은 방추를 빨리 돌려 실을 많이 생산할 수 있다. 때문에 '專'에서 '잘하다' '독차지하다' 등의 의미가 생겼고, 전업(專業, 전문으로 하는 직업이나 사업), 전장(專長zhuāncháng, '특기' '전문 기술'을 의미하는 중국어), 전심(專心, 마음을 한곳에 쏟다) 등에 쓰인다. '專'의 간체자는 '专'이다.

금

전

'爪(손톱 조)' – 뭔가를 잡고 있는 손

'爪'의 금문 은 발톱이 날카로운 짐승의 한쪽 발이고, 전서 는 아래쪽을 잡고 있는 손이다. '爪'는 다른 한자에 쓰일 때 대부분 '손으로 잡다'의 의미를 가진다. '爪'의 뜻에서 파생된 한자는 舀(퍼낼 요), 稻(벼 도), 爰(이에 원), 奚(어찌 해), 受(받을 수), 妥(온당할 타), 覓(찾을 멱), 抓(긁을 조), 爬(긁을 파) 등이 있다.

❶ 餒(주릴 뇌), 綏(편안할 수), 荽(고수풀 수·유)

❷ 溪(시내 계), 蹊(좁은 길 혜, 이상야릇할 계)

❸ 孵(알 깔 부), 浮(뜰 부), 蜉(하루살이 부)

❹ 採(캘 채, 풍채 채), 睬(주목할 채), 綵(비단 채), 踩(뛸 채)

❺ 援(도울 원), 媛(여자 원), 暖(따뜻할 난, 부드러울 훤), 緩(느릴 완)

❻ 蹈(밟을 도), 滔(물 넘칠 도), 韜(감출 도, 활집 도. '활집'은 활을 넣어 두는 자루를 의미)

❼ 授(줄 수), 綬(끈 수)

❽ 睜(눈동자 정), 諍(간할 쟁), 錚(쇳소리 쟁), 狰(짐승 이름 쟁), 掙(찌를 쟁), 淨(깨끗할 정), 靜(고요할 정)

采 풍채 채, 캘 채

cǎi

나무(, 木나무 목)에 달린 열매나 잎을 따다(, 爪손톱 조)

'采'는 '採(캘 채, 풍채 채)'의 본자이다. 나무에 열매가 화려하게 달린 것에서 '칭찬하며 높이 평가하다' '사람의 용모'의 의미가 생겼다. 관련 단어로는 갈채(喝采, 외침이나 박수로 칭찬이나 환영의 뜻을 나타내다), 풍채(風采 fēngcǎi, '아름다운 풍채·자태'를 의미하는 중국어)가 있다.

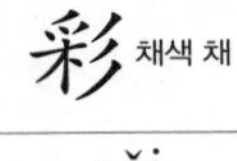

彩 채색 채

cǎi

나무에 달린 울긋불긋한( ) 열매를 '따다'(, 采풍채 채, 캘 채)

菜 나물 채

cài

'캐서'(, 采풍채 채, 캘 채) 먹을 수 있는 '풀'(, 草풀 초)

舀 퍼낼 요

yǎo

손으로 절구(, 臼절구 구)에 있는 것을 꺼내다(, 爪손톱 조)

'舀'는 '용기에서 내용물을 꺼내다'의 의미를 낳았고 요

수(舀水yǎoshuǐ, '물을 푸다'를 의미하는 중국어), 요탕(舀湯yǎotāng, '국을 뜨다'를 의미하는 중국어) 등에 쓰인다. '舀'는 이삭을 찧어 겨를 제거하는 행위나 쌀을 빻을 때 쓰는 도구를 가리킨다.

금
전

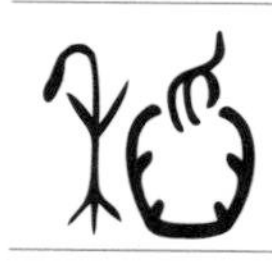

稻 벼 도

dào

벼의 이삭(, 禾벼 화)을 거둔(, 爪손톱 조) 뒤에 절구(, 臼절구 구)에 넣고 찧어서 쌀알을 얻다

전

蚤 벼룩 조

zǎo

자꾸만 살을 긁게(, 爪손톱 조) 만드는 작은 해'충'(, 虫벌레 충·훼)

벼룩에 물리면 따끔따끔해서 자꾸만 살을 긁게 된다. 옛 중국인은 가축과 같이 살았기 때문에 벼룩이 옮는 경우가 많았는데, 몸에 벼룩이 옮으면 밤새 긁느라 잠을 잘 수 없다.

금
전

虐 모질 학

nüè

호랑이(, 虎범 호)의 발톱(, 爪손톱 조)

'잔혹하다'의 의미를 낳았고 사학(肆虐, 사나운 짓을 제 마음대로 함부로 하다), 학대(虐待) 등에 쓰인다.

為 하 위, 할 위

wéi 또는 wèi

코끼리(, 象코끼리 상)를 '잡아'(, 爪손톱 조) 이용하다

《이아》는 코끼리를 '남방의 아름다운 동물'이라고 찬양했다. 코끼리는 자태가 아름답고 성격이 온순하다. 특히 상아는 매우 진귀해서 남조(南朝, 동진(東晉)이 망한 뒤 화남에 한(漢)족이 세운 송(宋), 제(齊), 양(梁), 진(陳)의 네 나라)시대에 귀족에게 많은 사랑을 받았다. 코끼리는 사람을 도와 무거운 짐을 옮길뿐더러 《한서·장건(漢書·張騫)》의 기록에 따르면 전쟁터에도 나갔다. "코끼리는 남월(진(秦)나라 말기에서 한(漢)나라 초기까지 광둥, 광시 및 베트남 지역에 독립했던 나라)에 사는 큰 짐승이다"라는 허신의 설명에서 알 수 있는 것처럼 코끼리는 남월 등의 국가에서 중국에 건너갔다. '象'의 갑골문 및 금문 은 큰 코끼리의 생김새를 묘사했다.

갑 금 전

爯 들 칭

chēng 또는 chèn

손(, 爪손톱 조)으로 한 마리의 '자라'(, 冉나아갈 염)를 잡아 들어올리다

큰 자라는 몸무게가 무려 10킬로그램이 넘는다. 고기 맛이 좋고 영양가가 풍부해서 가격이 비싸다. 중국인은 자라를 먹으면 에너지가 충전되어 건강해진다고 생각한다. 타이완플라스틱그룹의 창립자 왕용칭(王永慶)의 건강비법은 미국 인삼과 자라를 넣고 푹 고은 탕을 날마다 한 그릇씩 마신 것이다. 《한서》에 "큰 거북이와 자라는 그 길이가 1척 2촌이나 되고 가격은 2160전에 달한다"라고 나오는데 한(漢)나라 때 1척 2촌은 28센티미터 정도이다. '爯'의 갑골문 과 '偁(일컬을 칭, 저울 칭)'의 갑

갑 금 전

골문 및 금문 , 은 모두 손으로 자라를 잡은 모습을 본뜬 상형자이고, 두 한자 모두 '稱(일컬을 칭, 저울 칭)'의 본자이다. '爯'은 '손으로 자라의 무게를 가늠하다'라는 본뜻에서 '무게를 재다'의 의미가 생겼다. '爯'은 고대 중국의 시장에서 무게를 달아 자라를 파는 모습을 묘사한 것이라고 할 수 있다. 《한비자(韓非子)》를 보면 주(周)나라 때 시장에서 자라를 산 고사가 나온다. '옛날에 정(鄭)나라에 사는 어느 부인이 시장에서 자라를 한 마리 샀다. 그러곤 집에 돌아가는 길에 강을 건너다가 왠지 자라가 목이 마를 것 같아서 잠시 강물에 풀어줬는데 아뿔싸! 자라는 그길로 연기처럼 사라져버렸다.(鄭縣人卜子妻之市, 買鱉以歸, 過潁水, 以爲渴也, 因縱而飮之, 遂亡其鱉. 정현인복자처지시, 매별이귀, 과영수, 이위갈야, 인종이음지, 수망기별.)' 육지에서나 느릿느릿 기어다니지 물속에선 풀풀 '날아다니는' 것을 부인은 몰랐던 것이다.

(전)

稱 일컬을 칭, 저울 칭

chēng 또는 chèng

'화'곡(, 禾벼 화)의 무게를 '재다'(, 爯들 칭)

'稱'의 간체자는 '称'이다.

'力(힘 력·역)'–튼실한 팔

'力'의 금문 은 힘이 센 팔을 표현했다. '力'의 뜻에서 파생된 한자는 加(더할 가), 賀(하례할 하), 嘉(아름다울 가), 男(사내 남), 勞(일할 노·로), 幼(어릴 유), 劣(못할 열·렬), 飭(신칙할 칙), 拋(던질 포), 勦(노곤할 초, 끊을 초), 辦(힘들일 판, 다스릴 판), 功(공 공), 努(힘쓸 노), 劬(수고로울 구), 勉(힘쓸 면), 助(도울 조), 劻(급할 광, 도울 광), 勃(노할 발), 勖(힘쓸 욱), 劾(꾸짖을 핵), 動(움직일 동), 勁(굳셀 경), 勃(노할 발), 勇(날랠 용), 勤(부지런할 근), 務(힘쓸 무), 勘(헤아릴 감), 權(권세 권), 勢(형세 세) 등이 있고, 소리에서 파생된 한자는 肋(갈빗대 륵·늑), 勒(굴레 륵·늑. '굴레'는 마소의 머리에 씌워 고삐에 연결한 물건을 의미) 등이 있다.

육체노동을 하는 사람

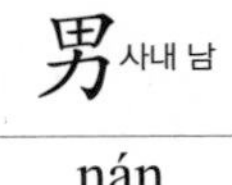

男 사내 남

nán

'밭'(田, 田밭 전)에서 '힘'(, 力힘 력·역)을 쓰다(제7장의 '田'편 참조)

갑 금 전

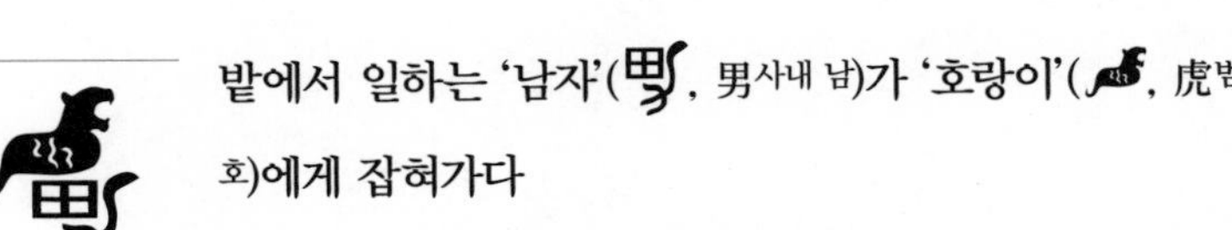

虜 사로잡을 로·노

lǔ

밭에서 일하는 '남자'(, 男사내 남)가 '호랑이'(, 虎범 호)에게 잡혀가다

한자 '虜'와 '虐(모질 학)'은 모두 호랑이에 대한 옛 중국인의 두려움을 묘사했다. 《예기》의 기록에 따르면 공자(孔子)와 제자들은 태산 근처를 지나가다가 무덤 앞에서 무릎을 꿇고 대성통곡하는 부인을 봤다. 공자가 제자를 보내 무슨 일

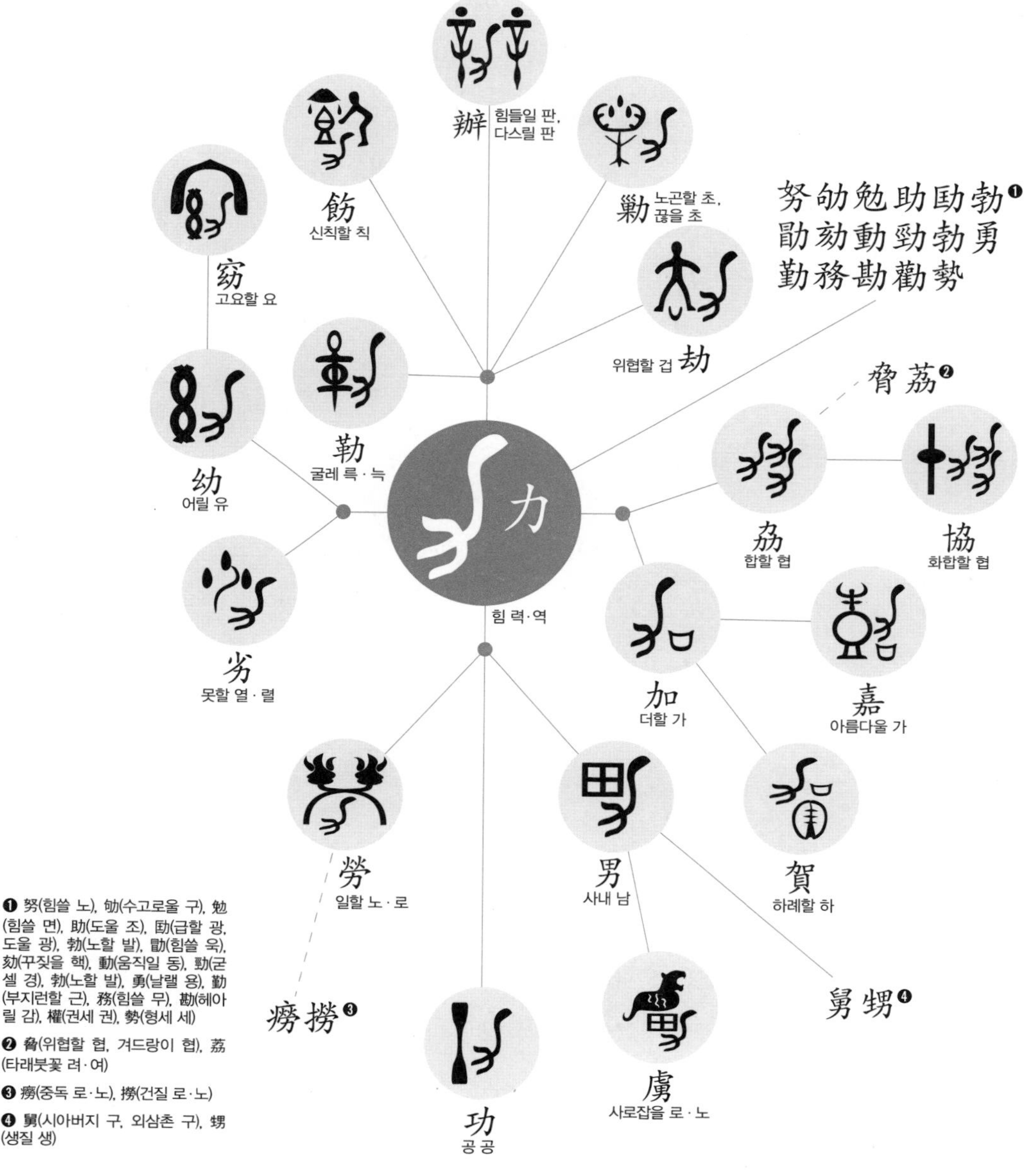

❶ 努(힘쓸 노), 劬(수고로울 구), 勉(힘쓸 면), 助(도울 조), 劻(급할 광, 도울 광), 勃(노할 발), 勖(힘쓸 욱), 劾(꾸짖을 핵), 動(움직일 동), 勁(굳셀 경), 勃(노할 발), 勇(날랠 용), 勤(부지런할 근), 務(힘쓸 무), 勘(헤아릴 감), 權(권세 권), 勢(형세 세)

❷ 脅(위협할 협, 겨드랑이 협), 荔(타래붓꽃 려·여)

❸ 癆(중독 로·노), 撈(건질 로·노)

❹ 舅(시아버지 구, 외삼촌 구), 甥(생질 생)

이 있어 그렇게 슬프게 우느냐고 묻자 부인이 대답했다.

"예전에 시아버지도 호랑이에게 물려 돌아가시고 남편도 호랑이에 물려 죽더니 어제는 아들마저 호랑이에게 물려 죽었습니다. 세 사람이나 호랑이에게 물려 죽었는데 어떻게 슬피 안 울고 배기겠습니까!"

부인의 대답을 듣고 공자가 앞에 가서 말했다.

"어쩌다 그런 불행한 일을……. 한데 부인은 호랑이가 제멋대로 날뛰는 무서운 이곳을 왜 떠나지 않습니까?"

부인은 눈물을 닦고 말했다.

"이곳이 무섭긴 하나 세금이 적어 다른 곳으로 떠나고 싶지 않습니다."

공자는 탄식하고 말했다.

"아하! 가혹한 정치는 호랑이보다 더 무섭구나!"

'虜'는 '체포하다' '포획하다'의 의미를 낳았고 포로(俘虜fúlǔ, '적군을 산 채로 잡다'를 의미하는 중국어)에 쓰인다.

功공공

gōng

손에 '공이'(, 工장인 공)를 들고 '힘'차게(, 力힘 력·역) 땅을 다지다

힘차게 땅을 다지면 공을 쌓을 수 있지만 그러지 않으면 날이 저물 때까지 아무것도 이루지 못한다. 관련 단어로는 용공(用功yònggōng, '노력하다' '열심히 공부하다'를 의미하는 중국어), 공로(功勞, 일을 마치거나 목적을 이루는 데 들인 노력과 수고), 공훈(功勳, 나라나 사회를 위해 세운 큰 공로) 등이 있다.

금
전

勞 일할 노·로

láo

'희미한 불빛'(, '勞'에서 '力'을 뺀 부분) 아래에서도 여전히 '힘'써(, 力힘 력·역) 일하다

'勞'는 '고생하다'의 의미를 낳았고 노력(努力), 신로(辛勞, 괴로움과 수고로움), 노고(勞苦, 수고하고 애쓰다) 등에 쓰인다. (熒등불 형)은 희미한 불빛을 의미한다. 《설문》은 "'勞'는 집안에 등불이나 촛불이 켜진 것이다"라고 설명했다.

한마음 한뜻으로 힘을 합치다

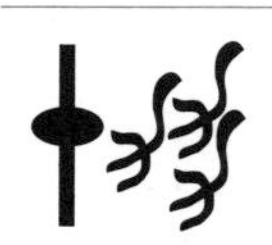

協 화합할 협

xié

'열'(, 十열 십) 사람이 한마음으로 '힘을 합치다'(, 劦합할 협)

관련 단어로는 협력(協力), 협판(協辦 xiébàn, '협조하여 처리하다'를 의미하는 중국어), 협상(協商) 등이 있다. '協'의 본자는 '劦'이다. '劦'()은 한마음 한뜻으로 힘을 합치는 것을 세 개의 힘센 팔로 표현했다. 세 사람이 힘을 합치면 그 이상의 힘이 나오게 마련이다. 그래서 '劦'에선 '많은 사람이 힘을 합치다'의 의미가 파생되었다.

무력으로 해결하다

劫 위협할 겁

jié

무'력'(, 力힘 력·역)으로 타인의 '가는'(, 去갈 거) 길을 막다

'劫'은 도적이 지나가는 사람을 막아 세우고 재물을 빼앗는 것을 묘사했다. 전서 는 무력으로 타인의 가는 길을 막은 것을 묘사했고, 또다른 전서 [seal]는 '칼'([seal])로 타인의 가는 ([seal]) 길을 막은 것을 묘사했다. '刦'은 '무력으로 협박하다' '재물을 빼앗다' '재난이 닥치다'의 의미를 낳았고 창겁(搶刦qiǎngjié, '강탈하다'를 의미하는 중국어), 겁난(刦難jiénàn, '재난'을 의미하는 중국어) 등에 쓰인다. 《설문》은 "어떤 사람이 가고 싶어하는 것을 무력으로 막아 세우는 것을 '刦'이라고 말한다"라고 설명했다.

勦 노곤할 초, 끊을 초

jiǎo

무'력'([seal], 力힘 력·역)으로 적의 '소굴'([seal], 巢새집 소)를 소탕하다

'勦'는 소멸시키는 것이요, 호되게 소탕하는 것이다. 관련 단어로는 초멸(勦滅, 외적이나 도적 따위를 무찔러 없애다)이 있다.

巢 새집 소

cháo

'나무'([seal], 木나무 목) 위의 '우묵한 둥지'([seal], 臼절구 구)에 '작은'([seal], 小작을 소) 생명이 있다

전서 [seal], [seal]는 '小, 臼, 木'으로 구성되었다. 하지만 안타깝게도 예서 때 '小'는 '巛(내 천)'으로 바뀌고 '臼, 木'은 '果(실과 과, 열매 과)'로 합쳐졌다.

飭 신칙할 칙

chì

권'력'([seal], 力힘 력·역)을 행사해 '양식'([seal], 飤먹일 사)을 관리하다

군대에선 먹는 것 때문에 늘 충돌이 일어난다. 따라서

반드시 공권력을 사용해 기강을 바로잡아야 한다. '飭'은 '정돈하다' '명령을 내리다'의 의미를 낳았고 정칙(整飭zhěngchì, '정돈하다'를 의미하는 중국어), 칙령(飭令chìlìng, '상급 기관에서 하급 기관에 명령하다'를 의미하는 중국어) 등에 쓰인다. 𩚬(飤)는 '사람'[人]이 양'식'(食)을 먹는 것이다.

많은 학자는 '力'을 '耒(밭 갈 리·이)'로 해석한다. 갑골문 男에서 '田(밭 전)' 옆에 있는 부호가 '耒'와 닮아서이다. 하지만 갑골문이 뭔가? 대부분 점을 치기 위해서 대충 적은 한자이다. 점을 치는 사람이 거북이 등껍질에 칼로 한자를 빠르게 새긴 것이다보니 때때로 작은 원이 직선으로 표현된 경우가 있는데 많은 갑골문에서 이런 특성이 발견된다. 예를 들어 '殳(몽둥이 수)'의 갑골문 殳은 청동으로 만든 '수기(칼날이 없는 기다란 형태의 단단한 무기)'를 들고 있는 손을 '十(열 십)'으로 단순화시켰다. 이에 비해 대부분이 청동 솥에 새겨진 금문은 한자 하나하나에 공을 들였는데 금문 男(男사내 남), 嘉(嘉아름다울 가) 등은 구부러진 팔이 큰 고기를 가지런하게 들고 있는 모습을 표현했다. 금문이 한자를 공들여 예쁘게 새겼고 한자의 모양 변화에도 일관성이 있는 점에서 '力'은 힘센 팔을 묘사했다고 보는 것이 더 타당하다.

보잘것없는 힘

幼 어릴 유

yòu

팔의 힘(力, 力힘 력·역)이 가느다란 '실'(幺, 糸가는 실 멱, 실 사)처럼 약하다

고대 중국에서 여자는 반드시 어려서부터 바느질, 자수

등과 같은 '여자의 일'을 배워야 했다. 힘이 약해서 거친 노동은 못하지만 손재주가 좋아 바느질은 잘했기 때문이다. 따라서 '幼'는 가느다란 실로 힘이 약한 사람을 묘사했다. '幼'는 '미세하다'의 의미를 낳았고 연유(年幼, 어림을 뜻하는 '연유하다'의 어근), 유동(幼童 yòutóng, '어린이' '유아'를 의미하는 중국어), 유치(幼稚, 어리다, 수준이 낮거나 미숙하다) 등에 쓰인다.

窈 고요할 요

yǎo

동굴(, 穴구멍 혈) 안에서 '작은'(, 幼어릴 유) 소리가 흘러나오다

'의의나 영향 등이 깊고 크다' '섬세하고 아름답다'의 의미를 낳았고 요원(窈遠 yǎoyuǎn, '수풀이나 궁실 등이 깊숙하고 그윽하다'를 의미하는 중국어), 요조(窈窕, 여자의 행동이 얌전하고 정숙하다) 등에 쓰인다.

劣 못할 렬·열

liè

힘(, 力힘 력·역)이 약하다(, 少적을 소)

옛 중국인은 힘이 센 것을 좋고 아름답다고 생각했다. 그래서 말도 힘이 세고 건강하면 준마로 쳐주었지만 힘이 약하면 등급이 낮은 것으로 취급했다. '劣'은 '좋지 않다'의 의미를 파생시켰고 저열(低劣, 질이 낮고 변변하지 못함을 뜻하는 '저열하다'의 어근), 악렬(惡劣, 매우 나쁨을 뜻하는 '악렬하다'의 어근), 열세(劣勢)에 쓰인다.

‘聿(붓 율)’-붓을 쥔 손

고대 중국의 붓은 경필(硬筆)과 연필(軟筆) 두 종류로 나뉜다. 도필(刀筆, 종이가 발명되기 전에 대나무에 한자를 새기는 데 쓴 칼), 목필(木筆, 연필), 죽필(竹筆, 삶은 대나무를 잘게 잘라 만든 붓) 등은 경필에 속하고, 모필(짐승의 털로 만든 붓)은 연필에 속한다. 갑골문은 도필을 이용하여 거북이 등껍질이나 짐승의 뼈에 한자를 새긴 것이고, 목필과 죽필은 나무나 대나무 조각에 옻을 찍어 한자를 적었다. 진(秦)나라 이전까지 붓을 일컫는 명칭은 여럿 있었지만 주로 ‘聿(붓 율)’을 썼다. 筆(붓 필), 書(글 서), 畫(그림 화) 등에도 ‘聿’이 들어간다. 은 대나무 가지이고, 이것에 한쪽 손을 더해 ‘支(지탱할 지, 가를 지)’( )가 되었다. 옛 중국인은 대나무로 집을 짓거나 죽제품을 만들 때 반드시 가지부터 제거했다. (支)는 손( )으로 대나무의 가지( )를 잘라내는 모습을 묘사했다.

‘聿’의 갑골문 및 금문 , 은 손에 대나무 가지를 쥐고 옻을 칠해 한자를 쓰는 것을 표현했고, 전서 는 대나무 가지 밑에 가로획을 더해 선을 그린 것을 표현했다. ‘聿’의 본뜻은 붓이고, 이것에서 ‘글씨를 쓰다’ ‘정하다’ ‘기획하다’ 등의 의미가 생겼다.

전

筆 붓 필

bǐ

손에 ‘대나무’(, 竹대 죽) 줄기를 들고 ‘붓’(, 聿붓 율)을 만들다

진(秦)나라의 장군인 몽염(蒙恬)은 뜻밖에도 양털을 대나무 관에 한 움큼 끼워넣고 한자를 썼다가 ‘모필’을 발명했다. 털을 맨 붓으로 한자를 쓰면 경필로 쓸 때보다

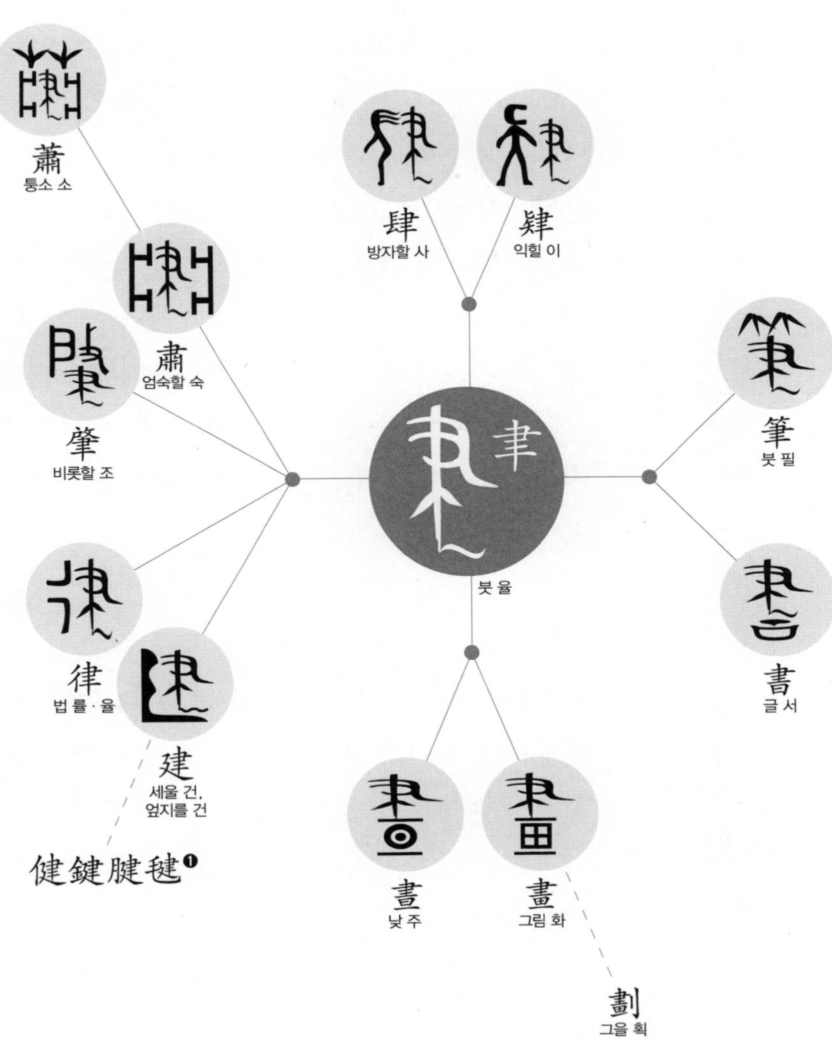

❶ 健(굳셀 건), 鍵(열쇠 건, 자물쇠 건), 腱(힘줄 건), 楗(제기 건)

더 유려하게 획을 그을 수 있다. 몽염은 자신이 발명한 붓을 전통적인 경필과 차이를 두기 위해서 '불율필(弗聿筆)'이라고 불렀다. 이후 '筆'은 문인이 좋아하는 필기도구가 되었고 후대 사람은 '聿' 대신에 서서히 '筆'을 쓰기 시작했다. 또다른 전서 (笔붓 필)은 양의 털(, 毛털 모)을 대나무(, 竹) 줄기에 끼워넣은 물건을 묘사한 것으로, 대나무로 대를 만들고 양이나 늑대의 털로 붓 끝을 만드는 몽염의 붓을 더 사실적으로 해석했다. 현재 '筆'의 간체자는 '笔'이다.

律 법칙 률·율

lǜ

'붓'(, 聿붓 율)으로 '길'(, 彳조금 걸을 척)의 구획을 짓다

'반드시 지켜야 하는 원칙을 정하다' '규칙' '규범'의 의미가 생겼고 법률(法律), 정률(定律, 정해진 법률이나 법칙), 선율(旋律) 등에 쓰인다.

建 세울 건, 엎지를 건

jiàn

벽이 움푹 팬(, ㄴ숨을 은 또는 廴길게 걸을 인) 곳에서 '붓'(, 聿붓 율)을 쥔 채 점토에 무늬를 그려넣고 색칠하다

'建'의 금문은 벽이 움푹 팬() 곳에서 붓()으로 점토(土)에 무늬를 그리고 채색하는 것을 표현했다. 점토에 무늬를 그리고 색칠하는 것은 도자기를 만드는 중요한 과정 중에 하나이다. '建'은 '기획하다' '건축하다' '진술하다'의 의미를 낳았고 건립(建立), 건축(建築), 건의(建議) 등에 쓰인다.(《한자나무》 1권 제2장의 '廷(조정 정)'편 참조)

畫 그림 화

huà

'붓'(, 聿붓 율)으로 '밭의 경계'()를 묘사하다

갑골문 은 붓으로 땅에 선을 긋는 것이고, 금문 은 이것에 '田(밭 전)'을 덧붙였다. 전서 는 '붓'()으로 '밭의 경계'()를 묘사한 것이고, 또다른 전서 (画 그림 화)는 밭()의 사위 경계선을 묘사했다. '畫'의 간체자는 '画'이고, '밭의 경계를 나누다'라는 본뜻에서 '그리다'의 의미가 파생되었다. 회화(繪畫), 도화(圖畫, 그림과 도안), 규화(規畫 guīhuà, '기획하다'를 의미하는 중국어) 등에 쓰인다. 《설문》은 "'畫'는 경계이다. 밭의 네 경계를 붓으로 그린 것이다"라고 설명했다.

갑 금 전

書 글 서

shū

'입으로 말한' 내용을 '붓'으로 적다(제7장의 '曰(가로 왈)' 편 참조)

晝 낮 주

zhòu

'붓'(, 聿붓 율)으로 '태양'(, 日해 일)의 '사위 경계'()를 그리다

하루를 낮과 밤으로 구분한 옛 중국인은 해가 밝게 떴을 때와 졌을 때를 각각 백주(白晝)와 흑야(黑夜)라고 불렀다. 관련 단어로는 백주(白晝), 주야(晝夜, 밤낮) 등이 있다. 《설문》은 "'晝'는 해가 나왔을 때이고 밤과 경계를 이룬다"라고

금 전

설명했다. '晝'의 간체자는 '昼'이다.

금 전

'좌우로 높은 벽'(𠁣)에 가려진 곳에서 집중하여 '글을 쓰고'(聿, 聿붓 율) 대책을 궁리하다

肅 엄숙할 숙

sù

이른바 '소장(蕭牆)'의 원래 명칭은 '숙장(肅牆)'이다. 옛 중국인은 글을 쓰거나 일을 처리할 때 남에게 직접적인 방해를 받지 않기 위해서 병풍을 담장처럼 설치했다. 따라서 볼일이 있어 찾아온 외부인은 반드시 병풍 밖, 다시 말해 소장 밖에서 먼저 기척을 알렸다. 소장은 군신 사이에도 설치되었다. 동한(東漢)의 유학자 정현(鄭玄)은 소장에 대해서 "'蕭(쓸쓸할 소)'는 '肅(엄숙할 숙)'을 말하고 '牆(담 장)'은 '屛(병풍 병)'을 말한다. 군신이 서로 만나 예를 갖출 때도 병풍을 쳐서 엄숙함과 공손함을 더했다. 그래서 이를 '소장'이라고 부른다"라고 말했다. 이른바 '소장'은 궁실에서 사생활을 보호하거나 하인의 방해를 받지 않기 위해 설치한 낮은 벽이나 병풍을 가리키고, '소장지화(蕭牆之禍)'는 궁정 내부의 암투 때문에 벌어진 화를 가리킨다. 소장은 《논어》의 "내가 보기에 계씨의 근심은 전유에 있는 것이 아니라 소장 안에 있는 것 같다"라는 문장에도 등장한다. '肅'은 원래 외부인을 차단하는 것이 목적인 담장이나 병풍을 뜻하고, 이것에서 '공경하다' '조용하고 장엄하다'의 의미가 파생되었다. 숙정(肅靜, 정숙), 엄숙(嚴肅) 등에 쓰인다. 또다른 전서 [전서]는 어떤 사람이 무릎을 꿇고([무릎]) 온 '마음'([心])을 다해 '글을 쓰고'([聿]) 대책을 궁리하는 것을 표현했다. 《설문》은 "'肅'은 온 마음을 다하여 일하는 것이다"

라고 풀이했다.

蕭 쓸쓸할 소

xiāo

'황량'한 땅(, 肅엄숙할 숙)에서 자라는 들'풀'(, 草풀 초)

산쑥은 애호(艾蒿) 또는 소호(蕭蒿)라고도 불린다. 쓴맛이 강한 이 풀을 후대 사람은 혈자리에 쑥을 올려놓고 불을 붙여 연기를 쐬는 뜸 요법에 적용했다. '肅'의 본뜻은 높은 담장으로 분리된 곳이고, 이것에서 인가가 드문 황량한 땅이라는 의미가 생겼다. '蕭'는 쓸쓸하고 생기가 없는 땅이라는 의미를 낳았고 소슬(蕭瑟, 으스스하고 쓸쓸함을 뜻하는 '소슬하다'의 어근), 소조(蕭條, 고요하고 쓸쓸함을 뜻하는 '소조하다'의 어근)에 쓰인다.

'九(아홉 구)' – 열심히 팔을 길게 늘이다

九 아홉 구

jiǔ

힘껏 길게 늘인 팔

'최대한 늘이다' '원대하다'의 의미를 낳았다.

究 연구할 구

jiū

'팔을 길게 뻗어'(, 九아홉 구) '동굴'(, 穴구멍 혈) 안을 탐색하다

❶ 詢(물을 순), 殉(따라 죽을 순), 徇(돌 순, 주창할 순), 峋(깊숙할 순), 絢(무늬 현), 荀(풀이름 순), 筍(죽순 순), 洵(참으로 순)

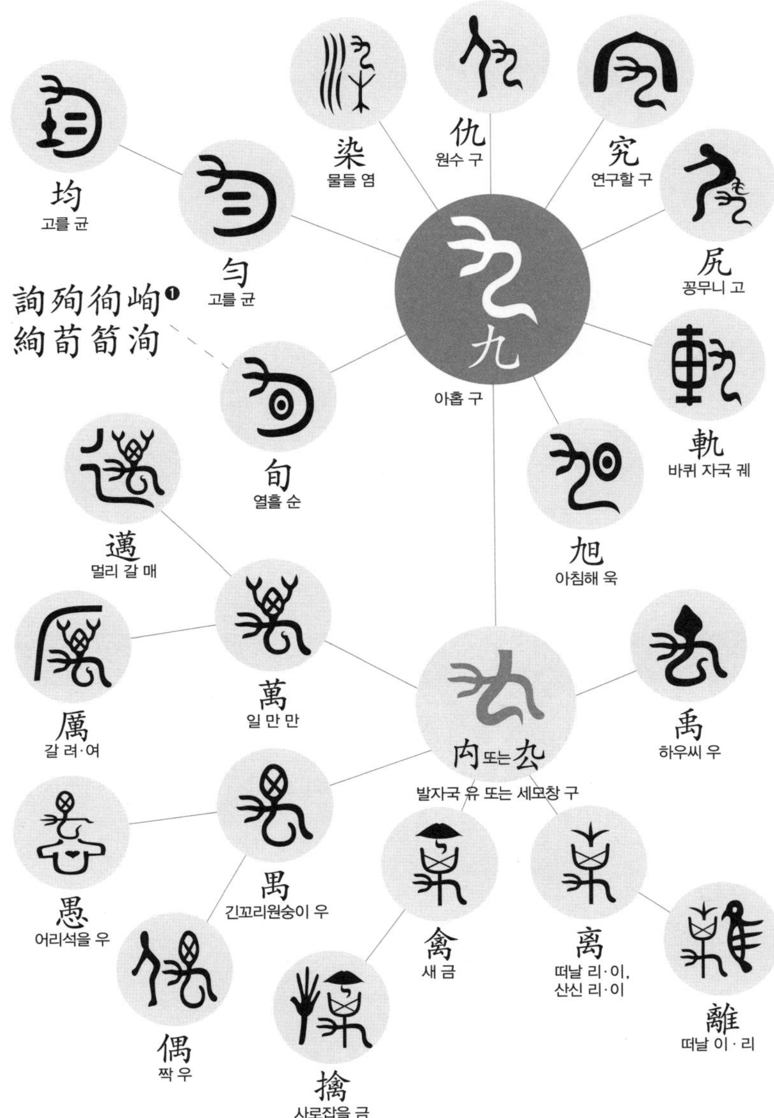

仇 원수 구

chóu

'팔을 힘껏 뻗어'(, 九아홉 구) 독촉하는 '사람'(, 人사람 인)

원한이 맺힌 사람은 원수가 어디로 숨든 세상 끝까지 쫓아가서 기필코 잡고 만다.

尻 꽁무니 고

kāo

긴 척추뼈를 '꼬리'(, 尾꼬리 미) 끝까지 '쭉 늘이다'(, 九아홉 구)

'尻'는 꼬리뼈이다.

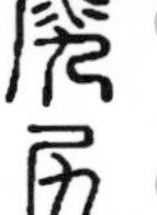

匀 고를 균

yún

길이가 같은 두 개(, 二두 이)의 긴 팔(, 九아홉 구). 거의 한 사람이 양팔을 쫙 펼친 길이에 맞먹을 정도로 길다

'가지런하고 평평하다'의 의미가 파생되었고 평균(平均), 균칭(匀稱yúnchèn, '균형이 잡히다'를 의미하는 중국어) 등에 쓰인다. '二'의 옛 한자 는 길이가 같은 두 개의 선이 있는 모양이다. 《옥편》은 "'匀'은 고른 것이다"라고 풀이했다.

均 고를 균

jūn

'고르게'(, 匀고를 균) 분배된 '토'지(, 土흙 토)

평균(平均), 균분(均分, 고르게 나누다), 균등(均等, 고르고 가지런하여 차별이 없다)에 쓰인다. 《주례》에 "토지를 고르게 하는 법으로 천하의 정치를 균형 있게 해야 한다"라고 나온다.

旬 열흘 순

xún

태양(, 日해 일)의 완전한 주기(, 九아홉 구)

성인은 한 팔로 아이나 물건을 번쩍 들 수 있다. 갑골문 은 한 바퀴 빙 두른 긴 팔을 표현한 것이고, 완전한 주기를 의미한다. 금문 은 '日'을 덧붙여 완전한 날을 표현했다. 옛 중국인은 '十(열 십)'을 완전한 숫자라고 생각해 열흘을 1순(旬)으로 잡고 한 달을 상순, 중순, 하순으로 나눴다. 나이의 경우에는 '누구네 팔순 노모'라고 말할 때처럼 십 년을 1순으로 잡는다.

染 물들 염

rǎn

'나무'(, 木나무 목)에서 '가늘고 긴'(, 九아홉 구) '액체'()가 줄줄 흐르다

옛 중국인은 이미 오래전부터 나무에서 염료를 얻을 줄 알았다. 마왕퇴(전한의 장사국 재상이었던 이창과 그의 처, 아들의 무덤) 고분에서 출토된 죽기와 목기의 표면은 붉은 칠이 되어 있는데 2천 년이 지난 지금에도 여전히 새것처럼 색깔이 선명하다.

軌 바퀴 자국 궤

guǐ

'수레'(, 車수레 차·거)가 세게 지나가 땅에 바퀴 자국이 '깊게'(, 九아홉 구) 나다

旭 아침해 욱

xù

아침'해'(◎, 日해 일)에서 뿜어져 나오는 '가늘고 긴'(九, 九아홉 구) 광선. 아침해는 동쪽에서 솟아오른다

内 발자국 유

róu

'팔을 쭉 펴고'(九, 九아홉 구) 동물의 몸통(厶, 厶사사 사)을 잡다

'内(또는 厹세모창 구)'는 완전한 한자는 아니고 禹(하우씨 우), 萬(일 만 만), 禺(긴꼬리원숭이 우), 禽(새 금) 등의 한자에 공통으로 들어가는 구성 한자이다. 이들 한자는 모두 똑같은 의미를 가진 부호를 가졌는데 팔을 길게 뻗어 동물을 잡는 부호가 그것이다.

(전)

禹 하우씨 우

yǔ

'팔을 길게 뻗어'(九, 九아홉 구) '큰 뱀'(虫, 虫벌레 충·훼)을 잡는 사람

'禹'의 금문 은 '작살'( )을 쥐고 큰 '뱀'( )에 대항하는 사람을 표현했다. 선진(先秦)시대의 고서는 대우를 뱀에 대항하는 영웅으로 묘사했고, 한(漢)나라의 벽화에 그려진 대우는 날이 선 작살을 들고 있다. 또다른 금문 및 전서 는 팔을 길게 뻗어 큰 뱀을 잡는 사람을 묘사했다. 정리하면 대우는 용 또는 큰 뱀을 잡는 사람을 뜻한다.

(금)

(전)

스촨의 삼성퇴 유적지에는 하(夏)나라의 문명이 남아 있다. 그중에서 청동입인상은 양팔을 각각 둥글게 말아 큰 뱀을 잡는 것을 표현했고, 큰 귀걸이를 달아 대우의 특징을 잘 살렸다. 고서에 기록된 대우는 큰 귀걸이를 했고 비쩍 말랐으며 스촨의 석뉴(옛 지명)에서 태어났는데 청동입인상의 형상 및 배경과 딱 맞는다. 중국의 10대 민간 수집가 주원찬(朱文燦)이 소장한, 큰 뱀을 잡는 대우의 모습을 묘사한 삼성퇴 옥기는 대우가 뱀을 잡는 사람임을 잘 설명해준다. 청동입인상이 양손에 잡은 뱀은 몸통의 지름만 20센티미터이다. 비율로 따지면 몸의 길이가 4~5미터가 넘는 거대한 뱀이다. 중국의 윈난, 스촨 일대에 서식하는 왕뱀과 비슷한 종류인 미얀마의 왕뱀은 1년 반이면 3미터까지 자란다. 4천 5백 년 전에 대우가 살았던 시대에는 왕뱀이 매우 많았던 것으로 추정된다.

萬 일 만 만

wàn

'팔을 길게 뻗어'(, 九아홉 구) 독이 있는 '전갈'()을 제거하다

禺 긴꼬리 원숭이 우

yú 또는 ǒu

'팔을 길게 뻗어'(, 九아홉 구) '머리가 크고 꼬리가 긴'() 원숭이를 잡다(제6장의 '禺'편 참조)

禽 새 금

qín

'긴 손잡이가 있는 그물'(　)을 쥐고 '팔을 길게 뻗어'(　, 九아홉 구) '먹을 수 있는 동물'(　, 今이제 금)을 잡다

'禽'은 원래 먹을 수 있는 동물, 예컨대 날짐승과 들짐승을 잡는 것을 의미하지만 지금은 주로 새의 의미로 쓰인다. 《백호통》에 "'禽'은 무엇인가? 새와 짐승을 통틀어 이르는 말이다"라고 나온다. 관련 단어로는 가금(家禽, 닭, 오리 같은 집에서 키우는 날짐승), 금수(禽獸, 날짐승과 들짐승, 즉 모든 동물)가 있다. 갑골문 　, 　은 손에 긴 손잡이가 있는 그물을 쥐고 있는 모습을 본뜬 상형자이고, 금문 　 및 전서 　는 갑골문에 '今'을 덧붙였다. '今'은 음식을 입에 물고 있는 것인데, '禽'에선 먹을 수 있는 동물을 의미하고 소리를 나타낸다.

갑 금 전

擒 사로잡을 금

qín

'새와 짐승'(　, 禽새 금)을 잡다(　, 扌손 수)

离 떠날 리·이, 산신 리·이

lí

'손잡이가 달린 그물'(　)을 쥐고 '팔을 길게 뻗어'(　, 九아홉 구) '나뭇가지 끝'(　)에 있는 동물을 잡다

전

離 전

離 떠날 이·리

lí

'손잡이가 달린 그물'( )을 쥐고 '팔을 길게 뻗어'(, 九아홉 구) '나뭇가지 끝'( )에 앉은 새(, 隹새 추)를 잡다

나뭇가지에 앉은 동물은 잡기가 어려운 것에서 '떠나다'의 의미가 생겼다. 분리(分離), 이가(離家, 집을 떠나 타향으로 가다), 이직(離職) 등에 쓰인다.

'手(손 수)'－다섯 손가락 

갑골문에 손가락이 세 개인 손( )은 많지만 다섯 개인 손( )은 좀처럼 찾아볼 수가 없다. 따라서 세 손가락의 손( )이 먼저 만들어지고 다섯 손가락의 손( )이 나중에 만들어졌다고 추측할 수 있다. 다시 말해서 은 에서 파생된 것이다.

'手'의 금문 및 전서 는 손가락이 다섯 개인 손을 묘사했다. 다섯 손가락의 손은 늦게 만들어진 탓에 상형자나 회의자보다 주로 형성자의 구성 한자로 쓰였다.

失 전

失 잃을 실

shī

물건이 '손'(, 手손 수)에서 '미끄러져 떨어지다'( )

전서 및 은 한쪽 손과 불규칙한 곡선으로 이루어졌다. 이 곡선은 물건이 아래로 떨어지는 것을 나타낸다. 관련 단어로는 실거(失去shīqù, '잃어버리다'를 의미하는 중국어), 유실(遺失, 잘 간수하지 못해 잃어버리다), 실명(失明), 실족(失足, 발을 헛디디다), 실수(失手), 실신(失信, 신용을 잃다),

실패(失敗), 과실(過失, 잘못이나 허물) 등이 있다. 跌(거꾸러질 질), 佚(편안할 일), 軼(앞지를 일) 등은 '失'의 뜻에서 파생된 한자이다. '跌'과 '佚'은 각각 발을 헛디딘 것과 세상을 피해 숨어 사는 사람을 의미한다. 불규칙한 곡선으로 물건이 떨어지는 것을 표현한 또다른 한자는 '少(적을 소)'이다. '少'(少)는 '작은'(小, 小작을 소) 물건이 '미끄러져 떨어져'(丿) 부피가 더 적어진 것을 표현했다. 예서는 불규칙한 곡선을 삐침으로 단순화시켰다.

拜 절 배, 뺄 배

bài

'손'(手, 手손 수)에 '밀 이삭이 가득 열린 식물'(禾, 禾벼 화)을 들고 신에게 감사의 기도를 올리다

풍년이 들어 신에게 감사의 기도를 올리는 모습을 표현한 것에서 '두 손을 모으고 허리를 굽혀 절하는 의식'이라는 의미가 파생되었다. 배사(拜謝, 웃어른에게 공경히 사례하다), 경배(敬拜, 존경하여 공경히 절하다), 배년(拜年bàinián, '새해 인사를 드리다'를 의미하는 중국어) 등에 쓰인다.

갑 / 금 / 전

找 채울 조

zhǎo

손(手, 手손 수)에 '무기'(戈, 戈창 과)를 들고 사냥감을 찾다

拿 잡을 나

ná

'손'(, 手손 수)을 '합하다'(, 合합할 합, 쪽문 합). 두 손을 모으면 물건을 잡을 수 있다

掌(손바닥 장), 摩(문지를 마), 摹(베낄 모), 摯(잡을 지), 擊(칠 격), 擎(들 경), 拳(주먹 권), 攀(더위잡을 반)은 '手'의 모양에서 파생된 형성자이다. 재방변(扌)이 들어가는 형성자는 매우 많은데 按(누를 안), 控(당길 공), 扔(당길 잉, 부술 잉), 扒(뺄 배), 扣(두드릴 구, 구류할 구), 扑(칠 복·박), 扛(마주 들 강), 托(맡길 탁), 扳(끌어당길 반), 抗(겨룰 항), 抖(떨 두), 扯(찢을 차), 抒(풀 서), 技(재주 기), 扶(도울 부), 拌(버릴 반, 쪼갤 반), 摸(본뜰 모), 扭(묶을 뉴·유), 抓(긁을 조), 把(잡을 파, 긁을 파), 扼(잡을 액), 抑(누를 억), 挑(돋울 도), 抄(뽑을 초, 두벌갈이할 초), 抱(안을 포, 던질 포), 抨(탄핵할 평), 拄(버틸 주), 拖(끌 타), 拗(우길 요), 拂(떨칠 불, 도울 필), 押(누를 압), 拐(후릴 괴), 抬(매질할 태, 들 대), 拒(막을 거), 拙(옹졸할 졸), 拇(엄지손가락 무), 披(헤칠 피), 拍(칠 박, 어깨 박), 抵(막을 저), 拔(뽑을 발, 무성할 패), 拼(물리칠 병), 拭(씻을 식), 批(비평할 비), 持(가질 지), 掛(걸 괘), 指(가리킬 지), 拱(팔짱 낄 공, 보옥 공), 拷(칠 고), 拯(건질 증), 拴(맬 전), 捆(두드릴 곤), 捏(꾸밀 날), 挺(빼어날 정), 捐(버릴 연), 捎(덜 소), 挪(옮길 나), 挾(낄 협), 挫(꺾을 좌), 振(떨칠 진), 挨(밀칠 애), 捕(잡을 포), 捍(막을 한), 摀(가릴 오), 捌(깨뜨릴 팔, 여덟 팔), 掬(움킬 국), 掩(가릴 엄), 排(밀칠 배, 풀무 배), 掏(가릴 도), 捲(거둘 권, 말 권), 掀(번쩍 들 흔), 掖(겨드랑이 액, 낄 액), 挂(걸 괘), 捻(비틀 념·염), 捫(어루만질 문), 接(이을 접), 推(밀 추), 搶(부딪칠 창), 援(도울 원), 掘(팔 굴), 掄(가릴 륜·윤), 授(줄 수), 掙(다툴 쟁), 揮(휘두를 혼·휘, 표기

휘), 撐(버틸 탱), 採(캘 채, 풍채 채), 捱(막을 애), 捶(때릴 추), 揉(주무를 유), 揆(헤아릴 규), 揍(모을 주), 换(바꿀 환), 插(꽂을 삽), 揪(모을 추), 揣(헤아릴 췌), 揹(등 배, 배반할 배), 揭(높이 들 게, 걸 게), 描(그릴 묘), 搞(옆으로 칠 고), 搗(찧을 도), 搪(뻗을 당), 搭(탈 탑), 搬(옮길 반), 搏(두드릴 박, 어깨 박), 搜(찾을 수), 摟(끌어모을 루·누), 摑(칠 괵), 搾(짤 착), 攙(찌를 참), 摻(가늘 섬, 잡을 삼, 칠 참), 摘(딸 적), 摔(땅에 버릴 솔), 撤(거둘 철), 搓(비빌 차), 搔(긁을 소), 搖(흔들 요), 摸(본뜰 모), 摺(접을 접·절, 끌 랍·납), 摧(꺾을 최), 撰(지을 찬, 가릴 선), 措(둘 조), 撓(어지러울 요·뇨), 擅(멋대로 할 천), 播(뿌릴 파), 撿(검사할 검, 거둘 렴·염), 擼(훑을 로·노), 擄(노략질할 로·노), 據(근거 거), 撼(흔들 감), 捷(빠를 첩, 이길 첩), 擋(숨길 당), 擔(멜 담), 擁(낄 옹), 擒(사로잡을 금), 撲(칠 박), 撫(어루만질 무), 撈(건질 로·노), 攬(가질 람·남), 攤(펼 탄), 攜(이끌 휴), 攪(흔들 교), 攝(다스릴 섭, 잡을 섭), 攔(막을 란·난), 攘(물리칠 양), 攏(누를 롱·농), 擾(시끄러울 요), 擲(던질 척), 擴(넓힐 확), 擷(딸 힐), 擠(밀칠 제), 擱(놓을 각), 擭(덫 화·확, 잡을 획), 擰(어지러워질 녕·영), 擇(가릴 택), 擬(비길 의), 捧(받들 봉), 拾(주울 습), 拾(주울 습, 열 십, 바꿀 겁, 오를 섭), 揚(날릴 양), 拆(터질 탁), 拉(끌 랍·납), 掉(흔들 도), 捉(잡을 착), 損(덜 손), 撥(다스릴 발), 撞(칠 당), 挖(후벼낼 알), 掠(노략질할 략·약), 撬(들어올릴 효·교), 提(끌 제), 探(찾을 탐), 揚(날릴 양), 拓(넓힐 척, 주울 척, 박을 탁) 등이 그것이다.

折 접을 접·절, 끌 랍·납

zhé

도끼(, 斤도끼 근)로 나무의 큰 가지를 두 쪽( )으로 나누다

갑골문 , 금문 은 나무가 두 쪽으로 갈라진 것이 뚜렷하게 보인다. 전서 는 중간에 좁은 틈으로 도끼질한 흔적만 간신히 남기고 두 나무토막을 가깝게 붙여 놓았다. 예서는 한자를 더 편리하게 쓰기 위해서 두 나무토막을 하나로 합쳐 '手'(, 扌손 수)로 바꿨다. '折'은 '사물을 자르다' '가치를 떨어트리다'의 의미를 낳았고 절단(折斷, 구부려서 끊다), 절손(折損zhésǔn, '접혀서 손상되다' '손상시키다'를 의미하는 중국어), 절구(折扣zhékòu, '할인'을 의미하는 중국어) 등에 쓰인다.

'折'은 '析(쪼갤 석)'과 뜻이 서로 비슷하다. 단지 차이점은 '折'은 나무를 그냥 자르는 것인 데 비해 '析'은 나무를 자른 뒤에 다시 잘게 토막을 내는 것이다.

析 쪼갤 석

xī

도끼(, 斤도끼 근)로 '나무'(, 木나무 목)를 잘게 토막 내다

'析'은 나무꾼이 큰 나무를 벤 뒤에 다시 장작 크기로 쪼개는 것을 묘사했다. '분해하다'의 의미를 낳았고 이석(離析, 떨어져나가다), 분석(分析) 등에 쓰인다. 《설문》은 "'析'은 도끼로 나무를 쪼개는 것이다"라고 설명했다.

‘叉(갈래 차, 작살 차)’– 갈라진 손가락 

叉 갈래 차, 작살 차

chā

갈라진 손가락(화살표로 손가락이 갈라지는 지점을 가리켰다)

전서 는 지사의 방법으로 손가락이 갈라지는 곳을 강조했다. ‘叉’는 ‘엇갈리다’ ‘갈래’의 의미를 낳았고 교차(交叉, 서로 엇갈리다), 차자(叉子chāzi, ‘포크’를 의미하는 중국어) 등에 쓰인다.

朮 차조 출, 재주 술

shù

갈라지고(, 叉갈래 차, 작살 차) 흩어져(, 分나눌 분) 나오다

백출(白朮) 또는 적출(赤朮)은 약용 식물이고, 갈래갈래 갈라진 가지마다 잎이 무성하다.

전

術 재주 술

shù

무수히 갈라지고 흩어지는(, 朮차조 출, 재주 술) ‘길’(, 行다닐 행, 항렬 항)

‘術’은 방법, 수단, 책략의 의미를 낳았고 의술(醫術), 산술(算術) 등에 쓰인다. 《설문》은 “‘術’은 고을에 있는 길이다”라고 설명했다. ‘術’의 간체자는 중요한 의미를 가진 ‘行’이 생략된 ‘朮’이다. ‘行’은 사방으로 통하는 길을 가리킨다.(제9장의 ‘行’편 참조)

전

전

述 펼 술

shù

갈라지고 흩어지는(, 朮차조 출, 재주 술) 길을 '걷다'(, 辶쉬엄쉬엄 갈 착)

'述'에서 '조리 있다' '자세하게 설명하다'의 의미가 생겼다. 서술(敍述), 저술(著述) 등에 쓰인다. 또한 '따르다'의 의미도 파생되었는데, 이른바 '술조(述祖)'는 조상의 가르침을 따르는 것을 일컫는다. 《설문》은 "'述'은 따르는 것이다"라고 설명했고, 《한서주(漢書註)》는 "'述'은 길이요, 마음이 생기는 곳이다"라고 설명했다.

갑

전

殺 죽일 살, 감할 살

shā

몸통에서 갈라져 나온(, 朮차조 출, 재주 술) 팔다리를 손에 든 긴 몽둥이(, 殳몽둥이 수)로 왼쪽에서 내리치고 오른쪽에서 잘라버리다()

금문 은 사람()의 오른쪽 다리를 둘로 토막 낸 것을 표현했다. '殺'은 '사람의 팔다리를 자르다'라는 본뜻에서 '사람을 죽이다'의 의미가 생겼다.

刹 절 찰

chà 또는 shā

몸통에서 갈라져 나온(, 朮차조 출, 재주 술) 팔다리를 손에 든 '칼'()로 빠르게 왼쪽에서 내리치고 오른쪽에서 잘라버리다()

'순간'이라는 의미를 낳았다. '찰나(刹那)'는 지극히 짧은 시간을 의미한다. 이 밖에 '제지하다'의 의미도 있다.

'丑(소 축, 추할 추)'—비틀어 돌린 손

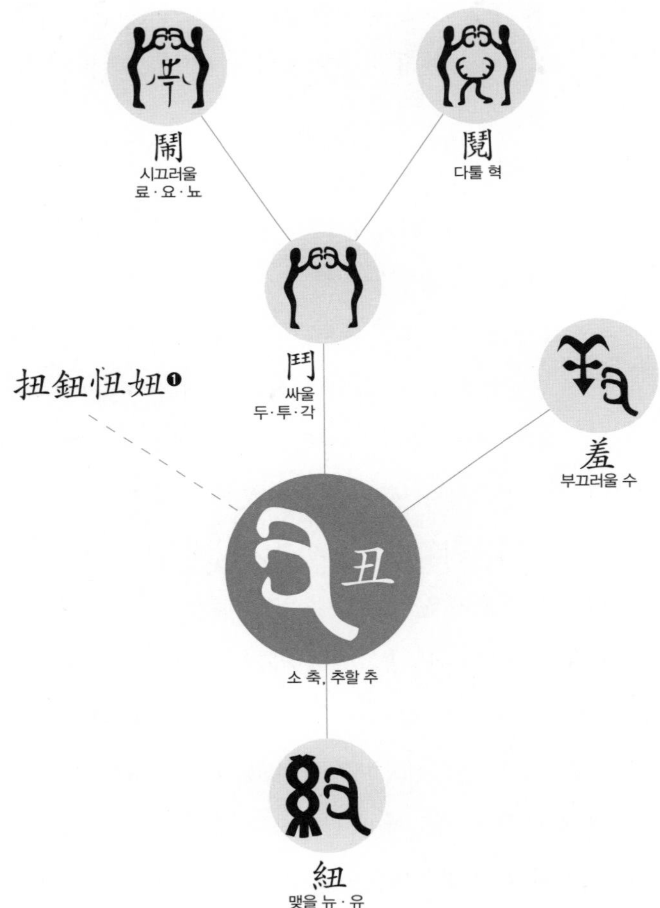

❶ 扭(묶을 뉴·유), 鈕(인꼭지 뉴·유), 忸(익을 뉴·유, 부끄러워할 뉵·육), 妞(아가씨 뉴·유)

갑

금

전

丑 소 축, 추할 추

chǒu

사물을 잡고 비틀어 돌린 손

'丑'는 '扭(묶을 뉴·유)'와 '紐(맺을 뉴·유)'의 본자이다. '紐'( )는 손으로 실( )을 비틀어 돌리는 것(, 丑)을 표현했는데 고대에는 이런 방식으로 실이나 밧줄을 만들었다.

갑

금

전

羞 부끄러울 수

xiū

한 마리의 양(, 羊양 양)을 손에 묶고(, 丑소 축, 추할 추) 찾아가 용서를 구하다

《좌전》의 기록에 따르면 춘추(春秋)시대의 맹주였던 초장왕(楚莊王)은 자신의 신뢰를 저버린 정백(鄭伯)에게 죄를 묻기 위해서 3개월 동안 정나라를 포위하고 맹렬히 공격했다. 그러자 정백이 산발을 하고 웃통을 벗은 채 양을 한 마리 끌고 초장왕을 찾아가 진심으로 빌고 사죄의 뜻으로 정나라를 초장왕에게 바쳤다. 정백의 진심어린 사죄에 감동한 초장왕은 즉각 군대를 퇴각시켰다. 이욱(李煜)이 송(宋)나라의 조광윤에게 투항할 때도 역시 웃통을 벗고 양을 끌고 찾아가 신하를 자청했다. 한데 흥미롭게도 몇 년 뒤에 송나라가 멸망하고 송휘종(宋徽宗)과 송흠종(宋欽宗)이 금(金)나라에 포로로 잡혀갔을 때 똑같이 웃통을 벗은 채 양을 끌고 금나라의 태조묘 앞에 찾아가 무릎을 꿇고 절했다.

정백은 왜 초장왕에게 양을 바쳤을까? 양은 매우 온순한 동물이다. 따라서 양을 바치는 것은 곧 죄를 인정하고 양처럼 순순히 복종하겠다는 뜻이다. 양을 바치고 사죄하는 행동에서 '부끄러움을 견디기 어렵다'의 의미가 생겼고 해수(害羞hàixiū, '부끄러워하다'를 의미하는 중국어), 교수(嬌羞, 아양을 떨면서 수줍어하다), 수치(羞恥) 등에 쓰인다.

鬥 싸울 두·투·각

dòu

두 사람이 뒤얽혀 싸우다(ㄹ, 丑소 축, 추할 추)

박투(搏鬪, 서로 치고 때리며 싸우다), 투쟁(鬪爭), 투지(鬪志) 등에 쓰이는 '鬥'는 서로 싸우는 것을 의미한다. 하지만 '鬥'의 간체자는 두 사람이 싸우는 의미를 전혀 찾아볼 수 없는 '斗'이다. '斗'는 곡물의 양을 재는 도구이고, 1두 즉 한 말은 10리터이다.

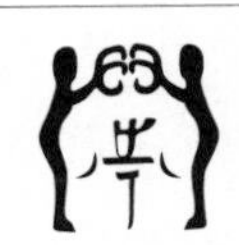

鬧 시끄러울 료·요·뇨

nào

두 사람이 뒤얽혀 싸우다(ㄹ, 丑소 축, 추할 추). '시장'(市, 市저자 시)에서 다른 사람과 '싸우다'(鬥, 鬥싸울 두·투·각)

'鬧'는 참 재미있는 한자이다. 사람이 붐비는 시장에서 싸움까지 벌어지면 얼마나 시끄러울까? 아마도 개중에는 싸움을 구경하다가 괜히 끼어들어서 싸움판을 더 크게 키우는 사람도 있을 것이다. '鬧'는 '시끄럽다' '일을 저지르다'의 의미를 낳았고 열뇨(熱鬧, 많은 사람이 모여 떠들썩함을 뜻하는 '열뇨하다'의 어근), 요사(鬧事nàoshì, '말썽을 일으키다'를 의미하는 중국어), 요기황(鬧飢荒nàojīhuang, '먹고살기가 어렵다'를 의미하는 중국어), 요동방(鬧洞房nàodòngfáng, '결혼 초야에 친구들이 신방에 몰려가서 신랑 신부를 놀려주다'를 의미하는 중국어) 등에 쓰인다. 《예기》에 자하(子夏)가 공자(孔子)에게 이렇게 묻는 대목이 있다.

"아버지를 죽인 원수를 어떻게 해야 합니까?"

공자는 대답했다.

"아버지를 죽인 원수와는 한 하늘 아래 살지 않는 법이다. 만약에 시장에서 마주치면 집에 무기를 가지러 가느라 기회를 놓치지 말고 곧바로 가서 싸워야 한다."

《설문》은 "'鬧'는 조용하지 않은 것이고, '市'와 '鬥'로 이루어졌다"라고 설명했다. 《예기》에는 "자하가 공자에게 묻기를, 부모를 죽인 원수를 어떻게 해야 합니까? 공자가 대답하기를, 거적때기에서 방패를 베고 자고 벼슬을 시켜도 나서서 하지 않으며, 원수와 한 하늘 아래서 살지 않아야 한다. 행여 시장이나 조정에서 만나도 병기를 거두지 않고 싸워야 한다(子夏問於孔子曰, 居父母之仇如之何? 夫子曰, 寢苫枕干, 不仕, 弗與共天下也. 遇諸市朝, 不反兵而鬥. 자하문어공자왈, 거부모지구여지하? 부자왈, 침점침간, 불사, 불여공천하야. 우제시조, 불반병이투)"라고 자세하게 나온다.

전

鬩 다툴 혁

xì

'아들'(, 兒아이 아, 다시 난 이 예)끼리 '싸우다'(, 鬥싸울 두·투·각)

고대 중국의 궁정에서 또 세도가의 집안에서 아버지의 권력과 유산을 물려받기 위해서 아들끼리 암투를 벌이는 일은 흔하게 일어났다. '鬩'은 서로 싸우는 것을 뜻하고 형제혁장(兄弟鬩墻, 형제가 담장 안에서 싸운다, 동족상쟁) 등에 쓰인다. '鬩'의 간체자는 '阋'이다.

한쪽 손을 표현한 나머지 한자

隻 외짝 척

zhī

'손'(, 又또 우)에 한 마리의 '새'(, 隹새 추)를 잡고 있다

'隻'은 한 마리의 새를 뜻하고 '동물을 새는 단위' '한 사람'의 의미를 낳았다. 척신(隻身, 홀몸) 등에 쓰인다. 《설문》은 "'隻'은 한 마리의 새이다"라고 설명했다. '隻'의 간체자는 '只'이다.

갑 금 전

雙 두 쌍, 쌍 쌍

shuāng

'손'(, 又또 우)에 '두 마리의 새'(, 雔새 한 쌍 수)가 있다

'雙'은 '짝을 이루다' '배필' '짝을 이루는 물건을 새는 단위'의 의미를 낳았고 성쌍(成雙, 혼인이 이루어지다), 무쌍(無雙, 서로 견줄 만한 것이 없을 정도로 뛰어나거나 심함을 의미하는 '무쌍하다'의 어근) 등에 쓰인다. '雙'의 간체자는 양쪽 손이 한 쌍을 이룬 '双'이다.

秉 잡을 병

bǐng

손(, 又또 우)으로 벼(, 禾벼 화)를 잡다

'잡다' '쥐다'의 의미가 파생되었고 병지(秉持bǐngchí, '~한 마음을 지키다'를 의미하는 중국어), 병촉(秉燭, 촛불을 켜다) 등에 쓰인다.

갑 금 전

금
전

兼 겸할 겸

jiān

한 손(, 又또 우)으로 두 대의 벼(, 秝나무 성글 력·역)를 잡다

'동시에 취득하다' '두 사물에 관련되다'의 의미를 낳았다. 재덕겸비(才德兼備, 재주와 덕을 모두 갖추다), 겸병(兼併, 둘 이상을 하나로 합치다) 등에 쓰인다.

전

廉 청렴할 렴·염, 살필 렴·염

lián

상점 앞에 쳐진 천막 밑에서(, 广집 엄, 넓을 광, 암자 암) '한 손으로 두 대의 벼를 잡다'(, 兼겸할 겸)

같은 값이면 두 배를 얻는 것이 더 이득이다. '廉'은 '싸다' '청렴하다'의 의미를 낳았고 염가(廉價, 매우 싼 값), 염양(廉讓, 청렴하여 남에게 양보를 잘하다) 등에 쓰인다. '广'은 원래 처마 밑을 뜻하지만 '廉'에선 상점 문 앞에 쳐진 천막을 의미한다.

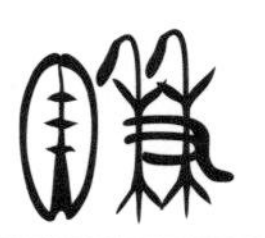

賺 속일 잠, 돈 벌 잠

zhuàn

한 개의 '조개껍데기'(, 貝조개 패)로 '두 대의 벼'(, 兼겸할 겸)를 사다

중국 속담에 "한 푼으로는 한 푼어치의 물건밖에 살 수 없다"라는 말이 있다. 하지만 한 푼으로 두 푼어치의 물건을 살 수 있다면 얼마나 기쁠까? '賺'은 '물건을 사고파는 과정에서 이익을 얻다'의 의미를 낳았고 잠전(賺錢zhuànqián, '돈을 벌다'를 의미하는 중국어), 잠득(賺得zhuànde, '이윤을 남기다'를 의미하는 중국어) 등에 쓰인다. 이익을 남기려면 싸게 사야 하는 점에서 '賺'과 '廉'

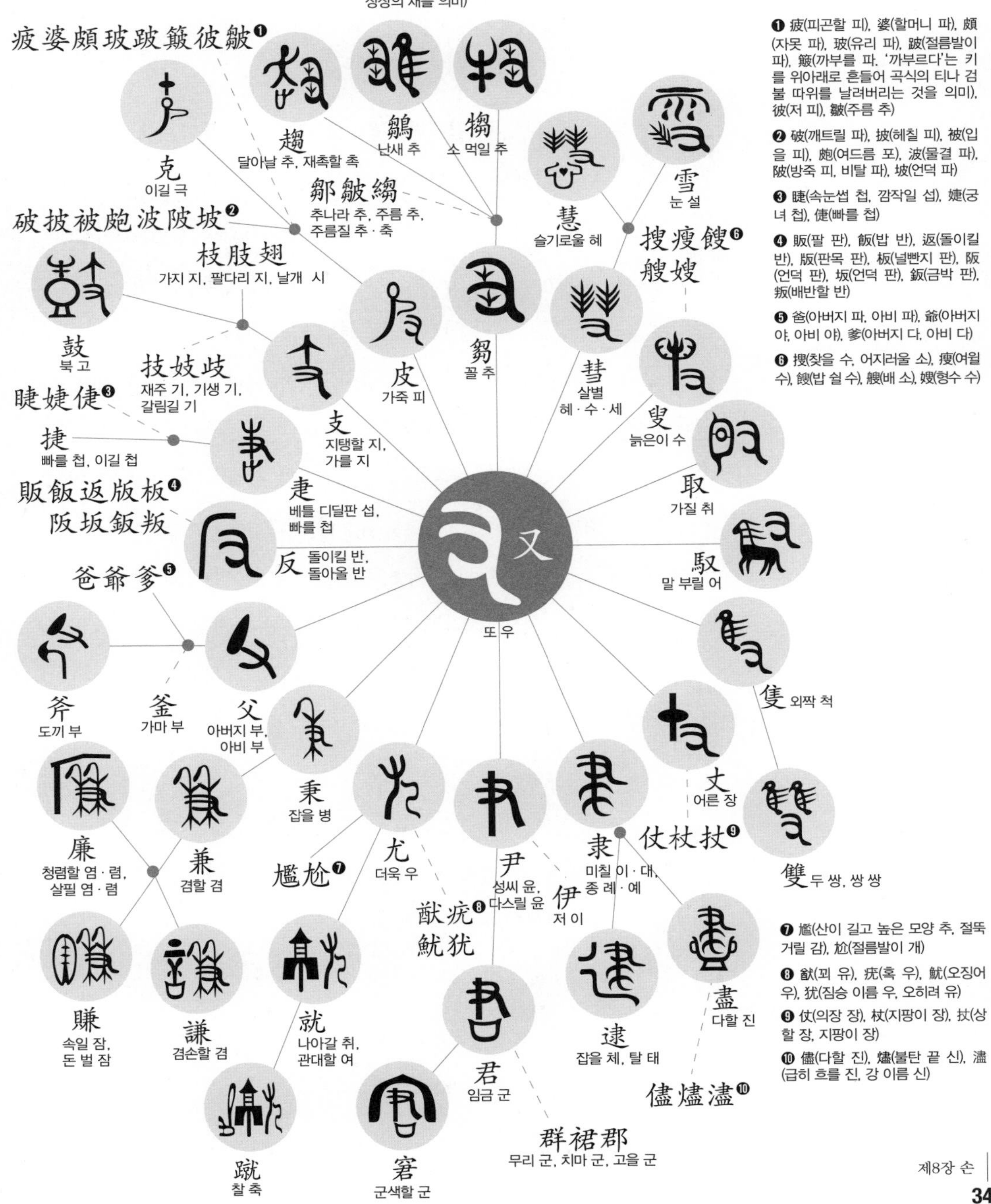

❶ 疲(피곤할 피), 婆(할머니 파), 頗(자못 파), 玻(유리 파), 跛(절름발이 파), 簸(까부를 파. '까부르다'는 키를 위아래로 흔들어 곡식의 티나 검불 따위를 날려버리는 것을 의미), 彼(저 피), 皺(주름 추)

❷ 破(깨트릴 파), 披(헤칠 피), 被(입을 피), 皰(여드름 포), 波(물결 파), 陂(방죽 피, 비탈 파), 坡(언덕 파)

❸ 睫(속눈썹 첩, 깜작일 섭), 婕(궁녀 첩), 倢(빠를 첩)

❹ 販(팔 판), 飯(밥 반), 返(돌이킬 반), 版(판목 판), 板(널빤지 판), 阪(언덕 판), 坂(언덕 판), 鈑(금박 판), 叛(배반할 반)

❺ 爸(아버지 파, 아비 파), 爺(아버지 야, 아비 야), 爹(아버지 다, 아비 다)

❻ 搜(찾을 수, 어지러울 소), 瘦(여윌 수), 餿(밥 쉴 수), 艘(배 소), 嫂(형수 수)

❼ 尲(산이 길고 높은 모양 추, 절뚝거릴 감), 尬(절름발이 개)

❽ 猷(꾀 유), 疣(혹 우), 魷(오징어 우), 犹(짐승 이름 우, 오히려 유)

❾ 仗(의장 장), 杖(지팡이 장), 扙(상할 장, 지팡이 장)

❿ 儘(다할 진), 燼(불탄 끝 신), 濜(급히 흐를 진, 강 이름 신)

은 의미가 서로 통한다.

謙 겸손할 겸

qiān

돈이 두 푼 있지만(, 兼겸할 겸) 한 푼만 있는 것처럼 말하다(, 言말씀 언)

'謙'은 두 푼어치의 능력(또는 돈)이 있지만 한 푼어치만 있는 것처럼 말하는 것이다. 겸손한 사람은 말을 아끼지만 거만한 사람은 한 푼만 있으면서 두 푼을 가진 것처럼 과장해서 말한다. 주희(朱熹, 남송의 성리학자)는 '謙'을 '有而不居(유이불거)'라고 해석했다. 분명히 있지만 조금도 자랑하지 않고 자만하지 않는다는 뜻이다. 관련 단어로는 겸허(謙虛), 겸양(謙讓, 겸손한 태도로 사양하거나 양보하다), 겸손(謙遜), 겸공유례(謙恭有禮, 겸양하고 공손하고 예의가 있다) 등이 있다. 《주자·본의(朱子·本義)》에 "'謙'은 있지만 자랑하지 않는다는 뜻이다"라고 나오고, 《옥편》은 '謙'을 "사양하는 것이다"라고 설명했다. 《사기》에 "군자는 겸손하게 물러서는 것으로 예를 행한다"라고 나온다.

전

隶 미칠 이·대, 종 례·예

lì

동물의 '꼬리'(, 尾꼬리 미)를 손으로 잡다(, 又또 우)

'隶'는 '逮(잡을 체, 탈 태)'의 본자이다. 및 은 '尾'의 전서이다.

逮 잡을 체, 탈 태

dài

'어떤 동물의 꼬리를 잡고'(隶, 隶미칠 이·대, 종 례·예) '가다'(辶, 辶쉬엄쉬엄 갈 착)

'잡다' '이르다'의 의미를 낳았다. 관련 단어로는 체포(逮捕), 미체(未逮wèidǎi, '미치지 못하다'를 의미하는 중국어) 등이 있다.

盡 다할 진

jìn

'동물의 털을 잡고'(隶, 隶미칠 이·대, 종 례·예) '그릇'(皿, 皿그릇 명)을 닦다

식사를 마치면 밥그릇과 접시를 깨끗이 닦아야 한다. '盡'은 '그릇이 비다' '다하다' '완전하다' '끝나다'의 의미를 낳았고 진력(盡力, 있는 힘을 다하다), 진두(盡頭jìntóu, '막바지' '말미'를 의미하는 중국어), 자진(自盡, 자살) 등에 쓰인다. '盡'의 간체자는 '尽'이다.

갑 금 전

彗 살별 혜·수·세

huì

한 '손'(又, 又또 우)으로 두 개의 '잎이 무성한 식물'(丰, 丰예쁠 봉, 풍채 풍)을 한데 합쳐 빗자루로 만들다

'彗'의 '빗자루를 만들다'라는 본뜻에서 '빗자루'의 의미가 생겼다. 혜성(彗星)은 '소파성(掃把星)'이라고도 불리는데 태양에 근접했을 때 긴 꼬리가 생기는 모습이 마치 빗자루와 비슷하다. 《광운》은 "'彗'는 빗자루이다"라고 설명했다.

금 전

금

전

慧 슬기로울 혜

huì

'빗자루를 만들'(, 彗살별 혜·수·세) 줄 아는 사람의 슬기로운 '마음'(, 心마음 심)

아주 먼 옛날에 중국의 두강(杜康)이라는 사람은 술을 잘 빚기로 유명했다. 또한 지혜롭고 재능이 많아 삼태기와 빗자루도 발명했다. 평범한 재료를 가치 있는 도구로 탈바꿈시키려면 반드시 슬기로운 사람이 있어야 한다. 때문에 '慧'에선 '똑똑하고 재주가 뛰어나다'의 의미가 생겼고 지혜(智慧), 혜안(慧眼, 사물의 본질을 꿰뚫어 보는 안목과 식견) 등에 쓰인다. 《설문》은 "옛날에 소강(小康)이 처음으로 삼태기와 빗자루, 차조술을 만들었다. 소강은 두강이다"라고 설명했다.

갑

금

전

雪 눈 설

xuě

'손에 빗자루를 들고'(, 彗살별 혜·수·세) '하늘에서 떨어진 것'(, 雨비 우)을 치우다

겨울에 눈이 내리면 집집마다 빗자루로 눈을 치우기 바쁘다. 특히 뉴욕 같은 대도시에 폭설이 내리면 도로가 꽉 막혀 여간 짜증이 나는 게 아니다. 하지만 옛 중국 시인에게 빗자루로 눈을 치우는 일은 매우 운치 있는 경험이었다. 송(宋)나라의 시인 육유(陸游)는 〈만춘기사(晚春記事)〉에서 "긴 해 동쪽 집 위에서 맑고 무사하니, 세상과 떨어져 눈을 쓸며 홀로 향이나 피워야지"라고 자신의 감정을 표현했다. '雪'은 '흰색' '제거하다'의 의미를 낳았고 설백(雪白, 눈처럼 흰 색), 설치(雪恥, 부끄러움을 씻다) 등에 쓰인다.

芻 꼴 추

chú

손으로 풀을 뽑다

'풀을 베어 가축에게 먹이를 주다' '병사가 먹을 양식과 군마가 먹을 풀'이라는 의미를 낳았다. 추말(芻秣 chúmò, '소나 양에게 먹이로 주는 풀'을 의미하는 중국어), 반추(反芻, 소의 되새김질, 어떤 일을 되풀이하여 음미하고 생각하다) 등에 쓰인다. '芻'의 간체자는 '刍'이다.

갑 금 전

犓 소 먹일 추

chú

'풀을 뽑아'(, 芻꼴 추) '소'(, 牛소 우)를 먹이다. '犓牛(추우)'는 풀을 잘게 잘라 소에게 사료로 먹이는 것을 일컫는다

전

鶵 난새 추

또는

雛 병아리 추

chú

스스로 먹이를 찾지 못해 사람이 '풀을 뽑아'(, 芻꼴 추) 먹여주는 작은 새(, 隹새 추), 즉 어린 새

'雛'의 간체자는 '雏'이다.

금 전

趨 달아날 추, 재촉할 촉

qū

'풀을 뽑으러'(, 芻꼴 추) 서둘러 '가다'(, 走달릴 주)

논밭에 잡초가 무성하게 자라면 농촌의 어르신들은 젊

전

은 사람들에게 빨리 풀을 뽑으라고 재촉한다. 이것에서 '빨리 걷다' '향하여 가다' 등의 의미가 생겼다. 관련 단어로는 추행(趨行qūxíng, '걷다'를 의미하는 중국어), 추피(趨避qūbì, '잽싸게 피해 도망하다'를 의미하는 중국어), 추근(趨近qūjìn, '다가가다'를 의미하는 중국어) 등이 있다. '趨'의 간체자는 '趋'이다.

支 지탱할 지, 가를 지

zhī

'손'(, 又또 우)으로 '대나무 가지'()를 잡다

고대에 대나무는 쓰임새가 많은 식물이었다. 줄기로는 가구를 만들고 가지로는 빗자루를 만들었다. 대나무의 줄기를 쓰기 전에 먼저 가지를 제거하는 것에서 손으로 대나무의 가지를 잡는 것을 묘사한 이 한자가 만들어졌다. '支'는 대나무의 가지라는 본뜻에서 각종 '분파' '지류'의 의미가 생겼다. '支'에서 파생된 枝(가지 지), 肢(팔다리 지), 翅(날개 시)는 각각 나무의 가지, 팔다리, 새의 날개를 의미한다. 《설문》은 "'支'는 대나무의 가지를 제거하는 것이다"라고 설명했다.

갑

금

전

反 돌이킬 반, 돌아올 반

fǎn

'손'(, 又또 우)바닥의 방향을 바꿔 '절벽 또는 둑'(, 厂기슭 엄·한, 공장 창)을 잡다

강 주변에 마을을 이루고 산 옛 중국인은 수시로 강에 가서 물을 긷고 물고기를 잡고 옷을 빨았다. 때문에 다시 마을에 돌아가려면 반드시 손바닥을 아래로 향해서 강둑을 잡고 올라서야 했다. '反'의 본뜻은 '손바닥을 뒤집다'이고 이것에서 '뒤돌아가다'의 의미가 생겼다. 상반(相反), 반수(反手, 일이 아주 쉽다), 반복(反覆), 반회(反回fǎnhuí, '되돌아가다'를 의미하는 중국어) 등에 쓰인다.

馭 말 부릴 어

yù

'손'(, 又또 우)으로 '말'(, 馬말 마)을 제어하다

금문 은 고삐를 손으로 잡고() 말()을 제어하는 것을 묘사했다. 전서 는 단순하게 표현한 손()으로 말()을 통제하는 것을 묘사했다. 관련 단어로는 가어(駕馭jiàyù, '가축을 부리다' '제어하다'를 의미하는 중국어), 어마(馭馬, 말을 몰거나 부리다) 등이 있다.

금 전

皮 가죽 피

pí

손(, 又또 우)으로 뱀()의 가죽()을 벗기다

뱀 고기를 먹으려면 먼저 가죽부터 벗겨야 한다. 가죽은 뱀의 대가리를 나무에 건 뒤에 대가리에 작은 구멍을 내고 가죽을 찢으면 꼬리까지 쭉 벗겨진다. 갑골문 은 뱀의 가죽이고, 금문 은 한쪽 손으로 뱀의 가죽을 벗기는 것이다. 갑골문과 금문에 있는 '口'자 모양은 뱀의 대가리나 쫙 벌린 입을, 세로선은 뱀의 몸통을, 삼각형은 벗겨진 뱀가죽을 나타낸다. 전서 는 갈고리에 고정시킨 긴 뱀 가죽이 사람의 한쪽 손()에 이어져 있는 모습을 묘사했다.

'皮'는 '사물의 표면'이라는 의미를 낳았고 피부(皮膚), 피모(皮毛, 가죽과 털을 아울러 이르는 말), 피혜(皮鞋píxié, '신발'을 의미하는 중국어) 등에 쓰인다. '皮'의 뜻에서 파생된 한자는 破(깨트릴 파), 波(물결 파), 陂

갑 금 전

(방죽 피, 비탈 파), 皺(주름 추), 皰(여드름 포) 등이 있다. '破'는 등산할 때 피부[皮]가 암석[石]에 까진 것을 의미하고, '被(입을 피)'는 피부[皮]에 걸친 옷[衣]을 의미한다. '披(헤칠 피)'는 손[扌]으로 옷을 펼쳐 피부[皮]를 가리는 것을, '波'는 물[氵]이 높아졌다 낮아졌다 하는 표면[皮]을, '陂'는 가파른[阝] 표면[皮]을 의미한다. '皮'의 소리에서 파생된 한자는 疲(피곤할 피), 彼(저 피), 頗(자못 파), 玻(유리 파), 跛(절름발이 파) 등이 있다.

갑 금 전

克 이길 극

kè

'열'(, 十열 십) 장의 '뱀 가죽'()

, , 은 각각 '十'의 갑골문, 금문, 전서이다. 따라서 '克'의 옛 한자인 , , 은 명확하게 열 장의 뱀 가죽을 표현한 것이라고 할 수 있다. 옛 중국인은 뱀이 재앙을 초래한다고 생각했다. 때문에 한 사람이 뱀을 열 마리나 죽인 것은 재앙을 그만큼 물리친 것이나 다름없다. 예서는 전서를 '十' '口' '儿'으로 살짝 변형해 열 사람과 싸워 이긴 일당십을 표현했다. '克'은 '싸워 이기다'의 의미를 낳았고 극복(克服), 극적제승(克敵制勝kèdízhìshèng, '적을 물리치고 승리를 거두다'를 의미하는 중국어) 등에 쓰인다.

현대 한자	갑골문	금문	전서	본뜻
皮 가죽 피				손으로 뱀의 가죽을 벗기다

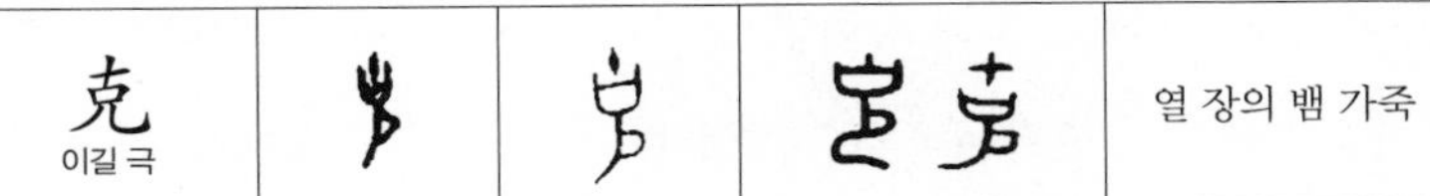

父 아버지 부, 아비 부

fù 또는 fǔ

긴 돌(손잡이가 없는 돌도끼)을 손에 잡다

석기시대 사람은 두드리고 가는 방법으로 돌도끼, 돌호미 등을 만들었다. 남자는 가족의 지킴이이자 사냥꾼이요, 노동자이다. 때문에 언제나 돌로 만든 도구를 쥐고 다녔다. 옛 중국인은 의 형상으로 가족의 남자 주인인 아버지를 표현했다. 이 밖에 '父'는 관중(管仲, 중국 춘추시대 제나라의 재상)을 중부(仲父)라고 부르고 공자(孔子, 덕치를 강조한 춘추시대의 사상가, 학자)를 이부(尼父)라고 부르는 것처럼 재능과 덕을 겸비한 어른을 부르는 명칭으로도 쓰인다.

갑 금 전

斧 도끼 부

fǔ

'아버지'(, 父아버지 부, 아비 부)가 손에 든 도끼(, 斤도끼 근)

'父'는 소리를 나타낸다. '斤'은 손잡이가 있는 돌도끼이다.

금 전

尹 성씨 윤, 다스릴 윤

yǐn

'손'(, 又또 우)에 '홀이나 옥규(옥으로 만든 옛날 구슬)'(, 丨뚫을 곤)를 든 사람, 즉 대신

고대 중국에서 홀이나 옥규는 백성을 다스리는 권력의

갑 금 전

상징이었다. 황제(黃帝) 때 창힐(蒼頡, 새와 짐승의 발자국을 본떠 처음 한자를 만든 황제 때의 신하)은 현규(검은색의 옥규)를 들었다. 《예기》에 조정에서 공무를 논의할 때 천자는 옥홀(옥으로 만든 홀)을 들고 제후는 상홀(상아로 만든 홀)을 들고 경대부는 죽홀(대나무로 만든 홀)을 들었다는 기록이 있다. 홀은 천자의 명령을 기록하거나 천자에게 아뢸 말씀을 기억할 수 있게 미리 적어놓는 용도로 쓰였다. 옥규나 홀은 대신을 상징하는 것이나 마찬가지라서 은상(殷商) 시대에 관직의 명칭이 되었다. 예를 들어 상나라 때 이윤(伊尹)은 탕왕[成湯]을 보좌했는데 '이(伊)'는 성씨이고 '윤(尹)'은 관직의 명칭이다. 또 사관은 작책윤(作册尹), 족장은 족윤(族尹)이라고 불렸다. '尹'은 '다스리다'의 의미를 낳았다. 《광운》은 "홀은 손에 쥐는 명패이다. 벼슬을 가진 품관이 들었다"라고 설명했고 《예기·옥조(禮記·玉藻)》는 "홀은 천자는 아름다운 옥으로 했고 제후는 상아로 했고 대부는 물고기의 수염 무늬가 있는 대나무로 했다…… 천자 앞에서 글을 쓸 때에도 홀을 사용했고 천자 앞에서 명령을 받을 때에도 홀에 적었다"라고 기록했다. 《석명》은 "홀은 '忽(갑자기 홀)'이다. 상주할 내용을 갑자기 잊었을 때를 대비한 것이다"라고 설명했다.

갑

금

전

君 임금 군

jūn

'손에 옥홀을 든 채'(尹, 尹성씨 윤, 다스릴 윤) '입'(口, 口입 구)으로 말하는 사람

'君'과 '尹'은 모두 임금과 신하가 조정에서 국가의 큰일을 논의하는 모습을 묘사했다. '君'은 크게 세 가지 의미를 낳았다. 첫째는 천자가 옥홀을 들고 명령하는 것에서

'일국의 군왕'이라는 의미가 파생되었다. 군주(君主), 군왕(君王) 등에 쓰인다. 둘째는 제후가 상아로 만든 홀을 들고 대책을 내놓는 것에서 '제후'의 의미가 생겼다. 전국(戰國)시대의 제후인 평원군(平原君)과 맹상군(孟嘗君)에도 모두 '君'이 쓰였다. 셋째는 '타인에 대한 존칭'이다. 사람들은 지덕을 겸비한 사람을 군자(君子)라고 부르고 친구나 아랫사람을 ××군(君)이라고 친근하게 부른다. 흥미로운 점은 존귀한 사람인 '君'이 어려움에 처해 '穴(동굴)'( )로 도망치면 '窘(군색할 군)'( )이 된다. '君'의 소리에서 파생된 한자는 群(무리 군), 裙(치마 군), 郡(고을 군) 등이 있다. 《설문》은 "'君'은 천하지존이다. '尹'과 명령을 내리는 것을 의미하는 '口'로 이루어졌다" "'窘'은 궁한 것이다"라고 설명했다.

尤 더욱 우

yóu

다른 사람들과 달리 유난히 긴 한쪽 팔

금문 은 한쪽 손이다. 하지만 여느 사람들보다 손가락이 훨씬 긴 것을 표현하기 위해서 지사의 방법으로 손가락에 가로획을 하나 더했다. 전서 , 는 한쪽 팔 옆에 곡선, 즉 팔의 길이를 재는 '먹줄과 자'(《한자나무》 1권 제2장의 '尺(자 척)'편 참조)를 덧붙여 다른 사람들보다 팔이 훨씬 긴 것을 표현했다. '尤'는 '더욱' '특별하다' '기이하다'의 의미를 낳았고 우기(尤其yóuqí, '더욱이'를 의미하는 중국어), 우물(尤物, 가장 좋은 물건) 등에 쓰인다. 就(나아갈 취, 관대할 여), 抛(던질 포), 尷(산이 길고 높은 모양 추, 절뚝거릴 감), 尬(절름발이 개)는 '尤'의 뜻에서 파생된 한자이고 모두 팔이 길다는 뜻이 숨어 있다. '감개(尷尬)'는 몸매가 별나서 난감

금

전

한 것을 의미하고, '尤' 및 '監(볼 감)'과 '介(낄 개, 낱 개)'가 각각 뜻과 소리를 나타낸다.

전

就 나아갈 취, 관대할 여

jiù

남들보다 유난히 '긴 팔'(, 尤더욱 우)로 '지극히 높은 성루'(, 京서울 경)에 올라가다

'就'는 '도달하다' '가까워지다'의 의미를 낳았고 취근(就近 jiùjìn, '가까운 곳에'를 의미하는 중국어), 취위(就位 jiùwèi, '제자리로 나아가다'를 의미하는 중국어), 취직(就職) 등에 쓰인다. '蹴(찰 축)'은 '발'(足)로 어떤 물체에 '가깝게 다가가는 것'(就)을 뜻하고, 일축가성(一蹴可成 yīcùkěchéng, '쉽게 성공하다'를 의미하는 중국어)에 쓰인다. '抛(던질 포)'()는 '긴 팔'(, 尤더욱 우)로 뭔가를 '힘'껏(, 力힘 력·역) 던지는(, 扌손 수) 것을 뜻한다.

금

전

疌 베틀 디딜판 섭, 빠를 첩

jié

'손'(, 又또 우)에 '삼지창'()을 들고 앞을 향해 빠르게 '가는'(, 止발 지, 그칠 지) 사람

'疌'은 '싸워서 이기다' '손발이 빠르다'의 의미를 낳았다. 첩보(捷報, 싸움에서 이겼다는 소식이나 보고), 첩운(捷運 jiéyùn, '타이완의 지하철'을 의미하는 중국어) 등에 쓰이는 '捷(빠를 첩, 이길 첩)'()의 본자이다.

전

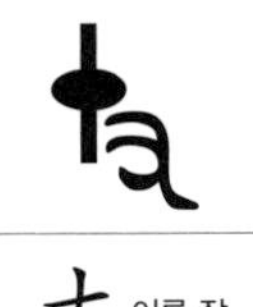

丈 어른 장

zhàng

'열'(, 十열 십) '손'바닥(, 又또 우)의 너비

옛 중국인은 열 자를 1장으로 정했다. 1자는 대략 한쪽 손바닥의 길이와 같으니, 열 손바닥을 합친 길이가 곧 1장이다. 1자의 길이는 시대마다 달랐는데, 초기의 약 16센티미터에서 지금의 30센티미터까지 큰 차이가 날 정도로 끊임없이 변했다. 옛 중국인은 키가 1장쯤 되는 남자를 '대장부(大丈夫)'라고 불렀다. 많은 학자는 180센티미터가 그쯤 될 것이라고 추측한다. '丈'의 소리에서 파생된 한자는 仗(의장 장), 杖(지팡이 장), 扙(상할 장, 지팡이 장)이 있다.

叟 늙은이 수

sǒu

손(, 又또 우)에 횃불()을 들고 집안을 두루 돌아다니며 살피는 노인

갑골문 , 은 '손'()에 '횃불'()을 들고 '집'() 안을 두루 돌아다니며 살피는 것을 표현했다. 예서는 집을 생략하고 횃불 외곽에 '臼(절구 구)'를 덧붙였다. 한자에서 '臼'는 사발 형태의 그릇을 의미하는데 '叟'에선 등유를 담는 용기로 쓰였다. '叟'는 '나이가 많은 남자'라는 의미를 낳았다. 아마도 고대 중국에서 나이가 많은 남자가 이런 일을 맡았던 것으로 추측된다. '叟'는 搜(찾을 수, 어지러울 소), 瘦(여윌 수), 颼(바람 소리 수), 餿(밥 쉴 수), 艘(배 소) 등을 파생시켰다. '搜'()는 '늙은이'(叟)가 '팔'(扌)을 펴고 주변을 더듬으며 수색하는 것이고, '瘦'()은 '병상에 누운'(疒) '늙은이'(叟)가 비쩍 마른 것이다. '颼'는 밤에 '바람'(風)이 쌩쌩 부는 소리이다. 《설문》은 "'叟'는 늙은 것이다"라고 설명했다.

두 손을 표현한 한자

두 손 또는 그 이상의 손은 상호작용하는 관계를 나타낸다. 예를 들어 友(벗 우)는 뜻이 맞는 두 손, 爭(다툴 쟁)은 서로 잡아당기는 두 손, 曳(끌 예)는 무거운 물건을 질질 끄는 두 손, 臾(잠깐 유)는 사람을 서둘러 체포하는 두 손, 申(거듭 신, 아홉째 지지 신)은 기도하는 두 손, 受(받을 수)는 은혜를 베풀고 받는 손, 丞(정승 승, 도울 승, 나아갈 증)은 타인이 함정에서 벗어날 수 있게 돕는 두 손, 承(이을 승)은 누군가를 임금으로 받들어 모시는 두 손, 開(열 개, 평평할 견)는 문의 빗장을 들어올리는 두 손, 具(갖출 구)는 돈을 움켜 뜨는 두 손, 算(셀 산)은 돈을 세는 두 손, 兵(병사 병)은 도끼를 든 두 손, 弄(희롱할 롱·농)은 옥그릇을 들고 감상하는 두 손, 異(다를 이·리)는 탈을 바꾸는 두 손, 輿(수레 여)는 가마를 든 네 손, 興(일 흥, 피 바를 흔)은 흙벽돌을 만들어 집을 짓는 네 손이다.

협력과 투쟁

갑

전

友 벗 우

yǒu

두 손이 힘을 합하여 서로서로 돕다

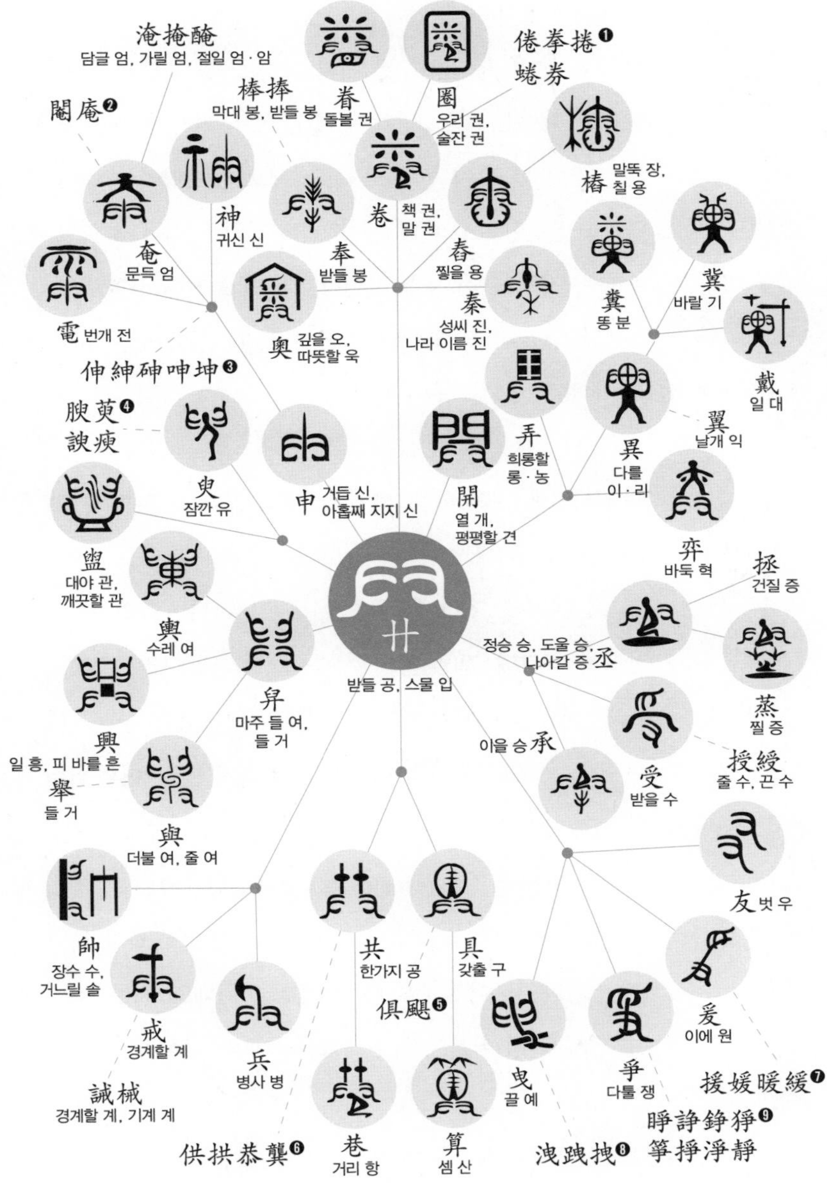

❶ 惓(게으를 권), 拳(주먹 권), 捲(거둘 권, 말 권), 蜷(구부릴 권), 券(문서 권)

❷ 閹(고자 엄), 庵(암자 암, 갑자기 엄)

❸ 伸(펼 신), 紳(큰 띠 신), 砷(비소 신), 呻(읊조릴 신), 坤(땅 곤)

❹ 腴(살찔 유), 萸(수유 유. '수유'는 쉬나무의 열매를 의미), 諛(아첨할 유), 瘐(병들 유)

❺ 俱(함께 구, 갖출 구), 颶(구풍 구)

❻ 供(이바지할 공), 拱(팔짱 낄 공, 보옥 공), 恭(공손할 공), 龔(공손할 공)

❼ 援(도울 원), 媛(여자 원), 暖(따뜻할 난, 부드러울 훤), 緩(느릴 완)

❽ 洩(샐 설, 퍼질 예), 跇(넘을 세), 拽(끌 예·열)

❾ 睜(눈동자 정), 諍(간할 쟁), 錚(쇳소리 쟁), 猙(짐승 이름 쟁), 箏(쟁 쟁), 掙(찌를 쟁), 淨(깨끗할 정), 靜(고요할 정)

갑 전

爭 다툴 쟁

zhēng

줄다리기 경기

갑골문 은 두 손이 한 개의 그릇을 서로 먼저 차지하려고 다투는 것이고, 전서 는 줄다리기 경기를 하는 것처럼 두 손이 한 줄을 잡고 서로 잡아당기는 것이다. '爭'은 '힘으로 빼앗다' '쟁취하다'의 의미를 낳았고 쟁취(爭取), 쟁투(爭鬪), 쟁탈(爭奪) 등에 쓰인다. '爭'의 소리에서 파생된 한자는 睜(눈동자 정), 諍(간할 쟁), 錚(쇳소리 쟁), 狰(짐승 이름 쟁), 箏(쟁 쟁), 掙(찌를 쟁) 등이 있고, 간체자는 '争'이다.

전

箏 쟁 쟁

zhēng

'싸워서'(, 爭 다툴 쟁) 빼앗은 '대나무'(, 竹 대 죽)로 만든 악기

'箏'은 대나무 조각에 줄을 매어 연주하는 악기이다. 전언에 따르면 진(秦)나라는 풍속이 각박하고 모질었는데, 어느 아버지와 아들이 25현의 거문고를 놓고 서로 차지하려고 싸웠다. 하지만 끝까지 아무도 양보하지 않자 어쩔 수 없이 거문고를 반으로 잘라 각각 12현과 13현씩 나누어 갖고 그것을 '箏'이라고 불렀다. 이 고사는 《집운(集韻)》에 "秦俗薄惡, 有父子爭瑟者, 各入其半, 當時名為箏(진속박악, 유부자쟁슬자, 각입기반, 당시명위쟁)"이라고 소개되었다. 물론 이 이야기를 그대로 믿기에는 신빙성이 떨어진다. 《석명》은 '箏'을 현의 음이 높고 빨라서 생긴 이름이라고 해석했다.

爰 이에 원

yuán

사람을 끌고 가다

갑골문 [갑골문]은 '위에 있는 손'이 밧줄을 잡고 '밑에 있는 손'을 끌고 가는 것을 표현했고, 전서 [전서]는 밧줄을 '于(어조사 우·어)'로 바꿔 어떤 사람을 끌고 다른 장소로 이동하는(于) 것을 표현했다. '爰'은 援(도울 원), 媛(여자 원), 緩(느릴 완), 暖(따뜻할 난, 부드러울 훤), 煖(더울 난, 따뜻할 훤) 등의 한자를 파생시켰다. 원인(援引, 자기의 학설이나 주장의 근거로 다른 사실이나 문헌을 인용하다), 원용(援用, 자기의 주장이나 학설을 세우기 위하여 문헌이나 관례 따위를 끌어다 쓰다), 원조(援助, 물품이나 돈으로 도와주다) 등에 쓰이는 '援'은 손[扌]으로 끄는[爰] 것을 뜻한다. '緩'은 줄[糸]로 끄는[爰] 것에서 '속도가 매우 느리다'의 의미를 낳았다. 완만(緩慢), 완부제급(緩不濟急huǎnbújìjí, '위급한 상황에 대처하기에는 행동이 너무 늦다'를 의미하는 중국어) 등에 쓰인다. 《설문》은 "'爰'은 끄는 것이다"라고 풀이했다.

갑 [갑골문]

전 [전서]

曳 끌 예

yè

두 손으로 무거운 짐이 묶인 줄을 끌다

전서 [전서]는 양손으로 밧줄을 끄는 것을 표현했다. 한데 밧줄 끝에 무거운 짐이 묶였고 중앙에는 가로획을 그어 밧줄의 움직임을 강조했다. '曳'는 끄는 것을 뜻하고 예인기(曳引機, 다른 항공기를 끌고 가는 항공기), 타예(拖曳tuōyè, '끌고 가다'를 의미하는 중국어) 등에 쓰인다. '曳'의 뜻에서 파생된 한자는 洩(샐 설, 퍼질 예), 拽(끌 예·열), 跇(넘을 세) 등이다. '洩'은 물을 끌어대는 것을 뜻하고 설수관(洩水管xièshuǐguǎn, 수관 보일러에 있는 물을 순환시키기 위하여 설치하는 관인 '강수관'을 의미하는 중국어)에 쓰인다. '拽'와 '跩'는 각각 손으로 끄는 것과 성큼성큼 걷는 것을 뜻한다.

복을 빌다

申 거듭 신, 아홉째 지지 신

shēn

두 손에 향을 들고 기도하다

갑골문, 금문 및 전서는 무릎을 꿇은 사람을 표현했다. 금문은 어떤 사람이 무릎을 꿇고 앉아( ) 입으로 뭔가를 외는(, 吅부르짖을 훤, 엄할 엄) 것이고, 모양 변화가 큰 전서 및 은 모두 두 손에 향을 들고 있는 모습을 묘사한 상형자이다. 옛 중국인은 특수한 향이 나는 식물에 불을 붙이고 연기를 피워 모기와 벌레를 쫓았는가 하면 '분향(焚香)'이라 하여 마음을 편안하게 해주는 향을 피우기도 했다. 향을 피우는 풍속은 서서히 제례의식으로 자리잡았다. 주문왕(周文王)은 하늘에 제를 올릴 때 연기를 높게 피워 올렸는데 이것을 '연사(煙祀)'라고 부른다. 한(漢)나라는 아예 제사 때 향로를 썼다. 때문에 향을 피워 연기를 하늘 끝까지 피워올리는 것은 하늘을 향해 복을 기원하는 상징이 되었다. '申'은 신에게 복을 비는 본뜻에서 '진술하다' '설명하다'의 의미가 생겼고 신소(申訴, 고소), 신청(申請) 등에 쓰인다.

神 귀신 신

shén

사람이 '더할 수 없이 높은 존재'(, 示보일 시)에게 '기도하다'(, 申거듭 신, 아홉째 지지 신)

'神'의 본자는 원래 '示'이지만 후대 사람이 '申'을 덧붙여 지금의 모양이 되었다. 금문 은 어떤 사람이 하늘의 지고한 신을 향해 무릎을 꿇은 모습이고, 전서 는 어떤 사람이 두 손에 향을 들고 지고의 신에게 절하는 모습이다. '神'은 사람이 기도하거나 절하는 대상을 가리키지만 한자에선 사람의 정신 또는 의식을 의미한다. 예를 들어 심신부정(心神不定xīnshénbúdìng, '안절부절못하다'를 의미하는 중국어), 육신무주(六神無主liùshénwúzhǔ, '당황하여 어찌할 바를 모르다'를 의미하는 중국어) 등은 정신 상태가 썩 좋지 않은 것을 나타낸다. 《설문》은 "하늘의 신에게서 만물이 나왔다"라고 설명했다.

電 번개 전

diàn

'비'(, 雨비 우)를 내려달라고 신에게 '기도하다'(, 申거듭 신, 아홉째 지지 신)

사람들의 기도에 신이 번개로 응답한 것에서 '번개가 번쩍이다'의 의미가 생겼다. 은상(殷商)시대 초기에 여러 해 동안 가뭄이 들어 백성의 삶이 도탄에 빠지자 상탕(商湯)은 신에게 사죄의 기도를 올리고 직접 자신을 제물로 바쳤다. 그러자 장작에 채 불을 붙이기도 전에 천둥 번개가 한꺼번에 치며 큰비가 내렸다. 역사는 이 고사를 '상림도우(桑林禱雨)'라고 부른다. 상림도우는 《여씨춘추(呂氏春秋)》에 "심하게 가뭄이 들어 5년 동안 아무것도 추수하지 못하자 상탕은 직접 뽕나무 숲을 찾아가 기도했다. '죄는 나 한 사람에게 있으니, 무고한 백성에게 재앙이 미치지 않게 해주십시오. 설령 백성에게 죄가 있어도 나 한 사람에게 있는 것과 같습니

금

전

다.'…… 그러곤 자신을 제물로 바쳐 머리카락을 자르고 형틀을 손가락에 끼운 채 상제에게 복을 빌었다"라고 자세하게 나온다.

돈을 세고 계산하다

금 전

具 갖출 구

jù

물건을 사기 위해서 두 손(, 廾받들 공, 스물 입)으로 돈(, 貝조개 패)을 움켜 뜨다

'具'는 두 가지로 해석할 수 있다. 첫째는 금문 및 전서 처럼 두 손으로 조개 화폐를 움켜 뜨는 것이고, 둘째는 금문 및 전서 처럼 두 손으로 큰 솥을 받쳐 드는 것이다. 고대 중국에서 솥은 음식을 익히거나 약을 달이거나 향을 피울 때 쓰는 중요한 기구이자 제사 때 쓰는 예기였다. 정리하면 '具'는 큰 솥을 사기 위해서 돈을 준비하는 것을 뜻하고, 이것에서 공구(工具) 같은 '기물이나 도구'의 의미가 생겼다. 이 밖에 '具'는 시체 한 구(具)처럼 수량을 세는 단위로도 쓰인다. '具'의 소리에선 俱(함께 구, 갖출 구), 颶(구풍 구) 등의 한자가 파생되었다. 《설문》은 "'具'는 여러 사람이 함께 드는 것이다. '廾'과 일부가 생략된 '貝'로 이루어졌다"라고 설명했다.

전

算 셈 산

suàn

가느다란 '대나무'(, 竹대 죽) 막대기를 이용해 '두 손으로 움켜 뜬 돈'(, 貝조개 패)이 얼마인지 계산하다

'죽산주(竹算籌)'는 고대 중국에서 주판보다 먼저 쓰인 계산기이다. 길이가 같은 가느다란 대나무 막대를 가로

세로로 교차해 숫자를 만드는데, 가로로 놓으면 5이고 세로로 놓으면 1이다. 죽산주를 이용해서 계산하는 것을 '주산(籌算)'이라고 부르고, 주판처럼 0~9까지의 숫자를 이용한다. 고고학자들은 후난성 창사에서 길이 12센티미터의 전국시대 죽산주 마흔 개를 발견했다. 《전한·율력지(前漢·律歷志)》는 "산주는 대나무를 이용해서 만든다. 지름은 1푼이고 길이는 6촌이며, 271개를 육각형의 그릇에 넣으면 한 손에 잡을 수 있다"라고 기록했다. '算'은 '계산하다' '추측하다' '인정하다' 등의 의미를 낳았고 산수(算數), 산반(算盤suànpán, '주판'을 의미하는 중국어), 계산(計算), 설화산화(說話算話shuōhuàsuànhuà, '말한 대로 하다'를 의미하는 중국어) 등에 쓰인다. 《설문》은 "'算'은 숫자를 계산하는 것이다. '竹'과 '具'로 이루어졌다"라고 풀이했다.

共 한가지 공

gòng

두 사람( )이 각각 물건을 '열'(, 十열 십)개씩 꺼내어 한데 합쳐 '스무' 개를 만들다

'共'은 '합치다' '함께 분담하다'의 의미를 낳았고 공동(共同), 공범(共犯), 총공(總共zǒnggòng, '전부'를 의미하는 중국어) 등에 쓰인다. 은 '十'의 금문이고, 은 '20'을 의미하는 '廿(스물 입)'의 금문이다. '共'의 또다른 금문 은 두 손이 함께 한 물건을 들고 있는 모습이다.

금

전

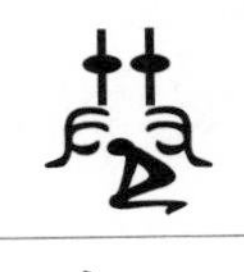

巷 거리 항

xiàng

'백성'( )이 '함께'(, 共한가지 공) 쓰는 길

전서 는 양쪽에 나뉘어 사는 '백성'( )이 '함께'( )

전

쓰는 길을 표현했다. 또다른 전서 는 (邑 고을 읍)을 으로 단순하게 만들었다. 《설문》은 "'巷'은 마을에 있는 길이고, '邑'과 '共'으로 이루어졌다. 모두 고을에서 함께 쓰는 것이다"라고 설명했다.

바치는 것과 받는 것

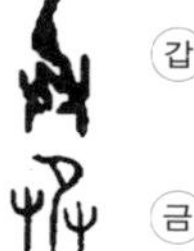

갑

금

전

承 이을 승

chéng

여러 손( )이 한 사람( )을 높이 받들어 모시고 임금으로 추대하다

갑골문 및 금문 은 두 손이 한 사람을 높이 들어 올린 모습이고, 전서 는 손이 하나 더 늘어난 세 손으로 '많다'의 의미를 나타냈다. '承'은 '여러 사람이 높이 떠받들다'라는 본뜻에서 '당하다' '받아들이다'의 의미가 생겼다. 승수(承受, 아랫사람이 윗사람의 명령을 받들어 잇다), 승접(承接, 앞에서 받아 뒤로 이어주다), 계승(繼承), 승인(承認) 등에 쓰인다.

금

전

奉 받들 봉

fèng

여러 손( )이 한마음으로 '풍'성한(, , 丰 예쁠 봉, 풍채 풍) 선물을 바치다

옛 중국인은 추수를 마친 뒤에 지내는 제사를 매우 중시했다. 때문에 풍성하게 수확할 수 있게 보살펴준 신에게 감사하기 위해서 수확한 곡물과 과일의 일부를 신에게 바쳤다. 금문 은 두 손으로 '풍'성한 선물을 바치는 모습이다. '丰'은 소리를 나타낸다. 전서 는 금문에 한 손( )을 더해 여러 사람이 한마음으로 바치는 것을 표현했다. '奉'은 '공손하게 바치거나 받아들이다'의 의미를 낳았고 경봉(敬奉, 존경하여 받들다), 봉양(奉養), 봉명(奉命, 임금이나 윗사람의 명령을 받들다) 등에 쓰인다.

受 받을 수

shòu

다른 사람이 보내준 물건을 받다

갑골문 과 금문 은 상대방이 주는 한 척의 배를 받는 것을 묘사했다. 전서 는 배를 '冂(멀 경)'(⋂)으로 바꿔, 받은 선물을 보자기로 덮어놓은 것을 표현했다. '受'는 다른 사람이 주는 물품을 받는 것에서 '받아들이다' '맞닥뜨리다'의 의미가 생겼다. 관련 단어로는 접수(接受), 조수(遭受 zāoshòu, '불행이나 손해를 입다'를 의미하는 중국어) 등이 있다. ⋂(冂)은 덮어 가린 것을 나타낸다.

갑 금 전

구조

丞 정승 승, 도울 승, 나아갈 증

chéng

두 손( )으로 주인( )을 부축해 안전한 곳(—)으로 데려다주다, 즉 도와주다

갑골문 은 두 손으로 함정(⋃, 땅이 우묵하게 꺼진 곳)에 빠진 사람을 구하는 모습이고, 전서 는 함정을 산( )으로 바꿔, 어려움에 처한 사람을 높은 곳에 데려다준 것을 표현했다. 또다른 전서 는 함정을 평지로 바꿔, 어려움에 처한 사람을 안전한 곳에 데려다준 것을 나타냈다. '丞'에선

갑 금 전

두 개의 의미가 파생되었는데 첫째는 '구조하다'이다. 훗날 사람들은 '丞'에 '扌(손 수)'를 덧붙여 '구조하다'의 의미를 가진 '拯(건질 증)'( )을 만들었다. 또다른 의미는 '보좌하다'이고 승상(丞相) 등에 쓰인다.

蒸 찔 증

zhēng

약초( )를 태워 연기를 피우는( ) 곳에 두 손( )으로 사람( )을 데려다주다

한자에서 땔감으로 쓸 수 있는 나무는 '薪(땔나무 신)'으로 표현하고 불에 태울 수 있는 풀과 식물의 줄기는 '蒸'으로 표현한다. 옛 중국인은 마른풀을 태워 다양한 용도로 썼다. 어둠을 밝히는 등불로 쓰는 것은 기본이요, 연기를 피워 모기와 벌레를 쫓았다. 또 중의학은 약초의 연기를 피우는 방법으로 사람들의 아픈 곳을 치료했다. '蒸'은 '열기가 상승하다'의 의미를 낳았고 증발(蒸發), 증증일상(蒸蒸日上zhēngzhēngrìshàng, '나날이 발전하다'를 의미하는 중국어) 등에 쓰인다.(전서 때 '蒸'을 구성하는 한자의 위치가 조금 바뀌었다. '蒸'에서 '丞(정승 승, 도울 승, 나아갈 증)'은 소리를 나타낸다)

무기 소지

兵 병사 병

bīng

두 손( )에 '도끼'(, 斤도끼 근)를 들다

손잡이가 짧은 도끼인 '斤'은 고대에 중요한 병기였다. '兵'은 병기(兵器, 무기), 사병(士兵), 당병(當兵dāngbīng, '군대에 가다'를 의미하는 중국어), 병공창(兵工廠bīnggōngchǎng,

'무기 공장'을 의미하는 중국어) 등에 쓰인다.

戒 경계할 계

jiè

적의 돌격을 막기 위해서 두 손(ƐƎ)에 '무기'(†, 戈창 과)를 들고 진지하게 방어하다

'위험 요소를 사라지게 하다'의 의미를 낳았다. 계비(戒備jièbèi, '경계하다'를 의미하는 중국어), 경계(警戒), 계제(戒除jièchú, '좋지 않은 습관을 고치다'를 의미하는 중국어) 등에 쓰인다. 《설문》은 "'戒'는 경계하는 것이고 '廾(받들 공, 스물 입)'과 '戈'로 이루어졌다. 행여 뜻밖의 일이 생길까 양손에 창을 들고 경계하는 것이다"라고 설명했다.

금 · 전

오락

弄 희롱할 롱·농

nòng

두 손(ƐƎ)에 '옥'기(王)를 들고 감상하다. 원래 '弄'은 장난치며 노는 것을 뜻한다

'하다' '방해하다' 등의 의미가 생겼고 완롱(玩弄, 장난감이나 놀림감처럼 희롱하다), 우롱(愚弄) 등에 쓰인다.

금 · 전

弈 바둑 혁

yì

두 사람의 손(ƐƎ)이 바둑을 두다. '亦(또 역, 겨드랑이 액)'(亦)은 소리를 나타낸다

異 다를 이 · 리

yì

두 팔을 벌려(ɛ ɜ) 탈(⊕)을 잡은 사람(大)(제6장의 '異'편과 '冀(바랄 기)'편 참조)

네 손이 함께 일하다

舁 마주 들 여, 들 거

yú

'네 손'이 함께 일하다

전서 [전서] 및 [전서]는 네 개의 손을 표현했다. '舁'는 자주 쓰이는 한자는 아니지만 與(더불 여, 줄 여), 輿(수레 여), 興(일 흥, 피 바를 흔) 등의 많은 상용한자를 파생시켰다.

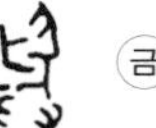

금

전

與 더불 여, 줄 여

yǔ 또는 yù

'네 손'(舁)이 수저(ㄣ)를 들고 음식을 나누어 먹다

'주다' '참가하다'의 의미가 생겼다. 관련 단어로는 급여(給與), 참여(參與) 등이 있다.

갑

금

전

輿 수레 여

yú

'네 사람'(舁)이 '나무로 만든 들것'(車) 즉 가마를 함께 들다

전서 는 '네 손'()이 '수레'()를 함께 든 모습을 표현했다. 한데 바퀴를 굴릴 수 있는 수레를 왜 들고 갈까? 원래 '輿'의 갑골문 은 네 손이 무거운 짐을 나를 때 쓰는 '나무로 만든 들것'(, 東동녘 동)을 함께 든 모습이다. 하지만 짐을 싣지 않고 사람을 태우면 나무 들것은 곧바로 가마가 된다. 수레와 나무 들것이 같은 운송 수단인 점에서 전서 는 '東'을 '車(수레 차·거)'로 바꿨다. '輿'의 또다른 전서 는 사면에서 들 수 있는 가마이고, 전서 는 소리를 나타내는 부분인 '与(더불 여, 줄 여)'를 덧붙였다. '輿'는 원래 '가마' 또는 '가마를 메다'를 뜻했지만 나중에는 모든 육상 교통수단을 일컫는 명칭이 되었다. 또한 많은 사람이 가마를 든 것에서 '대중'이라는 의미가 생겼고 가마가 많은 지역을 이동한 것에서 '지리'라는 의미가 생겼다. 관련 단어로는 승여(乘輿, 고대에 황제나 제후가 타던 수레), 여론(輿論), 지여(地輿dìyú, 중국에서 지리학의 옛 명칭) 등이 있다. 《상서》에 "나는 사재(四載)를 타고 산을 따라 나무를 팬다"라고 가마에 대한 최초의 기록이 나오는데, '사재'는 네 사람이 드는 가마를 가리킨다.

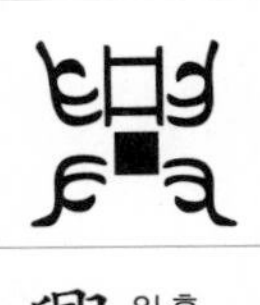

興 일 흥, 피 바를 흔

xīng

'네 손'()이 한마음으로 '흙벽돌을 만들어'(, 同한가지 동) 집을 짓다(제7장의 '凡(무릇 범)'편 참조)

두 손을 표현한 나머지 한자

금

전

盥 대야 관, 깨끗할 관

guàn

두 손(⺽⺕)으로 '대야'(皿, 皿그릇 명)에서 '물'(水)을 퍼 얼굴을 씻다, 즉 세수하다

갑

금

전

臾 잠깐 유

yú

도망치는 사람(人)을 체포하다(⺽⺕)

갑골문 은 도망치는 사람을 '쫓아가서'( ) '잡는'( ) 모습이고, 금문 및 전서 도 도망치는 사람( )을 체포하는( ) 모습이다. 은 '追(쫓을 추, 따를 추)'의 갑골문이다. '臾'는 '도망치는 사람을 잡다'라는 본뜻에서 한번 지나가면 다시는 되돌릴 수 없는 '지극히 짧은 시간'이라는 의미가 생겼다. 관련 단어로는 수유(須臾, 잠시 동안)가 있다.

전

開 열 개, 평평할 견

kāi

두 손(⺽⺕)으로 '빗장'(門, 閂문빗장 산)을 들어올리고 문을 열다

'開'의 간체자는 '开'이다.

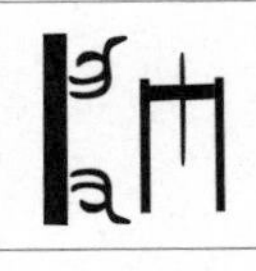

帥 장수 수, 거느릴 솔

shuài

두 손( )으로 한 장( )의 두'건'( )을 머리에 묶다

고대에 머리에 두른 푸른 실의 두건은 장군의 상징이었다. 송(宋)나라의 문인인 소식(蘇軾)은 《염노교·적벽회고(念奴嬌·赤壁懷古)》에서 동한(東漢)의 제갈량을 "깃털로 장식한 부채를 들고 비단으로 만든 두건을 쓰고 담소를 나누는 사이에 적의 배는 재가 되어 사라졌다"라고 묘사했다. '帥'는 제갈량처럼 승리를 확신하며 자신 있게 전쟁을 지휘하는 대범한 대장군을 의미한다.

금

전

舂 찧을 용

chōng

'두 손'( )에 '공이'( )를 들고 '절구'( )에 있는 쌀을 찧다

갑

금

전

등질 발

어그러질 천

다닐 행, 항렬 항

조금 걸을 척

뒤져올 치 · 종

갈 지

바를 정, 정월 정

발 족

쉬엄쉬엄 갈 착

제 9 장 다리와 길

'止(발 지, 그칠 지)'와 '行(다닐 행, 항렬 항)'은 걷는 것과 관계있는 중요한 한자이다. '止'()는 한쪽 발바닥을 뜻하고, '行'()은 사방으로 통하는 길을 뜻한다. '止'와 '行'은 각각 발과 길에 관한 많은 기초 한자와 상용한자를 파생시켰다.

'止(발 지, 그칠 지)'에서 파생된 한자

갑골문 은 발바닥( )의 모양을 본뜬 상형자이다. 위쪽의 발가락에서 아래쪽의 발바닥까지 그 모양이 사람의 발과 매우 비슷하다. 옛 중국인에게 '3'은 '많다'를 의미했다. 때문에 다섯 개의 발가락 대신에 세 개의 발가락을 이용해서 한자를 만들었다. 이와 비슷한 개념은 손( )에 관한 한자에서도 발견되는데, 많은 한자가 다섯 손가락이 아니라 세 손가락을 구성 한자로 썼다. 금문 및 전서 는 필순이 조금 바뀐 모양이다. '止'는 '발'이라는 본뜻에서 '도착하다' '멈추다'의 의미가 생겼고 이지(莅止lìzhǐ, '멈추다'를 의미하는 중국어), 정지(停止), 언행거지(言行擧止, 말과 행동거지) 등에 쓰인다.

'止'에서 파생된 중요한 기초 한자는 夂(뒤져올 치·종), 夊(천천히 걸을 쇠), 之(갈 지), 正(바를 정, 정월 정), 足(발 족), 辶(쉬엄쉬엄 갈 착), 癶(등질 발), 舛(어그러질 천)이다. (夂, 夊)는 아래쪽을 향해 걸음을 옮기는 발바닥이고, (之)는 출발하여 목적지를 향해 가는 것이다. (正)은 목적지에 정확하게 도착한 것이고, (足)은 종아리와 허벅지의 아래쪽에 있는 한쪽 발바닥이다. (辵)은 길을 걷는 것이고, (癶)은 계단을 올라가는 두 발, (舛)은 비틀비틀 걷는 두 발이다.

'夂(뒤져올 치·종)' – 아래쪽을 향해 나아가다

( )은 발가락이 아래쪽 또는 뒤쪽을 향한 발바닥이고 두 개의 부

수를 낳았다. 아래쪽을 향해 나아가는 것을 의미하는 '夂(뒤져올 치·종)'와 천천히 걷는 것을 의미하는 '夊(천천히 걸을 쇠)'가 그것이다. 번체자는 자형이 비슷한 두 부수 중에서 '夂'을 일률적으로 쓴다.

비탈길을 걸어 내려가다

降 내릴 강, 항복할 항

jiàng 또는 xiáng

두 발이 '가파른 언덕이나 성벽'(阝, 阝언덕 부)을 '걸어 내려가다'(夅)

'降'은 아래로 걸어 내려가는 본뜻에서 '가치를 깎아내리다' '억누르다'의 의미가 생겼다. 강우(降雨, 비가 내리다), 강직(降職, 직위가 낮아지다), 항복(降伏), 항마(降魔, 수행을 방해하는 것을 물리치다) 등에 쓰인다.

갑 금 전

隆 높을 융·륭

lóng

천자가 하늘에서 '내려와'(降) 인간 세상에 '태어나다'(生)

천자가 태어난 것을 표현한 전서 隆는 '降(내릴 강, 항복할 항)'(降)과 '生(날 생)'(生)으로 이루어진 회의자이다. 《순자》에는 "천자가 태어나자 천하가 번영하기 시작했다"라고 나온다. 천자의 탄생은 무엇과도 비교할 수 없을 정도로 경사스러운 일인 것에서 '숭고하다' '성대하다'의 의미가 생겼다. 덕륭망존(德隆望尊, 덕행과 인망이 높다), 융은(隆恩, 임금이나 윗사람의 높은 은혜), 흥륭(興隆, 기운차게 일어나 번성하다), 뇌성륭륭(雷聲隆隆 léishēnglónglóng, '천둥이 우르르 치다'를 의미하는 중국어) 등에 쓰인다.

전

❶ 縫(꿰맬 봉), 篷(뜸 봉), 蓬(쑥 봉)

❷ 峰(봉우리 봉), 鋒(칼날 봉), 蜂(벌 봉), 烽(봉화 봉)

❸ 咚(쿵 하는 소리 동), 苳(겨우살이 동), 氡(라돈 동), 炵(불꽃 동), 螽(메뚜기 종), 疼(아플 동·등)

❹ 格(격식 격), 恪(삼갈 각), 胳(겨드랑이 각), 洛(물 이름 락·낙), 落(떨어질 락·낙), 絡(이을 락·낙, 얽을 락·낙), 烙(지질 락·낙), 駱(낙타 락·낙), 珞(구슬 목걸이 락·낙), 酪(쇠젖 락·낙), 路(길 로·노), 露(이슬 로·노), 鷺(해오라기 로·노), 賂(뇌물 뢰·뇌), 閣(집 각), 骼(뼈 격·가), 客(손 객), 額(이마 액), 喀(토할 객), 略(간략할 략·약, 다스릴 략·약)

❺ 麵(밀가루 면), 麪(밀가루 면), 麸(밀기울 부), 麩(밀기울 부), 麴(누룩 국·부)

❻ 複(겹칠 복·부), 腹(배 복), 馥(향기 복)

❼ 覆(다시 복, 덮을 부), 履(밟을 리·이, 신 리·이)

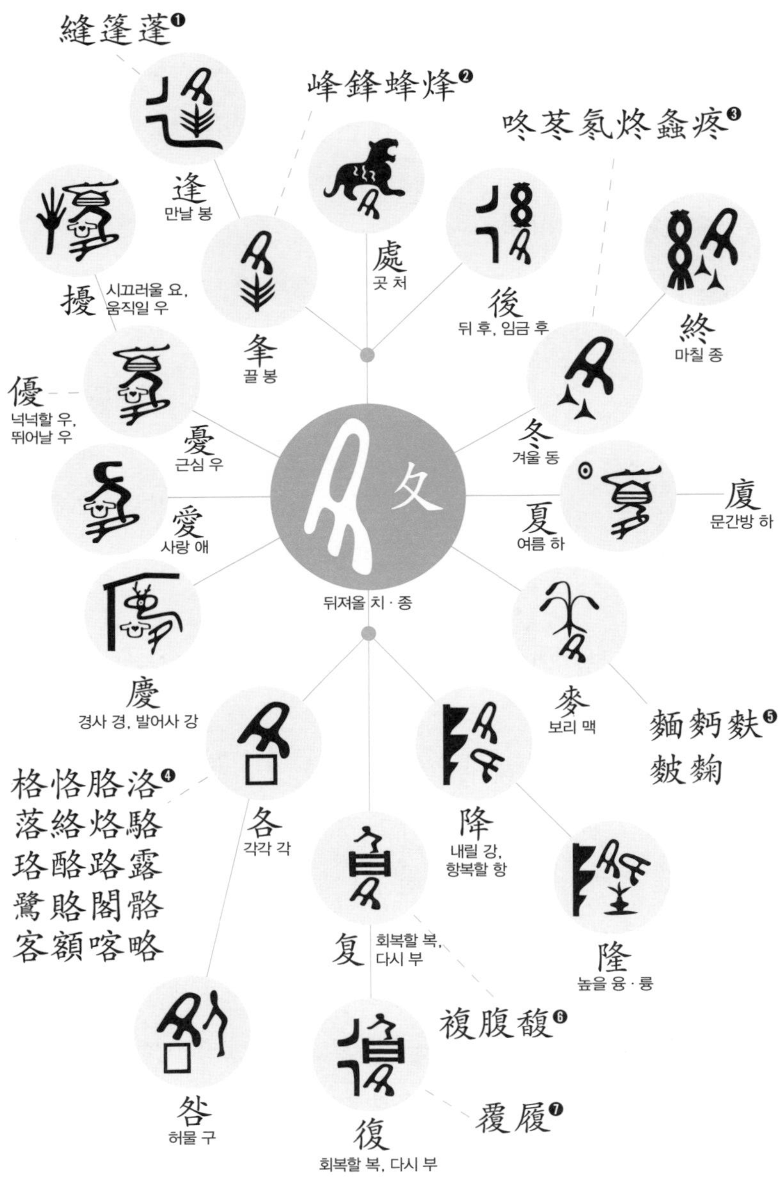

동굴 집으로 걸어서 돌아가다

어떤 '사람'( )이 '계단'( )을 '걸어 내려가'( ) 동굴 집으로 돌아가다

复 회복할 복, 다시 부

fù

'復(회복할 복, 다시 부)'의 본자이다. 초기에 황토고원의 동굴에서 생활한 한족은 밖에 드나들 때마다 계단을 오르내리는 수고를 했다. 갑골문 은 사람이 '아래로 내려가'( ) 자신의 '반듯하지 않은'(, 亞버금 아, 누를 압) 동굴 집으로 돌아가는 것을 표현했다. (亞)는 고대의 대형 혈거에서 흔히 발견되는 구조이다. 허난성 안양시 서북쪽에 위치한 은허 유적지의 1001호 제왕대묘는 방대한 규모의 '亞'자형 무덤이다. 또다른 갑골문 및 금문 은 '아래로 내려가'( ) '동굴 집'(,)으로 돌아가는 것을 묘사했다. , 은 고대 혈거의 구조를 간단하게 표현한 것인데, 중앙에 있는 사각형 또는 원은 혈거의 위치이고 그 앞뒤로 늘어진 것은 밖으로 통하는 계단이다. '复'는 '復'( )의 본자이고 왕복(往復), 회복(回復), 복원(復原), 부활(復活) 등에 쓰인다.

갑 금 전

집으로 돌아가는 것과 집을 떠나는 것

'各(각각 각)'의 갑골문 과 '出(날 출, 단락 척)'의 갑골문 은 서로 대칭을 이루는데 은 집으로 돌아가는 것이지만 은 집을 떠나는 것이다.

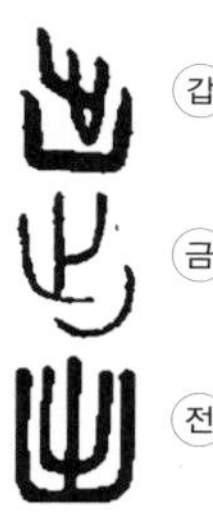

出 날 출, 단락 척

chū

'움푹한 구덩이'(凵)에서 '위로 올라가'( ) 외출하다

옛 중국인은 반쯤 동굴인 집에서 살았다. 때문에 외출할 땐 반드시 계단을 올라가야 했다. 갑골문 ( )과 금문 ( )은 '우묵한 곳'(凵)에서 '밖으로 걸어나가는'( ) 것을 표현했다. '出'은 '안에서 밖으로 나가다'의 의미를 낳았고 출문(出門, 외출, 출가), 출구(出口) 등에 쓰인다.

各 각각 각

gè

모두가 '아래로 내려가'( ) 자신의 '거주지'(□)로 돌아가다

모임이 끝나면 이제는 집으로 돌아갈 차례이다! 고고학자들의 연구에 따르면 혈거는 고대 중원 지역의 주요 거주 형태였다. 혈거에는 가로로 난 굴도 있고 세로로 깊게 난 굴도 있으며, 서서히 반혈거 상태로 발전했다. 중국 시안의 반파 유적지에서 발견된 반혈거는 먼저 지하에 구덩이를 얕게 파고 기둥을 세운 다음 그 위에 초가지붕을 얹어 사람이 살았다. 반혈거는 겨울에 따뜻하고 여름에 시원하다. 또 강풍을 잘 막아줘 여러모로 장점이 있다. 타이완의 남단 해상에 있는 란위섬은 여전히 반혈거의 전통 건축 양식을 고수한다. 때문에 주민들은 요즘에도 집에 도착하면 아래의 움푹한 곳으로 걸어 내려갔다가 외출할 때 다시 위로 올라가는 생활을 한다.

갑골문 ( )은 '아래로 걸어 내려가'( ) '우묵한' 동굴 집(凵)으로 들어가는 것을 표현했다. '凵(입 벌릴 감)'은 땅이 우묵하게 파인 지형을 가리킨다. 하지만 훗날 사람들이 동굴 집을 점차 멀리하게 되자 한자꼴에도 변화를 줘 '凵'을 '口(입 구)'로 바꿔 사람이 사는 곳을 나타냈다. 전서 각는 각자 자신의 '집'(ㅂ)으로 '걸어 내려가는'(夂) 것을 표현했다. '各'은 '개인적으로' 또는 '각각'의 의미를 낳았고 각서기견(各抒己見gèshūjǐjiàn, '각자 자기의 의견을 발표하다'를 의미하는 중국어), 각행기시(各行其是gèxíngqíshì, '각자 다 자기가 옳다고 생각하는 대로 하다'를 의미하는 중국어), 각항각업(各行各業gèhánggèyè, '각종 직업'을 의미하는 중국어) 등에 쓰인다. 格(격식 격), 恪(삼갈 각), 胳(겨드랑이 각), 洛(물 이름 락·낙), 落(떨어질 락·낙), 絡(이을 락·낙, 얽을 락·낙), 烙(지질 락·낙), 駱(낙타 락·낙), 珞(구슬 목걸이 락·낙), 酪(쇠젖 락·낙), 路(길 로·노), 露(이슬 로·노), 鷺(해오라기 로·노), 賂(뇌물 뢰·뇌), 閣(집 각), 骼(뼈 격·가), 客(손 객), 額(이마 액), 喀(토할 객) 등이 '各'의 소리에서 파생되었다.

咎 허물 구

jiù

모든 '사람'(亻)이 '각'자(各) 결과를 책임지다

'咎'는 '잘못' '재난'의 의미를 낳았고 귀구(歸咎, 허물을 남에게 씌우다) 등에 쓰인다. 《설문》은 "'咎'는 재앙이고, '人(사람 인)'과 '各(각각 각)'으로 이루어졌다"라고 풀이했다.

태양이 뜨겁게 내리쬐는 한여름 또는 온 세상이 흰 눈으로 뒤덮인 추운 겨울에 천천히 걸어 다니다

夏 여름 하

xià

어떤 '사람'(頁, 頁머리 혈)이 '태양이 작열하는'(⊙) 더운 날에 '천천히 걷다'(夂)

금

전

'夏'의 금문 에는 머리, 손, 발이 있는 사람과 함께 왼쪽 상단에 큰 태양( )이 표현되었다. 그 모양이 마치 뙤약볕 속을 걸어가는 사람 같기도 하고 태양을 반갑게 맞이하는 사람 같기도 하다. 중국인은 '태양 아래에서 생활하는 민족'임을 자처하고 자신들을 '화하(華夏)민족'이라고 부른다. 전서 는 머리( )와 천천히 걷는 다리( )만 남았다. '夏'는 작열하는 태양 아래를 천천히 걷는 사람이라는 본뜻에서 '뜨거운 계절'이라는 의미를 낳았다. 하천(夏天xiàtiān, '여름'을 의미하는 중국어), 중하지야(仲夏之夜zhòngxiàzhīyè, '중하(음력 5월을 달리 이르는 말)의 밤'을 의미하는 중국어) 등에 쓰인다. 대우(大禹)는 중국의 첫번째 왕조를 세우고 이름을 하(夏)나라라고 지었다. 왜 하필 '하'일까? 요순시대에 한번은 홍수가 날 정도로 하늘에서 비가 퍼부어 오랫동안 해가 뜨지 않은 적이 있다. 대우는 누군가? 자신의 건강과 가정의 행복까지 희생하며 홍수를 관리하는 일에 일생을 다 바친 사람이다. 따라서 왕이 된 뒤에 가장 바란 일은 다시는 홍수가 일어나지 않는 것이었다. 에는 대우의 이런 속마음이 잘 표현되었다. 하지만 안타깝게도 하나라의 마지막 군주인 걸왕(桀王)은 포악하고 잔인하기 이를 데 없어 도탄에 빠진 백성들이 "이 태양은 언제쯤 지려나!"라고 한탄하는 일이 잦았다. 《상서》는 이것을 "時日曷喪?(시일갈상?)"이라고 기록했다.

冬 겨울 동, 북소리 동

dōng

'얼음'( ) 위를 '천천히 걷는'( ) 계절

상주(商周)시대에 '冬'과 '終(마칠 종)'은 같은 한자였다. 갑골문 및 금문 은 각각 겨울과 끝을 상징하는 하나의 밧줄과 그 밧줄의 양 끝으로 한 해의 '끝' 또는 '가장 마지막 계절'을 표현했다. 전서 는 일직선으로 줄의 양 끝을 표시했고, 또다른 전서 는 '仌(얼음 빙·응)'(仌)을 덧붙여 눈이 내리는 계절을 표현했다. 훗날 '冬'의 모양과 뜻에 큰 변화가 생겼다. 이 으로 대체되어 모양도 에서 으로 바뀌고 의미도 얼음(仌) 위를 천천히 걷는() 계절로 바뀌었다. 이 밖에 '冬'은 겨울 및 밧줄의 양 끝을 의미했지만 훗날 두 의미를 구별하기 위해서 '糸(가는 실 멱, 실 사)'를 덧붙인 '終'()을 만들어 밧줄()의 끝부분()을 표현했다. '冬'의 소리에서 파생된 한자는 咚(쿵 하는 소리 동), 苳(겨우살이 동), 氡(라돈 동), 鼕(북소리 동), 炵(불꽃 동), 螽(메뚜기 종), 疼(아플 동·등)이 있다. 《설문》은 "'冬'은 사계절의 끝이다. '仌'과 '夂(뒤져올 치·종)'으로 이루어졌다"라고 설명했다.

선물이 하늘에서 서서히 내려오다

來 올래·내

lái

보리 이삭

갑골문 및 금문 은 '보리 이삭'이 '벼'() 위에 무수히 떨어진 것을 표현했다. 전서 는 필순이 조금 바뀐 모양이다.

'來'의 본뜻은 이삭이 수두룩하게 달린 보리이다. 하지만 주(周)나라 사람들이 보리 이삭을 하늘이 내려준 선물이라고 생각한 것에서 '먼 곳에서 오다'의 의미가 생겼다. 내림(來臨, 찾아오시다), 왕래(往來), 회래(回來, 갔다가 다시 돌아오다) 등에 쓰인다. 《설문》은 "'來'는 주나라가 받은 서맥(보리의 일종)과 내모(보리의 일종)이다. 보리 이삭

하나에 두 줄이고, 까끄라기(벼나 보리의 깔끄러운 수염)의 모양을 본떴다. 하늘에서 온 것이다"라고 설명했다. 옛 중국인은 밀을 '來'라고 부르고 보리를 '麰(보리 모)'라고 불렀으며, 둘 다 하늘의 선물로 여겼다. 《시경》에 "貽我來麰(이아래모, 내게 밀과 보리를 주었다)"라고 나온다.

麥 보리 맥

mài

천천히 온( ) 보리 이삭(, 來올 래·내)

'麥'의 뜻에서 麵(밀가루 면), 麪(밀가루 면), 麩(밀기울 부), 麱(밀기울 부), 麴(누룩 국·부) 등이 파생되었다. 《설문》은 "'麥'은 까끄라기가 있는 곡물이다…… 이삭이 있는 '來'와 '夊(천천히 걸을 쇠)'로 이루어졌다. 신현(臣鉉) 등은 '夊는 발이다. 주나라가 서맥과 내모를 받은 것처럼 느릿느릿 오는 것이다'라고 해석했다"라고 설명했다. '麥'의 간체자는 '麦'이다.

왜 발걸음이 느릿느릿할까

憂 근심 우

yōu

'마음'( )속에 걱정이 있어 '머리'(, 頁머리 혈)를 숙이고 '천천히 걷다'(, 夊천천히 걸을 쇠)(제5장의 '憂'편 참조)

擾 시끄러울 요, 움직일 우

rǎo

'손'(, 扌손 수)을 내밀어 참견하여 다른 사람을 '짜증'(, 憂근심 우)나게 하다

'남을 방해하다' '폐를 끼치다'의 의미를 낳았다. 간요(干擾gānrǎo, '남의 일을 방해하다'를 의미하는 중국어), 요란(擾亂), 곤요(困擾kùnrǎo, '성가시게 하다'를 의미하는 중국어) 등에 쓰인다. 《신서》와 《풍속통의(風俗通義)》에 각각 "관리의 수를 줄여 백성의 삶을 방해하지 않아야 한다(減吏省員, 使無擾民也, 감리성원, 사무요민야)" "그뒤에도 흉노는 수차례 요새를 침범해 변경에서 소요를 일으켰다(其後匈奴數犯塞, 侵擾邊境, 기후흉노수범새, 침요변경)"라고 나온다.

後 뒤 후, 임금 후

hòu

행진하는 대오의 끝에서 천천히 걷다

금문 및 전서 는 길(, 彳조금 걸을 척)에서 행진하는 대오(, 幺작을 요)의 끝에서 천천히 걷는() 것을 표현했다. 은 서로 단단히 연결된 밧줄을 의미한다. 관련 단어로는 낙후(落後, 기술이나 문화의 수준이 뒤떨어지다), 퇴후(退後tuìhòu, '뒤로 물러나다'를 의미하는 중국어), 후대(後代) 등이 있고, 간체자는 '后'이다.

금

전

愛 사랑 애

ài

마음()속으로 좋아하여 자꾸만 고개를 돌려 보고() 쉽사리 떠나지 못하다(, 느릿느릿 걷는 것을 의미)(제5장의 '愛'편 참조)

慶 경사 경, 발어사 강

qìng

다른 사람의 집에 기쁜 일을 축하해주기 위해서 정성스러운 '마음'( )으로 '천천히 걸어가'( ) '사슴 가죽'( )을 바치다(제5장의 '慶'편 참조)

전

處 곳 처

chù

'호랑이'( )가 밟은(, 夊 천천히 걸을 쇠) 땅

호랑이가 출몰하는 지역이라는 본뜻에서 '신중하게 행동할 필요가 있는 곳'의 의미가 생겼다. 처소(處所, 사람이 살거나 임시로 머무는 곳), 거처(居處, 일정하게 자리를 잡고 사는 일. 또는 그 장소), 처리(處理), 처벌(處罰), 상처(相處xiāngchǔ, '함께 지내다'를 의미하는 중국어) 등에 쓰인다.

금

전

夆 끌 봉

fēng

'식물이 무성하게 자란'(, 丰 예쁠 봉, 풍채 풍) 숲속을 '느릿느릿 걷다'( )

'夆'의 소리에서 파생된 한자는 逢(만날 봉), 峰(봉우리 봉), 鋒(칼날 봉), 蜂(벌 봉), 烽(봉화 봉) 등이 있다. '逢'는 다시 縫(꿰맬 봉), 篷(뜸 봉), 蓬(쑥 봉) 등을 파생시켰다.

'之(갈 지)' 또는 '㞢(갈 지)' – 출발점에 서다 

㞢 갈 지
또는
之 갈 지
zhī

발( )을 출발선(—)에 놓고 목적지를 향해 갈 준비를 하다

갑골문 및 금문 은 '止'(,)의 뒤꿈치에 가로 획(출발선)을 덧붙여 목적지를 향해 출발해서 가는 것을 표현했다. 또다른 금문 은 유선형의 곡선에서 '가고 있는' 움직임이 느껴진다. '之'의 소리에서 乏(모자랄 핍), 先(먼저 선) 등이 파생되었다.

갑 금 전

蚩 어리석을 치
chī

사람의 '발'( )을 문 '벌레'( ), 즉 독사

치우(蚩尤)와 황제(黃帝)는 중국의 창세기에 등장하는 인물이다. 동이족 중에서 용맹하기로 유명한 치우씨는 말 그대로 '긴 뱀'을 숭상하는 씨족이고, '尤(더욱 우)'는 긴 팔을 의미한다.(제8장의 '尤'편 참조) '蚩'의 갑골문 과 금문 은 사람의 발을 문 뱀을 묘사했다.

치우는 큰 뱀을 상징하지만 민간에선 쇠뿔의 형상으로 치우를 나타낸다. 치우는 씨름과 비슷한 격투기를 잘하는 것으로 소문난 기주(冀州) 사람인데, 그중에서도 유독 실력이 더 뛰어났다. 때문에 민간에서 치우극을 공연할 때 치우의 역할을 맡은 사람은 머리에 소의 뿔이 달린 탈을 쓴다.(제6장의 '冀(바랄 기)'편 참조)

갑 금 전

❶ 凌(업신여길 능·릉, 얼음 능·릉), 菱(마름 능·릉), 綾(비단 릉·능)

❷ 著(나타날 저, 붙을 착), 箸(젓가락 저, 붙을 착), 諸(모두 제, 김치 저, 어조사 저), 儲(쌓을 저), 躇(머뭇거릴 저), 煮(삶을 자), 署(마을 서), 曙(새벽 서), 糬(곡식 이름 서), 藷(감자 저·서), 賭(내기 도), 睹(볼 도), 堵(담도, 강 이름 자), 都(도읍 도, 못 지), 赭(붉은 흙 자), 緒(실마리 서, 나머지 사), 奢(사치할 사)

❸ 洗(씻을 세, 깨끗할 선), 銑(무쇠 선)

❹ 泛(뜰 범, 물소리 핍, 엎을 봉), 眨(깜작일 잡), 砭(돌침 폄)

❺ 筵(대자리 연), 蜒(구불구불할 연, 오랑캐 이름 단), 涎(침 연), 誕(낳을 탄, 거짓 탄)

❻ 絀(물리칠 출), 黜(내칠 출), 咄(꾸짖을 돌), 拙(옹졸할 졸), 茁(싹 줄·절, 싹틀 촬), 詘(굽힐 굴, 내칠 출, 말 더듬을 눌)

❼ 掘(팔 굴, 뚫을 궐, 서투를 졸), 堀(굴 굴), 倔(고집 셀 굴), 崛(우뚝 솟을 굴), 窟(굴 굴)

❽ 侍(모실 시), 詩(시 시), 峙(언덕 치), 痔(치질 치), 恃(믿을 시, 어머니 시), 持(가질 지), 峙(머뭇거릴 치)

志 뜻 지

zhì

'마음'(心)이 '향하는'(, 之갈 지) 곳. '마음속에서 염원하는 것'이라는 의미를 낳았다

지향(志向, 어떤 목표로 뜻이 쏠리어 향하다), 지기(志氣, 의지와 기개), 지원(志願, 어떤 일이나 조직에 뜻을 두어 한 구성원이 되기를 바라다), 지동도합(志同道合zhìtóngdàohé, '서로 뜻이 같고 생각이 일치하다'를 의미하는 중국어) 등에 쓰인다. '志'의 소리에서 誌(기록할 지), 痣(사마귀 지) 등이 파생되었다. 예서는 '之'(㞢)를 '士(선비 사)'로 바꿨다.

先 먼저 선

xiān

많은 '사람'(, 儿어진 사람 인)이 오기 전에 이미 어떤 사람이 지나갔다(, 之갈 지)

'전에' '이미 지나가다'의 의미를 낳았다. 선진(先進, 어느 한 분야에서 기량이나 지위 등이 앞서나가다), 조선(祖先, 조상) 등에 쓰인다.

夌 언덕 릉·능

líng

앞쪽(, 先먼저 선)에서 힘껏 밟다(, 夊천천히 걸을 쇠)

'능가하다' '억누르다'의 의미를 낳았고 후대에 '凌(업신여길 능·릉, 얼음 능·릉)' 또는 '淩(달릴 릉·능)'으로 변했다. 능가(凌駕, 능력이나 수준이 비교 대상을 훨씬 뛰어넘다), 능월(凌越língyuè, '뛰어넘다'를 의미하는 중국어), 기릉(欺凌, 남을 속이고 깔보다), 능욕(凌辱, 남을 업신여겨 욕보이다) 등에 쓰인다. '夌'의 소리에서 菱(마름 능·릉), 綾(비단 릉·능), 棱(모서리 릉·능) 등이 파생되었다.

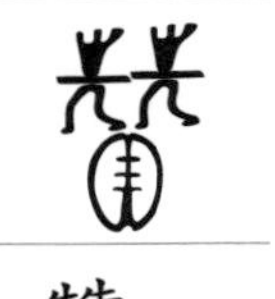

贊 도울 찬

zàn

군왕을 알현할 때 '대오의 앞쪽에서 걷는 두 사람'(, 兟나아갈 신)이 '재'물(, 貝조개 패)을 바치고 경의와 옹호의 뜻을 밝히다

'贊'은 제후가 군왕을 알현할 때 금과 선물을 바치는 모습을 묘사했다. 두 사람이 예물을 들고 앞쪽에서 걸으면 제후는 그 뒤를 따라갔다. '贊'은 '찬양하다' '칭송하다' '지지하다' '곁에서 돕고 싶어하다'의 의미를 낳았고 찬성(贊成), 찬양(讚揚), 찬조(贊助, 어떤 일에 찬성하여 돕다) 등에 쓰인다. '贊'의 소리에서 파생된 한자는 讚(기릴 찬), 攢(모일 찬), 鑽(뚫을 찬), 饡(국밥 찬) 등이 있다. 《설문》은 "'贊'은 알현하는 것이고, '貝'와 '兟'으로 이루어졌다. 신현 등은 '兟'은 나아가는 것이다. 폐백을 들고 나아가면 사찬(사신이 조서를 받들고 왔을 때 이를 맞이하는 의식에서 의례를 보조하던 관원)이 그를 도왔다'고 해석했다"라고 설명했다.

갑

전

陵 언덕 릉·능

líng

앞쪽에서 힘껏 밟으며() '가파른 고개나 성벽'(, 阝언덕 부)에 올라가다

갑골문 은 어떤 '사람'(, 人사람 인)이 '가파른 고개'()에 올라갈 때 발로 계단을 꾹꾹 눌러 밟는() 것을 표현했다. 전서 는 '人'을 '先(먼저 선)'으로 바꿨다. '陵'은 '높은 흙산' '등반하다'의 의미를 낳았고 구릉(丘陵, 언덕), 산릉(山陵, 산과 언덕), 능묘(陵墓, 능과 묘) 등에 쓰인다.

피곤해서 목적지에 도착할 수 없다

乏 모자랄 핍

fá

어떤 곳에 '가고'(, 之갈 지) 싶으나 '피곤하거나 길을 잘못 들어서'(, 丿삐침 별) 목적지에 도착할 수 없다

금문 은 '之'() 위에 '사선'()을 그어 어떤 곳에 가고() 싶지만 피곤하거나 잘못된 방향으로 가서 목적지에 도착할 수 없는 것을 표현했다. 전서 는 목적지에 맞게 도착한 것을 나타내는 '正(바를 정, 정월 정)'()과 모양이 반대인데('正'편 참조) '乏'()은 목적지에 도달할 수 없는 것을 나타낸다. '乏'은 '피로하다' '부족하다'의 의미를 낳았고 피핍(疲乏pífá, '피로하다'를 의미하는 중국어), 결핍(缺乏), 빈핍(貧乏, 가난하다) 등에 쓰인다. '乏'의 소리에서 泛(뜰 범, 물소리 핍, 엎을 봉), 眨(깜작일 잡), 砭(돌침 폄) 등이 파생되었다.

금 전

延 늘일 연

yán

거리가 너무 '멀어서'(, 廴길게 걸을 인, 장거리를 의미) '목적지에 도달할 수 없다'(, 乏모자랄 핍)

'延'은 거리가 먼 것에서 '길게 늘이다'의 의미가 생겼고 목적지에 도달할 수 없는 것에서 '잠시 늦추다'의 의미가 생겼다. 연장(延長), 연전(延展yánzhǎn, '뻗어나가다'를 의미하는 중국어), 타연(拖延tuōyán, '시간을 끌다'를 의미하는 중국어), 연지(延遲yánchí, '뒤로 미루다'를 의미하는 중국어), 연기(延期), 연오(延誤yánwù, '일을 지체하다'를 의미하는 중국어) 등에 쓰인다. '延'의 소리에서 蜒(구불구불할 연, 오랑캐 이름 단), 筵(대자리 연), 涎(침 연), 誕(낳을 탄, 거짓 탄)

금 전

등이 파생되었다. 멀고도 구불구불한 길을 의미하는 '蜒'은 벌레나 달팽이가 지나간 흔적을 묘사했고, '涎'은 먹고 싶어서 침을 석 자나 흘리는 모습을 묘사했다. '誕'은 황당하고 기괴한 이야기를 쓸데없이 말하는 것을 묘사했고, '筵'은 빈객이 바닥에 깔고 앉거나 누울 수도 있고 몇 개를 이어 붙여 성대한 잔치를 열 수도 있는 대자리를 묘사했다. 《설문》은 "'延'은 멀리 가는 것이다"라고 해석했다.

貶 낮출 폄

biǎn

'가치'(, 貝조개 패)가 '부족하다'()

'貶'에서 '낮추다' '나쁘게 지적하다'의 의미가 생겼다. 폄저(貶低biǎndī, '고의로 가치를 깎아내리다'를 의미하는 중국어), 폄가(貶價biǎnjià, '가격을 깎다'를 의미하는 중국어), 폄손(貶損biǎnsǔn, '깎아내리다'를 의미하는 중국어), 폄적(貶謫, 벼슬자리에서 내치고 귀양을 보내는 일), 포폄(褒貶, 좋고 나쁨을 평가하다) 등에 쓰인다. 《설문》은 "'貶'은 낮추는 것이고, '貝'와 '乏(모자랄 핍)'으로 이루어졌다"라고 설명했다.

출발지에 돌아오다

 전

帀 두를 잡

zā

목적지에서 돌아오다

'帀'의 전서 와 '之 또는 㞢(갈 지)'의 전서 는 수직으로 대칭을 이룬다. 구체적으로 '之'()는 출발점에서 종착점까지 가는 것이지만 '帀'()은 종착점에서 다시 출발점으로 돌아가는 것이다. '帀'은 '匝(두를 잡)'

(㊅)의 본자이고 '한 바퀴를 빙 돌아 원점에 돌아가다'의 의미를 낳았다. 관련 단어로는 잡도(匝道zādào, '입체 교차로나 고가 도로 등의 진입로'를 의미하는 중국어)'가 있다. 師(스승 사)(𠂤)는 한 무리의 사람이 지도자를 뒤따라서(追좇을 추, 따를 추, 𠂤) '크게 한 바퀴 도는 것'(帀)을 표현했다. 《설문》은 "'帀'은 도는 것이고 '之'의 반대이다"라고 설명했다.

'正(바를 정, 정월 정)'–정확하게 도착하다 

正 바를 정, 정월 정

zhèng

'발바닥'(止, 止발 지, 그칠 지)이 정확하게 '목적지'(一)에 닿다

갑골문 및 금문 은 '止'의 윗부분에 직사각형을 덧붙여 발바닥(止)이 '목적지'(一)에 정확하게 닿은 것을 표현했다. 전서 는 '목적지'를 '一(한 일)'로 단순하게 바꿨다. '正'은 '어느 쪽으로도 기울거나 치우치지 않다' '많지도 적지도 않다' '딱 좋다'의 의미를 낳았고 정방형(正方形, 정사각형), 정삼각형(正三角形), 단정(端正, 옷차림새나 몸가짐 따위가 얌전하고 바름을 뜻하는 '단정하다'의 어근), 정교(正巧zhèngqiǎo, '공교롭게도'를 의미하는 중국어), 오정(午正, 정오), 정정(訂正, 글이나 글자의 틀린 곳을 고쳐 바로잡다) 등에 쓰인다. '正'의 소리에서 파생된 한자는 証(간할 정, 증거 증), 政(정사 정, 칠 정), 症(증세 증, 적취 징), 怔(황겁할 정), 眐(바라볼 정), 整(가지런할 정) 등이 있다.

갑 금 전

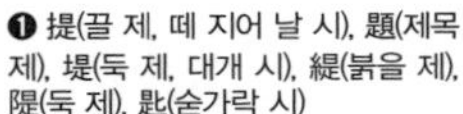

❶ 提(끌 제, 떼 지어 날 시), 題(제목 제), 堤(둑 제, 대개 시), 緹(붉을 제), 隄(둑 제), 匙(숟가락 시)

❷ 証(간할 정, 증거 증), 政(정사 정, 칠 정), 症(증세 증, 적취 징), 怔(황겁할 정), 眐(바라볼 정), 整(가지런할 정)

❸ 錠(덩이 정), 碇(닻 정), 綻(터질 탄), 靛(청대 전)

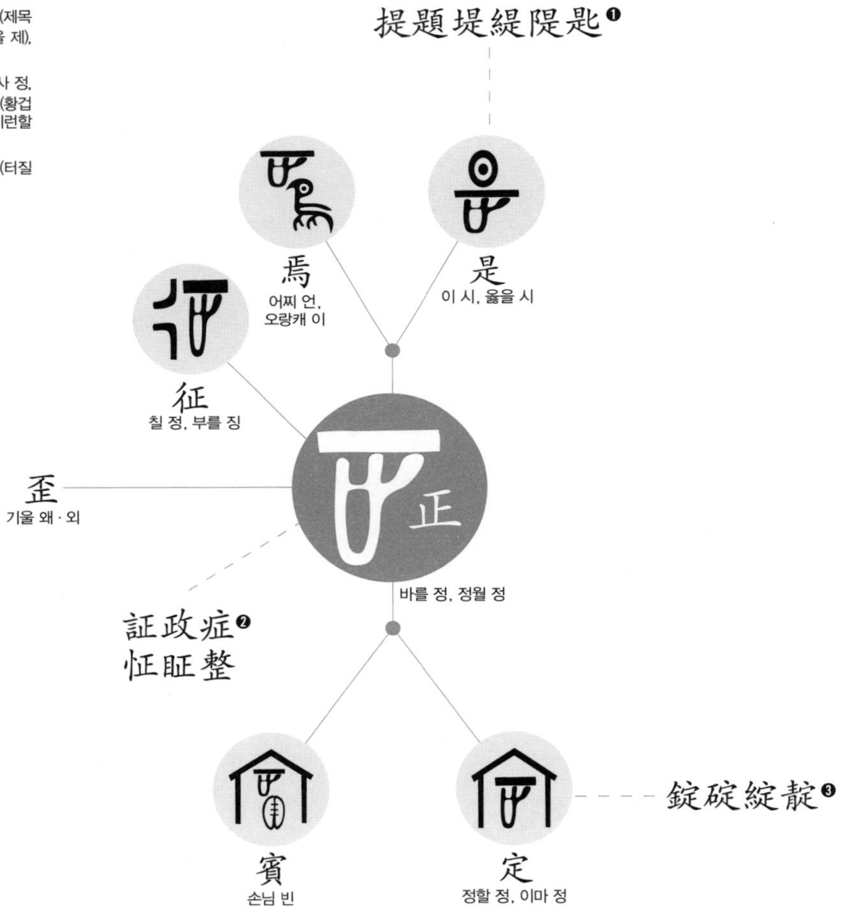

提題堤緹隄匙❶

焉
어찌 언, 오랑캐 이

是
이 시, 옳을 시

征
칠 정, 부를 징

歪
기울 왜 · 외

正
바를 정, 정월 정

証政症❷
怔眐整

賓
손님 빈

定
정할 정, 이마 정

錠碇綻靛❸

定 정할 정, 이마 정

dìng

안전하게 '거주'(⼧, 宀집 면)할 수 있는 곳에 '도착하다'(正)

'안정되다'의 의미를 낳았고 안정(安定), 정거(定居dìngjū, '한곳에 자리잡고 살다'를 의미하는 중국어), 정안(定案, 결정한 안건), 정률(定律, 정해진 법률이나 법칙) 등에 쓰인다.

征 칠 정, 부를 징

zhēng

'목적지를 향해 가는'(正) '길'(彳, 彳조금 걸을 척) 위에 있다

관련 단어로는 정도(征途, 정벌하러 가는 길), 원정(遠征, 먼 곳으로 싸우러 가거나 운동 경기를 하러 가다) 등이 있다.

是 이 시, 옳을 시

shì

해(⊙)가 마침(正) 하늘의 중앙에 높이 떠 있다

'是'의 옛 한자는 두 의미로 해석할 수 있다. 첫째는 금문 및 전서 를 '태양'(⊖)이 딱 하늘의 중앙에 '도달하다'(正)라고 해석하는 것이고, 둘째는 금문 및 전서 를 '새벽'(早새벽 조,)이 되어 '길을 떠나다'(止)라고 해석하는 것이다. 또다른 금문 은 한 개의 '手(손 수)'를 덧붙여 아침 해가 밝아 일하러 가는 것을 표현했다. 정리하면 '是'는 '마침' '정확하다' '찬성하다' '단정하다' '마땅히 ~해야 한다'의 의미를 낳았고 시적(是的shìde, 'yes'를 의미하는 중국어), 시비곡직(是非曲直, 사리의 옳고 그름), 시부(是否shìfǒu, '~인지 아닌지'를 의미하는 중국어) 등에 쓰인다. '是'의 소리에서 提(끌 제, 떼 지어 날 시), 題(제목 제), 堤(둑 제, 대개 시), 緹(붉을 제), 隄(둑 제), 匙(숟가락 시) 등이 파생되었다.

금 전

焉 어찌 언, 오랑캐 이

yān

아름다운 새(鳥)가 하늘 위(一)에 날아가다(止, 之갈 지)

금문 은 '새'()가 '위'(二)쪽을 향해 날아'가는'(止) 것을 표현했고, 전서 는 새의 대가리를 생략하고 二을 一으로 단순화시켜 '새'()가 하늘(一)로 날아가는(止) 것을 표현했다. 二을 一으로 단순하게 만든 한자는 또 '天(하늘 천)'이 있다. '天'의 갑골문 과 금문 은 훗날 과 의 단순한 모습으로 사람의 머리 위에 있는 하늘을 표현했다. '焉'은 '어디'의 의미를 낳았고 심부재언(心不在焉xīnbúzàiyān, '마음이 여기에 있지 않다'를 의미하는 중국어), 언지(焉知yānzhī, '어찌 ~을 알겠는가'를 의미하는 중국어), 언능(焉能yānnéng, '어찌 ~할 수 있는가'를 의미하는 중국어)에 쓰인다. '嫣(아름다울 언)'은 언연일소(嫣然一笑yānrányíxiào, '여자가 우아하게 생긋 웃다'를 의미하는 중국어)처럼 자꾸 힐끗 쳐다보게 되는 여자의 아름다운 행동을 나타낸다. 《설문》은 "언조(焉鳥, 새의 이름)는 노란색이고 장화이 지역에 나타난다"라고 설명했다.

갑 금 전

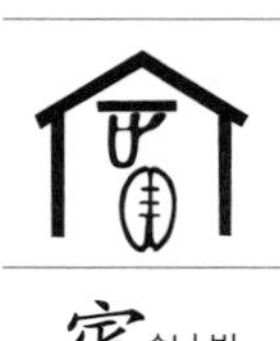

賓 손님 빈

bīn

손님이 돈(貝, 貝조개 패)을 들고 내 집(宀, 宀집 면)에 오다(正, 正바를 정, 정월 정)

갑골문 , 은 이웃 국가의 백성(方, 方방위 방)이 오는 것을 표현했고, 금문 은 이웃 국가의 백성이 '돈'

()을 들고 오는 것을 표현했다. 전서 는 이웃 국가의 백성을 나타내는 '方'을 생략했다. '賓'은 이웃 국가의 백성이 중국에 와서 귀중한 선물을 바친다는 뜻에서 반드시 예의를 지켜 대접해야 하는 손님이라는 의미가 생겼다. 관련 단어로는 귀빈(貴賓, 귀한 손님), 영빈(迎賓, 귀한 손님을 맞다) 등이 있다. 또한 '공물을 바치다' '신하의 예의로 받들다'라는 의미도 있는데 《국어(國語)》에 "남만, 동이, 서융, 북적이 오랫동안 중국에 공물을 바치며 신하를 자청하지 않았다"라고 나온다.

여행길에서 만들어진 한자

옛 중국인은 '之(갈 지), 乏(모자랄 핍), 正(바를 정, 정월 정), 帀(두를 잡)'의 네 한자를 이용해 여행길을 체계적으로 설명했다. 먼저 나그네는 한 발로 문지방(一)을 넘으며 출발지를 떠나는 것을 의미하는 (之)를 만들었다. 한데 온종일 걸었지만 목적지는 아직 멀기만 하고, 피곤해서 그만 여관에서 하룻밤 묵기로 했다. 나그네는 피곤해서 아직 목적지에 도착하지 못했다는 의미로 '之' 위에 삐침을 그어 (乏)을 만들었다. 이튿날 오후에 마침내 목적지에 정확하게 도착했다. 앞쪽 '발바닥'이 '목적지'에 닿는 순간 나그네의 머릿속에 (正)이 떠올랐다. 며칠이 지나고 이제는 집에 돌아갈 때가 되었다. 나그네는 온 길을 그대로 되돌아가면 되겠구나 하고 '之'를 뒤집어 목적지에서 출발지로 다시 되돌아가는 것을 의미하는 (帀)을 만들었다.

네 개의 한자, 한 개의 발바닥(止 발 지, 그칠 지), 한 개의 가로선(출발점, 도착점)으로 여행길을 오가는 과정을 완벽하게 묘사한 것을 보면 옛 중국인이 얼마나 한자를 논리적으로 만들었는지 알 수 있다. 하지만 안타깝게도 현대 한자에서는 옛 한자에서 볼 수 있는 중요한 부호와 정보가 많이 사라졌다.

현대 한자	그림문자	본뜻
之 갈 지		출발지에서 목적지를 향해 출발하다
正 바를 정, 정월 정		목적지에 정확하게 도착하다
乏 모자랄 핍		피곤해서 목적지에 도착하지 못하다
帀 두를 잡		목적지에서 다시 출발지로 돌아가다 (帀는 匝(두를 잡)과 같다)

'足(발 족)' – 다리

'足(발 족)'은 사람이나 동물의 다리를 가리킨다. 갑골문 은 발바닥  과 다리로 이루어졌고, 금문 및 전서  는 다리를 '口(입 구)'로 단순하게 바꿨다. '足'의 변형인 '疋(짝 필, 발 소, 바를 아)'의 전서 는 '足'과 의미가 같고 모양도 거의 일치한다. '足'의 뜻에서 파생된 한자는 疋, 跌(거꾸러질 질), 踩(뛸 채), 踏(밟을 답), 趾(발 지), 趴(긁을 파), 碰(부딪칠 팽), 跳(뛸 조·도), 蹦(뛸 붕), 踢(찰 척), 踹(발꿈치 단), 跺(발구를 타), 蹈(밟을 도, 슬퍼할 신), 踐(밟을 천), 蹬(비틀거릴 등), 路(길 로·노), 跑(허빌 포, '허비다'는 손톱이나 날카로운 물건 따위로 긁어 파는 것을 의미), 蹄

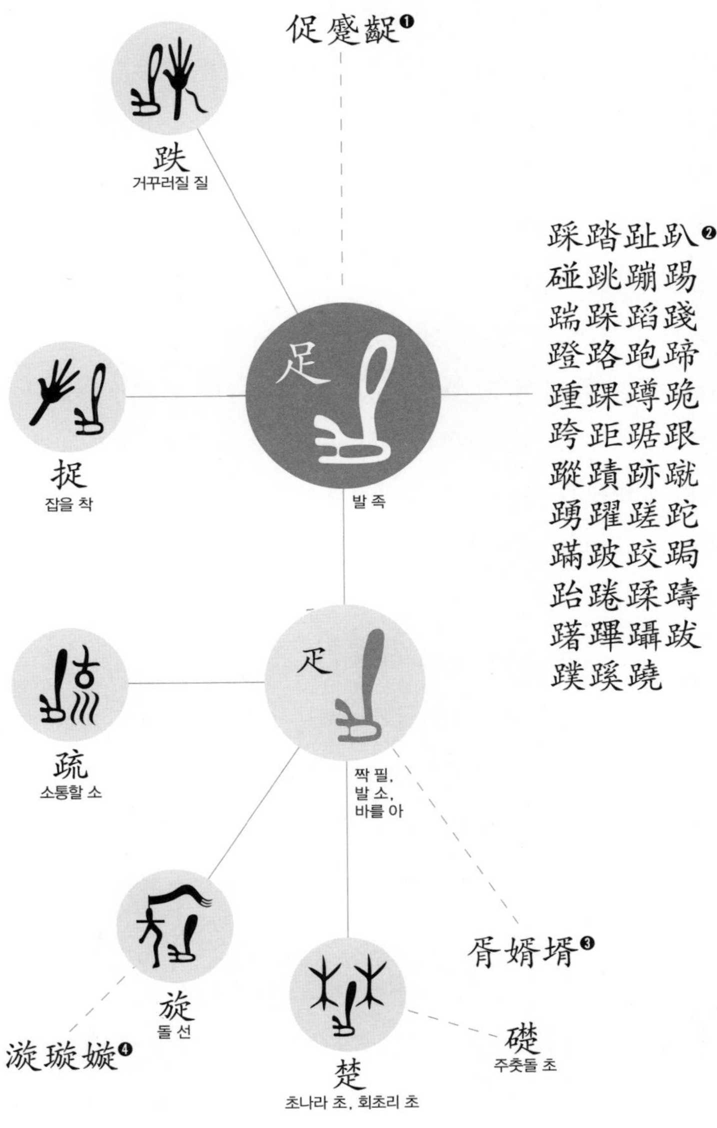

❶ 促(재촉할 촉, 악착스러울 착), 蹙(닥칠 축, 줄어들 척), 齪(악착할 착)

❷ 踩(뛸 채), 踏(밟을 답), 趾(발 지), 趴(긁을 파), 碰(부딪칠 팽), 跳(뛸 조·도), 蹦(뛸 붕), 踢(찰 척), 踹(발꿈치 단), 跺(발구를 타), 蹈(밟을 도, 슬퍼할 신), 踐(밟을 천), 蹬(비틀거릴 등), 路(길 로·노), 跑(허빌 포. '허비다'는 손톱이나 날카로운 물건 따위로 긁어 파는 것을 의미), 蹄(굽 제), 踵(발꿈치 종), 踝(복사뼈 과), 蹲(쭈그릴 준), 跪(꿇어앉을 궤), 跨(넘을 과, 걸터앉을 고), 距(상거할 거, 막을 거), 踞(걸터앉을 거), 跟(발꿈치 근), 蹤(발자취 종), 蹟(자취 적), 跡(발자취 적), 蹴(찰 축), 踴(뛸 용), 躍(뛸 약, 빨리 달릴 적), 蹉(미끄러질 차), 跎(헛디딜 타), 蹣(넘을 만, 비틀거릴 반), 跛(절름발이 파, 비스듬히 설 피), 跤(발회목 교, 우는살 효), 跼(구부릴 국), 跆(밟을 태), 踡(곱송그릴 권. '곱송그리다'는 몸을 잔뜩 옴츠리는 것을 의미), 蹂(밟을 유), 躊(머뭇거릴 주), 躇(머뭇거릴 저), 蹕(길 치울 필), 躡(밟을 섭), 跋(밟을 발), 蹼(물갈퀴 복), 蹊(좁은 길 혜, 이상야릇할 계), 蹺(발돋움할 교)

❸ 胥(서로 서), 婿(사위 서), 壻(사위 서)

❹ 漩(소용돌이 선), 璇(옥 선), 嫙(예쁠 선)

(굽 제), 踵(발꿈치 종), 踝(복사뼈 과), 蹲(쭈그릴 준), 跪(꿇어앉을 궤), 跨(넘을 과, 걸터앉을 고), 距(상거할 거, 막을 거), 踞(걸터앉을 거), 跟(발꿈치 근), 蹤(발자취 종), 蹟(자취 적), 跡(발자취 적), 蹴(찰 축), 踊(뛸 용), 躍(뛸 약, 빨리 달릴 적), 蹉(미끄러질 차), 跎(헛디딜 타), 蹣(넘을 만, 비틀거릴 반), 跛(절름발이 파, 비스듬히 설 피), 跤(발회목 교, 우는살 효), 跼(구부릴 국), 跆(밟을 태), 踡(곱송그릴 권. '곱송그리다'는 몸을 잔뜩 옴츠리는 것을 의미), 蹂(밟을 유), 躊(머뭇거릴 주), 躇(머뭇거릴 저), 蹕(길 치울 필), 躡(밟을 섭), 跋(밟을 발), 蹼(물갈퀴 복), 蹊(좁은 길 혜, 이상야릇할 계), 蹺(발돋움할 교) 등이 있고, 소리에서 파생된 한자는 捉(잡을 착), 促(재촉할 촉, 악착스러울 착), 蹙(닥칠 축, 줄어들 척), 齪(악착할 착) 등이 있다. 이중에서 '⻊'은 '足'의 뜻에서 파생된 한자인 동시에 이들 한자의 부수로 쓰인다.

跌 전

跌 거꾸러질 질

diē

발( )을 헛디디다( )

관련 단어로는 질도(跌倒diēdǎo, '넘어지다'를 의미하는 중국어), 질락(跌落diēluò, '물가나 물체가 떨어지다'를 의미하는 중국어), 질교(跌跤diējiāo, '넘어지다'를 의미하는 중국어), 하질(下跌xiàdiē, '가격이 떨어지다'를 의미하는 중국어) 등이 있다.

갑 금 전

楚 초나라 초, 회초리 초

chǔ

발(, ⻊짝 필, 발 소, 바를 아)로 가시나무 '숲'( )을 밟다

갑골문 은 숲에 '가시나무가 빽빽이 있는'(갑골문에는 날카로운 가시를 가진 세 개의 식물로 표현되었다) '국가'( )에 '간'( ) 것을 표현했다. 어느 국가에 그렇게 가시나무가 많을까? 초(楚)나라이다. 지금의 후난과 후베이 일대에 위치했던 초나라는 곳곳에 가시나무가 있어 '형국(荊國)'이라고도 불렸다. 금문 및 전서 는 발로 가시나무 숲을 밟고 다니는 것을 표현했다. '楚'는 가시나무 또는 고대에 학생을 꾸짖고 때릴 때 쓴 회초리라는 본뜻에서 '고통스럽다' '(회초리를 맞으면 자신의 잘못을 깨닫는 것에서) 이해하다'의 의미가 생겼다. 고초(苦楚, 고난), 청초(清楚, 화려하지 않으면서 맑고 깨끗한 아름다움을 지니고 있음을 뜻하는 '청초하다'의 어근) 등에 쓰인다.

'辵 또는 辶(쉬엄쉬엄 갈 착)' - 길을 걷다

辵 쉬엄쉬엄 갈 착

chuò

한쪽 '다리'( )가 '길'(, '彳(조금 걸을 척)'편 참조)을 걷다

갑골문 은 한쪽 '다리'( )가 '큰길'(, '行(다닐 행, 항렬 항)'편 참조)을 걸어 다니는 것을 묘사했고, 금문은 다리를 (辵)으로 단순하게 만들었다. 예서는 '辵'을 다시 '辶(쉬엄쉬엄 갈 착)'( )으로 단순화시켰다.

갑 금 전

進 나아갈 진, 선사 신

jìn

한 마리의 '새'(, 隹새 추)가 '길'에서 '돌아다니다'(, 辶쉬엄쉬엄 갈 착)

옛 중국인은 새가 날거나 길을 돌아다닐 때 뒤로는 못 가고 앞으로만 가는 것을 발견하고 이 한자를 만들었

금 전

返迴近迥遁逃避逢逍遙逞迫迅速迷遇違逆透❶
過邂遘逛遠遭週遊遍遵遴選遼邁遐邇迤逗遛
遨遜邈迄迨逕遮迪巡邏還達迂迭述迢邊通途
遏逾邋遢迆邐逮邀遷遞遲逼逝適這

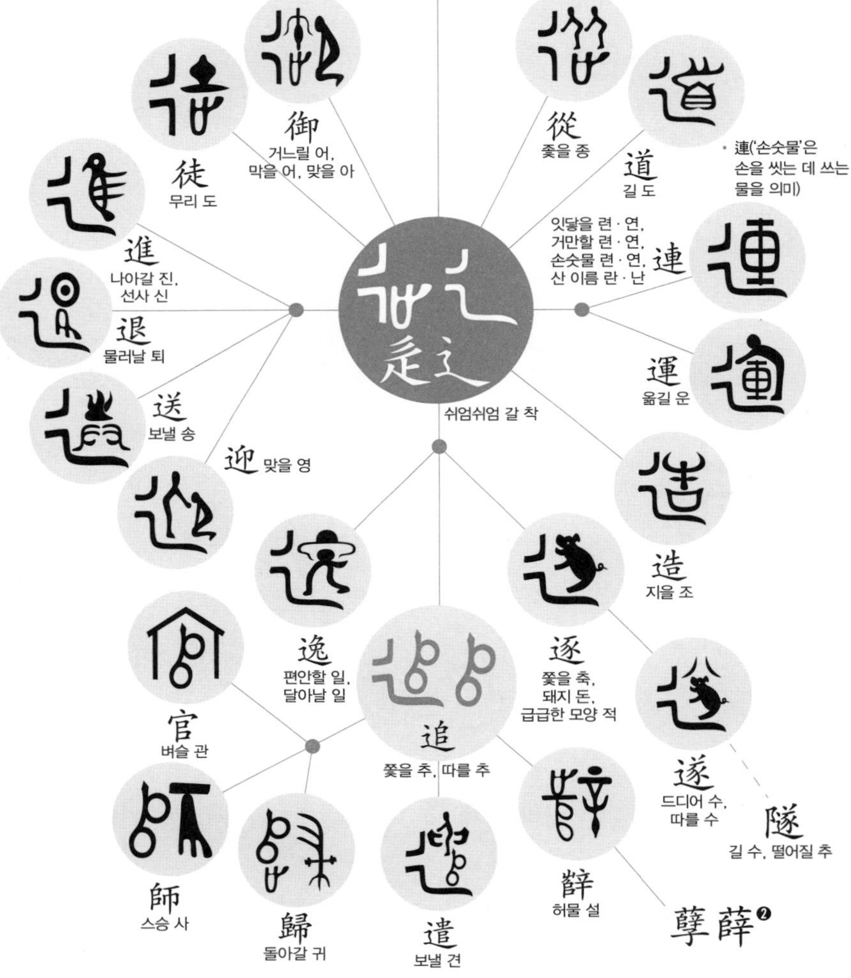

❶ 返(돌이킬 반), 迴(돌아올 회), 近(가까울 근, 어조사 기), 迥(멀 형), 遁(숨을 둔, 뒷걸음칠 준), 逃(도망할 도), 避(피할 피), 逢(만날 봉), 逍(노닐 소), 遙(멀 요), 逞(쾌할 령·영, 사람 이름 영), 迫(핍박할 박), 迅(빠를 신), 速(빠를 속), 迷(미혹할 미), 遇(만날 우), 違(어긋날 위), 逆(거스를 역), 透(사무칠 투, 놀랄 숙), 過(지날 과, 재앙 화), 邂(만날 해), 遘(만날 구), 逛(달아날 광), 遠(멀 원), 遭(만날 조), 週(돌 주), 遊(놀 유), 遍(두루 편), 遵(좇을 준), 遴(어려워할 린·인), 選(가릴 선), 遼(멀 료·요), 邁(멀리 갈 매), 遐(멀 하), 邇(가까울 이), 迤(비스듬할 이, 잇닿을 타), 逗(머무를 두), 遛(머무를 류·유), 遨(놀 오), 遜(겸손할 겸), 邈(멀 막), 迄(이를 흘), 迨(미칠 태), 逕(좁은 길 경), 遮(가릴 차, 이 저), 迪(나아갈 적), 巡(돌 순, 순행할 순, 따를 연), 邏(순라 라·나), 還(돌아올 환, 돌 선), 達(통달할 달), 迂(에돌 우, 굽을 오), 迭(번갈아들 질, 범할 일), 述(펼 술), 迢(멀 초), 邊(가 변), 通(통할 통), 途(길 도), 遏(막을 알), 逾(넘을 유, 구차스러울 투), 邋(나부낄 랍·납), 遢(갈 탑), 迆(비스듬할 이, 잇닿을 타), 邐(이어질 리·이), 逮(잡을 체, 탈 태), 邀(맞을 요), 遷(옮길 천), 遞(갈릴 체, 두를 대), 遲(더딜 지, 늦을 지), 逼(핍박할 핍), 逝(갈 서), 適(맞을 적), 這(이 저)

❷ 孽(서자 얼), 薛(성씨 설, 맑은대쑥 설)

다. '進'은 '앞으로 나아가다'의 본뜻에서 '앞으로 나가다' '안으로 들어가다'의 의미가 생겼다. 전진(前進), 진보(進步, 정도나 수준이 높아지다), 선진(先進), 청진래(請進來qǐngjìnlái, '어서 오세요'를 의미하는 중국어), 진화(進貨jìnhuò, '물품이 들어오다'를 의미하는 중국어) 등에 쓰인다. '進'의 간체자는 '进'이다.

送 보낼 송

sòng

두 손( )에 횃'불'( )을 들고 '길을 걸어서'( ) 어떤 사람을 호송하다

또다른 전서 는 '人(사람 인)'을 하나 덧붙여 손에 횃불을 들고 다른 사람이 안전하게 길을 걸을 수 있게 보호해주는 것을 표현했고, 이것에서 '전달하다' '증여하다'의 의미가 생겼다. 관련 단어로는 호송(護送, 죄인 등을 감시하면서 데려가다), 송별(送別, 떠나는 사람을 작별하여 보내다), 전송(傳送), 증송(贈送zèngsòng, '증정하다'를 의미하는 중국어) 등이 있다.

금

전

逐 쫓을 축, 돼지 돈, 급급한 모양 적

zhú

멧돼지( )가 길에서 뛰다( )

갑골문 , 금문 및 전서 는 모두 한쪽 '발바닥'( )이 '돼지'(, ,)의 뒤를 쫓는 모습이다. '逐'은 '쫓다'의 의미를 낳았고 추축(追逐, 쫓아버리다), 축록(逐鹿, 사슴을 뒤쫓는다는 뜻으로, 제위나 정권을 얻으려고 다투는 일을 이르는 말), 방축(放逐, 자리에서 쫓아내다) 등에 쓰인다. 이 밖에 고대 중국의 사냥꾼은 멧돼지를 잘 잡는 비결을 알았는데 흩어

갑

금

전

져서 포위 공격하는 게 그것이다. '遂(드디어 수, 따를 수)'( )는 '흩어져서'( ) 멧돼지를 쫓는( ) 것이고, 이것에서 '성공적으로 실현하다'의 의미가 나왔다. 관련 단어로는 순수(順遂shùnsuì, '일의 진행이 순조롭다'를 의미하는 중국어), 수심(遂心suìxīn, '뜻대로 되다'를 의미하는 중국어) 등이 있다.

'逐'과 '彘(돼지 체)'는 은상(殷商)시대의 사냥 생활을 엿볼 수 있는 한자이다. '彘'는 원래 멧돼지를 죽이는 것을 뜻한다. 갑골문 은 '화살'(, 矢화살 시)을 한 발 쏴서 '돼지'( )를 맞힌 것이고, 금문 및 전서 는 돼지를 한 개의 입과 두 개의 다리로 표현했다. '彘'는 사냥꾼이 화살을 쏴서 죽이는 대상인 '멧돼지'라는 의미를 낳았다.

'追(쫓을 추, 따를 추)' – 뒤따르다

갑골문 및 금문 은 사물이 앞뒤로 나란히 있는 모습이다. 후자가 전자의 뒤를 바짝 추적하는 것을 의미하고, 이것에서 追(쫓을 추, 따를 추), 師(스승 사), 官(벼슬 관), 歸(돌아갈 귀) 등의 한자가 파생되었다. '追'는 관병이 강도를 쫓는 것이고 '師'는 학생이 스승을 따르는 것이며, '官'은 신하가 군주를 따르는 것이고 '歸'는 부인이 남편을 따르는 것이다. 옛 중국인이 이들 한자를 이용해서 묘사한 학계, 정계, 가정의 윤리 관계를 포함한 고대 사회의 모습을 보면 상주(商周)시대에 윤리 교육이 널리 이루어진 것을 알 수 있다.

官 벼슬 관

guān

궁'실'(, 宀 집 면) 안에서 군왕을 '따르다'()

고대 중국에서 관원의 책임은 군왕이나 상급 장관이 지시한 임무를 완성하는 것이었다. 때문에 늘 지시 받은 내용을 기억하고 수시로 조심했다. 관련 단어로는 관리(官吏), 관부(官府, 조정 또는 관아), 관방소식(官方消息guānfāngxiāoxi, '정부측 소식'을 의미하는 중국어) 등이 있다. 《설문》은 "'官'은 관리이다. 군왕을 위해서 일하는 사람이다"라고 설명했다.

갑

금

전

追 쫓을 추, 따를 추

zhuī

두 사람이 '앞뒤로'() '길'을 걷다(, 辶 쉬엄쉬엄 갈 착). 뒤를 바짝 쫓는 것을 의미한다

갑골문 및 금문 은 두 사물을 앞뒤로 놓고 뒤에 있는 것이 앞에 있는 것을 바짝 쫓는 것을 표현했다. 또 다른 갑골문 , 금문 및 전서 는 두 사람이 앞뒤()로 길()을 걷는() 것을 표현했다. 관련 단어로는 추간(追趕zhuīgǎn, '앞의 사람이나 사물을 뒤쫓다'를 의미하는 중국어), 추수(追隨, 뒤쫓아 따르다), 추토(追討, 도둑의 무리를 쫓아가서 치다) 등이 있다.

갑

금

전

師 스승 사

shī

한 무리의 사람이 지도자를 '따라서'() '크게 한 바퀴 빙 돌다'()('帀(두를 잡)'편 참조)

예수, 소크라테스, 공자 같은 좋은 스승은 많은 사람에게 닮고 싶은 효과를 일으킨다. '師'는 두 개의 의미를 낳았다. 첫째는 '공부하고 닮고 싶은 대상'이다. 교사(敎

금

전

師), 법사(法師, 승려나 도사에 대한 존칭), 사범대학(師範大學), 사법타인(師法他人shīfǎtārén, '남을 본받다'를 의미하는 중국어) 등에 쓰인다. 둘째는 군대이다. 지도자가 방대한 대중에게 호소하는 것이 마치 일개 부대의 모습을 보는 것과 같은 데서 생긴 의미이다. 고대 중국에서 1려(旅)는 약 5백 명의 병사, 1사(師)는 약 1만 명의 병사를 일컫는 말이었다. 관련 단어로는 솔사동정(率師東征shuàishīdōngzhēng, '군대를 인솔하여 동방을 정벌하다'를 의미하는 중국어), 사출무명(師出無名shīchūwúmíng, '정당한 이유 없이 출병하다'를 의미하는 중국어) 등이 있다. '師'의 간체자는 '师'이다.

많은 학자는 을 두 개의 작은 언덕으로 보고 같은 뜻을 가진 '阜(언덕 부)'( )로 '師'를 해석한다. 또 어떤 학자들은 을 사람의 양 팔 또는 2층짜리 집으로 보고 '官(벼슬 관)'과 관련해서 해석한다. 하지만 에서 파생된 모든 한자를 종합적으로 분석하고 비교 대조하고 고증했을 때 '뒤를 바짝 쫓다'로 해석하는 것이 가장 합리적이다.

갑
금
전

遣 보낼 견

qiǎn

사람을 보내어 '추적하고'( ) '체포하다'( )

갑골문 및 금문 은 권세가 대단한 사람이 누군가를 뒤쫓아서(,) 잡으라고( ) '명령'( )하는 것을 표현했다. 관련 단어로는 견산(遣散qiǎnsàn, '해고시키다'를 의미하는 중국어), 견송(遣送qiǎnsòng, '거류 조건에 부합하지 않는 사람을 돌려보내다'를 의미하는 중국어), 견반(遣返qiǎnfǎn, '원래의 장소로 돌려보내다'를 의미하는 중국어) 등이 있다.

辥 또는 辪
허물 설
xuē

'죄인'을 '추적하여' 잡다(《한자나무》 1권 제3장의 '辛(매울 신)'편 참조)

歸 돌아갈 귀
guī

여자가 '빗자루'( )를 들고 남편의 '발걸음'( )을 '뒤따르다'( )(《한자나무》 1권 제4장의 '女(여자 녀·여)'편 참조)

連 잇닿을 련·연, 거만할 련·연, 손숫물 련·연, 산 이름 란·난
lián

무수한 '수레'( )가 '길에서 행진하다'(, 辶 쉬엄쉬엄 갈 착)
길에 수레 행렬의 끝이 안 보이는 것에서 '연결하다' '이어진 사람이나 사물'의 의미가 생겼다. 운접(連接, 서로 잇닿다), 연속부단(連續不斷liánxùbùduàn, '계속하여 끊이지 않다'를 의미하는 중국어), 견련(牽連, 서로 얽히어 관계를 가지게 되다) 등에 쓰인다.

금

전

運 옮길 운
yùn

'군'대( )가 '길에서 행진하다'( )
부대가 이동할 때 많은 양의 양식과 군용품을 옮겨야 하는 것에서 '물품을 옮기다'의 의미가 생겼다. 관련 단

전

어로는 반운(搬運, 운반), 운수(運輸, 여객이나 화물을 실어나르는 일), 운동(運動) 등이 있다. '運'의 간체자는 '运'이다.

금 전

軍 군사 군

jūn

무수한 전차(車)로 행진하는 군대를 둘러싸다(勹)

무수한 전차가 먼지를 일으키며 우르르 지나가면 땅이 울리는 소리가 난다. 때문에 자연스럽게 많은 수의 사람과 수레로 군대를 묘사하게 되었다. 《설문》은 "둘러싸는 것이다. 4천 명의 병사는 1군이고, 한자는 '車(수레 차·거)'와 생략된 '包(쌀 포)'로 이루어졌다. '軍'은 병사의 수레이다" 라고 설명했다.

갑 금 전

徒 무리 도

tú

진'흙'(土) '길'(彳)을 '걷다'(止)

'徒'는 원래 걸어 다니는 것을 뜻한다. 교통수단의 도움을 안 받는 것에서 '단지' '텅 비다'의 의미가 파생되었다. 도보(徒步, 걸어가다), 도수(徒手, 맨손), 도구형식(徒具形式 tújùxíngshì, '단지 형식만을 갖추다'를 의미하는 중국어), 도로무공(徒勞無功 túláowúgōng, '쓸데없이 힘만 낭비하고 아무런 성취도 이루지 못하다'를 의미하는 중국어) 등에 쓰인다.

'癶(등질 발)'−계단을 오르다

'癶(등질 발)'은 계단을 올라가는 두 발바닥이다. 옛 중국인은 제물을

❶ 燈(등 등), 鄧(나라 이름 등), 瞪(바로 볼 징·쟁·쟁), 凳(걸상 등), 蹬(비틀거릴 등), 鐙(등잔 등), 澄(맑을 징, 나뉠 등), 橙(귤 등, 걸상 등)

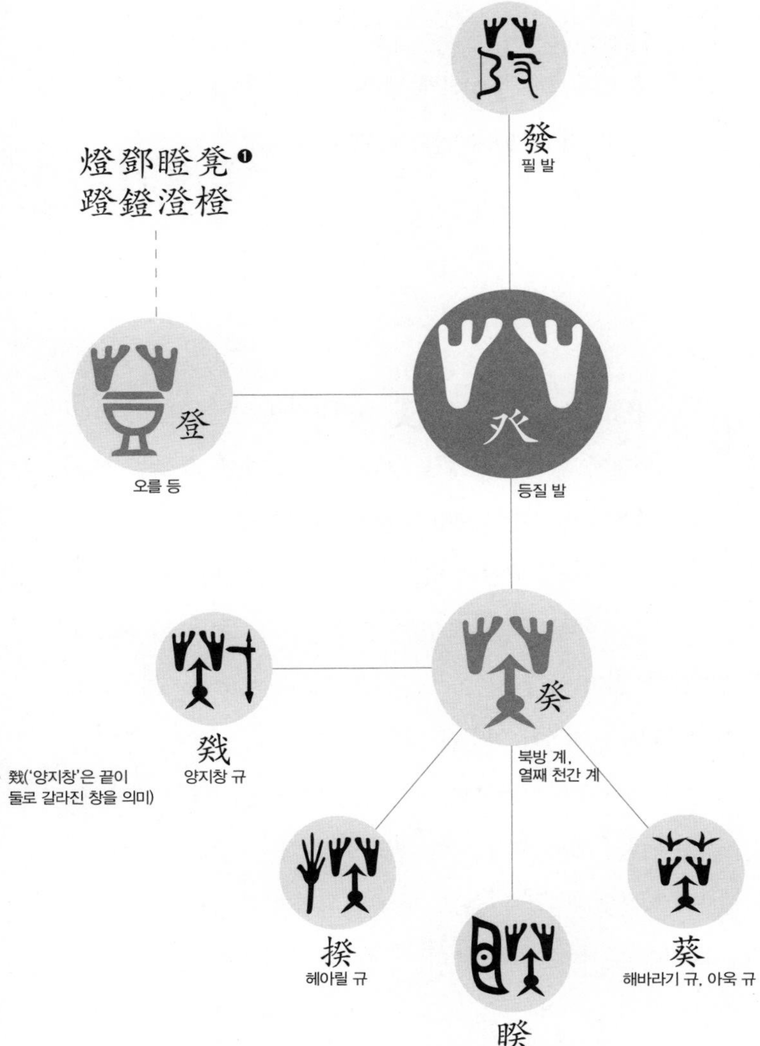

• 戣('양지창'은 끝이 둘로 갈라진 창을 의미)

들고 계단을 한 칸씩 올라갈 때마다 두 발을 가지런히 모으는 것으로 정중함을 표현했다.

오를 등

dēng

제사 음식을 풍성하게 담은 '두기'(豆)를 들고 제단을 '올라가다'(癶)(제7장의 '豆(콩 두)'편 참조)

갑 금 전

癸 북방 계, 열째 천간 계

guǐ

사방으로 활과 '화살'(矢, 矢화살 시)을 쏠 수 있는 높은 누대에 '올라가다'(癶, 癶등질 발). 고대에 화살을 쏘는 기계인 '노(弩)'의 모양을 본뜬 상형자이다

고고학자의 발견에 따르면 동시에 여러 방향으로 여러 대의 화살을 쏠 수 있는 기계인 '노'는 이미 전국(戰國) 시대에 출현했다. 하지만 갑골문을 보면 상(商)나라 때도 동시에 각 방향으로 화살을 쏘는 개념이 있었던 것을 알 수 있다. 갑골문 [갑골문], 금문 [금문], [금문]은 모두 사방팔방으로 날아가는 화살(矢, 矢화살 시)을 묘사했고, 전서는 여러 대의 화살을 한 대의 화살(矢, 矢)로 단순화시키고 '癶'(癶)을 덧붙였다. [전서]은 높은 누대에 올라가 화살을 쏘는 것을 표현했다. 하지만 예서 때 한자를 더 간편하게 쓰기 위해서 '矢'를 '天(하늘 천)'으로 바꿔 원래의 뜻을 잃은 점은 안타깝다. '癸'는 '揆(헤아릴 규)'의 본자이고, 훗날 열째 천간을 뜻하게 되었다.

發 필 발

fā

높은 곳에 '올라가'(, 癶등질 발) '활'()과 화살, 긴 '몽둥이'()를 발사하다

'사물을 보내다'의 의미가 파생되었다.(제8장의 '殳(몽둥이 수)'편 참조)

戣 양지창 규

kuí

동시에 활과 화살(, 癸북방 계, 열째 천간 계)을 쏘는 '무기'(, 戈창 과)

《주례》에 "시위는 규(戣)를 들고 동당의 계단에 서 있는다"라고 나온다.

揆 헤아릴 규

kuí

금

전

'손'(, 扌손 수)에 '노'(, 癸북방 계, 열째 천간 계)를 들다

높은 누대에서 노를 든 것은 전방위로 방어하는 의미가 숨어 있다. 그래서 '종합적으로 고려하다'의 의미가 생겼고 규도(揆度kuíduó, '가늠하다'를 의미하는 중국어), 각규(閣揆gékuí, 두루 정책을 살펴야 하는 총리나 장관)에 쓰인다.

葵 해바라기 규, 아욱 규

kuí

금

전

꽃과 잎이 사방으로 피는(, 癸북방 계, 열째 천간 계) 채소(艹)

해바라기는 태양을 따라 움직일 때 꽃잎이 외부로 동그랗게 펴진다. 옛 중국인은 해바라기가 태양을 따라 움직이는 것은 뿌리와 줄기를 보호하기 위해서라고 생각했다. 《좌전》과 《왕정·농서(王禎·農書)》에 각각 "해바라기는 능히 자신의 발을 보호한다" "해바라기는 양기를 북돋워주는 풀이다"라고 나온다.

금

전

睽 사팔눈 규, 부릅뜬 모양 계

kuí

'노'(, 癸북방 계, 열째 천간 계)를 든 채 '눈'(, 目눈 목)을 똑바로 뜨고 적의 동태를 살피다

'눈을 부릅뜨고 쏘아보다' '떨어지다' '눈을 곧추 뜨다'의 의미가 생겼다. 관련 단어로는 규위(睽違kuíwéi, '헤어지다'를 의미하는 중국어), 중목규규(衆目睽睽zhòngmùkuíkuí, '많은 사람이 눈을 크게 뜨고 보고 있다'를 의미하는 중국어) 등이 있다.

흥미로운 두 다리 조합

현대 한자	그림문자	그림체	옛 한자	본뜻
癶 등질 발				계단을 올라가는 두 다리
舛 어그러질 천, 잡될 준				어지러운 걸음걸이
步 걸음 보				걸어가는 두 다리
降 내릴 강, 항복할 항				가파른 고개를 내려가는 두 다리

徙 옮길 사, 고을 이름 사				동행하는 두 사람

'舛(어그러질 천, 잡될 준)' – 어지러운 걸음걸이

'舛(어그러질 천, 잡될 준)'(,)은 비틀비틀 걷는 두 다리이다. '혼란스럽다' '순조롭지 않다'의 의미를 낳았고 천착(舛錯, 심정이 뒤틀려서 난잡하거나 생김새·행동이 상스럽고 더러운 것을 뜻하는 '천착하다'의 어근), 괴천(乖舛, 이치에 어그러져 옳지 못함을 뜻하는 '괴천하다'의 어근)에 쓰인다. '舛'의 뜻에서 파생된 한자는 桀(홰 걸, 하왕 이름 걸), 乘(탈 승), 粦(도깨비불 린·인), 舞(춤출 무), 韋(가죽 위) 등이 있다.

높은 나무다리를 타고 걷는 두 다리

桀 홰 걸, 하왕 이름 걸

jié

두 다리( )가 '나무'( ) 위에 서 있다, 즉 나무다리를 타고 걷다

전

전

모내기 노래와 춤은 이미 고대부터 시작되었다. 특히 모내기 노래를 하는 사람 옆에는 꼭 나무다리를 타고 춤을 추는 사람이 있는데 이에 관한 최초의 기록이 《열자》에 나온다. 춘추(春秋)시대 송(宋)나라에 국군 앞에서 공연할 정도로 잡기가 뛰어난 떠돌이가 있었다. 그는 자기 키의 두 배가 넘는 나무 막대기에 다리를 묶어 걷거나 뛰었고, 손에 일곱 개의 검을 들고 그중

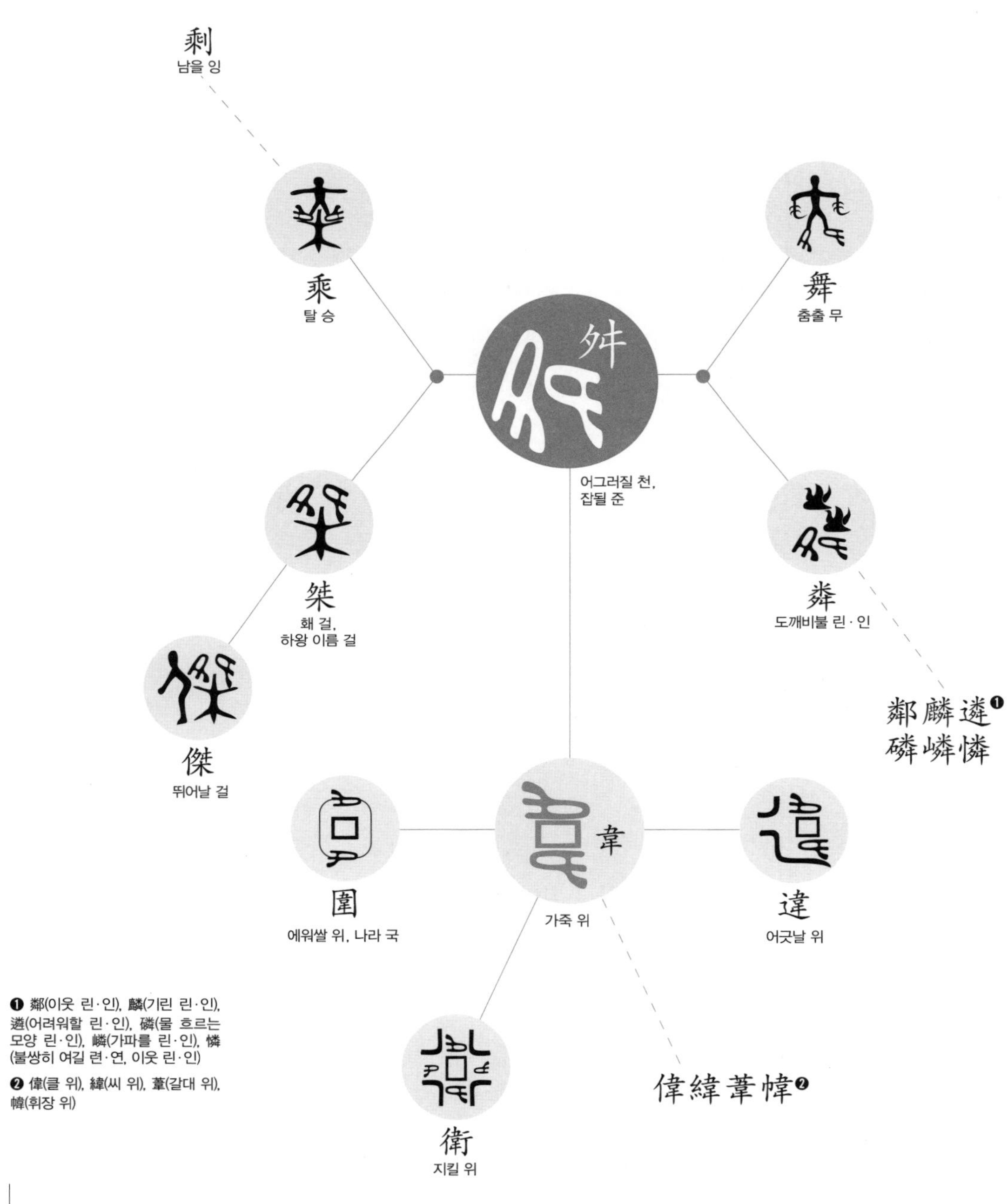

❶ 鄰(이웃 린·인), 驎(기린 린·인), 遴(어려워할 린·인), 磷(물 흐르는 모양 린·인), 嶙(가파를 린·인), 憐(불쌍히 여길 련·연, 이웃 린·인)

❷ 偉(클 위), 緯(씨 위), 葦(갈대 위), 幃(휘장 위)

에 다섯 개를 쉴 새 없이 공중에 던졌다 받았다 했지만 한 개도 땅에 떨어트리지 않았다. 한쪽에서 공연을 본 국군은 그의 솜씨에 얼마나 감탄했는지 바로 금과 비단을 상으로 주었다. 《열자》는 이 고사를 "宋有蘭子者, 以技干宋元. 宋元召而使見其技. 以雙枝長倍其身, 接其脛, 並趨並馳, 弄七劍, 迭而躍之, 五劍常在空中, 元君大驚, 立賜金帛(송유란자자, 이기간송원. 송원소이사견기기. 이쌍기장배기신, 접기경, 병추병치, 농칠검, 질이약지, 오검상재공중, 원군대경, 입사금백)"이라고 기록했다.

전서 는 한 쌍의 '다리'(, 止발 지, 그칠 지)로 구성되었고, 다리 밑에 두 개의 나무 막대기(나무다리)가 있다. 또다른 전서 는 나무( ) 위에 두 다리( )가 서 있는 모습이다. '桀'은 '특출하다' '빼어나다' '사납고 흉악하다'의 의미를 낳았고 걸오불순(桀驁不馴 jié'àobúxùn, '사납고 고집스럽다'를 의미하는 중국어), 걸오(桀傲 jié'ào, '괴팍하고 제멋대로 굴다'를 의미하는 중국어), 걸목(桀木 jiémù, '높고 큰 나무'를 의미하는 중국어) 등에 쓰인다. '하걸(夏桀)'은 하나라의 폭군이다. 맨손으로 호랑이와 표범을 때려잡을 정도로 용맹하고 논쟁을 잘했지만 고집이 세서 충신의 간언을 전혀 귀담아듣지 않았다. 오죽 거만하면 이름이 '桀'이겠는가. '傑(뛰어날 걸)'( )의 본뜻은 나무다리를 걷는 사람이고, 이것에서 '재주가 뛰어난 사람'의 의미가 생겼다. 관련 단어로는 걸출(傑出, 남보다 훨씬 뛰어나다), 걸작(傑作), 지령인걸(地靈人傑 dìlíngrénjié, '빼어난 곳에서 뛰어난 인물이 난다'를 의미하는 중국어) 등이 있다.

나무를 타는 사람

갑

금

전

乘 탈 승

chéng

두 발( )로 나무( )를 타는 사람( )

갑골문 은 어떤 '사람'( )이 '나무'( ) 위에 서 있는 모습이고, 금문 은 두 발(舛 어그러질 천, 잡될 준)을 덧붙여 밟고 서 있는 의미를 강조했다. 전서 는 한자의 모양이 대칭을 이루게 필순을 조정했다. 하지만 예서 때 '舛'이 다시 '北(북녘 북, 달아날 배)'으로 바뀌는 바람에 두 발로 밟고 서 있는 의미를 찾아볼 수 없게 되었다. '乘'은 '타다' '이용하다' 등의 의미를 낳았고 승차(乘車), 승인지위(乘人之危 chéngrénzhīwēi, '남의 위급한 상황을 틈타 남을 해치다'를 의미하는 중국어) 등에 쓰인다.

어지럽게 걷는 도깨비불

금

전

粦 도깨비불 린 · 인

lín

두 개의 도깨비'불'( )이 '어지럽게 걷다'( ), 즉 이리저리 날아다니는 도깨비불

금문 및 전서 는 '두 개의 불'(炎)과 '힘차게 걷는 두 발'( )로 두 개의 도깨비불이 어지럽게 날아다니는 것을 표현했다. 하지만 예서 때 필순이 바뀌며 두 개의 '불'(火)이 '쌀'(米)이 되는 바람에 처음의 뜻이 사라졌다. '粦'의 소리에서 鄰(이웃 린 · 인), 磷(물 흐르는 모양 린 · 인), 遴(어려워할 린 · 인), 麟(기린 린 · 인), 鱗(비늘 린 · 인), 燐(도깨비불 린 · 인), 嶙(가파를 린 · 인), 潾(맑을 린 · 인), 憐(불쌍히 여길 련 · 연, 이웃 린 · 인) 등이 파생되었다. 《설문》은 "'粦'은 도깨비불이다. 병사의 시체와 땅에 떨어진 마소의 피가 도깨비불이 된다"

라고 설명했다. 《박물지(博物志)》에는 "전쟁터에서 죽은 병사와 말의 피는 쌓여서 몇 년이 지나면 도깨비불이 된다. 도깨비불은 땅에 붙으면 초목에 스며들어 서리와 이슬처럼 눈에 안 보이고, 사람의 몸에 붙으면 빛을 낸다. 하지만 몸을 털면 곧바로 무수히 흩어진다"라고 나온다.

예측할 수 없는 춤의 스텝

舞 춤출 무

wǔ

어떤 '사람'(大)이 두 손에 소의 '꼬리'(尾)를 잡고 '두 발로 예측불허의 스텝을 밟다'(舛)

소의 꼬리를 잡고 춤을 추는 것은 상(商)나라의 기우제 때 췄던 춤의 일종으로 추정된다. 《여씨춘추·고악(呂氏春秋·古樂)》에 "옛날에 갈천씨(葛天氏)의 음악은 세 사람이 소의 꼬리를 잡고 발을 차면서 '팔결'을 노래했다"라고 나오고, 《주례·사무(周禮·司巫)》에 "나라에 큰 가뭄이 들면 무당이 춤을 추고 기우제를 지냈다"라고 나온다. 갑골문 𣎳은 어떤 '사람'(大)이 두 손에 소의 '꼬리'(尾, 《한자나무》 1권 제2장의 '누운 사람'편 참조)를 잡은 모습이자 '無(없을 무)'의 본자이다. 금문 𣎳 및 전서 舞는 두 개의 발(舛)을 덧붙여 변화무쌍한 스텝을 밟는 것을 표현했다.

갑 · 금 · 전

성 밖에서 이동하는 각종 발걸음

韋 가죽 위

wéi

성(口) 밖에 두 개의 '발바닥'(舛)이 있다(제7장의 '韋'편 참조)

‘止(발 지, 그칠 지)’에서 파생된 나머지 한자

한가롭게 강을 건너다

갑 금 전

步 걸음 보

bù

‘왼발’( ) ‘오른발’( ) 번갈아 걷다

‘걷다’ ‘걸을 때 왼발과 오른발 사이의 간격’ ‘일하는 순서’의 의미를 낳았다. 보행(步行, 걸어다니다), 산보(散步, 산책), 보벌(步伐 bùfá, ‘발걸음’을 의미하는 중국어), 보취(步驟 bùzhòu, ‘일의 순서’를 의미하는 중국어) 등에 쓰인다.

갑 금 전

涉 건널 섭, 피 흐르는 모양 첩

shè

‘물’( )속에서 제자리‘걸음’하다( )

다리가 양쪽 강변에 각각 하나씩 있는 갑골문 및 전서 는 강을 건너는 모습을 묘사한 상형자이다. 금문 은 두 다리를 물에 담근 채 제자리에서 걷는 것이고, 또다른 전서 는 물에서 걷는 것이다. 관련 단어로는 섭수(涉水, 물을 건너다), 섭험(涉險, 위험을 무릅쓰다), 섭족(涉足 shèzú, ‘어떤 환경이나 생활 범위에 발을 들여놓다’를 의미하는 중국어) 등이 있다.

발을 디딘 땅

전

些 적을 사

xiē

‘몸에서 가까운 곳에 있는’( ) 이것 ‘두 개’(, 二두 이)

중국인은 숫자 ‘2’로 소수의 몇 개를 표현한다. 따라서 ‘些’는 ‘불확실한 작은 숫자’라는 의미를 낳았다.

❶ 雌(암컷 자), 疵(허물 자, 노려볼 제, 앓을 새), 紫(자줏빛 자), 柴(섶 시, 울짱 채, 가지런하지 않을 치, 쌓을 자), 嘴(부리 취)

❷ 陡(험할 두), 赴(다다를 부, 갈 부), 赳(헌걸찰 규. '헌걸차다'는 풍채가 매우 좋고 의기가 당당한 것을 의미), 超(뛰어넘을 초), 趁(쫓을 진·년·연), 赶(쫓을 간), 趟(뛸 쟁·창, 물 건널 당), 趣(뜻 취, 재촉할 촉, 벼슬 이름 추), 趨(달아날 추, 재촉할 촉), 起(일어날 기), 趙(나라 조, 찌를 조), 越(넘을 월, 부들자리 활)

❸ 睫(속눈썹 첩, 깜작일 섭), 婕(궁녀 첩), 倢(빠를 첩)

❹ 振(떨칠 진), 賑(구휼할 진), 娠(아이 밸 신), 宸(대궐 신), 唇(놀랄 진, 입술 순)

❺ 芷(어수리 지. '어수리'는 산형과의 여러해살이풀을 의미), 趾(발 지), 祉(복 지), 阯(터 지), 扯(찢을 차), 歧(갈림길 기)

갑
금
전

此 이 차

cǐ

'사람'( )이 현재 발을 '딛고'( ) 있는 곳

옛 중국인은 자기 쪽에 가까이 있는 물건을 '이것'(此)이라고 부르고 멀리 있는 것을 '저것'(彼저 피)이라고 불렀다. 관련 단어로는 피차(彼此, 이쪽과 저쪽), 차시(此時, 이 때), 여차(如此, 일이 뜻대로 되지 않음을 뜻하는 '여차하다'의 어근) 등이 있다. '此'의 소리에서 雌(암컷 자), 疵(허물 자, 노려볼 제, 앓을 새), 紫(자줏빛 자), 柴(섶 시, 울짱 채, 가지런하지 않을 치, 쌓을 자) 등이 파생되었다.

강변을 따라서 개척한 농경지

옛 중국인은 황허강 유역을 따라서 농경지를 개척하고 농산물을 풍족하게 수확해 자손을 번영시켰다. '辰(별 진, 때 신)'의 금문 은 강변에 '가서'( ) '농경지를 개척한 것'( )을 표현했다. 훗날 '辰'에서 農(농사 농), 晨(새벽 신), 震(우레 진, 임신할 신) 등의 한자가 파생되었다.

갑
금
전

辰 별 진, 때 신

chén

'강변'( )에 '가서'( ) '작은 농토'( )를 개간하다

갑골문 및 금문 은 '모양이 불규칙한 작은 농토'를 '강변'에서 내륙까지 확장하는 것을 표현했고, 두 개의 또다른 금문 , 은 발바닥(, 止발 지, 그칠 지)을 덧붙여 '강변'에 '가서'( ) '농토'를 개척하는 것을 나타냈다. 전서 는 필순을 바꾼 모양이다. 농부는 새벽에 일찍 일어나 농사를 짓는다. 그래서 '辰'에서 '시간'이라는 의미가 생겼다. 관련 단어로는 양신(良辰, 좋은 계절), 시진(時辰, 시간이나 시각)이 있다. 하루 중에 농사일하기에 가장 좋은 시간대인 오전 7시에서 9시까지를 '진시(辰時)'라고 부른다.

晨 새벽 신

chén

'태양'(⊙)이 떠오르면 바로 '강변에 가서 농토를 개간하다'( )

금문 은 '辰(별 진, 때 신)'( ) 위에 돌이나 기와 조각을 제거하는 '두 개의 농사짓는 손'을 덧붙여 농지를 개간하는 모습을 생생하게 묘사했다. 전서 는 필순을 조정한 결과이고, 또다른 전서 는 '두 손'을 '日(해 일)'로 바꿔 '태양'이 떠오르자마자 강변에 가서 농토를 개척하는 것을 표현했다. '새벽에 태양이 떠오르는 때'라는 의미를 낳았다.

금 전 전

農 농사 농

nóng

'구불구불'( )한 강변에서 좋은 밭(, 辰별 진, 때 신)을 일구어내다

금문 , 은 '辰'(,) 위에 한 개의 '밭'( )을 덧붙였다. 밭( )은 구획이 잘된 농경지를 나타낸다. 전서 는 '밭'(田)을 '曲(굽을 곡, 누룩 곡)'으로 바꿨다. 진한(秦漢)시대 이전의 고서에 '曲水, 曲岸, 曲隄(곡수, 곡안, 곡제. 굽이굽이 휘어져 흐르는 물과 굴곡진 강변과 구불구불한 강둑)'라는 표현이 나오는데, '曲'의 갑골문 , 금문 및 전서 는 굴곡진 강변을 따라서 농토가 죽 배열돼 있는 모습을 본뜬 상형자이다.

금 전

금 전

震 우레 진, 임신할 신

zhèn

'농토를 개간할'(, 辰별 진, 때 신) 때 '천둥'(, 靁우레 뢰·뇌)이 치고 '비'(, 雨비우)가 내리다

농토를 개간하거나 밭일을 할 때 갑자기 하늘에서 "우르르 쾅쾅" 하며 소나기가 쏟아지면 속수무책의 농부는 재빨리 비를 피할 수 있는 장소를 찾는다. 우렁찬 천둥소리와 수면을 때리는 굵은 빗줄기 소리만 들리는 강변에서 농부가 할 수 있는 일은 그저 발밑에 전해지는 대지의 진동을 고스란히 느끼는 것이리라. 황허강 하류 지역에 위치한 '뇌택'은 '뇌하택'이라고도 불리고, 천둥이 요란하게 치는 곳으로 유명하다. 《산해경》은 "뇌택에는 용의 몸에 사람의 머리를 한 천둥의 신이 있다"라고 기록했고, 《사기》에는 "舜(순)은 역산에서 밭을 갈고 뇌택에서 물고기를 잡았다"라고 나온다.

전

蜃 큰 조개 신

shèn

'강변을 개간할'() 때 자주 보는 '벌레'()의 종류

'蜃'은 조개의 일종이다.

궈모뤄는 '辰(별 진, 때 신)'을 '蜃'의 본자라고 해석했고, 쉬중슈(徐中舒, 중국의 유명한 역사학자, 고문학자)는 한 단계 더 나아가 '辰'을 '조개를 갈아서 만든 낫'이라고 콕 집어 말했다. 이후 많은 학자가 이들의 해석을 따랐지만 갑골문과 금문을 자세하게 비교 대조하면 이들이 (厂 기슭 엄·한, 공장 창)을 조개껍데기를 갈아서 만든 낫이라고 해석한 것도 잘못되었고, 강변을 따라서 형성된 밭을 조개라고 해석한 것도 잘못된 것임을 알 수 있다. 많은 고고학적 증거에서 옛 중국인은 조개껍데기 낫뿐 아니라 뼈를 갈아 만든 칼과 청동 낫으로도 농산물을 수확했다. 또한 농지를 정리하는 것에서 씨를 뿌리고 싹을 틔우고 잡초를 제거하는 것까지 모든 일이 다 농사에 포함되는데 단지 수확하는 것만으로 농사를 이해하는 것은 매우 제한적인 해석이다. 조개껍데기를 이어서 벼를 벤다? 너무 황당한 소리이지 않은가?

辱 욕될 욕

rǔ

갑

전

자기 '손'(, 寸마디 촌)으로 '농사'(, 辰별 진, 때 신)를 짓다

자기 손으로 직접 농사를 지으면 손발이 쉽게 더러워진다. 때문에 '辱'에서 '더럽다'의 의미가 파생되었고 오욕(汚辱, 명예를 더럽히고 욕되게 하다), 욕몰(辱沒rǔmò, '더럽히다'를 의미하는 중국어) 등에 쓰인다. 이 밖에 '辱'은 '溽(젖을 욕)'과 뜻이 통해 '물이 스며들어 젖다'의 의미도 있는데 《예기》에 "土潤辱暑(토윤욕서. 흙이 습하고 더워진다)"라고 나온다.

歷 지날 력·역, 책력 력·역

lì

갑

금

전

'강변'()에 '가서'() '논'()을 살피고 정리하다

고대 중국에서 황허강을 따라서 농경지를 개발할 때 부지런한 농부는 자기 밭이 잘 있는지 날마다 찾아가서 확인했을 것이다. 갑골문 은 자기 '논'()에 '가서'() 벼가 잘 있는지 살피고 정리하는 것을 표현했고, 금문 및 전서 는 '강변'()에 '가서'() '논'()을 살피고 정리하는 것을 표현했다. '歷'은 '돌며 살피다' '이미 지나갔다'의 의미를 낳았고 경력(經歷), 역련(歷練liliàn, '경험을 쌓다'를 의미하는 중국어), 역사(歷史) 등에 쓰인다.

'秝(나무 성글 력·역)'의 금문 및 전서 는 나란히 있는 두 대의 '벼'( )로 '탈곡장'이나 '논'을 표현했다. '厤(책력 력·역)'( )은 '강변'에 있는 '논'이다. '厤'의 소리에서 壢(구덩이 력·역), 曆(책력 력·역), 靂(벼락 력·역), 瀝(스밀 력·역) 등이 파생되었다. 《설문》은 "'歷'은 지나간 것이고 보내는 것이다"라고 설명했다. '歷'의 간체자는 '历'이다.

무기를 잡고 전쟁터로 향하다

갑 금 전

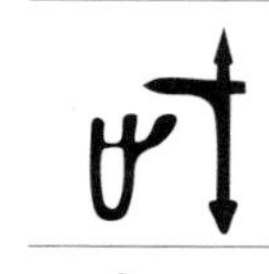

武 호반 무

wǔ

'무기'(, 戈창 과)를 잡고 전쟁터로 '가다'( )

'싸우다' '용맹하다' '군사의'라는 의미를 낳았고 동무(動武dòngwǔ, '전쟁을 일으키다'를 의미하는 중국어), 무사(武士), 무장(武裝), 무기(武器), 무공(武功) 등에 쓰인다.

賦 부세 부

fù

'돈'(, 貝조개 패)을 받아서 '군사 시설'(, 武호반 무)을 좋게 바꾸다

고대 중국은 세부(稅賦)제도를 실시했다. '세'는 백성에게 양식을 걷는 것이고 '부'는 백성에게 돈을 걷어 전방의 군사를 지원하는 것이다. 《전한·법지(前漢·法志)》는 "수도에서 천리까지 '세'와 '부'를 걷었다. '세'는 조정의 양식을 충실하게 하는 것이고 '부'는 군대를 충실하게 하는 것이다"라고 둘의 차이점을 설명했다.

정신이 나가자 귀신이 와서 장난치다

歰 떫을 삽

sè

앞으로 나가지도 못하고 뒤로 물러나지도 못하는 발

'매끄럽지 않다' '원활하지 않다'의 의미를 낳았고, '澀(떫을 삽)'의 본자이다.

전

'行(다닐 행, 항렬 항)' – 사방으로 통하는 길

갑골문 및 금문 은 중앙의 중심 도로에서 좌우의 갈림목을 통해 사방으로 갈 수 있는 길을 묘사했다. 전서 는 필순을 조정한 모양이다. '行(다닐 행, 항렬 항)'은 기초 한자인 동시에 彳(조금 걸을 척), 廴(길게 걸을 인), 辶(쉬엄쉬엄 갈 착) 등의 다른 기초 한자를 파생시켰다. (彳)은 (行)에서 왼쪽 절반만 취하거나 오른쪽 절반을 생략하여 만들었다. 뜻은 '行'과 같고 갈림길이 있는 도로를 나타낸다. '彳'과 '止(발 지, 그칠 지)'를 합친 (辵 쉬엄쉬엄 갈 착)은 원래 길( )을 걷는( ) 것을 나타냈지만 훗날 (辶)으로 모양이 단순하게 변했다. '辶'에서 파생된 한자는 이미 소개했다.

❶ 徑(지름길 경, 길 경), 彷(헤맬 방, 비슷할 방), 彿(비슷할 불), 徘(어정거릴 배), 迴(돌아올 회), 徇(돌 순, 주창할 순), 黴(곰팡이 미·매, 매우 매), 徂(갈 조, 겨냥할 저), 徐(천천히 할 서), 很(패려궂을 흔), 撤(거둘 철), 徠(올 래·내, 위로할 래·내), 徵(부를 징, 음률 이름 치), 待(기다릴 대), 德(큰 덕, 덕 덕)

❷ 街(거리 가), 衝(찌를 충, 뒤얽힐 종), 衢(네거리 구, 갈 구), 衙(마을 아, 갈 어), 衖(거리 항)

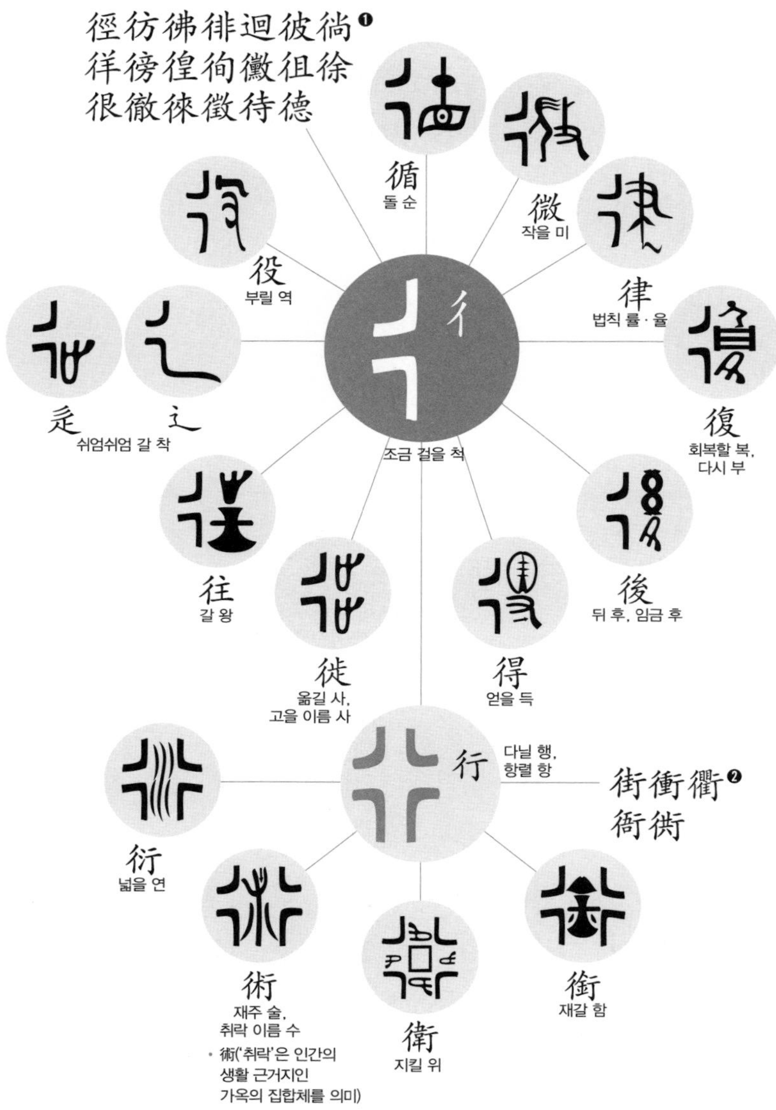

衍 넓을 연

yǎn

큰'물'( )이 사방으로 힘차게 '흐르며'( ) 끊임없이 새로운 물길을 만들다

큰 물길에서 작은 물길이 새로 생기는 것에서 '증가하다' '확장하다' '발생하다'의 의미가 생겼다. 관련 단어로는 연신(衍伸yǎnshēn, '파생하여 확장하다'를 의미하는 중국어), 연생(衍生yǎnshēng, '파생하다'를 의미하는 중국어), 번연(繁衍fányǎn, '번식하다'를 의미하는 중국어) 등이 있다.

갑 금 전

銜 재갈 함

xián

말의 '움직임'( )을 통제하기 위해 주둥이에 채운 '금'속( ) 기구, 즉 굴레

'입에 물다' '장착하다' '연결하다'의 의미를 낳았고 함초(銜草xiáncǎo, '풀을 물다'를 의미하는 중국어), 함접(銜接xiánjiē, '두 사물이 이어지다'를 의미하는 중국어), 함명(銜命xiánmìng, '명령을 받들다'를 의미하는 중국어), 두함(頭銜, 관리의 위계) 등에 쓰인다. 《설문》은 "'銜'은 말의 주둥이에 채우는 굴레이다. '金(성 김, 쇠 금)'과 '行'으로 이루어졌다. '銜'은 말을 쓰는 것이다"라고 설명했다.

전

'行'의 뜻에서 街(거리 가), 衢(네거리 구, 갈 구), 衝(찌를 충, 뒤얽힐 종), 術(재주 술, 취락 이름 수), 衙(마을 아, 갈 어), 衖(거리 항) 등이 파생되었다. '街'( )는 사방으로 통하는 길이고, '圭(홀 규)'가 소리를 나타낸다(중국의 푸젠성과 타이완에서 쓰는 민남어에는 지금도 이 발음이 남아 있다). '衢'( )는 사통팔달하는 큰길( )이고, '瞿(놀랄 구, 창 구)'가 소리를 나타낸다. '衝'( )은 '중'요( )한 길( )이고, '重(무거울 중, 아이 동)'

이 소리를 나타낸다. '衙'(衙)는 '큰길'(行) 옆에 설치된 정부 기관이고, '吾(나 오, 친하지 않을 어, 땅 이름 아)'가 소리를 나타낸다. '衖'은 작은 골목이고, '弄(희롱할 롱·농)'과 같다('弄'은 '거리'라는 의미가 있다).

갑 금 전

衛 지킬 위

wèi

병사를 보내 '사방으로 통하는 길'(行)을 '둘러싸다'(韋)('口(에워쌀 위, 나라 국)'편 참조)

금 전

衡 저울대 형, 가로 횡

héng

어떤 사람이 짐(奐, 奐)을 한 포대 이고 길을 '걷다'(行)

금문 衡, 衡은 어떤 사람이 한 포대의 짐(奐, 奐)을 이고 길을 걷는(行) 것을 표현했다. 짐을 이는 사람은 본인이 감당할 수 있는 무게를 가늠하는 동시에 균형을 잘 잡아야 하는 것에서 '무게를 가늠하다' '수평을 유지하다' 등의 의미가 생겼다. 형량(衡量héngliáng, '재다'를 의미하는 중국어), 평형(平衡) 등에 쓰인다.

'彳(조금 걸을 척)' – 길

行의 왼쪽 부분인 彳은 갈림목이 있는 길을 표현한 것이고, '길'이라는 의미를 낳았다. 彳(彳)은 흔히 '두인변'이라고도 불리지만 의미는 사람과 전혀 관계가 없다. '彳'의 뜻에서 주요 기초 한자인 '廴(길게 걸을 인)'과 '辶(쉬엄쉬엄 갈 착)'이 파생되었다. 이 밖에 徙(옮길 사, 고을 이름 사), 徒(무리 도), 從(좇을 종), 征(칠 정, 부를 징), 微(작을 미), 德(큰 덕, 덕 덕), 循(돌 순), 得(얻을 득), 後(뒤 후, 임금 후), 復(회복할 복, 다시 부), 律(법칙 률·율), 御(거느릴 어, 막을 어, 맞을 아), 役(부릴 역) 등이 파생되었다.

이사

徙 옮길 사, 고을 이름 사

xǐ

두 개의 '왼발'( )이 '길'( )을 걷다

옛 중국인은 '徙'로 두 사람이 같이 길을 가는 것, 예컨대 부부가 함께 이동하는 것을 표현했다. '徙'는 '옮기다'의 의미를 낳았고 천사(遷徙, 움직여서 옮기다), 천거(遷居, 살던 곳을 떠나 다른 곳으로 옮겨 살다)에 쓰인다. 고대에는 거주지를 옮기는 일이 잦았는데, 상(商)나라는 국도를 여러 번 옮긴 끝에 은허에 정착했다. 또 황제 땐 전쟁 때문에, 요순 땐 홍수 때문에 살던 곳을 떠나는 상황이 흔하게 일어났다.

갑 금 전

순시를 나가는 국왕

往 갈 왕

wǎng

군'왕'( )이 '길'(, 彳 조금 걸을 척)을 '걷다'(, 止 발 지, 그칠 지)

'王(임금 왕, 옥 옥)'은 소리를 나타낸다. 예서는 '王'과 '止'를 합쳐 '主(임금 주, 주인 주)'를 만들었다.

갑 금 전

갑

금

전

微 작을 미

wēi

'동곳을 빼어'(, 夊 뒤져올 치·종) '긴 머리카락'()을 늘어트리고 '길'()을 걷다

갑골문 및 금문 은 머리카락이 긴 사람과 '夊'로 구성되었고, 전서 는 '彳(조금 걸을 척)'을 덧붙였다. 또다른 전서 는 다시 '見(볼 견, 뵈올 현)'을 더해 남에게 들키고 싶지 않은 바람을 표현했다. 옛 중국인은 자취를 감추고 싶을 때 동곳이나 비녀를 빼어 긴 머리카락을 흩뜨려서 얼굴을 가렸다. '微'는 고대에 군왕이나 대신이 허름한 옷을 입고 몰래 순시를 나가는 모습을 묘사한 듯한데 신분이 높은 인물이 낮은 인물로 위장하는 것에서 '매우 작다' '종적을 감추다'의 의미가 생겼다. 관련 단어로는 미소(微小, 아주 작다), 비미(卑微, 지위나 신분이 낮고 천함을 뜻하는 '비미하다'의 어근), 미행(微行, 지위가 높은 사람이 무엇을 몰래 살피기 위해서 남루한 옷차림을 하고 남 모르게 다니다) 등이 있다. 《설문》은 "'微'는 숨어서 다니는 것이다"라고 설명했다.

【 색인 】

나

다

라

마

바

사

아

자

차

타

지은이 **라오원하오** 廖文豪

현 국립 타이베이상업기술학원 부교수 겸 도서관장. 옛 한자 연구에 푹 빠져 십여 년 동안 갑골문을 연구했고, 〈한자 용(龍)은 원래 하늘의 이치를 거스른 용이었다〉 〈문신 풍속이 한자에 미친 영향〉 〈한자를 통해서 만난 하느님〉 〈한자 속의 술 향기에 취하다〉 등의 글을 발표했다. 저서로는 《한자나무》(전5권) 등이 있다.

옮긴이 **김락준**

중국어 전문 번역가로 충북대학교 중어중문학과를 졸업하고, 베이징공업대학과 상하이재경대학에서 수학했다. 현재 출판 번역 에이전시 베네트랜스에서 전속 번역가로 활동중이다. 옮긴 책으로 《아이의 마음을 읽는 연습 관계편》 《아이의 마음을 읽는 연습 학습편》 《온라인, 다음 혁명》 《돈은 잠들지 않는다》 《탐정 혹은 살인자》 《완벽하지 않은 것이 더 아름답다》 《여행이 나에게 가르쳐준 것들》 《하버드 말하기 수업》 《화폐경제》(전2권) 등이 있다.

한자나무 2

초판 1쇄 인쇄 2021년 8월 23일
초판 1쇄 발행 2021년 9월 3일

지은이 랴오원하오
옮긴이 김락준
펴낸이 신정민

편집 김승주 최연희 | 디자인 엄자영 백주영 | 저작권 김지영 김지은
마케팅 정민호 김경환 | 홍보 김희숙 함유지 김현지 이소정 이미희 박지원
제작 강신은 김동욱 임현식 | 제작처 영신사

펴낸곳 (주)교유당
출판등록 2019년 5월 24일 제406-2019-000052호

주소 10881 경기도 파주시 회동길 210
문의전화 031-955-8891(마케팅) 031-955-2680(편집)
팩스 031-955-8855
전자우편 gyoyudang@munhak.com

ISBN 979-11-91278-65-1 04700
979-11-91278-63-7 (세트)